ÖSTERREICHISCHE AKADEMIE DER WISSENSCHAFTEN
PHILOSOPHISCH-HISTORISCHE KLASSE
SITZUNGSBERICHTE, 773. BAND

FRANK LANDLER

DIE QUALIFIKATIONSSTRUKTUR DER ÖSTERREICHISCHEN BEVÖLKERUNG IM WANDEL

Analyse und Computersimulation des Schulsystems und der Qualifikationsstruktur der Bevölkerung 1971–2025

Verlag der
Österreichischen Akademie
der Wissenschaften

Wien 2008

Vorgelegt von w. M. Heinz Fassmann
in der Sitzung am 12. Oktober 2007

Gedruckt mit Unterstützung des
Bundesministerium für Wissenschaft und Forschung in Wien

Die verwendete Papiersorte ist aus chlorfrei gebleichtem Zellstoff hergestellt,
frei von säurebildenden Bestandsteilen und alterungsbeständig.

ISBN 978-3-7001-4008-5

Umschlaggestaltung: Hannes Weinberger, ÖAW
Satz und Layout: Gerald Reisenbauer, ÖAW
Herstellung: Börsedruck Ges.m.b.H., 1230 Wien

http://hw.oeaw.ac.at/4008-5
http://verlag.oeaw.ac.at

Dieser Publikation liegt das Projekt „Analyse des österreichischen Bildungswesens und der Veränderung der Qualifikationsstruktur der österreichischen Bevölkerung sowie die Simulation möglicher Entwicklungspfade“ zugrunde, das vom Autor im Auftrag des Bundesministeriums für Wissenschaft und Forschung im April 2007 fertig gestellt wurde.

Lektorat: Dr. Florian Pauer

Anmerkung: Bei allen personenbezogenen Bezeichnungen gilt die gewählte Form für beide Geschlechter. Das Institut für Demographie folgt damit der Bestimmung des §1 Abs. 4 des Bundesgesetzes über die Gleichbehandlung von Frau und Mann im Arbeitsleben (Gleichbehandlungsgesetz).

Inhaltsverzeichnis

Vorwort

Bereits seit 1973 werden an der Österreichischen Akademie der Wissenschaften (anfangs am Institut für sozioökonomische Entwicklungsforschung, seit 1992 am Institut für Demographie) Daten zum österreichischen Bildungswesen gesammelt und analysiert. 1981 schließlich wurde erstmals ein Computersimulationsmodell fertig gestellt, das die demographische Entwicklung, das gesamte formale Bildungswesen, die Wirtschaft und die Qualifikationsstruktur der österreichischen Bevölkerung mit seinen Wechselwirkungen abzubilden versuchte. Mit jeder neuen Volkszählung wurde dieses Computersimulationsmodell evaluiert und verbessert. Bei diesen Arbeiten wurden die Bildungsebenen und die Bildungsgruppen immer so gewählt, dass die Vergleichbarkeit der Prognosen im Wesentlichen erhalten blieb. Nachdem nun aber insbesondere durch den EU-Beitritt die Vergleichbarkeit innerhalb der Europäischen Union wesentlich an Bedeutung gewonnen hat, mussten Zusammenfassungen gefunden werden, die die ISCED (International Standard Classification of Education) Klassifikation erfüllen. Dadurch geht allerdings die Vergleichbarkeit mit den alten Prognosen teilweise – insbesondere aber in der tertiären Bildungsebene – verloren. Der bedeutendste Unterschied zu den bisher verwendeten Zusammenfassungen ist, dass alle fachspezifischen Universitätsstudien für die Lehrerausbildung nicht mehr den entsprechenden Studienfächern (z.B. Physiklehrer der Studienrichtung Physik oder Geschichtslehrer der Studienrichtung Geschichte) zugeordnet werden, sondern der neuen Gruppe „Lehramtsstudien“. Diese Trennung beispielsweise zwischen dem Fachstudium Physik und dem Lehramt Physik ist für die Volkszählungen vor 2001 gar nicht möglich, da bis 1991 das Fachstudium Physik – um bei diesem Beispiel zu bleiben – auch das Lehramt Physik enthielt. Daher ist im tertiären Bildungsbereich ein Vergleich mit den früheren Prognosen nur mehr in aggregierter Form (Summe über alle Universitätsstudien mit der Möglichkeit eines Lehramtsabschlusses) möglich.

Während der langen Entstehungsgeschichte haben viele Kolleginnen und Kollegen beim Sammeln und bei der statistischen Auswertung der Daten geholfen, wobei ich vor allem die Mitarbeiterinnen und Mitarbeiter des ehemaligen Instituts für sozioökonomische Entwicklungsforschung erwähnen möchte und da insbesondere Mag. Dr. René Dell'mour, der bis zur Auflösung dieses Instituts als Mitarbeiter und danach auch noch einige Zeit als Konsulent den postsekundären Bildungsbereich betreute. Ihnen allen danke ich für ihre Unterstützung.

1 Einleitung

In dieser Arbeit wird die Aufmerksamkeit besonders auf die Wechselwirkung zwischen demographischen Faktoren, Bildungssystem und Qualifikationsstruktur der Bevölkerung bzw. den Erwerbstätigen gerichtet. Der Beobachtungszeitraum für die Vergangenheitsdaten erstreckt sich im Wesentlichen im primären und sekundären Schulbereich auf die Jahre 1977–2002, im tertiären Schulwesen auf die Jahre 1977–2003 (bzw. bei den Universitätsabsolventen auf die Jahre 1981–2002). Für die Analyse der Qualifikationsstruktur der Wohnbevölkerung wurden die Ergebnisse der Volkszählung 2001 und nur mehr mit Einschränkungen die Volkszählungen 1971, 1981 und 1991 herangezogen. Viele politische, ökonomische und soziale Veränderungen, insbesondere die Veränderung demographischer Parameter wie z.B. der Geburtenrate, des Alters bei der ersten Geburt u.v.a., auf die in dieser Arbeit nur, wenn es zum Verständnis notwendig erscheint, in kurzen Hinweisen eingegangen werden kann, sind ohne Berücksichtigung der rasanten Verbesserung der Qualifikationsstruktur der Bevölkerung, insbesondere der weiblichen, nicht zu verstehen.

2 Vergleich der Prognose 1996 mit den Ergebnissen der Volkszählung 2001

2.1 EINLEITUNG

Im Jahr 1996 wurde am Institut für Demographie der Österreichischen Akademie der Wissenschaften das Projekt „Analyse und Simulation des sekundären und tertiären Bildungswesens in Österreich“ fertig gestellt. Die Ausgangsdaten für dieses Simulationsmodell waren die Ergebnisse der Volkszählung 1991 – wie auch schon 1981 und 1986 auf Grundlage der Daten der Volkszählungen 1971 bzw. 1981 ähnliche Prognosemodelle erstellt worden waren. Bereits bei den Arbeiten zum Prognosemodell aus dem Jahr 1996 bestand ein wichtiger Teil in der Analyse der Abweichungen zwischen den Ergebnissen der Prognose und jenen der Volkszählung.

2.2 DIE ABSCHÄTZUNG DER BEVÖLKERUNGSENTWICKLUNG

In den zehn Jahren seit 1991 stieg laut Volkszählung 2001[1] die Gesamtbevölkerung um 3,2% (231.140 Personen) an. Dieser Anstieg wurde durch folgende demographische Entwicklungen bestimmt:

1. Trotz fallender Gesamtfertilitätsrate (1991: 1,5; 2001: 1,31) wurden in Österreich dank steigender Lebenserwartung[2] und relativ schwacher Jahrgangsstärken im Segment der älteren Bevölkerung um 69.360 mehr Geburten als Sterbefälle gezählt. Somit fiel der Beitrag der Geburtenbilanz zum Bevölkerungswachstum mit knapp einem Drittel relativ gering, – wenngleich positiv – aus.
2. Der größte Anteil am Bevölkerungszuwachs, nämlich zwei Drittel, entfiel auf die Nettozuwanderung von 167.780 Personen[3], also den Überschuss der Zuwanderungen über die Abwanderungen.

Die Ergebnisse des Modells für die Gesamtbevölkerung liegen 2% über dem Wert der Volkszählung 2001 (siehe Tabelle 1), wobei die Altersgruppe

---

[1] Volkszählung 2001: Hauptergebnisse I – Österreich.

[2] Die Lebenserwartung bei der Geburt stieg zwischen 1991 und 2001 für Männer um fast vier Jahre von 72,4 auf 75,9 und für Frauen um fast drei Jahre von 79,1 auf 81,7 Jahre.

[3] Volkszählung 2001: Hauptergebnisse I – Österreich.

der 26- bis 40-Jährigen stärker (3,2%) und jene der über 40-Jährigen nur leicht (1,6%) überschätzt wurde. Betrachtet man die Ergebnisse nach dem Geschlecht, so wurde die männliche Bevölkerung stärker (3,3%) als die weibliche (1%) überschätzt.

Tabelle 1: Bevölkerungsentwicklung

Kurzbezeichnung	Summe	15–25-Jährige	Ant. der 15–25-J. in %	26–40-Jährige	Ant. der 26–40-J. in %	41–60-Jährige	Ant. der 41–60-J. in %	über 60-Jährige	Ant. der <60 J. in %
VZ81	6044774	1375801	22,8%	1540247	25,5%	1675068	27,7%	1453658	24,0%
Progn. 86	6209049	1199391	19,3%	1739769	28,0%	1746520	28,1%	1523369	24,5%
VZ91	6438980	1288113	20,0%	1816816	28,2%	1769323	27,5%	1564728	24,3%
Diff VZ91	-229931	-88722		-77047		-22803		-41359	
Diff%	-3,6%	-6,9%		-4,2%		-1,3%		-2,6%	
Ausländer	422020	231597	54,9%	176009	41,7%	102033	24,2%	32390	7,7%
Progn. 96	6818968	1073898	15,7%	2009363	29,5%	2017471	29,6%	1718236	25,2%
VZ01	6679444	1055279	15,8%	1946669	29,1%	1984760	29,7%	1692736	25,3%
Diff VZ01	139524	18619		62694		32711		25500	
Diff%	2,1%	1,8%		3,2%		1,6%		1,5%	
Ausländer	568252	110477	19,4%	234825	41,3%	173042	30,5%	49908	8,8%

Quelle: Eigene Berechnungen aus den Daten der Volkszählungen 1981/91 und 2001 der Statistik Austria und den Prognosemodellen 1986 und 1996

2.3 VERGLEICH DER ERGEBNISSE DES BILDUNGSMODELLS

2.3.1 PRIMÄRES UND SEKUNDÄRES BILDUNGSWESEN

Es hat sich gezeigt, dass die zur Mitte der 1970er-Jahre zu beobachtenden Stagnationstendenzen bei den Übertritten ins weiterführende Bildungswesen – wie schon seinerzeit vermutet – unter anderem auf kapazitäre Restriktionen zurückzuführen waren. Das erneute Ansteigen der Übertrittsquoten, vor allem von der Volksschule zur Allgemeinbildenden Höheren Schule und nach der achten Schulstufe in das Berufsbildende Höhere Schulwesen, war sogar etwas stärker, als es der im Modell unterstellte „Sogeffekt" frei werdender Kapazitäten vermuten ließ. Für die Prognose 1996 lieferten die Daten keinerlei Anhaltspunkte für ein Ende der steigenden Bildungsbeteiligung. Allerdings erscheint die Annahme eines sich auch auf ewige Zeiten fortsetzenden linearen Anstiegs der Übertrittsraten in das höhere Bildungswesen keine sinnvolle Grundlage für ein Prognosemodell. So wurde für die

AHS eine Kurve gewählt, deren Grundlage der geschätzte lineare Trend war, der bis 2010 fortgeschrieben wurde. Ab diesem Zeitpunkt wurde der erreichte Wert konstant fortgeschrieben. Bis 2001 stimmten die geschätzten Übertrittsraten mit den beobachteten Werten praktisch überein – die Abweichungen betrugen maximal wenige Zehntelprozentpunkte.

Tabelle 2: Abweichung der Schülerzahlen der Prognose 1996 von den veröffentlichten Werten (Prognose – Realität; aufsummiert über zehn Jahre) in Prozent

Schüler der Volksschule (1991–2000)

Schulstufe	1.	2.	3.	4.	Sum1–4	5.	6.	7.	8.	Summe
VS M	–4%	–3%	–2%	–2%	–3,0%	50%	47%	43%	34%	–3,0%
VS W	–5%	–3%	–2%	–2%	–2,9%	14%	1%	9%	6%	–2,9%
VS G	–4%	–3%	–2%	–2%	–3,0%	34%	26%	29%	22%	–3,0%

Schüler der Sonderschule (1991–2000)

Schulstufe	1.	2.	3.	4.	Sum1–4	5.	6.	7.	8.	Summe
SS M	9%	10%	12%	14%	11%	7%	–2%	–6%	–11%	2,7%
SS W	11%	9%	11%	14%	12%	6%	–4%	–7%	–13%	2,2%
SS G	10%	9%	12%	14%	12%	7%	–2%	–6%	–12%	2,6%

Schüler der Hauptschule (1991–2000)

Schulstufe	5.	6.	7.	8.	9.	Sum5–8
HS M	–2%	–3%	–3%	–3%	–15%	–2,5%
HS W	–2%	–3%	–2%	–2%	–19%	–2,1%
HS G	–2%	–3%	–2%	–3%	–16%	–2,3%

Schüler der Allgemeinbildenden Höheren Schulen (1991–2000)

Schulstufe	5.	6.	7.	8.	Sum5–8	9.	10.	11.	12.	Summe
AHS M	1,2%	1,7%	2,8%	4,6%	2,5%	3,4%	3,0%	1,9%	–0,9%	2,3%
AHS W	0,4%	0,6%	1,5%	2,2%	1,2%	3,2%	2,2%	1,0%	–1,3%	1,3%
AHS G	0,8%	1,1%	2,1%	3,4%	1,8%	3,3%	2,5%	1,4%	–1,2%	1,8%

Schüler der Berufsbildenden Mittleren Schulen (1991–2000)

Schulstufe	9.	10.	11.	12.	Summe	S-MTS	S-MKS	S-MWS
BMS M	13%	9%	6%	6%	9,3%	3,1%	11%	26%
BMS W	9%	8%	1%	59%	7,8%	5,3%	1%	10%
BMS G	10%	8%	3%	16%	8,3%	3,7%	5%	11%

Schüler der Berufsbildenden Höheren Schulen (1991–2000)

Schulstufe	9.	10.	11.	12.	13.	Summe	S-HTS	S-HKS	S-HWS	S-HLES	S-HLFS
BHS M	1%	–2%	–2%	–1,0%	–0,8%	–0,8%	–0,5%	–2,1%	–0,5%	1,7%	0,9%
BHS W	–4%	–5%	–4%	–2,4%	–1,1%	–3,5%	–8,0%	–2,9%	–4,7%	2,2%	–2,4%
BHS G	–2%	–3%	–3%	–1,8%	–1,0%	–2,2%	–1,9%	–2,6%	–4,5%	2,2%	–0,3%

Anmerkung: positive Werte sind Überschätzungen und negative Werte Unterschätzungen.

Quelle: Eigene Berechnungen aus den Daten der Schulstatistik 1991–2001 der Statistik Austria und dem Prognosemodell 1996

Der Vergleich der prognostizierten mit den veröffentlichten Schülerzahlen (Tabelle 2; positive Prozentsätze bedeuten, dass zu viele Schüler prognostiziert wurden und umgekehrt) zeigt für die Schultypen mit größeren Schülerzahlen relativ geringe Abweichungen.

Problematisch sind Schultypen, die relativ geringe Schülerzahlen aufweisen, wie z.B. die Sonderschulen, die von nur etwa zwei Prozent der Schüler der Allgemeinen Pflichtschule besucht werden. In dieser Schulform wurden vor allem die ersten vier Schulstufen überschätzt, und dies insbesondere für die späten 1990er-Jahre. Diese Abweichungen spiegeln sichtlich das Vordringen von immer mehr Integrationsklassen wider, was dazu führte, dass immer weniger Schüler eine Sonderschule besuchten. Aber auch die Volksschuloberstufen (5.–8. Klasse), in denen in den zehn Jahren insgesamt nur 1.039 bzw. 0,028% der Schüler unterrichtet wurden, die eine Volksschule besuchten, stellen für eine Prognose ein Problem dar. Für das Gesamtergebnis sind umgekehrt jedoch auch größere Abweichungen in zahlenmäßig so kleinen Bereichen bedeutungslos.

Der Prognose-Realitäts-Vergleich für die Schülerzahlen der Allgemeinbildenden Höheren Schule zeigt eine fast völlige Übereinstimmung; insgesamt wurden die Schülerzahlen nur um 1,8% überschätzt. Vor allem die Schülerzahlen für die letzte Klasse, die die Grundlage für die AHS-Maturanten bilden, weichen nur um 1,2% von den veröffentlichten Werten ab.

Die Berufsbildenden Mittleren Schulen setzen sich aus einem Konglomerat von ein- bis vierjährigen Schulformen zusammen, was die Prognose der Schüler- wie auch der Absolventenzahlen relativ schwierig gestaltet. Einen Sonderfall stellen die Berufsbildenden Mittleren Schulen für die Land- und Forstwirtschaft dar. Hier gibt es nicht nur ein- bis dreijährige Schulformen, sondern auch noch Formen mit Semestereinteilungen. Da der Aufwand für die Prognose dieser Schulform im Verhältnis zur geringen Schülerzahl sehr hoch und mit vielen Unsicherheiten verbunden wäre, wurde diese Schulform wie auch der Abschluss einer Lehre im Modell nicht berücksichtigt. Dies muss bei einem Vergleich der Qualifikationsstruktur entsprechend berücksichtigt werden. Unter diesen Voraussetzungen ist eine Abweichung von unter zehn Prozent relativ zufrieden stellend.

Anders ist die Situation für die Berufsbildenden Höheren Schulen, stellt dieser Schultyp doch inzwischen deutlich mehr als die Hälfte der Maturanten. Auch hier stimmen die Prognosewerte praktisch mit den beobachteten Werten überein, sie wurden nur geringfügig (–2,2%) unterschätzt. Die Schülerzahlen der letzten (13.) Schulstufe – diese bildet wieder die Basis für die Maturantenschätzung – wurden sogar nur um ein Prozent unterschätzt. Die Qualität der Prognose ist nach Geschlecht und Schulform unterschiedlich, gleicht sich aber in Summe weitgehend aus. Am größten ist die Abweichung für die Höheren Wirtschaftsberuflichen Schulen; für diesen Schultyp lieferten schon die eigenen Auszählungen zu den veröffentlichten Zahlen abweichende Ergebnisse, die nicht korrigiert werden konnten. Hier gibt es ein ähnliches Problem wie bei den Berufsbildenden Mittleren Schulen: Die Schulformen wechseln häufig, und es ist nicht immer klar, welche Schulform in welcher Art zu zählen ist, damit sie gleich behandelt wird wie bei den veröffentlichten Statistiken.

2.3.2 Tertiäres Bildungswesen

2.3.2.1 Die Maturantenzahlen

Nach wie vor führt der zahlenmäßig bei weitem stärkste Zugang zu einer tertiären Ausbildungslaufbahn über die Matura. Somit muss an den Anfang eines Vergleichs zwischen Prognose und realer Entwicklung des tertiären Bildungsbereichs ein Vergleich der Maturantenzahlen gestellt werden (Tabelle 3a,b,c). Wie schon bei den Schülerzahlen zeigt sich auch bei den Maturanten, dass die Entwicklung recht gut abgeschätzt wurde. Die Maturanten (insgesamt) der beobachteten zehn Jahre wurden nur um 1,4% unterschätzt – das sind bei 334.000 Schülerinnen und Schülern, die in diesen zehn Jahren die Hochschulreife erreichten, 4.600 Personen. Wie schon erwähnt, ist es allerdings schwierig, die Entwicklung von Schultypen mit relativ kleinen Schülerzahlen abzuschätzen (HLES bei den Männern und HLFS bei den Frauen).

Tabelle 3a: Maturantenzahlen: Vergleich Prognose – Realität in %; männlich

Mat Jahr	AHS	HTS	HKWS	HLFS	HLES	SUMME
1992	0,0%	0,0%	0,0%	0,0%	0,0%	0,0%
1993	–0,1%	2,7%	2,7%	0,0%	0,0%	1,3%
1994	–0,4%	–1,8%	–3,1%	5,9%	0,0%	–1,1%
1995	0,4%	–1,0%	–2,4%	5,0%	0,0%	–0,4%
1996	–0,2%	–6,8%	–4,2%	12,7%	–6,5%	–3,1%
1997	–2,7%	–16,4%	–1,3%	2,5%	–10,3%	–7,8%
1998	–0,1%	–10,9%	–2,6%	–15,3%	–7,4%	–4,8%
1999	–3,3%	–1,7%	3,2%	–9,1%	–5,3%	–1,9%
2000	4,1%	0,7%	–6,2%	–7,6%	–2,5%	0,9%
2001	8,4%	–1,8%	–9,2%	–2,3%	–14,9%	1,3%
1992–2001	0,7%	–3,8%	–2,7%	–1,1%	–6,0%	–1,6%

In Summe wurde die Zahl der Maturanten der Berufsbildenden Höheren Schulen durchgehend unterschätzt und jene der Allgemeinbildenden Höheren Schulen bei den männlichen Schülern etwas überschätzt. Eine der größten Schwierigkeiten bei der Bestimmung der Übertrittsraten liegt darin abzuschätzen, ob sich ein längerfristiger Trend durchsetzen wird oder ob kurzfristige Schwankungen in den letzten Jahren schon ein Ende des längerfristigen Trends ankündigen. Dies wird besonders schwierig, wenn sich gar kein längerfristiger Trend erkennen lässt bzw. die Schülerzahlen relativ klein sind, was oft schon deshalb zu großen Schwankungen führt. So gab es z.B. in den zehn Jahren nur 284 Burschen, die eine Höhere Schule für

Tabelle 3b: Maturantenzahlen: Vergleich Prognose – Realität in %; weiblich

Mat Jahr	AHS	HTS	HKWS	HLFS	HLES	SUMME
1992	0,0%	0,0%	0,0%	0,0%	0,0%	0,0%
1993	0,1%	1,1%	2,0%	–0,5%	0,0%	0,8%
1994	–0,6%	–1,2%	–1,1%	1,3%	0,1%	–0,8%
1995	–0,1%	3,7%	–1,8%	1,4%	–0,1%	–0,3%
1996	–0,5%	–5,3%	–2,2%	–2,5%	0,7%	–1,4%
1997	–1,4%	5,8%	–3,7%	7,4%	–0,9%	–1,5%
1998	–0,4%	4,7%	–2,3%	–9,0%	–4,2%	–1,1%
1999	–4,0%	10,2%	–3,1%	0,9%	–11,2%	–3,4%
2000	0,6%	2,3%	–9,6%	–7,9%	–1,2%	–3,1%
2001	5,9%	0,4%	–8,7%	–18,7%	2,8%	–0,4%
1992–2001	0,0%	2,0%	–3,4%	–3,8%	–1,7%	–1,2%

Tabelle 3c: Maturantenzahlen: Vergleich Prognose – Realität in %; insgesamt

Mat Jahr	AHS	HTS	HKWS	HLFS	HLES	SUMME
1992	0,0%	0,0%	0,0%	0,0%	0,0%	0,0%
1993	0,0%	2,4%	2,2%	–0,2%	0,0%	1,1%
1994	0,5%	1,7%	1,6%	4,6%	0,1%	–0,9%
1995	0,1%	0,0%	–1,9%	3,7%	–0,1%	–0,4%
1996	–0,4%	–6,5%	–2,7%	6,3%	0,6%	–2,2%
1997	–2,0%	–12,5%	–3,0%	4,2%	–1,1%	–4,4%
1998	–0,3%	–8,1%	–2,4%	–12,8%	–4,2%	–2,8%
1999	–3,7%	0,5%	–1,5%	–5,4%	–11,1%	–2,7%
2000	2,0%	1,0%	–8,7%	–7,7%	–1,3%	–1,4%
2001	7,0%	–1,3%	–8,8%	–9,3%	2,3%	0,4%
1992–2001	0,3%	–2,7%	–3,2%	–2,1%	–1,8%	–1,4%

Anmerkung: Die letzte Zeile entspricht der Summe über zehn Jahre.

Quelle: Eigene Berechnungen aus den Daten der Schulstatistik 1991–2001 der Statistik Austria und dem Prognosemodell 1996

Lehrer und Erzieher mit einer Matura abgeschlossen haben, und nur 2.196 Mädchen, die in einer Höheren Land- und Forstwirtschaftlichen Schule ihre Matura ablegten.

2.3.2.2 Die Studienanfängerzahlen

Bei gegebenen Maturantenzahlen ist der Zugang an die Universitäten durch die Entwicklung der Übertrittsquoten der Maturanten bestimmt. Da die Prognose der Maturantenzahlen die reale Entwicklung relativ genau traf, sind die Übertrittsquoten der Maturanten die bestimmenden Faktoren für eventuell auftretende Abweichungen. „Hier zeichnete sich in der Mitte der Achtzigerjahre nach einer langen Phase kontinuierlichen — nach Geschlecht und Schulform allerdings stark unterschiedlichen — Wachstums ein Trendbruch ab. In einigen Maturantengruppen kam es über drei bis vier Jahre zu stagnierenden, zum Teil auch rückläufigen Übertrittsquoten. Da es 1990 und 1991 plötzlich zu einem markanten Anstieg der Übertrittsquote auf historische Höchstwerte gekommen war, wurde diesen widersprüchlichen Faktoren in der Prognose 1993 insofern Rechnung getragen, als die zuletzt beobachteten – relativ hohen – Werte konstant gehalten wurden.“ (Landler 1997, 85) Wie an diesem Zitat zu sehen ist, waren die Voraussetzungen für eine Prognose der Studienanfängerzahlen nicht gerade günstig. Erschwerend kam noch hinzu, dass neben diesen Veränderungen 1994 auch die Fachhochschulen ihre ersten Studenten (525 männliche und 149 weibliche inländische Studienanfänger) aufgenommen hatten. Unter diesen Bedingungen ist eine Überschätzung der Erstzugelassenen im WS nach Studienrichtungen um insgesamt nur 10% relativ zufrieden stellend (Tabelle 4). Dass die Werte nach dem Geschlecht – die Entwicklung der Zahlen der männlichen Studienanfänger wurde deutlich stärker überschätzt als jene der Frauen – nicht so gut aussehen, ist wohl auf eine unerwartet stark unterschiedliche Veränderung der Übertrittsraten zurückzuführen.

Tabelle 4: Abweichung (Prog96-Real)/Real in Prozent: Erstzugelassene im WS nach Studienrichtungen; Letzte Spalte: WS-Anfänger, Personen

1991/00	RWS	SWS	MED	GWS	NAT+TEC	BVM	SUMME	WSA-P
M	25%	12%	19%	3,1%	18%	40%	16%	14%
W	13%	4,4%	5,9%	3,4%	11%	21%	6,9%	6%
G	19%	8,1%	11%	3,3%	15%	30%	11%	10%

Quelle: Eigene Berechnungen aus den Daten der Hochschulstatistik 1991–2001 der Statistik Austria und dem Prognosemodell 1996

Offensichtlich entsprachen die eher konservativen Annahmen von weiterhin konstant hohen Übertrittsquoten nicht der realen Entwicklung. Im Wintersemester 1997/98 sackte die Zahl der erstmalig zugelassenen inländischen ordentlichen Studierenden von einem langjährigen Durchschnitt von knapp 20.000 Personen auf unter 17.000, und dies obwohl die Maturantenzahlen kontinuierlich stiegen. Damit erreichte die Übertrittsrate an die wissenschaftlichen Universitäten, bezogen auf den jeweiligen Maturajahrgang, einen historischen Tiefstwert (G 56%, M 51%, W 59%). Zu dieser Zeit hatten sich die Fachhochschulen schon weitgehend etabliert und stellten für die Universitäten mit Studienanfängerzahlen von etwa 2.500 Personen eine nennenswerte Konkurrenz dar. Doch auch wenn man alle Hochschulen (wissenschaftliche und künstlerische Universitäten sowie Fachhochschulen) zusammenfasst, zeigt sich ein ähnliches Bild: Nur 65% (M 65%, W 65%) des entsprechenden Maturajahrgangs entschieden sich für ein Studium an einer Hochschule – 1991 betrug dieser Wert noch 73% (M 79%, W 67%). Da die Kunstuniversitäten immer etwa gleich viele Studierende aufnehmen, ist auch für diesen Hochschulbereich – aufgrund der steigenden Maturantenzahlen – die Übertrittsquote laufend gesunken.

Betrachtet man die Ergebnisse nach den Studiengruppen, so weist die kleinste Gruppe mit den wenigsten Studienanfängern die größte Abweichung auf: Die Gruppe „Bodenkultur und Veterinärmedizin" (BVM) hatte in den betrachteten zehn Jahren (1991–2000) insgesamt nur 6.600 Studienanfänger. In den 1980er-Jahren waren die männlichen Anfängerzahlen an der Universität für Bodenkultur auf über 450 und die weiblichen auf über 250 gestiegen, in den 1970er-Jahren lagen sie bei den männlichen Anfängern noch um die 100 und bei den weiblichen zwischen 25 und 100. Wir hatten, eher konservativ, mit leicht steigenden Anfängerzahlen gerechnet. Tatsächlich waren diese aber deutlich rückläufig und erreichten im Jahr 2000 mit 146 männlichen Studienanfängern und 1998 mit 142 weiblichen Werte, wie sie Anfang der 1970er-Jahre bei den Männern bzw. Anfang der 1980er-Jahre bei den Frauen beobachtet worden waren. Bei der Veterinärmedizin war dieser Rückgang nur bei den Männern ähnlich ausgeprägt. Insgesamt führte dies dazu, dass die Anfängerzahlen für diese Studienrichtungsgruppe 2000 gerade jenen Wert erreichten, den sie Ende der 1970er-Jahre erreicht hatten, und das bei der eineinhalbfachen Maturantenzahl. Eine ähnliche Entwicklung lässt sich bei den „Rechtswissenschaften" (RWS) beobachten, allerdings gab es hier 1997 einen *plötzlichen* Einbruch, der die Studienanfängerzahlen von einem auf das andere Jahr von 2.740 (1996) auf 1.960, also um 780 Personen bzw. 28%, absacken ließ. In diesem Fall wurde bis heute dieser Rückgang nicht wieder aufgeholt. Solch plötzliche Veränderungen können von einem Modell nicht erfasst werden, insbesondere da die Anfängerzahlen auch in den Jahren danach nie mehr auch nur annähernd die Werte der Zeit vor 1997 erreichten, dieses Jahr also kein Ausreißer war, sondern einen echten Trendbruch darstellt.

2.3.2.3 Die Absolventenzahlen

Im Unterschied zu den Anfängerzahlen wurden die Absolventenzahlen um eine ähnliche Größenordnung unterschätzt, wobei die Abweichungen etwa zur selben Zeit (1996/97) einsetzten. Vor dieser Zeit liegen die Prognosewerte relativ knapp (–7 bis 0%) bei den real erreichten Werten. Wie schon in „Akademische Grade zwischen Traum und Wirklichkeit“ (Dell'mour/ Landler 2002) aufgezeigt, hatte ein Bündel von administrativen Maßnahmen (z.B. Änderungen beim Familienbeihilfenbezug {Altersgrenze bzw. Studiendauer}; Schulfahrtbeihilfe; Schülerfreifahrt) tatsächlich zu einer Trendumkehr bei den Abschlussquoten geführt.

Tabelle 5: Abweichung (Prog96-Real)/Real in Prozent: Erstabschlüsse im WS nach Studienrichtungen

1991/00	RWS	SWS	MED	GWS	NAT+TEC	BVM	SUMME
M	-3%	-8%	-5%	-16%	-8%	-4%	-8%
W	-11%	-13%	-15%	-19%	-7%	-13%	-14%
G	-7%	-10%	-10%	-18%	-8%	-8%	-11%

Quelle: Eigene Berechnungen aus den Daten der Hochschulstatistik 1991–2001 der Statistik Austria und dem Prognosemodell 1996

Auffallend ist der sprunghafte Anstieg der Erfolgsquote von 51% (1995) auf 56% im Studienjahr 1996 (Grafik 46), auf den ein leichter Rückgang folgte. Im Jahr 1996 dürften die angekündigten Beschränkungen dazu geführt haben, dass eine größere Zahl von Studenten in höheren Studienjahren den absehbaren Studienabschluss vorzog. Betrachtet man die Bestandteile der Erfolgsquote nach der Studiendauer im Zeitverlauf, so fällt auf, dass fast alle Erfolgsquoten nach kurzer Studiendauer (Erstabschluss innerhalb von sieben Jahren) ihre Maximalwerte zwischen 1980 und 1982 hatten, dafür erreichen die Erfolgsquoten nach 8- und 10- bis 14-jähriger Studiendauer alle im Jahre 1996 ihren Höchstwert. Die Maxima der 9-, 16-, 19-, 20-jährigen und höherer Studiendauer treten 1997 auf, das Maximum der 17-jährigern Studiendauer fällt in das Jahr 1995. Sollte es sich tatsächlich um einen Timing-Effekt handeln, wäre in Zukunft mit einem deutlichen Absinken der Quoten nach hoher Studiendauer zu rechnen. Allerdings führte die Einführung von Studienbeiträgen noch einmal zu einem Vorziehen von Studienabschlüssen, was in der Folge diesen Effekt überlagerte bzw. überlagern wird.

2.4 VERGLEICH DER ENTWICKLUNG DER QUALIFIKATIONSSTRUKTUR DER WOHNBEVÖLKERUNG UND DES ERWERBSTÄTIGENPOTENZIALS

2.4.1 VORBEMERKUNGEN

Im Qualifikationsstrukturmodell – es handelt sich dabei um ein Modell zur Abschätzung der Qualifikationsstruktur der Wohnbevölkerung und des Erwerbstätigenpotenzials – wurden die Wohnbevölkerung und die Erwerbstätigen im Alter von 15 und mehr Jahren nach Alter (Einjahresklassen), Geschlecht und 15 Qualifikationsebenen fortgeschrieben bzw. die zukünftige Entwicklung geschätzt. Die Grundlagen für diese Fortschreibung bildeten die Ergebnisse der Volkszählung 1991 und die Hauptvariante der Bevölkerungsfortschreibung der Statistik Austria.

In diesem Modell sind die Wohnbevölkerung und das Erwerbstätigenpotenzial nach Geschlecht (männlich, weiblich), Alter (15–85) und 15 Qualifikationsgruppen in drei Qualifikationsebenen gegliedert:

Primäre Qualifikationsebene + Lehre (ABS)

1. Pflichtschule + Lehre (ABS)

Sekundäre Qualifikationsebene (SEK)

2. Berufsbildende Mittlere Schulen (BMS)
3. Allgemeinbildende Höhere Schulen (AHS)
4. Berufsbildende Höhere Schulen (BHS)

Postsekundäre Qualifikationsebene (PSK)

5. Pädagogische Akademien + Lehrerbildungsanstalten (PAK)
6. Rechtswissenschaften (RWS)
7. Sozial- und Wirtschaftswissenschaften (SWS)
8. Medizin (MED)
9. Geisteswissenschaften (Humanwissenschaften, Kulturkundliche und Philologische Studienrichtungen, Dolmetscher und Theologie) (GWS)
10. Naturwissenschaften (Naturwissenschaftliche Studien an Universitäten [inkl. Technische Univ.], Pharmazie, Sportwissenschaften) (NAT)
11. Technik (ohne Naturwissenschaften) + Montanistik (TEC)
12. Bodenkultur + Veterinärmedizin (BVM)
13. Künstlerische Studien (KHS)
14. Fachhochschulen (FHS)
15. Sonstige postsekundäre Ausbildung (Militärakademie und sonstige hochschulverwandte Lehranstalten) (SPO)

Bei einem Vergleich der Simulationsergebnisse mit den Ergebnissen der Volkszählung (VZ) 2001 müssen folgende Problempunkte beachtet werden:

- Bei den beiden Volkszählungen (1991/2001) gibt es Unterschiede in den Definitionen der Bildungskategorien. Bei der Volkszählung 2001 wurde gegenüber 1991 die Anzahl der erfassten Kategorien deutlich erhöht (von 402 VZ1991 auf 676 VZ2001). So wurden z.B. die Kategorien für die Fachhochschulen neu eingeführt oder bei den Universitätsabschlüssen mit einem Lehramt zwischen Lehramts- und sonstigem Studienabschluss unterschieden. Dies hat sicher einen erheblichen Einfluss auf die Selbsteinschätzung, welcher Kategorie man sich zurechnet.
- Bei den Ausgangsdaten für das Modell waren die hochschulverwandten Lehranstalten (ohne Pädagogische Akademien) in einer Restgruppe (sonstige postsekundäre Ausbildung [SPO]) enthalten, im Modell wurden die Zugänge jedoch nur mittels eines Aufschlagsfaktors berechnet, da ja für den größten Teil dieser Restgruppe die Herkunft der Absolventen unbekannt ist.

In diesem Zusammenhang muss auch darauf hingewiesen werden, dass die Qualifikationsgruppen in ihrer Zusammenfassung für das neue Prognosemodell im tertiären Bildungsbereich deutlich von den früheren abweichen. Einer der grundlegendsten Unterschiede betrifft die Zusammenfassung der Lehramtsabsolventen: Sie wurden nicht mehr, wie früher, der jeweiligen Fachdisziplin zugerechnet, sondern in einer eigenen Gruppe zusammengefasst.

2.4.2 Die niedrigste Qualifikationsebene (ABS, inkl. Lehre)

Jene Personen, die als höchste abgeschlossene Ausbildung weder eine weiterführende Schule (mittlere oder höhere) noch eine tertiäre Ausbildung angegeben haben, sind in der Qualifikationsebene „ABS“ zusammengefasst. Personen mit einem Lehrabschluss mussten zu dieser Gruppe gezählt werden, da es nach wie vor keine für Prognosezwecke ausreichenden Statistiken über das Erreichen eines Lehrabschlusses gibt. Daher ist dies auch nach wie vor die bei weitem größte Gruppe (1971: 85%, 1981: 79%, 1991: 74% und 2001: 70%; Tabelle 6c). Wie schon erwähnt, sind alle Personen mit einem Lehrabschluss ebenfalls in dieser Qualifikationsstufe enthalten. Geschlechtsspezifisch zeigten sich deutlich unterschiedliche Entwicklungen. So lag der Anteil dieser Qualifikationsebene bei den Männern bei der VZ71 bei 84%, jener der Frauen aber noch bei 86%. Bis 1981 ist dieser Anteil bei den Männern lediglich um vier Prozentpunkte auf 80% gesunken, bei den Frauen hingegen reduzierte sich dieser Wert um acht Prozentpunkte auf

78%. Diese Entwicklung setzte sich auch bei den folgenden Volkszählungen fort. So sank der Anteil der niedrigsten Qualifikationsebene bei den Frauen 1991 auf 73% und 2001 sogar auf 66%, bei den Männern liegt er auch 2001 noch immer bei 73% (1991: 77%).

Die große Zahl der Personen, die sich in dieser Kategorie befinden, erleichtert die Schätzung dieser Qualifikationsebene wesentlich – die Anzahl der Personen in dieser Qualifikationsebene wurde bei den Männern um 3,1% (= 72.216 Personen) und bei den Frauen um 0.6% (= 14.278 Personen) überschätzt (Tabelle 6). Beide Werte liegen nur knapp unter dem Wert für die Überschätzung insgesamt (3,3% für die Männer und 1% für die Frauen).

Die Ergebnisse der Prognose im Schulsystem müssten zur Folge haben, dass für den Fall, dass in der niedrigsten Qualifikationsebene insgesamt zu wenige Personen prognostiziert werden, dies eher bei den Männern als bei den Frauen auftritt, da ja die betreffende Person bei Erreichen eines Abschlusses im sekundären Schulbereich (z.B. BMS) von den Personen in der ABS-Qualifikationsebene abgezogen wird. Gerade die qualifikationsspezifische Zusammensetzung der Altersgruppe der 15- bis 25-jährigen Bevölkerung in der niedrigsten Qualifikationsebene wird praktisch nur durch die erreichten Abschlüsse in den letzten zehn Jahre bestimmt – die bei der Volkszählung 2001 25-Jährigen waren bei der letzten Volkszählung 1991 15 Jahre alt und damit gerade an jenem Punkt angelangt, an dem sie entscheiden müssen, ob sie einen sekundären oder höheren Abschluss anstreben oder nicht. Die jüngeren Jahrgänge erreichten innerhalb der zehn Jahre diesen Entscheidungspunkt – allerdings *konnte* nur ein Teil davon in diesem Zeitraum auch einen Abschluss erwerben.

Die stärksten Abweichungen gab es in der Altersgruppe der 26- bis 40-Jährigen, einer Altersgruppe, in der sich 1991 auch schon die Jüngsten – wenn sie einen höheren Schulabschluss anstrebten – durch den Besuch einer weiterführenden Schule formal für ihre weitere Schullaufbahn entschieden hatten. Abschlüsse, die im fortgeschrittenen Alter erreicht werden, können in Österreich zu diesem Zeitpunkt aufgrund eines für das Nachholen schulischer Abschlüsse wenig ausgebauten Erwachsenenbildungssystems unberücksichtigt bleiben. Alle Personen dieser Altersgruppe, die in diesen zehn Jahren aufgrund eines positiven Schulabschlusses der nächsthöheren Qualifikationsebene zugeordnet wurden, waren somit zum Zeitpunkt der Volkszählung 1991 schon im Schulsystem und sollten daher relativ gut prognostizierbar sein. Auffallend ist, dass die Altersgruppe der 15- bis 25-Jährigen in dieser Qualifikationsebene fast um denselben Prozentsatz (–5%) unterschätzt wurde, um den die 26- bis 40-Jährigen überschätzt wurden

Tabelle 6a: Männliche Wohnbevölkerung VZ81-VZ91-VZ01-Prognose-Vergleich

Qualifikationsniveau	Summe	Qual/ Bev in Prozent	15–25-Jährige	15–25-J. Qual/Bev in Prozent	26–40-Jährige	26–40-J. Qual/Bev in Prozent	41–60-Jährige	41–60-J. Qual/Bev in Prozent	über 60-Jährige	über 60-J. Qual/Bev in Prozent
PSK-VZ71	94.819	3,73%	4.451	0,79%	31.255	4,43%	36.121	5,22%	22.992	3,94%
PSK-VZ81	146.099	5,22%	7.354	1,06%	60.888	7,84%	44.245	5,56%	33.612	6,29%
PSK-VZ91	197.519	6,46%	6.026	0,92%	83.438	9,00%	68.234	7,74%	39.821	6,75%
Progn96	250.997	7,60%	8.236	1,50%	92.058	8,93%	100.534	9,87%	50.169	7,13%
PSK-VZ01	263.097	8,23%	5.242	0,98%	102.259	10,4%	104.804	10,6%	50.792	7,37%
Diff	–12.100		2.994		–10.201		–4.270		–623	
Diff%	–4,6%		57,1%		–10,0%		–4,1%		–1,2%	
Aus-PSK	25.474	8,47%	738	1,33%	12.163	10,0%	9.114	9,21%	3.459	13,9%
SEK-VZ71	283.204	11,1%	66.857	11,9%	85.934	12,2%	77.122	11,2%	53.291	9,1%
SEK-VZ81	420.475	15,0%	114.466	16,5%	131.252	16,9%	104.855	13,2%	69.902	13,1%
SEK-VZ91	553.091	18,1%	138.415	21,0%	194.296	21,0%	134.379	15,2%	86.001	14,6%
Progn96	645.561	19,6%	119.265	21,8%	234.344	22,7%	184.007	18,1%	107.945	15,3%
SEK-VZ01	600.128	18,8%	118.196	22,0%	230.015	23,4%	162.304	16,4%	89.613	13,0%
Diff	45.433		1.069		4.329		21.703		18.332	
Diff%	7,6%		0,9%		1,9%		13,4%		20,5%	
Aus-SEK	36.954	12,3%	6.808	12,3%	18.286	15,0%	9.253	9,4%	2.607	10,5%
APS-VZ71	2.164.271	85,1%	491.412	87,3%	587.797	83,4%	578.178	83,6%	506.884	86,9%
APS-VZ81	2.233.654	79,8%	572.222	82,4%	584.132	75,2%	646.150	81,3%	431.150	80,6%
APS-VZ91	2.305.936	75,4%	513.940	78,1%	649.491	70,0%	678.786	77,0%	463.719	78,7%
Progn96	2.404.716	72,8%	420.327	76,7%	704.592	68,3%	733.877	72,1%	545.920	77,5%
APS-VZ01	2.332.500	73,0%	413.712	77,0%	649.840	66,2%	720.215	72,9%	548.733	79,6%
Diff	72.216		6.615		54.752		13.662		–2.813	
Diff%	3,1%		1,6%		8,4%		1,9%		–0,5%	
Aus-APS	238.491	79,3%	47.943	86,4%	91.213	75,0%	80.587	81,4%	18.748	75,6%
SUM-VZ71	2.542.294	100%	562.720	22,1%	704.986	27,7%	691.421	27,2%	583.167	22,9%
SUM-VZ81	2.800.228	100%	694.042	24,8%	776.272	27,7%	795.250	28,4%	534.664	19,1%
SUM-VZ91	3.056.546	100%	658.381	21,5%	927.225	30,3%	881.399	28,8%	589.541	19,3%
Progn96	3.301.274	100%	547.828	16,6%	1.030.994	31,2%	1.018.418	30,8%	704.034	21,3%
SUM-VZ01	3.195.725	100%	537.150	16,8%	982.114	30,7%	987.323	30,9%	689.138	21,6%
Diff	105.549		10.678		48.880		31.095		14.896	
Diff%	3,3%		2,0%		5,0%		3,1%		2,2%	
Aus-SUM	300.919	9%	55.489	18,4%	121.662	40,4%	98.954	32,9%	24.814	8,2%

Quelle: Eigene Berechnungen aus den Daten der Volkszählungen 1981/91 und 2001 der Statistik Austria und des Prognosemodells 1996

Anmerkung: Abweichend von den Prozentwerten in den Qualifikationsspalten „Qual/Bev in Prozent" (prozentuelle Anteile der jeweiligen Qualifikation an der Summe über alle Qualifikationen) werden in den SUMME-Zeilen die Werte für die prozentuellen Anteile der Altersgruppen an der SUMME-Insgesamt ausgewiesen.

Tabelle 6b: Weibliche Wohnbevölkerung VZ81-VZ91-VZ01-Prognose-Vergleich

Qualifikationsniveau	Summe	Qual/Bev in Prozent	15-25-Jährige	15-25-J. Qual/Bev in Prozent	26-40-Jährige	26-40-J. Qual/Bev in Prozent	41-60-Jährige	41-60-J. Qual/Bev in Prozent	über 60-Jährige	über 60-J. Qual/Bev in Prozent
PSK-VZ71	53.510	1,75%	5.995	1,09%	15.713	2,26%	20.457	2,29%	11.345	1,24%
PSK-VZ81	97.302	3,00%	14.849	2,18%	41.799	5,47%	23.549	2,68%	17.105	1,86%
PSK-VZ91	157.928	4,67%	11.761	1,87%	85.679	9,63%	36.266	4,08%	24.222	2,48%
Progn96	226.754	6,45%	10.677	2,03%	105.450	10,78%	81.010	8,11%	29.617	2,92%
PSK-VZ01	253.704	7,28%	11.765	2,27%	120.174	12,5%	90.813	9,1%	30.952	3,08%
Diff	-26.950		-1.088		-14.724		-9.803		-1.335	
Diff%	-10,6%		-9,2%		-12,3%		-10,8%		-4,3%	
Aus-PSK	22.258	8,33%	1.173	2,13%	12.927	11,4%	6.744	9,10%	1.414	5,6%
SEK-VZ71	378.057	12,4%	88.532	16,2%	115.344	16,6%	109.723	12,3%	64.458	7,0%
SEK-VZ81	606.521	18,7%	168.501	24,7%	186.439	24,4%	146.412	16,6%	105.169	11,4%
SEK-VZ91	786.645	23,3%	192.848	30,6%	266.100	29,9%	189.516	21,3%	138.181	14,2%
Progn96	962.370	27,4%	202.393	38,5%	325.106	33,2%	260.878	26,1%	173.993	17,2%
SEK-VZ01	915.723	26,3%	169.464	32,7%	335.269	34,8%	254.094	25,5%	156.896	15,6%
Diff	46.647		32.929		-10.163		6.784		17.097	
Diff%	5,1%		19,4%		-3,0%		2,7%		10,9%	
Aus-SEK	48.775	18,2%	10.419	18,9%	24.751	21,9%	10.195	13,8%	3.410	13,6%
APS-VZ71	2.623.474	85,9%	453.161	82,7%	565.272	81,2%	764.139	85,4%	840.902	91,7%
APS-VZ81	2.540.723	78,3%	498.409	73,1%	535.737	70,1%	709.857	80,7%	796.720	86,7%
APS-VZ91	2.437.861	72,1%	425.123	67,5%	537.812	60,5%	662.142	74,6%	812.784	83,3%
Progn96	2.328.570	66,2%	313.000	59,5%	547.813	56,0%	657.165	65,8%	810.592	79,9%
APS-VZ01	2.314.292	66,4%	336.900	65,0%	509.112	52,8%	652.530	65,4%	815.750	81,3%
Diff	14.278		-23.900		38.701		4.635		-5.158	
Diff%	0,6%		-7,1%		7,6%		0,7%		-0,6%	
Aus-APS	196.300	73,4%	43.396	78,9%	75.485	66,7%	57.149	77,1%	20.270	80,8%
SUM-VZ71	3.055.041	100%	547.688	17,9%	696.329	22,8%	894.319	29,3%	916.705	30,0%
SUM-VZ81	3.244.546	100%	681.759	21,0%	763.975	23,5%	879.818	27,1%	918.994	28,3%
SUM-VZ91	3.382.434	100%	629.732	18,6%	889.591	26,3%	887.924	26,3%	975.187	28,8%
Progn96	3.517.694	100%	526.070	15,0%	978.369	27,8%	999.053	28,4%	1.014.202	28,8%
SUM-VZ01	3.483.719	100%	518.129	14,9%	964.555	27,7%	997.437	28,6%	1.003.598	28,8%
Diff	33.975		7.941		13.814		1.616		10.604	
Diff%	1,0%		1,5%		1,4%		0,2%		1,1%	
Aus-SUM	267.333	8%	54.988	20,6%	113.163	42,3%	74.088	27,7%	25.094	9,4%

Quelle: Eigene Berechnungen aus den Daten der Volkszählungen 1981/91 und 2001 der Statistik Austria und des Prognosemodells 1996

Anmerkung: Abweichend von den Prozentwerten in den Qualifikationsspalten „Qual/Bev in Prozent“ (prozentuelle Anteile der jeweiligen Qualifikation an der Summe über alle Qualifikationen) werden in den SUMME-Zeilen die Werte für die prozentuellen Anteile der Altersgruppen an der SUMME-Insgesamt ausgewiesen.

– unter Berücksichtigung der jeweiligen Abweichung insgesamt. Dies gilt allerdings nur für den Vergleich insgesamt und nach Prozentsätzen (die Altersgruppe der 26- bis 40-Jährigen umfasst in dieser Qualifikationsebene etwas mehr Personen als jene der 15- bis 25-Jährigen), ein Vergleich nach männlicher und weiblicher Bevölkerung weist dagegen auf deutliche Unterschiede hin.

Die Zahl der Männer in dieser Qualifikationsebene war sowohl in der Altersgruppe der 15- bis 25- (leicht) als auch der 26- bis 40-Jährigen (deutlich) überschätzt worden. Die Zahl der Frauen in der Altersgruppe der 15- bis 25-Jährigen war dagegen deutlich unter- und jene der 26- bis 40-Jährigen noch deutlicher überschätzt worden (Tabelle 6a,b).

Da die Schülerzahlen relativ zutreffend prognostiziert wurden, könnte dies darauf hinweisen, dass die im Modell verwendete Altersstruktur der Absolventinnen zu den jüngeren Jahrgängen hin verschoben war, dass also in der Realität die Absolventinnen im Durchschnitt älter waren, als angenommen worden war. Stimmt diese Annahme, so bedeutet dies, dass die Zeit, welche die Schülerinnen im Schulsystem zubringen, immer länger wurde. Allerdings sind die Zeitabschnitte für die jeweiligen Schulabschlüsse im sekundären Schulsystem fix vorgegeben. So wird beispielsweise die Matura an einer AHS in der 12. bzw. an einer BHS in der 13. Schulstufe abgelegt. Ohne Schullaufbahnverlust müsste man die Matura also mit 18 bzw. 19 Jahren ablegen. Erreicht man die Matura erst später, so hat man zumindest einmal eine Schulstufe wiederholt – abgesehen von den wenigen Kindern, die ihre Schullaufbahn verspätet beginnen. Bei der Analyse der Schulstatistik für die Prognose 2003 konnte in einigen Bereichen des sekundären Bildungsbereichs tatsächlich ein starker Anstieg der Repetentenquote festgestellt werden. Allerdings ist diese Entwicklung nicht einheitlich, gab es doch auch Bereiche mit abnehmenden Repetentenquoten. Es scheint aber zumindest bei den Schülerinnen insgesamt zu einer Verlängerung des Schulbesuchs gekommen zu sein, die nicht nur auf die erhöhte Bildungsbeteiligung zurückzuführen ist.

Die Abweichungen zwischen Prognose und Volkszählung 2001 in der Altersgruppe der 41- bis 60-Jährigen war insgesamt relativ gering. Immerhin waren die Jüngsten dieser Altersgruppe bei der letzten Volkszählung schon 31 Jahre alt und hatten damit ihre sekundäre Schullaufbahn schon längst abgeschlossen. Qualifikationsspezifische Veränderungen konnte es daher im Wesentlichen nur mehr durch Wanderungsbewegungen oder Erwachsenenbildung geben, und diese wirken sich in dieser Altersgruppe nur mehr relativ geringfügig aus.

Tabelle 6c: Wohnbevölkerung insgesamt VZ81-VZ91-VZ01-Prognose-Vergleich

Qualifikationsniveau	Summe	Qual/ Bev in Prozent	15–25-Jährige	15–25-J. Qual/Bev in Prozent	26–40-Jährige	26–40-J. Qual/Bev in Prozent	41–60-Jährige	41–60-J. Qual/Bev in Prozent	über 60-Jährige	über 60-J. Qual/Bev in Prozent
PSK-VZ71	148.329	2,65%	10.446	0,94%	46.968	3,35%	56.578	3,57%	34.337	2,29%
PSK-VZ81	243.401	4,03%	22.203	1,61%	102.687	6,67%	67.794	4,05%	50.717	3,49%
PSK-VZ91	355.447	5,52%	17.787	1,38%	169.117	9,31%	104.500	5,91%	64.043	4,09%
Progn96	477.751	7,01%	18.913	1,76%	197.508	9,83%	181.544	9,00%	79.786	4,64%
PSK-VZ01	516.801	7,74%	17.007	1,61%	222.433	11,4%	195.617	9,9%	81.744	4,83%
Diff	–39.050		1.906		–24.925		–14.073		–1.958	
Diff%	–7,6%		11,2%		–11,2%		–7,2%		–2,4%	
Aus-PSK	47.732	8,40%	1.911	1,73%	25.090	10,7%	15.858	9,16%	4.873	9,8%
SEK-VZ71	661.261	11,8%	155.389	14,0%	201.278	14,4%	186.845	11,8%	117.749	7,9%
SEK-VZ81	1.026.996	17,0%	282.967	20,6%	317.691	20,6%	251.267	15,0%	175.071	12,0%
SEK-VZ91	1.339.736	20,8%	331.263	25,7%	460.396	25,3%	323.895	18,3%	224.182	14,3%
Progn96	1.607.931	23,6%	321.658	30,0%	559.450	27,8%	444.885	22,1%	281.938	16,4%
SEK-VZ01	1.515.851	22,7%	287.660	27,3%	565.284	29,0%	416.398	21,0%	246.509	14,6%
Diff	92.080		33.998		–5.834		28.487		35.429	
Diff%	6,1%		11,8%		–1,0%		6,8%		14,4%	
Aus-SEK	85.729	15,1%	17.227	15,6%	43.037	18,3%	19.448	11,2%	6.017	12,1%
APS-VZ71	4.787.745	85,5%	944.573	85,1%	1.153.069	82,3%	1.342.317	84,6%	1.347.786	89,9%
APS-VZ81	4.774.377	79,0%	1.070.631	77,8%	1.119.869	72,7%	1.356.007	81,0%	1.227.870	84,5%
APS-VZ91	4.743.797	73,7%	939.063	72,9%	1.187.303	65,4%	1.340.928	75,8%	1.276.503	81,6%
Progn96	4.733.286	69,4%	733.327	68,3%	1.252.405	62,3%	1.391.042	68,9%	1.356.512	78,9%
APS-VZ01	4.646.792	69,6%	750.612	71,1%	1.158.952	59,5%	1.372.745	69,2%	1.364.483	80,6%
Diff	86.494		–17.285		93.453		18.297		–7.971	
Diff%	1,9%		–2,3%		8,1%		1,3%		–0,6%	
Aus-APS	434.791	76,5%	91.339	82,7%	166.698	71,0%	137.736	79,6%	39.018	78,2%
SUM-VZ71	5.597.335	100%	1.110.408	19,8%	1.401.315	25,0%	1.585.740	28,3%	1.499.872	26,8%
SUM-VZ81	6.044.774	100%	1.375.801	22,8%	1.540.247	25,5%	1.675.068	27,7%	1.453.658	24,0%
SUM-VZ91	6.438.980	100%	1.288.113	20,0%	1.816.816	28,2%	1.769.323	27,5%	1.564.728	24,3%
Progn96	6.818.968	100%	1.073.898	15,7%	2.009.363	29,5%	2.017.471	29,6%	1.718.236	25,2%
SUM-VZ01	6.679.444	100%	1.055.279	15,8%	1.946.669	29,1%	1.984.760	29,7%	1.692.736	25,3%
Diff	139.524		18.619		62.694		32.711		25.500	
Diff%	2,1%		1,8%		3,2%		1,6%		1,5%	
Aus-SUM	568.252	9%	110.477	19,4%	234.825	41,3%	173.042	30,5%	49.908	8,8%

Quelle: Eigene Berechnungen aus den Daten der Volkszählungen 1981/91 und 2001 der Statistik Austria und des Prognosemodells 1996

Anmerkung: Abweichend von den Prozentwerten in den Qualifikationsspalten „Qual/Bev in Prozent“ (prozentuelle Anteile der jeweiligen Qualifikation an der Summe über alle Qualifikationen) werden in den SUMME-Zeilen die Werte für die prozentuellen Anteile der Altersgruppen an der SUMME-Insgesamt ausgewiesen.

Interessant sind die nicht unbedeutenden Abweichungen in der Altersgruppe der über 60-Jährigen. Beim Simulationsmodell 1996 wurde ja erstmals versucht, die qualifikationsspezifisch unterschiedliche Lebenserwartung zu berücksichtigen. Obwohl diese Altersgruppe in Summe etwas überschätzt wurde, wurde sie in dieser Qualifikationsebene um 8.000 Personen (–0,6%) unterschätzt. Dies deutet darauf hin, dass sich die nach Qualifikation unterschiedlichen Lebenserwartungen doch nicht ganz so entwickelt haben, wie dies die Vergangenheitsdaten erwarten ließen. Die Ergebnisse in den anderen Qualifikationsebenen lassen vermuten, dass die verwendeten Korrekturfaktoren für den sekundären Bereich zu positiv und für den tertiären Bereich noch zu gering ausgefallen waren bzw. sich in den Jahren seit dieser Untersuchung (Dobelhammer-Reiter 1996, 71 ff.), die auf Datenbasis der Volkszählung 1981 durchgeführt wurde, wieder verändert haben. Die Abweichungen für die männliche und die weibliche Bevölkerung in dieser Altersgruppe und Qualifikationsebene waren praktisch gleich, obwohl sich die qualifikationsspezifische Lebenserwartung für Frauen und Männer deutlich unterscheidet. Hinzu kommt, dass sich gerade in dieser Altersgruppe seit 1981 die qualifikationsspezifische Zusammensetzung insgesamt und insbesondere auch nach dem Geschlecht gravierend verändert hat und noch verändern wird. Daher ist es sehr schwierig, ohne eine neuerliche genaue Untersuchung der einzelnen Faktoren zukünftige Entwicklungen bezüglich der qualifikationsspezifisch unterschiedlichen Lebenserwartung abzuschätzen.

2.4.3 Die sekundäre Qualifikationsebene (SEK)

Die sekundäre Qualifikationsebene umfasst drei Qualifikationsgruppen:

- Berufsbildende Mittlere Schulen (BMS)
- Allgemeinbildende Höhere Schulen (AHS)
- Berufsbildende Höhere Schulen (BHS)

Die Berufsbildenden Mittleren Schulen führen zu einem Abschluss ohne Hochschulreife, wohingegen der erfolgreiche Abschluss der Höheren Schulen zum Studium an einer Universität bzw. Hochschule berechtigt.

Insgesamt wurden in dieser Qualifikationsebene zu viele Personen prognostiziert (+6,1%; Tabelle 6c), wobei die Unterschiede nach dem Geschlecht relativ gering sind (M 7,6%, W 5,1%; Tabelle 6a,b). Eine Erklärung für diese Abweichungen wurde schon früher angedeutet: In der tertiären Qualifikationsebene wurden im Prognosemodell aufgrund der unerwartet starken Zunahme der Absolventenzahlen zu wenige Personen berechnet – die in dieser Qualifikationsebene fehlenden Personen scheinen in der sekundären Qualifikationsebene als Überschätzung auf. Beim Vergleich der einzelnen Altersgruppen zeigt sich, dass dies die Hauptursache für die Abweichungen sein dürfte. Eine weitere Ursache für die Überschätzung dieser Qualifikationsebene zeigt sich in der Altersgruppe der über 60-Jährigen: Die Prognosewerte weichen hier mit 14,4% (M 20,5%, W 10,9%) am stärksten von den beobachteten Werten ab. Verantwortlich dafür könnten – zum Teil – insbesondere bei den Männern die Korrekturfaktoren der qualifikationsspezifisch unterschiedlichen Lebenserwartung sein. Bestärkt wird diese Vermutung noch durch die mit dem Alter zunehmende Abweichung: In der Altersgruppe der über 80-Jährigen erreicht die Abweichung sogar knapp 40% (M 60%, W 33%).

Die Altersgruppe der 15- bis 25-Jährigen zeigt die zweitgrößte Abweichung und wurde insgesamt um fast 34.000 Personen (G 11,8%, M 0,9%, W 19,4%) überschätzt. Da sich diese Altersgruppe fast ausschließlich aus Neuzugängen innerhalb der letzten zehn Jahre zusammensetzt und die Absolventenzahlen des mittleren und höheren Schulwesens, wie schon erwähnt, nur geringfügig von den beobachteten Werten abweichen, können lediglich die zu geringen Abgänge in das nächsthöhere Qualifikationsniveau sowie eine Veränderung bei der Altersstruktur der Absolventen Ursachen für diese großen Abweichungen sein. Besonders auffallend sind die in dieser Altersgruppe deutlich unterschiedlichen Entwicklungen nach dem Geschlecht. Die weibliche Bevölkerung dieser Altersgruppe wurde um fast 20% (33.000 Personen) überschätzt, dafür wurde die nächsthöhere Altersgruppe (26- bis 40-Jährige) um drei Prozent (–10.163 Personen) unterschätzt. Bei den Männern weichen die Prognosewerte der 15- bis 25- (0,9%) sowie die der 26- bis 40-Jährigen (1,9%) nur marginal vom realen Wert ab, während die Abweichung bei den 41- bis 60-Jährigen mit 13,4% die zweithöchste ist.

In der Gruppe „Berufsbildende Mittlere Schulen“ (BMS) wurden insgesamt um 5,2% bzw. 40.486 Personen zu viel prognostiziert (Tabelle 7). Dies ist insofern etwas überraschend, als ja die Mittleren Schulen für Land- und Forstwirtschaft in der Prognose fehlen. Sowohl nach den Altersgruppen als auch nach dem Geschlecht ergibt sich ein sehr uneinheitliches Bild bezüglich der Abweichungen. Dabei sollte nicht übersehen werden, dass zwei Drittel dieser Personen – mit höchster abgeschlossener Ausbildung BMS – Frauen sind. Viele dieser Schulformen wie z.B. Haushaltungsschulen, Hauswirtschaftsschulen, Fachschulen für wirtschaftliche Berufe, aber auch Handelsschulen werden zum überwiegenden Teil, manche sogar fast ausschließlich von Mädchen besucht und erfüllen in vielen Fällen nur den Ersatz für die

Polytechnische Schule. Andere wiederum, wie die technischen Fachschulen (ausschließlich vierjährige Dauer), werden zum überwiegenden Teil von Knaben besucht.

Tabelle 7: Wohnbevölkerung BMS VZ81-VZ91-VZ01-Prognose-Vergleich

Qualifikationsniveau		Summe	Qual/Bev in Prozent	15–25-Jährige	15–25-J. Qual/Bev in Prozent	26–40-Jährige	26–40-J. Qual/Bev in Prozent	41–60-Jährige	41–60-J. Qual/Bev in Prozent	über 60-Jährige	über 60-J. Qual/Bev in Prozent
BMS-VZ81	M	194.835	7,0%	40.259	5,8%	59.810	7,7%	54.777	6,9%	39.989	7,5%
BMS-VZ91	M	184.200	6,0%	30.015	4,6%	62.735	6,8%	54.655	6,2%	36.795	6,2%
Progn96	M	244.329	7,4%	23.667	4,3%	80.090	7,8%	84.759	8,3%	55.813	7,9%
BMS-VZ01	M	222.404	7,0%	28.458	5,3%	78.175	8,0%	71.551	7,2%	44.220	6,4%
BMS-Diff	M	21.925		–4.791		1.915		13.208		11.593	
BMS-Diff%	M	9,9%		–17%		2,4%		18%		26%	
Aus-BMS	M	10.070	3,3%	1.365	2,5%	4.837	4,0%	2.984	3,0%	884	3,6%
BMS-VZ81	W	432.099	13,3%	101.311	14,9%	134.663	17,6%	112.102	12,7%	84.023	9,1%
BMS-VZ91	W	485.702	14,4%	83.818	13,3%	165.844	18,6%	133.616	15,0%	102.424	10,5%
Progn96	W	567.625	16,1%	78.327	14,9%	172.592	17,6%	185.436	18,6%	131.270	12,9%
BMS-VZ01	W	549.064	15,8%	57.128	11,0%	186.315	19,3%	186.528	18,7%	119.093	11,9%
BMS-Diff	W	18.561		21.199		–13.723		–1.092		12.177	
BMS-Diff%	W	3,4%		37%		–7,4%		–0,6%		10%	
Aus-BMS	W	18.182	6,8%	3.130	5,7%	8.850	7,8%	4.455	6,0%	1.747	7,0%
BMS-VZ81	G	626.934	10,4%	141.570	10,3%	194.473	12,6%	166.879	10,0%	124.012	8,5%
BMS-VZ91	G	669.902	10,4%	113.833	8,8%	228.579	12,6%	188.271	10,6%	139.219	8,9%
Progn96	G	811.954	11,9%	101.994	9,5%	252.682	12,6%	270.195	13,4%	187.083	10,9%
BMS-VZ01	G	771.468	11,5%	85.586	8,1%	264.490	13,6%	258.079	13,0%	163.313	9,6%
BMS-Diff	G	40.486		16.408		–11.808		12.116		23.770	
BMS-Diff%	G	5,2%		19%		–4,5%		4,7%		15%	
Aus-BMS	G	28.252	5,0%	4.495	4,1%	13.687	5,8%	7.439	4,3%	2.631	5,3%

Quelle: Eigene Berechnungen aus den Daten der Volkszählungen 1981/91 und 2001 der Statistik Austria und des Prognosemodells 1996

Die Homogenität der Gruppe „Allgemeinbildende Höhere Schulen“ (AHS) macht sich auch bei den Vergleichswerten zwischen Prognose und Volkszählung bemerkbar (Tabelle 8). Die Abweichungen für die weibliche und männliche Bevölkerung sind fast identisch, nur in der Altersgruppe der 15- bis 25-Jährigen, die ausschließlich von den Neuzugängen im Beobachtungszeitraum gespeist wird, weisen die Frauen eine leicht positive (2.070 Personen, 3.3%) und die Männer eine noch geringere negative Abweichung (–481 Personen, –1%) auf. Für alle anderen Altersgruppen wurden deutlich zu viele Personen prognostiziert. Ein Grund dafür, zumindest in den beiden

Altergruppen der 26- bis 40- und der 41- bis 60-Jährigen, wurde bereits weiter oben besprochen: Die Zahl der Hochschulabsolventen war in Wirklichkeit deutlich höher als im Modell berechnet.

Tabelle 8: Wohnbevölkerung AHS VZ81-VZ91-VZ01-Prognose-Vergleich

Qualifikationsniveau		Summe	Qual/Bev in Prozent	15–25-Jährige	15–25-J. Qual/Bev in Prozent	26–40-Jährige	26–40-J. Qual/Bev in Prozent	41–60-Jährige	41–60-J. Qual/Bev in Prozent	über 60-Jährige	über 60-J. Qual/Bev in Prozent
AHS-VZ81	M	131.389	4,7%	48.911	7,0%	37.860	4,9%	26.880	3,4%	17.738	3,3%
AHS-VZ91	M	160.306	5,2%	54.854	8,3%	51.462	5,6%	31.109	3,5%	22.881	3,9%
Progn96	M	197.223	6,0%	47.465	8,7%	78.277	7,6%	44.312	4,4%	27.169	3,9%
AHS-VZ01	M	161.687	5,1%	47.946	8,9%	54.583	5,6%	36.806	3,7%	22.352	3,2%
AHS-Diff	M	35.536		–481		23.694		7.506		4.817	
AHS-Diff%	M	22%		–1,0%		43%		20%		22%	
Aus-AHS	M	17.431	5,8%	4.374	7,9%	8.432	6,9%	3.435	3,47%	1.190	4,8%
AHS-VZ81	W	129.375	4,0%	52.027	7,6%	35.710	4,7%	24.590	2,8%	17.048	1,9%
AHS-VZ91	W	172.738	5,1%	62.749	10,0%	55.865	6,3%	29.560	3,3%	24.564	2,5%
Progn96	W	221.859	6,3%	64.077	12,2%	81.679	8,3%	47.031	4,7%	29.072	2,9%
AHS-VZ01	W	185.646	5,3%	62.007	12,0%	61.136	6,3%	37.561	3,8%	24.942	2,5%
AHS-Diff	W	36.213		2.070		20.543		9.470		4.130	
AHS-Diff%	W	20%		3,3%		34%		25%		17%	
Aus-AHS	W	22.463	8,4%	5.798	10,5%	10.969	9,69%	4.285	5,78%	1.411	5,6%
AHS-VZ81	G	260.764	4,3%	100.938	7,3%	73.570	4,8%	51.470	3,1%	34.786	2,4%
AHS-VZ91	G	333.044	5,2%	117.603	9,1%	107.327	5,9%	60.669	3,4%	47.445	3,0%
Progn96	G	419.082	6,1%	111.542	10,4%	159.956	8,0%	91.343	4,5%	56.241	3,3%
AHS-VZ01	G	347.333	5,2%	109.953	10,4%	115.719	5,9%	74.367	3,7%	47.294	2,8%
AHS-Diff	G	71.749		1.589		44.237		16.976		8.947	
AHS-Diff%	G	21%		1,4%		38%		23%		19%	
Aus-AHS	G	39.894	7,0%	10.172	9,2%	19.401	8,3%	7.720	4,5%	2.601	5,2%

Quelle: Eigene Berechnungen aus den Daten der Volkszählungen 1981/91 und 2001 der Statistik Austria und des Prognosemodells 1996

Auch im Höheren Berufsbildenden Schulwesen gibt es, ähnlich wie im Mittleren, Schulformen, die von Mädchen und Buben sehr unterschiedlich besucht werden. So sind z.B. die technischen Schulen seit jeher eine Bubendomäne, wohingegen die wirtschaftsberuflichen Schulen (ehemals Frauenoberschule) früher ausschließlich, heute zum überwiegenden Teil von Frauen besucht werden. Trotz dieser sehr geschlechtsspezifischen Wahl des Schultyps zeigen die Prognosedifferenzen keine besonderen Auffälligkeiten nach dem Geschlecht. Nur in der Altersgruppe der 41- bis 60-Jährigen wurden die Männer etwas (1,8%; 989 Personen) über-, die Frauen (–5,3%; –1.594 Personen) hingegen unterschätzt (Tabelle 9).

Tabelle 9: Wohnbevölkerung BHS VZ81-VZ91-VZ01-Prognose-Vergleich

Qualifikationsniveau		Summe	Qual/Bev in Prozent	15–25-Jährige	15–25-J. Qual/Bev in Prozent	26–40-Jährige	26–40-J. Qual/Bev in Prozent	41–60-Jährige	41–60-J. Qual/Bev in Prozent	über 60-Jährige	über 60-J. Qual/Bev in Prozent
BHS-VZ81	M	94.251	3,4%	25.296	3,6%	33.582	4,3%	23.198	2,9%	12.175	2,3%
BHS-VZ91	M	162.899	5,3%	44.987	6,8%	65.113	7,0%	33.595	3,8%	19.204	3,3%
Progn96	M	204.009	6,2%	48.133	8,8%	75.977	7,4%	54.936	5,4%	24.963	3,5%
BHS-VZ01	M	216.037	6,8%	41.792	7,8%	97.257	9,9%	53.947	5,5%	23.041	3,3%
BHS-Diff	M	-12.028		6.341		-21.280		989		1.922	
BHS-Diff%	M	-5,6%		15%		-22%		1,8%		8,3%	
Aus-BHS	M	9.453	3,1%	1.069	1,9%	5.017	4,1%	2.834	2,9%	533	2,1%
BHS-VZ81	W	45.047	1,4%	15.163	2,2%	16.066	2,1%	9.720	1,1%	4.098	0,4%
BHS-VZ91	W	108.608	3,2%	42.566	6,8%	38.488	4,3%	18.886	2,1%	8.668	0,9%
Progn96	W	172.886	4,9%	59.989	11,4%	70.835	7,2%	28.411	2,8%	13.651	1,3%
BHS-VZ01	W	181.013	5,2%	50.329	9,7%	87.818	9,1%	30.005	3,0%	12.861	1,3%
BHS-Diff	W	-8.127		9.660		-16.983		-1.594		790	
BHS-Diff%	W	-4,5%		19%		-19%		-5,3%		6,1%	
Aus-BHS	W	8.130	3,0%	1.491	2,7%	4.932	4,4%	1.455	2,0%	252	1,0%
BHS-VZ81	G	139.298	2,3%	40.459	2,9%	49.648	3,2%	32.918	2,0%	16.273	1,1%
BHS-VZ91	G	271.507	4,2%	87.553	6,8%	103.601	5,7%	52.481	3,0%	27.872	1,8%
Progn96	G	376.895	5,5%	108.122	10,1%	146.812	7,3%	83347	4,1%	38.614	2,2%
BHS-VZ01	G	397.050	5,9%	92.121	8,7%	185.075	9,5%	83952	4,2%	35.902	2,1%
BHS-Diff	G	-20.155		16.001		-38.263		-605		2.712	
BHS-Diff%	G	-5,1%		17%		-21%		-0,7%		7,6%	
Aus-BHS	G	17.583	3,1%	2.560	2,3%	9949	4,2%	4.289	2,5%	785	1,6%

Quelle: Eigene Berechnungen aus den Daten der Volkszählungen 1981/91 und 2001 der Statistik Austria und des Prognosemodells 1996

Viel ausgeprägter sind die Unterschiede nach Altersgruppen, und hier vor allem bei den Mädchen. Die jüngste Altersgruppe (15- bis 25-Jährige) wurde deutlich unterschätzt, die nächstältere (26- bis 40-Jährige) deutlich überschätzt. Interessant ist, dass die beiden Altersgruppen, bezogen auf die Absolutzahlen, 1981 fast gleich groß waren, 2001 die ältere Altersgruppe hingegen doppelt so groß war wie die jüngere. Bei den Männern ist diese Entwicklung nicht ganz so signifikant. Es dürfte also die Zeit, die für dieselbe Schullaufbahn benötigt wird, sukzessive länger geworden sein, und zwar insbesondere für Frauen. Allerdings kann diese Tatsache allein die Fehlbestände bei den 26- bis 40-Jährigen noch nicht erklären. Eine weitere Ursache für diese Unterschiede könnte auch noch die Veränderung der Erhebungskategorien bei den beiden Volkszählungen in diesem Bereich sein.

2.4.4 Die postsekundäre Qualifikationsebene (PSK)

Die postsekundäre Qualifikationsebene setzt sich aus folgenden Qualifikationsgruppen zusammen:

- Pädagogische Akademien + Lehrerbildungsanstalten (PAK)
- Rechtswissenschaften (RWS)
- Sozial- und Wirtschaftswissenschaften (SWS)
- Medizin (MED)
- Geisteswissenschaften (Humanwissenschaften, kulturkundliche und philologische Studienrichtungen, Dolmetscher und Theologie) (GWS)
- Naturwissenschaften (Naturwissenschaftliche Studien an Universitäten {inkl. Technische Univ.}, Pharmazie, Sportwissenschaften) (NAT)
- Technik (ohne Naturwissenschaften) + Montanistik (TEC)
- Bodenkultur + Veterinärmedizin (BVM)
- Künstlerische Studien (KHS)
- Fachhochschulen (FHS)
- Sonstige postsekundäre Ausbildung (Militärakademie und sonstige hochschulverwandte Lehranstalten) (SPO)

Dabei beinhaltet die erste Gruppe „PAK" alle Bildungseinrichtungen für die Pflichtschullehrer, so auch die früheren Lehrerbildungsanstalten, die damals keine tertiäre Ausbildung darstellten. Deren Abschluss berechtigt aber zur Ausübung des Lehrberufs an Pflichtschulen. Aus den Lehrerbildungsanstalten wurden nach Einführung der Pädagogischen Akademien die Oberstufenrealgymnasien und später wurden aus den Lehrer- und Erzieherbildenden Mittleren Schulen Höhere Schulen.

Heute beinhalten die Studienrichtungsgruppen von den „Rechtswissenschaften" bis zu den „Künstlerischen Studien" alle Abschlüsse, die an universitären Einrichtungen erworben werden können. Früher gab es noch die Technischen Hochschulen, die Kunstakademien usw. Für die Zuordnung zu den jeweiligen Studienrichtungsgruppen bei den Volkszählungen und im Simulationsmodell spielt die Art der Benennung keine Rolle, lediglich die Selbsteinschätzung, welcher Abschluss der höchste ist, könnte sich in einigen Fällen geändert haben.

Eine Kategorie wurde bei der Volkszählung 2001 überhaupt erst neu eingeführt, nämlich die Fachhochschulen. Zum Zeitpunkt der Volkszählung 1991 waren diese in Österreich noch nicht eingeführt, und daher wurde nach einem derartigen Abschluss nicht gefragt. Im Modell wurde diese Kategorie zwar berücksichtigt, da es aber aus der Volkszählung 1991 keine Startwerte gab, wurde diese Kategorie nur aus den Neuzugängen gespeist – wie sich im Nachhinein herausstellt, eine problematische Notlösung.

Insgesamt ergab sich in der postsekundären Qualifikationsebene mit –7,6% die prozentuell größte Abweichung zwischen Prognose und Volkszählung 2001 (Tabelle 6c: PSK). Aufgrund des geringen Anteils an Personen, deren höchste abgeschlossene Ausbildung ein postsekundärer Abschluss ist, entsprechen diese 7,6% nur knapp 40.000 Personen, die zu wenig prognostiziert wurden, wobei der Beitrag der Frauen zu dieser Abweichung deutlich höher ist als jener der Männer (M –4,6%, –12.100 Personen; W –10,6%, –26.950 Personen). Wie bereits weiter oben erwähnt, ist die Hauptursache dafür der unerwartet starke Anstieg der Absolventenzahlen an den Universitäten, und zwar gerade jener bei den Frauen. Allerdings können die Abweichungen bei den Abschlüssen nur jenen Teil der Differenzen zwischen Prognose und Volkszählung erklären, der die beiden jüngeren Altersgruppen (15- bis 25- und 26- bis 40-Jährige) betrifft.

Für die einzelnen Qualifikationsgruppen innerhalb der postsekundären Qualifikationsebene ist die Abschätzung der zukünftigen Entwicklung aufgrund der geringen Zahl der Personen in den einzelnen Gruppen mit großen Unsicherheiten behaftet. Da die postsekundäre Qualifikationsebene insgesamt nur knapp 8% der Gesamtbevölkerung beträgt und diese schon geringe Personenzahl noch auf elf einzelne Gruppen verteilt wird, kommen auf die einzelnen Gruppen oft weniger als 1% der Gesamtbevölkerung – für die kleinste Gruppe „Bodenkultur und Veterinärmedizin" beträgt dieser Prozentanteil bei der Volkszählung 2001 gerade einmal 0,23% (15.400 Personen). Tendenziell haben jene Gruppen mit den kleinsten Besetzungszahlen die größten Abweichungen – für die kleinste Gruppe (BVM) trifft dies zufällig nicht zu, sie weicht mit 5% sogar etwas weniger ab als der Gesamtdurchschnitt. Die größten Abweichungen gab es für die Gruppe „Sonstige postsekundäre Ausbildung" (–37%) und „Fachhochschulen" (–35%). Bei den Fachhochschulen ist dies nicht ganz unerwartet, da ja keine Startwerte vorhanden waren, und wie sich nun bei der Volkszählung 2001 herausstellte, haben in der Altersgruppe der über 26-Jährigen – für die Neuzugänge wurde angenommen, dass sie jünger als 26 Jahre sind – fast 8.000 Personen angegeben, dass sie eine Fachhochschule abgeschlossen haben. Sogar in der Altersgruppe der über 60-Jährigen gaben noch mehr als 850 Personen an, dass sie eine Fachhochschule abgeschlossen hätten.

Für die Gruppe „Sonstige postsekundäre Ausbildung" liegen die Gründe für die großen Abweichungen wahrscheinlich in der deutlichen Änderung bei den Gliederungsmerkmalen der einzelnen Erhebungskategorien (siehe oben). Die geschätzte Zahl der Zugänge kann es jedenfalls nicht gewesen sein, da die Abweichungen mit dem Alter zunehmen (15- bis 25-Jährige: –23%; über 60-Jährige: –40%).

Die Gruppen „Künstlerische Studien" (–14%), „Technische Studien" (–25%) und „Rechtswissenschaft" (8%) weichen am deutlichsten vom Durchschnitt ab. Die geringste Abweichung von den Ergebnissen der Volkszählung weisen die beiden Gruppen „Medizin und Pharmazie" (1,3%) und „Pädagogische Akademien" (–2,9%) auf.

3 Beschreibung der Modellstruktur

3.1 DAS BEVÖLKERUNGSMODELL

Wie schon bei der letzten Prognose 1996 wurde auch diesmal auf ein eigenes Bevölkerungsmodell verzichtet, da die Bevölkerungsfortschreibung der Statistik Austria verwendet wird. Die Ergebnisse der Hauptvariante der Bevölkerungsentwicklung Österreichs (2005)[4] werden jährlich in Ein-Jahres-Gruppen eingelesen und aus der Differenz zum Vorjahr eine fiktive Sterberate berechnet – in dieser Rate ist auch die Nettowanderung enthalten. Diese Rate wird im Qualifikationsstrukturmodell unter Berücksichtigung eines Korrekturfaktors für die qualifikationsspezifische Sterblichkeit zur Fortschreibung der Wohnbevölkerung nach Qualifikationsgruppen verwendet.

3.2 DAS SCHULMODELL

Beim Schulmodell handelt es sich um ein Schülerverlaufsmodell. Die dafür nötigen Übertrittsraten wurden aus den Vergangenheitsdaten mit Hilfe von statistischen Verfahren geschätzt. Die Fortschreibung von Jahr zu Jahr und von Schulstufe zu Schulstufe erfolgt durch die Berechnung der Repetenten, Dropouts und – so weit vorhanden – der Zu- und Wegwechsler durch entsprechende aus den Vergangenheitsdaten geschätzte Raten. Die Zahl der in die nächste Schulstufe aufsteigenden Schüler ist das Ergebnis:

$$SZ_{t+1,\,k+1} = SZ_{t,\,k} - DR_{t,\,k} - WW_{t,\,k} - RP_{t,\,k} + RP_{t,\,k+1} + ZW_{t,\,k}$$

SZ = Schülerzahl	ZW = Zuwechsler
DR = Dropouts	t = Zeit
RP = Repetenten	k = Schulstufe
WW = Wegwechsler	

Die Berechnungen erfolgen natürlich noch nach Geschlecht und Schulform, diese Dimensionen wurden hier zur Vereinfachung der Darstellung weggelassen.

---

[4] Statistische Nachrichten 11/2005, 974 (Zukünftige Bevölkerungsentwicklung Österreichs 2005-2050).

Zur Berechnung der Absolventen jedes Schultyps wurden die jeweils letzten Schulstufen herangezogen. Es wurde angenommen, dass alle Schüler der letzten Schulstufe ohne oder mit Verzögerung (Repetenten) den Schulabschluss erreichen. Bei jenen Berufsbildenden Mittleren Schulen, wo Schulformen unterschiedlicher Schuldauer (MKS, MWS) zusammengefasst wurden, wurden zur Berechnung dieser Absolventen spezielle Absolventenraten aus den Vergangenheitsdaten geschätzt.

Zur Berechnung der Schulanfänger wird die Jahresdurchschnittsbevölkerung jedes Jahres, die im Bevölkerungsmodell nach Einjahresklassen eingelesen wird, herangezogen. Da die allgemeine Schulpflicht mit dem auf die Vollendung des sechsten Lebensjahres folgenden 1. September beginnt (§ 2 SchPflG), setzen sich die Schulanfänger im Modell aus zwei Jahrgängen zusammen, und zwar etwa zwei Drittel der 6-Jährigen und etwas weniger als ein Drittel der 7-Jährigen. Dazu kommt noch der Anteil der Sonderschüler, der nur von den 6-jährigen Kindern berechnet wird und für Buben knapp über 1% und für Mädchen bei 0,74% liegt.

Die Schülerzahlen in der 1. Schulstufe der Pflichtschulen setzen sich aus den – wie oben beschrieben – berechneten Schulanfängern, den Zurückgestellten und freiwilligen Wiederholern (laut § 25 Abs.2 SchUG sind Schüler der 1. Schulstufe ohne Rücksicht auf die Beurteilung im Jahreszeugnis berechtigt, in die 2. Schulstufe aufzusteigen) zusammen.

Nach der 4. Schulstufe sind drei verschiedene Bildungsverläufe vorgesehen:

- der weitere Besuch der Volksschule (VS),
- ein Wechsel in die Hauptschule (HS) oder
- ein Wechsel in die Allgemeinbildende Höhere Schule (AHS).

Dabei werden die Raten für den Weiterverbleib in der Volksschule und den Übertritt in die AHS berechnet, und vom Rest der Schüler wird angenommen, dass er die Hauptschule besucht.

Die nächste wichtige Verteilung der Schülerströme erfolgt nach der 8. Schulstufe. Mit deren Abschluss müssen die Schülerinnen und Schüler sich entscheiden, ob sie noch länger die „Schulbank drücken" oder möglichst bald einen Beruf ergreifen wollen. Im Modell sind folgende Übertrittsmöglichkeiten vorgesehen:

1. von der Hauptschule
   - in das Berufsbildende Mittlere und Höhere Schulwesen und
   - in die Allgemeinbildenden Höheren Schulen
2. von der Allgemeinbildenden Höheren Schule ebenfalls
   - in das Berufsbildende Mittlere und Höhere Schulwesen und
   - in die Oberstufenformen der Allgemeinbildenden Höheren Schulen.

Zugänge in die Polytechnische Schule sind im Modell von der Volks-, Sonder- und Hauptschule und von der Allgemeinbildenden Höheren Schule vorgesehen.

Das Berufsbildende Schulwesen wurde in folgende Gruppen unterteilt:
Berufsbildendes Mittleres Schulwesen (BMS)

- Mittlere Technische Schulen (MTS)
- Mittlere Kaufmännische Schulen (MKS)
- Mittlere Wirtschaftsberufliche Schulen (MWS)

Berufsbildendes Höheres Schulwesen (BHS)

- Höhere Technische Schulen (HTS)
- Höhere Kaufmännische Schulen (HKS)
- Höhere Wirtschaftsberufliche Schulen (HWS)
- Höhere Schulen für Lehrer und Erzieher (HLES)
- Höhere Land- und Forstwirtschaftliche Schulen (HLFS)

Für das Qualifikationsstrukturmodell werden die Berufsbildenden Mittleren und Höheren Schulen jeweils in eine Gruppe (BMS und BHS) zusammengefasst.

3.3 DER TERTIÄRE BILDUNGSBEREICH

3.3.1 DAS HOCHSCHULPLANUNGSPROGNOSEMODELL

Für diesen Bereich werden die Ergebnisse des Projekts der „Hochschulplanungsprognose“[5] verwendet. Die Ergebnisse der Volkszählung 2001 wurden in derselben Zusammenfassung ausgezählt wie die neu erstellte Synthetische Gruppierung der Studienrichtungen. Diese Form der Aggregation erlaubt es, die so gewonnenen Studienrichtungsgruppen je nach Bedarf sowohl zur vom BMBWK verwendeten Norm als auch zum ISCED-Schlüssel aufzusummieren. Wie schon bei der Hochschulplanungsprognose kommen zu den Studienrichtungsgruppen der Universitäten (Tabelle 10) noch die Fachhochschulen, Pädagogischen Akademien und eine kleine Gruppe von „sonstigen tertiären Abschlüssen“ hinzu.

Das Hochschulmodell erfasst die „inländischen ordentlichen Studierenden“ an allen Universitäten und Fachhochschulstudiengängen Österreichs. Diese Beschränkung schließt außerordentliche und Gaststudierende sowie ausländische Studierende aus. Die ausschließliche Berücksichtigung von ordentlichen Studierenden ist – für die Universitäten – keine wesentliche Einschränkung, da die Zahl außerordentlicher Studierender und Gaststu-

[5] Quantitative Entwicklungstendenzen der Österreichischen Universitäten und Fachhochschulen 1975–2025, Wien 2006.

dierender quantitativ unbedeutend ist (im Wintersemester 2003/04 standen 192.560 ordentlichen Studierenden 13.669 außerordentliche bzw. Gaststudierende gegenüber[6]) und diese Studierenden darüber hinaus keinen gültigen Studienabschluss erwerben können. Die 2003 rund 33.000 ausländischen Studierenden werden vor allem deswegen nicht berücksichtigt, weil ihre Zahl administrativ gesteuert und in einem statistischen Prognosemodell schwer vorhersagbar ist (das Ausland kommt im Modell nicht vor; politische Entscheidungen sind nicht prognostizierbar). Außerdem ist anzunehmen, dass ein großer Teil der ausländischen Studierenden Österreich nach Abschluss des Studiums wieder verlässt und so für das Erwerbspotenzial nicht unmittelbar wirksam wird. Aufgrund der Entscheidung des EU-Gerichtshofes sind gerade in diesem Bereich weitgehende Veränderungen zu erwarten – die sich der Prognose durch ein Simulationsmodell noch klarer entziehen. Allerdings konnten eventuelle Rückwirkungen dieses Gerichtsentscheids auf

Tabelle 10: Synthetische Gruppierung der Studienrichtungen

Zi	Anz[1]	Bezeichnung	Abkürz.
1	4	Pädagogik	PAEDA
2	84	Sprachen	SPRA
3	11	Sozial- u. Kommunikationswissenschaften	SOKOM
4	16	Ang. Mathematik	ANGMA
5	50	Ingenieurwesen	INGWE
6	7	Land- & Forstwirtschaft	LAFOW
7	7	Musikpädagogik	MPAED
8	141	Kunst	KUNST
9	37	Lehramtsstudien	LEAM
10	2	Veterinärmedizin	VETM
11	2	Humanmedizin	HMED
12	1	Psychologie	PSYCH
13	21	Naturwissenschaften	NATWI
14	3	Pharmazeutische Studien	PHARM
15	3	Sportwissenschaften	SPORT
16	5	Rechtswissenschaften	REWI
17	1	Wirtschaftspädagogik	WIPAE
18	21	Sozial- und Wirtschaftswissenschaften	SOWI
19	7	Wirtschaftsinformatik	WINF
20	6	Theologie	THEO
21	2	Individuelles Diplomstudium	IDIPL

[1] Anzahl der enthaltenen Studienrichtungen (siehe dazu Anhang)

[6] Dies gilt nicht für Kunstuniversitäten; dort kommen die „Nicht ordentlichen“ Studierenden auf einen Anteil von immerhin knapp 17%.

die inländischen Studierenden in diesem Prognosemodell aufgrund der nicht vorhandenen Datenbasis genauso wenig berücksichtigt werden.

Die Prognose ist *personen*orientiert. Allerdings sind die Personeneinheiten, die fortgeschrieben werden, nicht immer ganze Personen, sondern *je nach Anzahl der inskribierten Studien* die entsprechenden Bruchteile einer Person. Bestände bzw. Stromgrößen werden aber als Personen (Studierende, Studenten) ausgewiesen. Wenn nicht von Personen die Rede ist, wird dies durch die Ausdrücke „belegte Studien" oder „Inskriptionen" deutlich gemacht. Belegte Studien (Inskriptionen) sind *abgeleitete* Größen.

Die Prognose der Studenten*bestände* erfolgt jährlich für das Wintersemester. Zugänge und Abgänge werden natürlich für das gesamte Studienjahr berechnet. Das Gleiche gilt für die Studienabschlüsse.

Die Gliederung des Bestandes erfolgt nach Geschlecht, 21 Studienrichtungen und 15 (früher 10) „Altersstufen". Diese „Altersstufen" werden durch die Anzahl der Jahre zwischen erstmaliger Immatrikulation in Österreich und dem Beobachtungszeitpunkt definiert. Dies bedeutet vor allem, dass Studienabbrecher oder -wechsler, die ein Zweitstudium aufnehmen, nicht im ersten „Verweiljahr" (der ersten „Altersstufe") neu beginnen. Eine Gliederung von Personenstatistiken nach Studienrichtung kommt in der „Österreichischen Hochschulverlaufsstatistik" nicht vor; nach Studienrichtungen (bzw. Studienrichtungsgruppen) gegliederte Statistiken existieren nur für „belegte Studien". In diesem Modell wird dagegen das rechtlich nicht existente Konstrukt eines *„Studienrichtungspersonenteils"* gewählt. Dies geschieht, indem jeder Studierende durch die Zahl der von ihm getätigten Inskriptionen dividiert und mit diesem Teil der jeweiligen Studienrichtung zugerechnet wird. Um einen geeigneten Input für das Qualifikationsstrukturmodell zu erhalten, verschmelzen bei den Erstabschlüssen diese Teilpersonen quasi wieder zu einer Person – *ein* Abschluss kann ja nur von *einer* Person in *einer* Studienrichtung erlangt werden.

3.3.2 Die Wintersemesteranfänger

Sieht man von der nach wie vor geringen Zahl von Personen ab, für die sich über eine Studienberechtigungsprüfung oder eine andere alternative Form des Hochschulzugangs der Eintritt in den universitären Bildungssektor eröffnet, wird die Zugangsberechtigung durch den Erwerb der Matura erreicht. Es liegt daher nahe, den Zugang zur Hochschule mit einer „Übertrittsquote" vom höheren in den tertiären Bildungsbereich abzubilden. Da jedoch eine große Zahl von Studienanfängern nicht unmittelbar nach der Matura zu studieren beginnt, erweist es sich als notwendig, auch zurückliegende Maturajahrgänge zu beachten. Eine genauere Analyse der Übertrittsraten zeigte allerdings, dass eine Berücksichtigung von mehr als zwei Maturajahrgängen nicht notwendig ist. Darüber hinaus weisen die Übertrittsquoten erhebliche Unterschiede nach Geschlecht und absolviertem Schultyp auf. Daher wurde die Zahl der erstmalig an einer wissenschaftlichen Hochschule inskribierenden inländischen ordentlichen Studierenden folgendermaßen berechnet:

$$B^{w}_{i,j} = M^{t-1}_{i,j} q_{i,j,t} + M^{t-2}_{i,j} q_{i,j,t-1}$$

B^W = Wintersemesteranfänger — i=1, 2 = Geschlecht
M = Schüler der Abschlussklassen (Maturanten) — j=1, …, 6 = Schultyp
q = Übertrittsquoten — t = Zeitpunkt

Nehmen wir an, der betrachtete Zeitpunkt sei das Wintersemester 1994/95 *(t=94)*, so werden die männlichen *(i=1)* Erstzugelassenen mit dem Maturazeugnis einer Höheren Kaufmännischen Schule *(j=3)* aus zwei Teilbeträgen ermittelt: jenem Teil, der sofort nach der Matura zu studieren beginnt, also im Schuljahr 1993/94 Schüler der Abschlussklasse gewesen ist ($M^{93}_{1,3}$), und einer Gruppe von Maturanten, die ebenso 1994/95 – aber möglicherweise nach Absolvierung von Präsenz- oder Zivildienst – zu studieren beginnen und daher 1992/93 oder früher maturiert haben.

3.3.3 Aufteilung auf die Studienrichtungen

Nachdem die nach Geschlecht und Schultyp unterschiedenen Anfängerzahlen ermittelt wurden, werden die einzelnen Gruppen mit Hilfe eines Aufteilungsschlüssels den einzelnen Studienrichtungen zugeordnet:

$$\forall_t : B^{w}_{i,j,k} = a_{i,j,k} B^{w}_{i,j} \text{ wobei } \sum_{k=1}^{21} a_{i,j,k} = 1 \text{ und weiteres } S_{i,1,k} = \sum_{j=1}^{6} s_{i,j,k} B^{w}_{i,j,k}$$

B^W = Wintersemesteranfänger — i=1, 2 = Geschlecht
$S_{i,1,k}$ = Studenten im ersten Studienjahr — j=1, …, 6 = Schultyp
$a_{i,j,k}$ = Anteil der k-ten Studienrichtung — k=1, …, 21 = Studienrichtung
$s_{i,j,k}$ = Aufschlagsfaktor für Sommersemesteranfänger — t = Prognosezeitpunkt (Jahresschritte)

Die Erstzugelassenen werden also je nach Schultyp und Geschlecht mit einem spezifischen Schlüssel auf die einzelnen Studienrichtungen aufgeteilt. Die Sommersemesteranfänger werden aus den Wintersemesteranfängern mit Hilfe eines schultypen- und studienrichtungsspezifischen Faktors berechnet ($s_{i,j,k}$=1+diesen Faktor).

Im Modell sind 21 Studienrichtungen vorgesehen. Die Tabelle „Zusammenfassung der synthetischen Studienrichtungen“ (im Anhang) gibt einen Überblick über die Definition der einzelnen Studienrichtungen anhand der letztgültigen dreistelligen Studienrichtungskennzahlen der Österreichischen Hochschulverlaufsstatistik samt den Namen der Studienrichtungen und Studienzweige.

3.3.4 Bestandsfortschreibung

Ausgangspunkt der Fortschreibung ist der nach Geschlecht, bisheriger Verweildauer und Studienrichtungen differenzierte Bestand an Studenten im Wintersemester 2003/04.

Unter „Student“ wird in der Hochschulplanungsprognose ein im Wintersemester inskribierter inländischer ordentlicher Hörer verstanden. Die „bisherige Verweildauer“ wird in Jahresschritten gezählt und beginnt mit dem Jahr, in dem die Matrikelnummer zugewiesen wurde, unabhängig von Unterbrechungen in der Inskriptionsfolge oder von Studienwechseln.

Ausgangspunkt für die Berechnung der Bestandszahlen sind die Retentionsraten. Sie werden durch die Gegenüberstellung der jeweils korrespondierenden Studentenzahlen in zwei aufeinander folgenden Jahren ermittelt:

$$R^t_{i,j,k} = S^{t+1}_{i,j+1,\,k} / S^t_{i,j,k}$$

i=1, 2 = Geschlecht t = Zeitpunkt (Jahr)
j=1, …, 13 = Studienjahr k=21, …, 21 = Studienrichtung

Sie geben den Anteil der Wiederinskribierenden im nächsten Wintersemester an. Die Retentionsrate kann in Einzelfällen auch größer als *1* sein, dann nämlich, wenn die Summe aus sekundären Zugängen von außen (Wiederinskription nach Unterbrechung) und Zuwechslern größer ist als die Zahl jener, welche die Universität verlassen oder zu einer anderen Studienrichtung überwechseln.

Einen Sonderfall stellen die erste und die letzte Retentionsrate ($R_{1,t}$ und $R_{14,t}$) dar. Bei der ersten Retentionsrate $R_{1,t}$ stehen nicht nur die Anfänger des Wintersemesters $S_{1,t}$, sondern auch die Sommersemesteranfänger B^S, in Summe also die gesamte Kohorte K_t im Nenner. Die letzte Retentionsrate $R_{14,t}$ berechnet sich aus den Studentenzahlen mit 15 und mehr Studienjahren dividiert durch die Summe aus den Studentenzahlen des Vorjahres mit 14 und 15 und mehr Studienjahren:

$$R^t_{i,14,k} = S^{t+1}_{i,15,k} / (S^t_{i,14,k} + S_{i,15,k})$$

Neben dem Zugang zu den Hochschulen ist die Verweildauer die zweite zentrale Determinante für die Höhe der Studentenzahlen. Sie ist wegen ihrer knappen und präzisen Aussage einer detaillierten Darstellung der einzelnen Flow-Größen in vielen Fällen vorzuziehen, da sie den Prozess der Fortschreibung plastisch zu illustrieren vermag.

Aus den Retentionsraten ergibt sich die zu erwartende Verweildauer gemäß:

$$V_\varepsilon = 1 + \sum_{n=2}^{13} \prod_{j=1}^{n-2} R_j + \frac{\prod_{j=1}^{13} R_j}{(1 - R_{14})}$$

R_j = Retentionsrate j = Studienjahr

$R_{14} < 1$ wird vorausgesetzt. Andernfalls stiege die Zahl der Studenten mit einer bisherigen Verweildauer von 14 und mehr Jahren ins Unendliche. Tatsächlich kamen solche Fälle in einzelnen Jahren in der Vergangenheit gelegentlich vor; Werte von R_{14} größer als 1 müssen als Zufallsschwankung interpretiert werden und kommen in der Prognose nicht vor.

Die *zu erwartende mittlere Verweildauer* (kürzer „durchschnittliche Verweildauer“) sagt aus, wie viele Wintersemesterinskriptionen je Studienanfänger bei gegebenen Wiederinskriptionswahrscheinlichkeiten (Retentionsraten) im Schnitt zu erwarten sind. Bei einer Untersuchung der durchschnittlichen Inskriptionszahl von Exmatrikulierenden käme man selbstverständlich auf andere Werte, da diese Personen schon länger studieren und in früheren Jahren andere Retentionsraten gültig waren. Auch Analysen der Studiendauer von Absolventen führen zu anderen Werten, bleibt doch die große Zahl der Studenten, die keinen Abschluss erreichen, außer Betracht. Gegenüber diesen kohortenorientierten Maßen bietet „die zu erwartende durchschnittliche Verweildauer“, die aufgrund einer Querschnittsanalyse und ausgehend von aktuellsten Daten (zwei aufeinander folgende Jahre genügen) berechnet wird, ein höchst sensibles Instrument, mit dem verändertes Studienverhalten rasch diagnostiziert werden kann.

3.3.5 Abschlüsse und Erstabschlüsse

Ohne die Tatsache ignorieren zu wollen, dass man von Studienerfolg sinnvollerweise auch dann sprechen kann, wenn ein Student keinen formellen Studienabschluss erreicht, wurde in der Hochschulplanungsprognose der pragmatische Weg der Gleichsetzung von Studienabschluss und Studienerfolg beschritten. Als Ergebnis des Hochschulplanungsprognosemodells werden sowohl studienbezogene Abschlusszahlen als auch die personenbezogenen Erstabschlüsse ausgewiesen. In manchen Studienrichtungen kann die Zahl der Abschlüsse deutlich über der Zahl der Erstabschlüsse liegen. Will man etwa Aussagen über die Effizienz der Hochschulen machen, ist eine Orientierung an Abschlusszahlen empfehlenswert, bei arbeitsmarktpolitischen Überlegungen ist hingegen die Zahl der Erstabschlüsse der Jungakademiker von Interesse. In der Personenbezogenheit liegt ein – wenn auch quantitativ nicht bedeutsamer – Unterschied zu den Erstabschlüssen vor, wie sie seit 1990 von der Statistik Austria veröffentlicht werden. Dort ist etwa ein Doktorat der Medizin *immer* ein Erstabschluss, während im Hochschulmodell dies nur dann der Fall ist, wenn der Betreffende in vorangegangenen Jahren keinen anderen Abschluss erreicht hat.

Abschlüsse und Erstabschlüsse sind entsprechend den Hauptlinien des Modellkonzepts nach Geschlecht, Studienrichtung und bisheriger Verweildauer disaggregiert, wobei angemerkt werden soll, dass Abschlüsse innerhalb der ersten drei Jahre des Universitätsbesuchs definitionsgemäß nicht auftreten. Für die Prognose wurden die Zahlen mit Hilfe von Erfolgsquoten (für Erst- und Zweitabschlüsse) ermittelt, die das Verhältnis von Abschlüssen zu ehemaligen Anfängern beschreiben, z.B. für Erstabschlüsse:

$$\forall i, k : E_j = q_j^E K_{(t-j+1)}$$

E_j = Erstabschlüsse im j-ten Verweiljahr	i=1,2 = Geschlecht
K = Studentenkohorte	j=1, …, 15 = bisherige Verweildauer
q^E = Erstabschlussquote	k=1, …, 21 = Studienrichtung

3.4 DAS QUALIFIKATIONSSTRUKTURMODELL

In diesem Teilmodell wird die Entwicklung der Qualifikationsstruktur der Wohnbevölkerung ab 15 und mehr Jahren fortgeschrieben, also praktisch die Qualifikationsstruktur jener Personen, die potenziell am Arbeitsmarkt als Nachfragende auftreten können.

Die Startwerte für dieses Modell wurden aus den Ergebnissen der Volkszählung 2001 (Tabellen 6a,b, 7, 8 und 9) gewonnen. Für die Wohnbevölkerung wird eine Gliederung nach Geschlecht (männlich, weiblich), Alter (15–95) und 28 Qualifikationsgruppen in vier Qualifikationsebenen verwendet (eine genaue Zusammenstellung der einzelnen Gruppen siehe Anhang):

1. Ebene
   1 ABS Pflichtschule + Lehre
2. Ebene
   2 BMS Berufsbildende Mittlere Schulen
3. Ebene
   3 AHS Allgemeinbildende Höhere Schulen

4	BHS	Berufsbildende Höhere Schulen
4. Ebene		
5	SPO	Sonstige Tertiäre Ausbildung (sonstige hochschulverwandte Lehranstalten; Studienrichtung unbekannt)
6	PAK	Pädagogische Akademien + Lehrerbildungsanstalten
7	FHS	Fachhochschulen
8	PAEDA	Pädagogik
9	GEIKU	Sprachen
10	SOKOM	Sozial- und Kommunikationswissenschaften
11	ANGMA	Ang. Mathematik
12	INGWE	Ingenieurwesen
13	LAFOW	Land- und Forstwirtschaft
14	MPAED	Musikpädagogik
15	KUNST	Kunst
16	LEAM	Lehramtsstudien
17	VETM	Veterinärmedizin
18	HMED	Humanmedizin
19	PSYCH	Psychologie
20	NATWI	Naturwissenschaften
21	PHARM	Pharmazeutische Studien
22	SPORT	Sportwissenschaften
23	REWI	Rechtswissenschaften
24	WIPAE	Wirtschaftspädagogik
25	SOWI	Sozial- und Wirtschaftswissenschaften
26	WINF	Wirtschaftsinformatik
27	THEO	Theologie
28	IDIPL	Individuelles Diplomstudium

Für die Fortschreibung der qualifikationsspezifischen Wohnbevölkerung wird die im Bevölkerungsmodell berechnete fiktive Sterberate verwendet. Zur qualifikationsspezifischen Korrektur der Sterberate, um die unterschiedliche Lebenserwartung in Abhängigkeit von der Bildung zu berücksichtigen, wurden die entsprechenden Faktoren aus einem am Institut durchgeführten Forschungsprojekt übernommen:

$$QB^{j,l}_{k,t} = QB^{j,l}_{k,t-1}\,(1 - dr^{l}_{k,t}\, drk^{j,l}_{k})$$

QB = qualifikationsspezifische Wohnbevölkerung
dr = fiktive Sterberate
drk = qualifikationsspezifische Korrekturfaktor der Sterberate
l=1,2 = Geschlecht
j=1, …, 28 = Qualifikationsgruppe
k=16, …, 95 = Lebensalter
t = Prognosezeitpunkte (Jahresschritte)

Die Summe der Wohnbevölkerung über die Qualifikation wird jährlich mit den Werten des Bevölkerungsmodells verglichen und die Abweichungen, die durch die qualifikationsspezifische Korrektur der Sterberate bei der gebildeten Wohnbevölkerung entstehen, in der ersten Qualifikationsgruppe (ABS) ausgeglichen.

Die von der Statistik Austria übernommenen Bevölkerungsdaten sind Jahresdurchschnittsdaten, die im Qualifikationsstrukturmodell verwendeten Daten basieren auf den Ergebnissen der Volkszählung, sind also Daten eines Stichtages (15. Mai). Im ersten Prognosejahr (2002) bewirken diese Unterschiede bei der Datenbasis stärkere Abweichungen, die durch entsprechende Anpassungen der Volkszählungsdaten an die Bevölkerung im Jahresdurchschnitt behoben werden.

Für die erste Qualifikationsgruppe (ABS) wird die 15- bis 16-jährige Bevölkerung des Bevölkerungsmodells verwendet. Dieser Vorgangsweise liegt die Annahme zugrunde, dass, entsprechend den gesetzlichen Bestimmungen, alle Jugendlichen die Pflichtschule abschließen bzw. die Schulpflicht erfüllen – in welcher Schulstufe auch immer. Für die höheren Qualifikationsebenen werden Jahr für Jahr alle „neuen" Absolventen (Absolventen des berechneten Jahres) entsprechend ihrer Qualifikation zur Wohnbevölkerung hinzugerechnet und von der entsprechend niedrigeren Ebene abgezogen (z.B.: AHS-Maturanten werden zur Qualifikationsstufe AHS hinzugezählt und von der Qualifikationsstufe Allgemeine Pflichtschule (ABS) abgezogen).

Die Absolventen der 2.–28. Qualifikationsgruppe werden, versehen mit einer Alterstruktur, zur qualifikationsspezifischen Wohnbevölkerung altersgemäß hinzugezählt:

$$QB_k^{j,l} = QB_k^{j,l} + AB^{j,l}\, as_k^{j,l} \text{ wobei } \sum_{k=16}^{95} as_k^{j,l} = 1$$

j=2, …, 28 = Qualifikationsgruppe

Von der ersten Qualifikationsebene werden die Absolventen der zweiten und dritten Qualifikationsebene (BMS, AHS, BHS) abgezogen:

$$QB_k^{1,l} = QB_k^{1,l} - ABS_k^{j,l}$$

j=2, …, 4 = Qualifikationsgruppe

Von der dritten Qualifikationsebene (AHS, BHS) werden die Absolventen der vierten Qualifikationsebene (SPO, PAK, FHS, UNI) abgezogen:

$$QB_k^{3,l} = QB_k^{3,l} - \sum_{j=5}^{7} ABS_k^{j,l} ahsant_k^{j,l} - \sum_{j=5}^{7} ABS_k^{j,l} ahsant_k^{8,l}$$

$$bhsant_k^{j,l} = 1 - ahsant_k^{j,l}$$

$$QB_k^{4,l} = QB_k^{4,l} - \sum_{j=5}^{7} ABS_k^{j,l} bhsant_k^{j,l} - \sum_{j=5}^{7} ABS_k^{j,l} bhsant_k^{8,l}$$

QB = Geschlecht
AB = Absolventen
ABS = Absolventen mit einer Altersstruktur
as = Altersstrukturkoeffizient der Absolventen
$ahsant$ = Anteil der AHS-Maturanten an den Absolventen der 4. Qualifikationsebene
$bhsant$ = Anteil der BHS-Maturanten an den Absolventen der 4. Qualifikationsebene
l=1,2 = Geschlecht
j = Qualifikationsgruppe
k=16, …, 95 = Lebensalter

Die Absolventen der vierte Ebene (tertiärer Bereich) werden von der dritten Ebene – also sowohl von der Qualifikationsgruppe Allgemeinbildende Höhere Schule als auch Berufsbildende Höhere Schule – abgezogen. Derzeit ist nicht eruierbar, ob ein Absolvent (Erstabschluss) der Universität nicht schon zuvor einen Abschluss an einer Fachhochschule erworben hat bzw. vice versa. Für das Modell wurde daher angenommen, dass die Abschlüsse sowohl an Fachhochschulen als auch an Universitäten echte Erstabschlüsse sind. Die Hochschulabsolventen werden jährlich mit einer fixen qualifikationsspezifischen Alterstruktur zur entsprechenden Wohnbevölkerung addiert. Gleichzeitig wird die Summe aller Hochschulabsolventen mit einem altersspezifischen AHS- bzw. BHS-Faktor multipliziert und dann von den Qualifikationsgruppen AHS und BHS abgezogen. Für die Qualifikationsgruppe der Pädagogischen Akademie wurde angenommen, dass 2% der Absolventinnen und 4% der Absolventen nach ihrem Abschluss an einer Pädagogischen Akademie auch noch ein Hochschulstudium erfolgreich beenden. Dieser Prozentsatz wird dem Anteil der AHS-Maturanten zugerechnet, da in den Modellannahmen davon ausgegangen wurde, dass nur AHS-Maturanten ein Studium an der Pädagogischen Akademie beginnen und, was für das Arbeitsmarktmodell von Bedeutung ist, auch beenden.

Das Erwerbstätigenpotenzial wird mit Hilfe der Erwerbsquoten aus der Volkszählung 2001 nach Geschlecht, Qualifikation und Alter berechnet. Die Erwerbsquoten werden jährlich entsprechend der Veränderung der Schulbesuchsquote korrigiert. Eine darüber hinausgehende Korrektur erfolgt nicht. Dies bedeutet, dass Verschiebungen der Erwerbsneigung, die z.B. bedingt durch die Situation am Arbeitsmarkt laufend eintreten, im Fortschreibungsmodell keine Berücksichtigung finden. So führt z.B. ein Anstieg des Pensionsantrittsalters, den man sich aufgrund von Änderungen des Pensionssystems erhofft, auch wenn er eintritt, im Fortschreibungsmodell zu keiner Veränderung der Erwerbsquoten der älteren Arbeitskräfte. Ein dadurch eventuell erwarteter Anstieg des Arbeitskräftepotenzials bleibt daher aus. Dagegen bewirkt eine vermehrte Bildungsbeteiligung der 15- bis 45-Jährigen im Modell eine Verminderung der Erwerbstätigkeit. Ebenso führt auch die Verbesserung der Qualifikationsstruktur – durch die erhöhte Erwerbsneigung höher Qualifizierter, insbesondere besser qualifizierter Frauen – zu einer steigenden Nachfrage nach Arbeitsplätzen. Generell wurden die Erwerbstätigen – um die Vergleichbarkeit mit den Volkszählungen 1981/91 zu gewährleisten – nach dem „Lebensunterhalt-Konzept" – also ohne „geringfügig Beschäftigte" – berechnet – dies gilt natürlich auch für die Arbeitslosen.

Wie schon oben darauf hingewiesen, liegt das Hauptaugenmerk dieser Studie auf Effekten, die sich aufgrund von Veränderungen des Bildungsverhaltens oder der Qualifikationsstruktur ergeben, und es wurde bewusst auf Berücksichtigung anderer Einflüsse verzichtet. Dies soll verhindern, dass die Simulationsergebnisse, die sich durch Veränderungen im Qualifikationssystem ergeben, durch die Auswirkungen anderer Parameter überdeckt werden.

4 Veränderungen der Bevölkerungsstruktur und deren Auswirkungen auf das Bildungssystem

4.1 EINLEITUNG

Betrachtet man die demographischen Veränderungen in Österreich nach 1945, so zeigen sich zwei für das Bildungswesen und in weiterer Folge für die Qualifikationsstruktur der Bevölkerung wichtige Entwicklungen. Erstens schwankte die Zahl der Geburten besonders zwischen 1945 und 1978 (min. 85.402 {1978}); max. 134.809 {1963}) überaus stark. Zweitens fehlten in der Phase des stürmischen Wachstums der Geburtenzahlen – zum Teil aufgrund des vorangegangenen Krieges – geeignete Lehrkräfte. In weiterer Folge wurden diese Fehlbestände – anfangs im Pflichtschulbereich, später auch im weiterführenden Schulwesen – vorwiegend durch Frauen aufgefüllt, und heute ist der Lehrberuf insgesamt weiblich dominiert. Von 1978 bis 1994 schwankten die Geburtenzahlen zwischen 85.000 und 95.000 (1994: 95.302) und fielen danach bis 2001 auf den seit 1945 niedrigsten beobachteten Wert von 75.458 Geburten. Laut Statistik Austria[7] ist in Zukunft mit keinen stärkeren Schwankungen mehr zu rechnen.

Die großen Schwankungen der Geburten in der Vergangenheit blieben nicht ohne Auswirkungen auf das Bildungssystem. Der steile Anstieg der Geburtenzahlen ab 1955 (min.: 1951 mit 102.764 Geburten) und – in etwas geringerem Ausmaß – der später folgende deutliche Rückgang der Geburtenzahlen zwischen 1964 und 1978 mit einem relativen Minimum von 85.402 Geburten stellten das Schulsystem vor große Probleme. Allein diese demographischen Faktoren machten weit reichende Maßnahmen notwendig, um die Funktionsfähigkeit des Schulsystems aufrechtzuerhalten. Doch gerade zu der Zeit, in der die stärksten Jahrgänge geboren wurden, veränderte sich in der österreichischen bildungspolitischen Diskussion einiges. Unter dem Eindruck des verlangsamten Wirtschaftswachstums und eines nicht ausreichenden bzw. nicht ausreichend qualifizierten Arbeitskräftepotenzials näherten sich die bis zu dieser Zeit unversöhnlich scheinenden Standpunkte der beiden Koalitionspartner (ÖVP, SPÖ) bezüglich der Struktur

[7] Geburtenfortschreibung (Hauptvariante 2004) der Statistik Austria.

Grafik 1: Entwicklung der Zahl der Geburten bis zum Jahr 2026

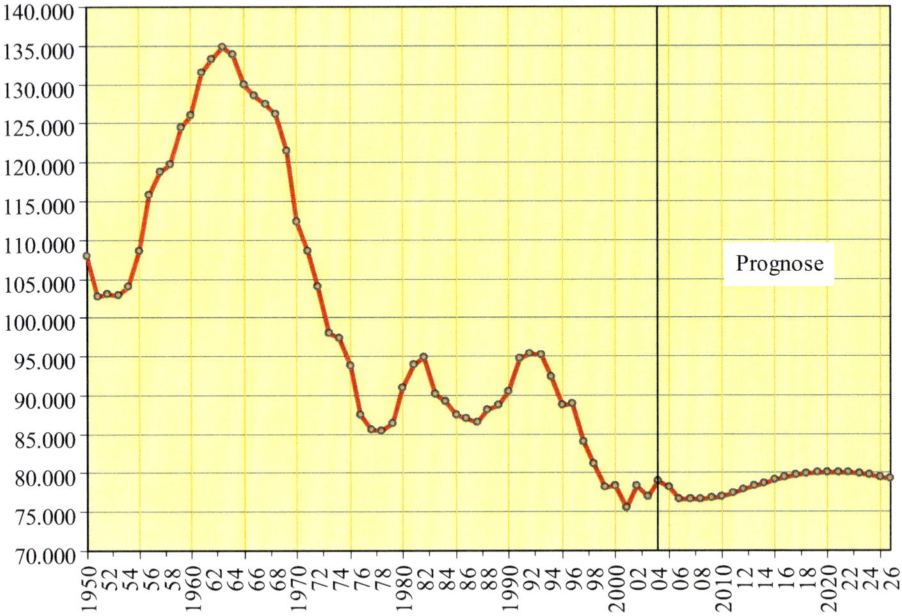

des Bildungssystems an, und es kam 1962 zu einer Einigung über wichtige Schulgesetze (Schulorganisationsrecht, Schulaufsichtsrecht, Privatschulrecht u. a.). Die damalige bildungspolitische Diskussion wurde beherrscht von Paradigmen wie: Voraussetzung für wirtschaftliches Wachstum ist ein möglichst gut qualifiziertes Arbeitskräftepotenzial, oder: Das Begabtenpotenzial einer Gesellschaft kann nur bei gleichem Recht auf Bildung optimal ausgeschöpft werden – wobei die unterschiedlichen Schwerpunkte dieser Forderung nach gleichem Recht – ÖVP eher regional und SPÖ eher sozial – eine Einigung nicht verhinderten. Das nachfolgende Ausbauprogramm, besonders im sekundären Schulbereich – jedem Bezirk seine Mittlere bzw. Höhere Schule (BMS, BHS und AHS) – betont eher den regionalen Charakter der expansiven Bildungspolitik, das Studienbeihilfengesetz (1963), die Rechtsvorschriften betreffend Beihilfen und die gesetzliche Unfallversicherung der Schüler (1967; Schülerfreifahrten, unentgeltliche Schulbücher usw.), das Hochschultaxengesetz (1973) u. a. eher den sozialen Aspekt.

Das Zusammentreffen dieser neuen bildungspolitischen Ansätze mit dem schon demographisch bedingten Anschwellen der Schülerzahlen führte vorerst im Bildungsbereich zu einem akuten Lehrermangel und ernsthaften räumlichen Kapazitätsengpässen. In der Folge brachten der forcierte Schulbau und die intensivierte Lehrerausbildung (Errichtung der Pädagogischen

Akademien ab 1966/67 in Wien und ab 1968/69 in allen Bundesländern) eine langsame Entspannung der Situation, bis es ab Mitte der 1980er-Jahre – die Geburtenzahlen waren innerhalb von nur 15 Jahren um mehr als ein Drittel gesunken – in manchen Bereichen des Schulsystems zu einem Überangebot an Lehrkräften und später auch an räumlichen Kapazitäten kam.

Die aufgrund dieses Ausbauprogramms in den 1970er- und 1980er-Jahren zahlreich neu eingestellten Lehrerkräfte werden nun nach mehr als 30 Dienstjahren zwischen 2005 und 2015 verstärkt ihren Dienst an den Schulen quittieren. Die Pensionierung dieser Lehrer trifft gerade auf den starken Rückgang der Geburten in den letzten zehn Jahre, wodurch sich die dadurch entstehenden Engpässe wahrscheinlich nicht in dem Ausmaß wie in den 1960er- und 1970er-Jahren bemerkbar machen werden, obwohl die lange Zeit mit Lehrerüberschüssen zu einem starken Rückgang der Studienanfänger in den pädagogischen Studien führte.

Im tertiären Bildungsbereich wurde mit der Einführung der Fachhochschulen ab 1994 eine der bedeutendsten Veränderungen eingeleitet, die zu einer deutlichen Erweiterung des Studienangebots und zu einer Entlastung der Universitäten führte. Umgekehrt führte die Vorschreibung von Studienbeiträgen seit 2001 zumindest in der Anfangsphase zu einer prozentuellen Reduktion der Studienanfänger. Allerdings zeigte die in den letzten Jahren – bedingt durch internationale Bildungsvergleiche (PISA; Education at a Glance) und die Bildungsinitiativen der EU – wieder neu entflammte Bildungsdiskussion, dass sich auch in Zukunft in diesem Bereich noch einiges verändern wird.

Für die Vergleiche Schülerzahlen – Bevölkerungsentwicklung in einzelnen Altersjahrgängen wurde die Bevölkerungsfortschreibung zur Jahresmitte der Statistik Austria verwendet.[8]

4.2 DAS PFLICHTSCHULWESEN

4.2.1 DAS PRIMÄRE SCHULWESEN

Im primären Schulwesen ist die Entwicklung der Schülerzahlen aufgrund der allgemeinen Schulpflicht (bzw. Unterrichtspflicht) unmittelbar an die demographischen Veränderungen gekoppelt. Leichte Abweichungen entstehen nur durch die Veränderung der Zahl der Wiederholer; so machten sich z.B. die Auswirkungen der gesetzlichen Regelung, dass Schüler der 1. Klas-

[8] Die Hauptvariante Fortschreibung der österreichischen Wohnbevölkerung 2004 der Statistik Austria (ÖSTAT).

se Pflichtschule „ohne Rücksicht auf die Beurteilungen im Jahreszeugnis in die 2. Schulstufe aufsteigen“[9] können, zum Zeitpunkt der Einführung (1974) deutlich bemerkbar.

Obwohl sich die Schülerzahl in der Allgemeinen Pflichtschule bis zum Ende der 1950er-Jahre um mehr als 110.000 verringerte (Tabelle 11), blieb die Mangelsituation der frühen 1950er-Jahre bestehen (Grafik 2 und 3). So gab es 1951 in der Volksschule 622.603 Schüler, 18.399 Klassen und 25.721 Lehrer, in der Sonderschule betrug dieses Verhältnis 11.768 zu 727 zu 893 und in der Hauptschule (inkl. PTS) 222.183 zu 6.489 zu 10.692. In der Volksschule saßen somit durchschnittlich 33, in der Sonderschule 16 und in der Hauptschule 34 Schüler in einer Klasse, und auf einen Lehrer kamen im Durchschnitt 24 (VS), 13 (SS) und 20 (HS) Schüler. An dieser Situation sollte sich bis zum Ende der 1960er-Jahre nichts Wesentliches ändern. In den 1960er-Jahren verhinderte also die neue Ära in der Bildungspolitik bei laufend steigenden Schülerzahlen in der Pflichtschule nur eine Verschlechterung der Unterrichtssituation. Erst mit dem Beginn des Rückgangs der Schülerzahlen in der Volkschule – 1969 war mit 628.000 Schülern das Maximum erreicht – setzte ab 1970 eine deutliche Verbesserung der Schüler/Klassen- bzw. Schüler/Lehrer-Verhältnisse ein.

Im Schuljahr 1986/87 wurde mit 335.000 Schülern der bis jetzt niedrigste Stand an Volksschülern nach 1951 beobachtet. In diesem Jahr gab es auch in den Volksschulen die wenigsten Schüler pro Klasse (19,1) und ein Schüler-pro-Lehrer-Verhältnis (11,8), wie es erst wieder zehn Jahre später erreicht werden sollte. Dabei muss man berücksichtigen, dass 1951 über 161.000 Schüler und Schülerinnen die 5. bis 8. Klasse der Volksschule (Volksschuloberstufe) besuchten; 1966/67 waren es noch immer über 100.000. Erst in den 1970er-Jahren sank die Zahl der Schüler in der Volksschuloberstufe auf unter 1.000, und heute besuchen nur mehr weniger als 100 Schüler diese Schulform. Alle diese Schüler werden heute an einer Hauptschule bzw. Allgemeinbildenden Höheren Schule unterrichtet. Am Ende des Beobachtungszeitraums 2002/03 sitzen in der Volksschule im Durchschnitt etwas mehr als 20 Schüler in einer Klasse und kommen auf einen Lehrer etwas mehr als 11 Schüler, in der Sonderschule sind es fast acht Schüler, die eine Klasse teilen, und auf einen Lehrer kommen 2,3 Schüler. Die Schülerzahlen in der Sonderschule haben sich zwischen 1981 (27.000) und 2001 (13.200) mehr als halbiert, wogegen die Volksschule in diesen beiden Schuljahren von etwa gleich vielen Schülern besucht wurde. Sichtlich werden in den letzten Jahren wieder mehr schwierige bzw. behinderte Kinder in eine „normale“ Schullaufbahn integriert.

---

[9] SchUG §25 Abs.4, am 1. Sept. 1974 in Kraft getreten.

Für die Hauptschule + Polytechnische Schule ist die Entwicklung um vier Jahre verschoben – insbesondere seit die Volksschuloberstufe praktisch zu existieren aufgehört hat. Die höchsten jemals beobachteten Schülerzahlen wurden im Schuljahr 1976/77 (444.000 Schüler) erreicht. Erst danach setzt der Schülerrückgang ein und damit verbunden auch die Verbesserung des Schüler/Lehrer- und des Schüler/Klasse-Verhältnisses. Allerdings verbesserte sich die Zahl der Schüler pro Klasse nur wenige Jahre und blieb etwa ab 1983/84 konstant (22–23 Schüler pro Klasse), da gleichlaufend mit den Schwankungen der Schülerzahlen auch die Zahl der Klassen reduziert bzw. seltener angehoben wurde. Im Schuljahr 2002/03 liegen die beobachteten Werte bei 23,4 für das Schüler/Klassen- bzw. 8,1 für das Schüler/Lehrer- Verhältnis. Am besten waren die Bedingungen für die Schüler in der zweiten Hälfte der 1980er-Jahre, als die wenigsten Schüler die Hauptschule besuchten. Danach haben sich mit dem leichten Anstieg der Schülerzahlen auch die Bedingungen wieder etwas verschlechtert.

Grafik 2: Entwicklung der Schüler-, Klassen- und Lehrerzahlen in der Volks- und Sonderschule (1951 auf 100 normiert)

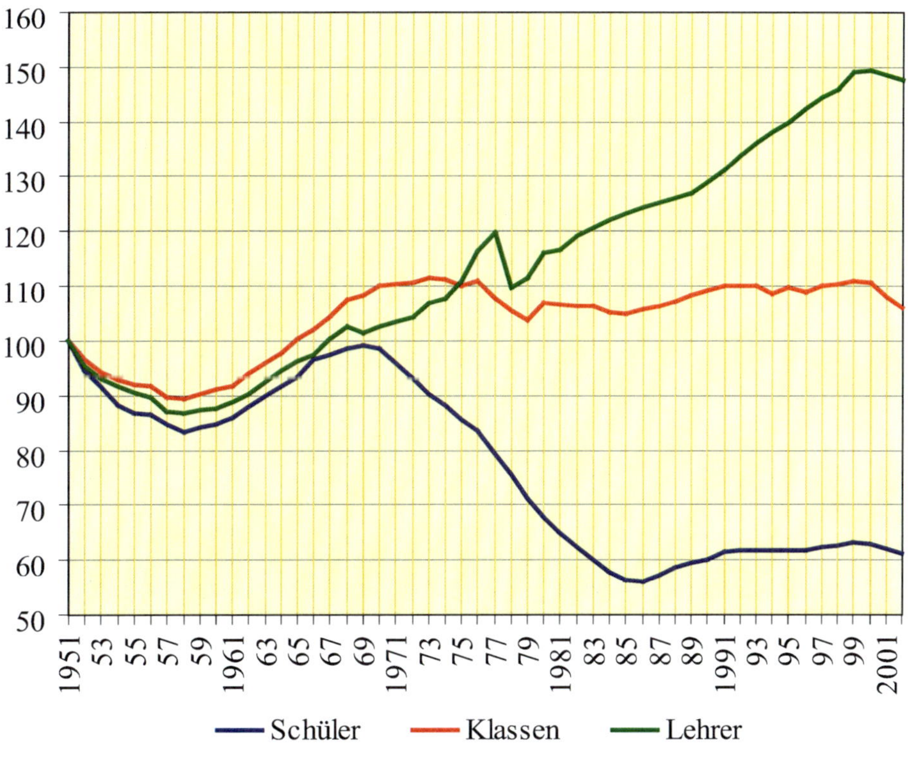

Tabelle 11: Schüler-, Klassen- und Lehrerzahlen in der Allgemeinen Pflichtschule

Schul-jahr	VOLKSSCHULE + SONDERSCHULE					HAUPTSCHULE + PTS				
	Schüler	Klassen	Lehrer	Sch/Kl	Sch/Le	Schüler	Klassen	Lehrer	Sch/Kl	Sch/Le
1951/52	634.371	19.126	26.614	33,2	23,8	222.183	6.489	10.692	34,2	20,8
1961/62	544.579	17.553	23.599	31,0	23,1	197.553	6.501	11.105	30,4	17,8
1971/72	609.262	21.073	27.513	28,9	22,1	365.248	12.216	18.744	29,9	19,5
1976/77	530.825	21.190	30.943	25,1	17,2	443.950	16.155	28.642	27,5	15,5
1977/78	502.389	20.598	31.897	24,4	15,8	432.702	16.051	30.538	27,0	14,2
1978/79	478.504	20.145	29.170	23,8	16,4	425.578	16.053	30.603	26,5	13,9
1979/80	452.631	19.840	29.682	22,8	15,2	415.151	15.969	32.550	26,0	12,8
1980/81	430.084	20.434	30.885	21,0	13,9	400.933	15.810	32.764	25,4	12,2
1981/82	412.798	20.365	31.065	20,3	13,3	386.463	15.515	33.531	24,9	11,5
1982/83	395.918	20.352	31.732	19,5	12,5	370.210	15.165	33.864	24,4	10,9
1983/84	380.412	20.318	32.094	18,7	11,9	349.759	14.792	34.058	23,6	10,3
1984/85	367.100	20.127	32.492	18,2	11,3	328.102	14.325	34.676	22,9	9,5
1985/86	357.471	20.031	32.806	17,8	10,9	312.384	13.997	35.021	22,3	8,9
1986/87	355.804	20.226	33.100	17,6	10,7	294.661	13.409	35.487	22,0	8,3
1987/88	362.763	20.330	33.330	17,8	10,9	279.178	12.647	35.270	22,1	7,9
1988/89	372.024	20.520	33.594	18,1	11,1	269.294	12.004	34.790	22,4	7,7
1989/90	377.820	20.687	33.796	18,3	11,2	260.222	11.654	34.646	22,3	7,5
1990/91	380.711	20.893	34.292	18,2	11,1	258.426	11.583	34.721	22,3	7,4
1991/92	389.219	21.021	34.902	18,5	11,2	268.803	11.791	35.436	22,8	7,6
1992/93	392.399	21.026	35.603	18,7	11,0	279.528	12.076	35.377	23,1	7,9
1993/94	391.332	21.048	36.208	18,6	10,8	285.533	12.322	35.888	23,2	8,0
1994/95	391.228	20.790	36.806	18,8	10,6	287.719	12.399	35.946	23,2	8,0
1995/96	392.051	20.999	37.251	18,7	10,5	284.567	12.273	35.937	23,2	7,9
1996/97	392.141	20.829	37.914	18,8	10,3	282.646	12.223	35.403	23,1	8,0
1997/98	395.136	21.040	38.491	18,8	10,3	281.110	12.093	35.689	23,2	7,9
1998/99	397.746	21.074	38.811	18,9	10,2	280.599	12.261	35.973	22,9	7,8
1999/00	400.708	21.196	39.679	18,9	10,1	281.925	12.354	36.178	22,8	7,8
2000/01	399.924	21.151	39.755	18,9	10,1	283.108	12.414	35.993	22,8	7,9
2001/02	394.045	20.661	39.492	19,1	10,0	285.531	12.249	35.843	23,3	8,0
2002/03	387.384	20.288	39.321	19,1	9,9	288.684	12.314	35.573	23,4	8,1

Datenquelle: Österreichische Schulstatistik 1951/52 bis 2002/03

Interessant ist auch die Entwicklung des Anteils der Hauptschüler (inkl. PTS) an der 11- bis 15- bzw. 16-jährigen Bevölkerung. Ab dem Schuljahr 1966/67 gab es die ersten Schüler in den Polytechnischen Schulen (bzw. der 9. Schulstufe), daher muss man auch ab diesem Zeitpunkt fünf Alterskohorten (11- bis 16-Jährige) zum Vergleich heranziehen. Zwischen 1951 und 1966 betrug dieser Anteil etwa 50%, danach stieg er bis 1973–74 auf über 77% an, um später wieder auf unter 50% (1986–88) abzusinken. Um 1994 erreichte

Grafik 3: Entwicklung der Schüler-, Klassen- und Lehrerzahlen in der Hauptschule (inkl. Polytechnischer Schule) (1951 auf 100 normiert)

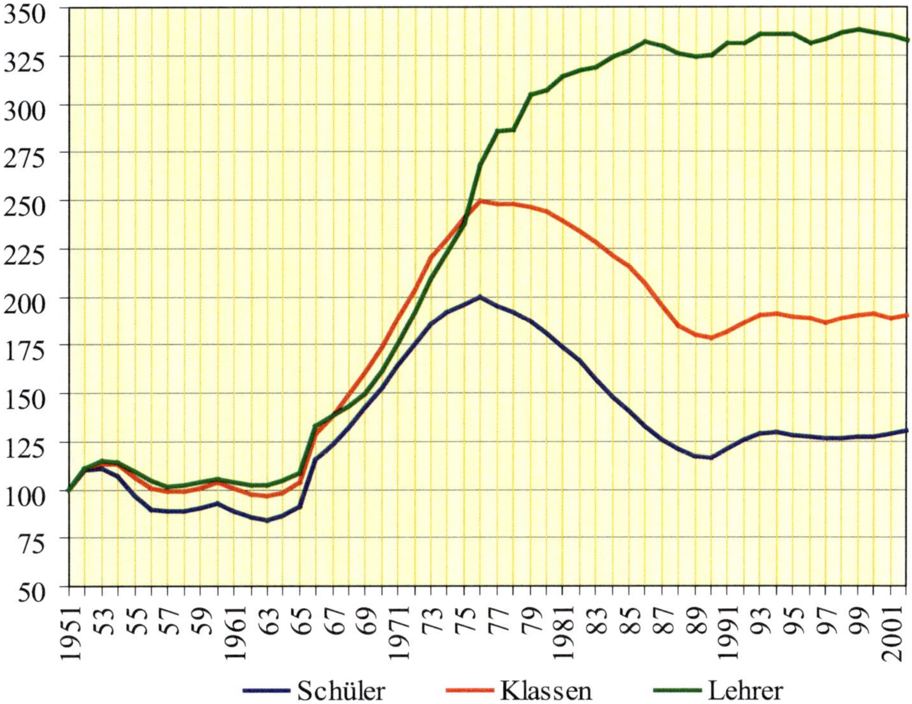

dieser Anteil kurzzeitig wieder einen Wert knapp über 65% und verharrt in den letzten Jahren bei ca. 60%. Offensichtlich hatte die Hauptschule immer wieder die Funktion, gravierende Veränderungen in benachbarten Bildungsbereichen abzufedern. Zuerst nahm sie die Schüler der Volksschuloberstufe auf – als diese Schulform aufgelöst wurde – und erreichte ihre größte Verbreitung. Danach wurden die Allgemeinbildenden Höheren Schulen massiv ausgebaut, und diese füllten ihre Klassen mit den Schülern, die früher die Hauptschulen besuchten. Besonders auffallend ist dies in städtischen Ballungsräumen, wo es oft zahlreiche Allgemeinbildende Höhere Schulen gibt, die insbesondere bei schrumpfenden Jahrgangskohorten ihre Klassen nur mehr schwer füllen können. Hier besuchen immer weniger 10- bis 14-Jährige eine Hauptschule.

4.2.2 Der Übertritt von der 4. in die 5. Schulstufe und die Verteilung der Schüler in der 5. Schulstufe

Da in diesem Alter weiterhin die allgemeine Schulpflicht gilt, ist für die Gesamtheit der Schülerzahlen (5. SST) die demographische Entwicklung

Grafik 4a: Bevölkerungsentwicklung und Schülerzahlen der 5. Schulstufe (1971 auf 100 normiert; männlich)

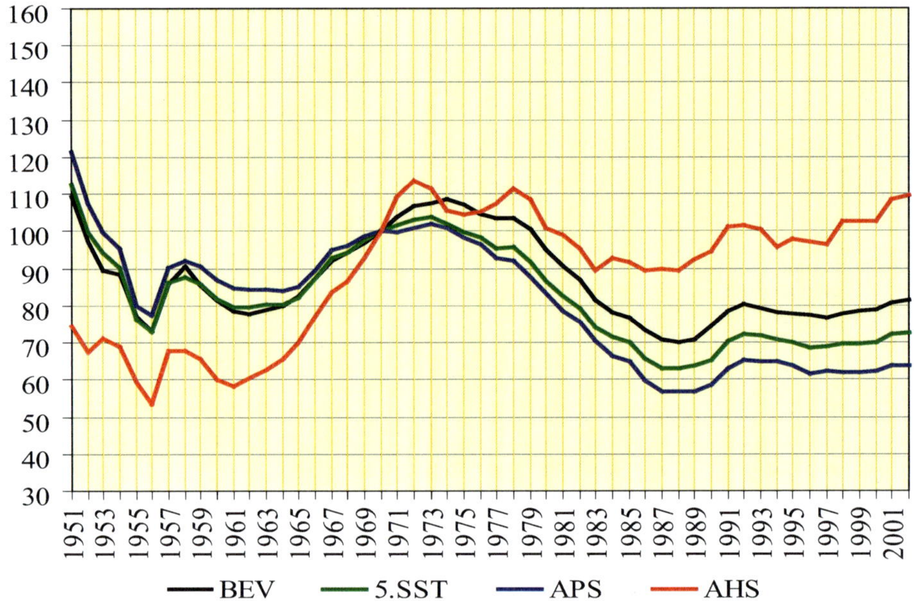

Grafik 4b: Bevölkerungsentwicklung und Schülerinnenzahlen der 5. Schulstufe (1971 auf 100 normiert; weiblich)

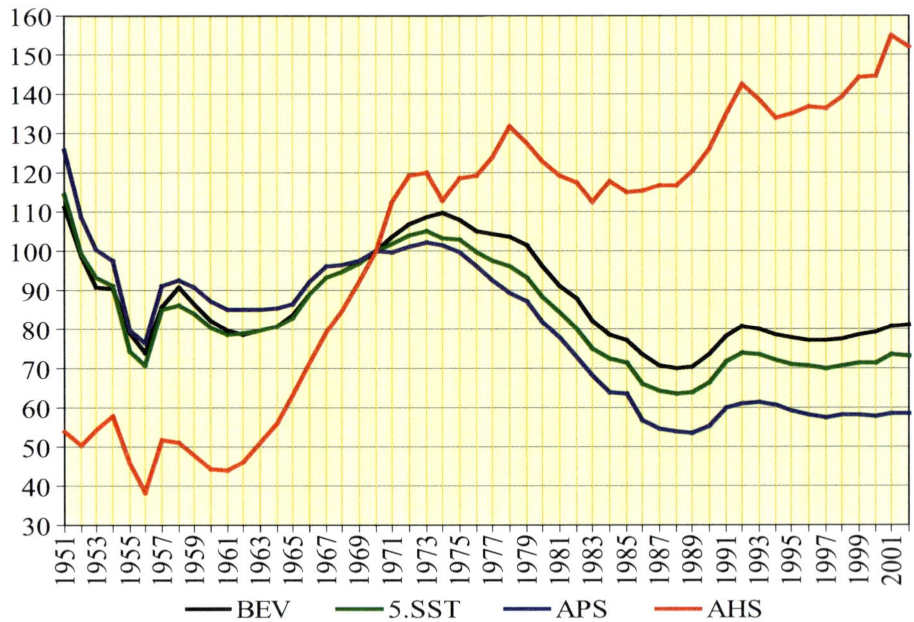

Grafik 5a: Anteile der VS, SS, HS und AHS an den Schülern der 5. Schulstufe (männlich)

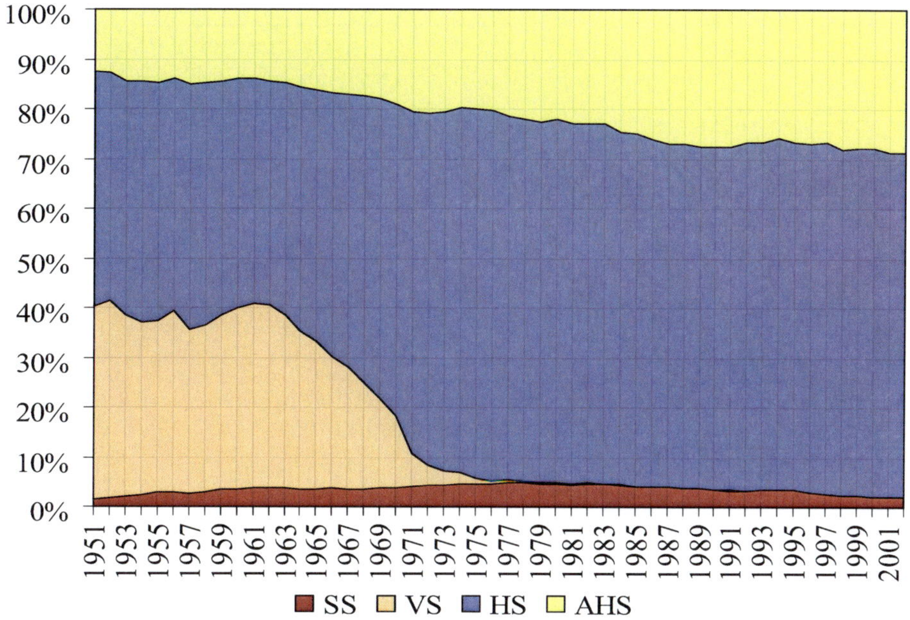

Grafik 5b: Anteile der VS, SS, HS und AHS an den Schülerinnen der 5. Schulstufe (weiblich)

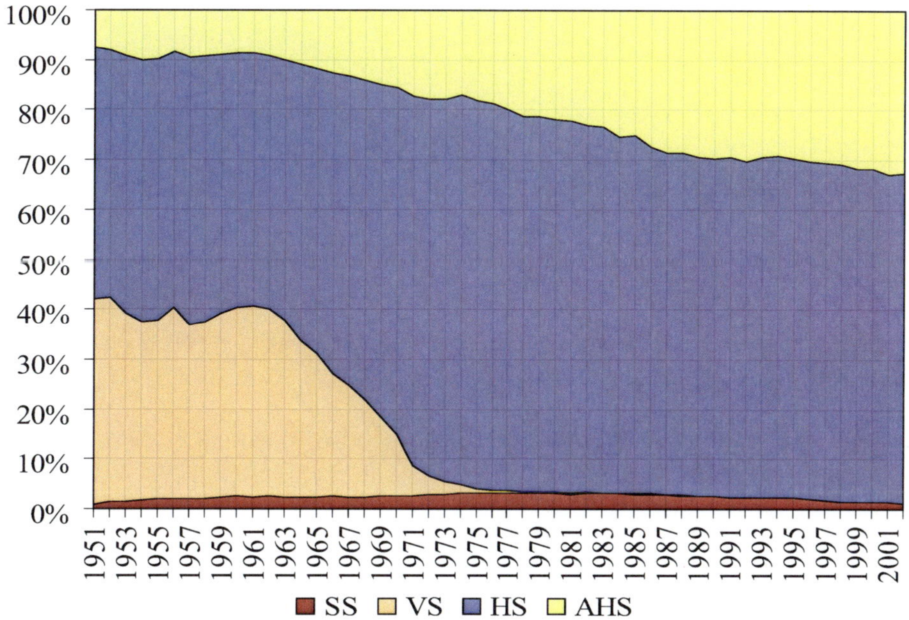

(BEV) das bestimmende Element (Grafiken 4a,b). Betrachtet man die Schüler insgesamt, können Abweichungen von der Bevölkerungsentwicklung nur durch die Veränderung der Zahl der Wiederholer und die dadurch bewirkte Altersverschiebung der Schüler (Schullaufbahnverlust) entstehen.

Doch im Unterschied zur Gruppe der 6-Jährigen besteht für die 10-Jährigen eine Wahlmöglichkeit zwischen verschiedenen Schullaufbahnen – heute im Wesentlichen zwischen zwei Schultypen:

- der Hauptschule (HS) und
- der Allgemeinbildenden Höheren Schule (AHS).

Und diese Wahlmöglichkeit wurde im Lauf der Zeit von den Schülern und Schülerinnen deutlich unterschiedlich genutzt. Insbesondere hat der Anteil der Schülerinnen, die sich für eine AHS entschieden, massiv zugenommen (Grafik 4b rote Kurve).

Bis in die 1960er-Jahre war die 8-klassige Volksschule ein Schultyp, der noch von vielen Schülern besucht wurde, und dies meist ohne eine alternative Wahlmöglichkeit. Zwischen 1951 und 1962 lag der Anteil der Volksschüler in der 5. Schulstufe knapp unter 40% – 1951/52/53 überstieg er bei den Mädchen sogar kurzzeitig die 40%-Marke. In den 1960er-Jahren wurde dann die Volksschuloberstufe rapid abgebaut (Grafiken 5a,b) und praktisch von der Hauptschule bzw. in wesentlich geringerem Ausmaß von der Allgemeinbildenden Höheren Schule abgelöst.

Tabelle 12: Verteilung der Schüler der 5. Schulstufe nach Schulformen

Schuljahr	ABS-M	AHS-M	ABS-QM	AHS-QM	ABS-W	AHS-W	ABS-QW	AHS-QW
1951/52	68.773	9.890	87,4%	12,6%	68.323	5.449	92,6%	7,4%
1953/54	56.516	9.473	85,6%	14,4%	54.572	5.479	90,9%	9,1%
1955/56	45.325	7.902	85,2%	14,8%	43.284	4.626	90,3%	9,7%
1956/57	43.742	7.121	86,0%	14,0%	41.679	3.864	91,5%	8,5%
1957/58	51.139	9.012	85,0%	15,0%	49.599	5.226	90,5%	9,5%
1958/59	52.125	8.998	85,3%	14,7%	50.351	5.164	90,7%	9,3%
1959/60	51.258	8.711	85,5%	14,5%	49.339	4.831	91,1%	8,9%
1960/61	49.233	7.972	86,1%	13,9%	47.455	4.477	91,4%	8,6%
1961/62	47.885	7.755	86,1%	13,9%	46.268	4.441	91,2%	8,8%
1962/63	47.695	8.033	85,6%	14,4%	46.191	4.643	90,9%	9,1%
1963/64	47.821	8.315	85,2%	14,8%	46.179	5.154	90,0%	10,0%
1964/65	47.484	8.729	84,5%	15,5%	46.406	5.664	89,1%	10,9%
1965/66	48.039	9.328	83,7%	16,3%	47.055	6.374	88,1%	11,9%
1966/67	50.731	10.242	83,2%	16,8%	50.212	7.222	87,4%	12,6%
1967/68	53.789	11.099	82,9%	17,1%	52.227	7.993	86,7%	13,3%
1968/69	54.274	11.495	82,5%	17,5%	52.439	8.558	86,0%	14,0%
1969/70	55.837	12.333	81,9%	18,1%	53.131	9.282	85,1%	14,9%

Schuljahr	ABS-M	AHS-M	ABS-QM	AHS-QM	ABS-W	AHS-W	ABS-QW	AHS-QW
1970/71	56.580	13.297	81,0%	19,0%	54.410	10.092	84,4%	15,6%
1971/72	56.399	14.540	79,5%	20,5%	54.294	11.368	82,7%	17,3%
1972/73	56.982	15.137	79,0%	21,0%	55.086	12.024	82,1%	17,9%
1973/74	57.641	14.838	79,5%	20,5%	55.635	12.116	82,1%	17,9%
1974/75	57.153	14.042	80,3%	19,7%	55.204	11.402	82,9%	17,1%
1975/76	55.699	13.923	80,0%	20,0%	54.256	11.978	81,9%	18,1%
1976/77	54.649	13.994	79,6%	20,4%	52.238	12.048	81,3%	18,7%
1977/78	52.437	14.276	78,6%	21,4%	50.415	12.515	80,1%	19,9%
1978/79	52.045	14.808	77,8%	22,2%	48.636	13.291	78,5%	21,5%
1979/80	49.662	14.437	77,5%	22,5%	47.325	12.870	78,6%	21,4%
1980/81	47.131	13.425	77,8%	22,2%	44.425	12.407	78,2%	21,8%
1981/82	44.432	13.178	77,1%	22,9%	42.288	12.051	77,8%	22,2%
1982/83	42.786	12.676	77,1%	22,9%	39.722	11.860	77,0%	23,0%
1983/84	39.903	11.907	77,0%	23,0%	37.104	11.341	76,6%	23,4%
1984/85	37.515	12.358	75,2%	24,8%	34.808	11.880	74,6%	25,4%
1985/86	36.781	12.172	75,1%	24,9%	34.535	11.608	74,8%	25,2%
1986/87	33.839	11.900	74,0%	26,0%	30.862	11.649	72,6%	27,4%
1987/88	32.215	11.926	73,0%	27,0%	29.737	11.801	71,6%	28,4%
1988/89	32.117	11.910	72,9%	27,1%	29.324	11.776	71,3%	28,7%
1989/90	32.179	12.294	72,4%	27,6%	29.116	12.158	70,5%	29,5%
1990/91	33.094	12.560	72,5%	27,5%	30.211	12.738	70,3%	29,7%
1991/92	35.629	13.456	72,6%	27,4%	32.632	13.616	70,6%	29,4%
1992/93	36.928	13.510	73,2%	26,8%	33.316	14.396	69,8%	30,2%
1993/94	36.746	13.367	73,3%	26,7%	33.456	13.990	70,5%	29,5%
1994/95	36.620	12.749	74,2%	25,8%	33.124	13.505	71,0%	29,0%
1995/96	35.998	13.028	73,4%	26,6%	32.341	13.610	70,4%	29,6%
1996/97	34.908	12.924	73,0%	27,0%	31.771	13.806	69,7%	30,3%
1997/98	35.232	12.820	73,3%	26,7%	31.361	13.777	69,5%	30,5%
1998/99	35.111	13.676	72,0%	28,0%	31.610	14.057	69,2%	30,8%
1999/00	35.152	13.644	72,0%	28,0%	31.604	14.576	68,4%	31,6%
2000/01	35.326	13.655	72,1%	27,9%	31.451	14.607	68,3%	31,7%
2001/02	36.042	14.420	71,4%	28,6%	31.863	15.628	67,1%	32,9%
2002/03	36.075	14.607	71,2%	28,8%	31.933	15.366	67,5%	32,5%

Etwa zur gleichen Zeit – Anfang der 1960er-Jahre – beginnt auch der Anteil der AHS-Schüler an den Schülern der 5. Schulstufe kontinuierlich anzusteigen. Für die Entwicklung des Bildungswesens und im Weiteren der Qualifikationsstruktur der Wohnbevölkerung von besonderem Interesse sind die Verschiebungen zwischen jenen Schülern, die eine Hauptschule bzw. eine AHS besuchen. Im Schuljahr 1951/52 saßen 12,6% der Schüler und 7,4% der Schülerinnen der 5. Schulstufe in einer AHS; bis zum Schuljahr 1961/62

Grafik 6: Entwicklung der Schüler-, Klassen- und Lehrerzahlen in der Allgemeinbildenden Höheren Schule insgesamt (1951 auf 100 normiert)

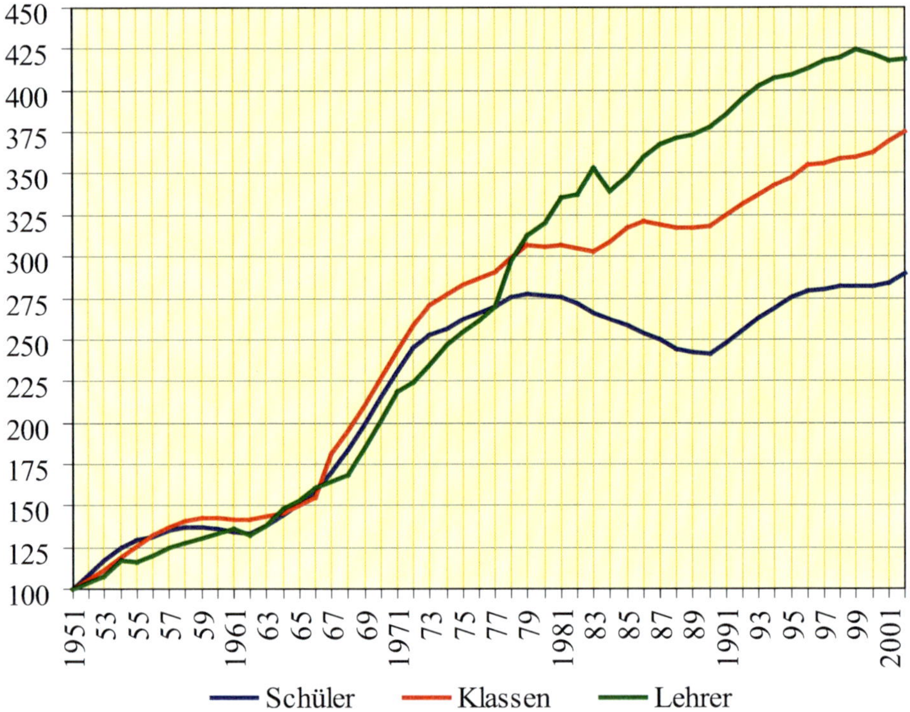

hatte sich der AHS-Anteil nicht wesentlich verbessert (14% bzw. 9%). In der nächsten Dekade begann die geänderte politische Lage zu wirken. So besuchten 1971/72 immerhin schon 21% der Schüler bzw. 17% der Schülerinnen der 5. Schulstufe eine Allgemeinbildende Höhere Schule. Allerdings kam es ab dieser Zeit durch die immer stärker werdenden Geburtsjahrgänge zu Kapazitätsengpässen in der AHS, was zu einer vorübergehenden deutlichen Verschlechterung der Unterrichtssituation führte. 1972/73 erreichten die Schülerzahlen in der 1. Klasse (5. SST) AHS mit 27.161 (M 15.137, W 12.024) einen Wert, der erst wieder im Schuljahr 1992/93 erreicht werden sollte. In diesem Schuljahr drückten durchschnittlich mehr als 35 Schüler pro Klasse die Schulbank der 1. Klasse (5. SST) der AHS – nur in den frühen 1950er-Jahren saßen noch mehr Schüler in den 1. Klassen der AHS. Aber auch insgesamt war die Situation in der AHS kritisch: Die durchschnittlichen Klassenschülerzahlen lagen bei 30 und auf einen Lehrer kamen mehr als 15 Schüler, ein Wert, wie er ebenfalls nur in den frühen 1950er-Jahren beobachtet wurde.

Bis 1986 sank die Zahl der Schüler pro Lehrer auf unter zehn, ein Wert, wie er auch heute noch zu beobachten ist (Tabelle 13 bzw. Grafik 6). Diese Kapazitätsengpässe hatten unmittelbare Auswirkungen auf die Übertrittsquoten von der 4. Klasse Volksschule in die 1. Klasse der Allgemeinbildenden Höheren Schule. Für drei Jahre (1972–74) waren sowohl die Übertrittsquoten als auch die Schülerzahlen trotz steigender Geburtsjahrgangszahlen in der 1. Klasse sogar rückläufig (Grafiken 7a,b). Erst gegen Ende der 1970er-Jahre verbesserte sich die Unterrichtssituation, was auch wieder zu einer Zunahme der Übertrittsraten in die AHS führte – 1981/82 betrug der Anteil der AHS-Schüler an den Schülern in der 5. Schulstufe insgesamt 23% (M) bzw. 22% (W). Seit 1978/79 gingen – bedingt durch die schwächeren Geburtsjahrgänge – die Schülerzahlen in der 1. Klasse AHS trotz steigender Bildungsbeteiligung zurück. Ab 1980 begannen auch die Schülerzahlen insgesamt in der AHS zu sinken, was zu einer deutlichen Verbesserung der Unterrichtssituation führte.

Diese Entwicklung brachte den Schülern und Schülerinnen im Schuljahr 1990/91 das beste jemals beobachtete Schüler/Klassen- (24) bzw. Schüler/Lehrer-Verhältnis (9) (Tabelle 13). Gleichzeitig stieg der Anteil der AHS-Schüler an den Schülern der 5. Schulstufe insgesamt an und erreichte in diesem Schuljahr (1990/91) einen ersten Maximalwert. In den folgenden Jahren nahm die Gesamtschülerzahl wieder etwas zu, was erneut zu einer leichten Verschlechterung der Unterrichtssituation führte; damit einhergehend konnte auch wieder ein leichter Rückgang der Übertrittsquoten (Grafik 7a,b) aus der Volksschule in die AHS beobachtet werden. Nach diesem kurzen Einbruch stiegen sowohl der Anteil der AHS-Schüler an den Schülern der 5. Schulstufe als auch die Schülerzahlen in der 1. Klasse der AHS und erreichten 2001/02 sowohl bei den Schülerzahlen mit 30.000 Schülern als auch bei den Anteilen den bis jetzt höchsten beobachteten Wert. Dies bedeutet, dass in diesem Jahr etwa ein Drittel der 10-jährigen Bevölkerung nach der 4. Klasse der Volks- bzw. Sonderschule die Allgemeinbildende Hohere Schule besucht; bei den Mädchen ist der Anteil etwas höher (32%) als bei den Knaben (29%). 1951 lag dieser Anteil noch bei 12% (M 15%, W 8%), bis zur Mitte der 1980er-Jahre hatten die Mädchen ihren Rückstand aufgeholt, und etwa ein Viertel (26%) der 10-Jährigen setzte nach der 4. Klasse Pflichtschule ihre weitere Bildungslaufbahn in der Allgemeinbildenden Höheren Schule fort.

Besonderes auffallend an der Entwicklung in diesem Abschnitt des österreichischen Schulwesens ist der steile Anstieg des Anteils der Mädchen, die für ihre Bildungslaufbahn die AHS wählen. So ist der Anteil der Schülerinnen, die in der 5. Schulstufe eine AHS besuchen, zwischen 1951 und 2001 um das 4,5fache angestiegen, jener der Buben aber nur um das 2,2fache.

Tabelle 13: Schüler-, Klassen- und Lehrerzahlen in der AHS[10]

S-JAHR	Schüler			Klassen	Lehrer	Sch/Kl	Sch/L
	M	W	G				
1951/52	39.040	21.651	60.691	2.033	4.705	29,9	12,9
1956/57	50.040	30.286	80.326	2.683	5.621	29,9	14,3
1961/62	49.667	29.470	79.137	2.889	6.400	27,4	12,4
1962/63	48.891	29.278	78.169	2.876	6.206	27,2	12,6
1963/64	49.329	30.225	79.554	2.914	6.490	27,3	12,3
1964/65	54.554	36.822	90.310	3.394	6.977	26,6	12,9
1965/66	56.398	39.282	94.312	3.378	7.195	27,9	13,1
1966/67	58.911	42.671	100.103	3.481	7.562	28,8	13,2
1967/68	62.184	46.791	107.540	3.699	7.761	29,1	13,9
1968/69	66.033	51.551	115.958	3.971	7.935	29,2	14,6
1969/70	70.831	57.067	126.074	4.292	8.718	29,4	14,5
1970/71	75.022	63.247	136.200	4.528	9.484	30,1	14,4
1971/72	79.486	68.687	148.173	4.937	10.279	30,0	14,4
1972/73	83.258	74.143	157.401	5.254	10.565	30,0	14,9
1973/74	84.693	77.904	162.597	5.497	11.040	29,6	14,7
1974/75	85.181	79.758	164.939	5.638	11.624	29,3	14,2
1975/76	86.772	81.998	168.770	5.753	12.000	29,3	14,1
1976/77	87.278	83.597	170.875	5.828	12.300	29,3	13,9
1977/78	88.273	85.277	173.550	5.916	12.686	29,3	13,7
1978/79	89.407	87.527	176.934	6.075	13.982	29,1	12,7
1979/80	89.644	88.867	178.511	6.236	14.686	28,6	12,2
1980/81	88.885	88.975	177.860	6.219	15.077	28,6	11,8
1981/82	88.353	89.224	177.577	6.235	15.784	28,5	11,3
1982/83	86.754	88.302	175.056	6.207	15.870	28,2	11,0
1983/84	84.691	86.721	171.412	6.150	16.636	27,9	10,3
1984/85	83.626	85.704	169.330	6.281	15.937	27,0	10,6
1985/86	82.416	84.394	166.810	6.446	16.410	25,9	10,2
1986/87	80.662	82.538	163.200	6.530	16.943	25,0	9,6
1987/88	79.107	81.775	160.882	6.496	17.285	24,8	9,3
1988/89	76.952	80.736	157.688	6.455	17.449	24,4	9,0
1989/90	75.704	80.243	155.947	6.443	17.568	24,2	8,9
1990/91	74.829	80.579	155.408	6.465	17.790	24,0	8,7
1991/92	76.235	83.211	159.446	6.600	18.147	24,2	8,8
1992/93	77.939	86.526	164.465	6.729	18.577	24,4	8,9
1993/94	79.656	89.449	169.105	6.847	18.934	24,7	8,9

[10] Da in dieser Tabelle für die Schüler- bzw. Klassenzahlen die Schulen für Berufstätige nicht berücksichtigt wurden, kann das Schüler /Lehrer-Verhältnis von anderen Datenquellen etwas abweichen.

S-JAHR	Schüler			Klassen	Lehrer	Sch/Kl	Sch/L
	M	W	G				
1994/95	80.735	92.046	172.781	6.979	19.162	24,8	9,0
1995/96	82.079	94.849	176.928	7.066	19.256	25,0	9,2
1996/97	82.724	96.603	179.327	7.221	19.441	24,8	9,2
1997/98	82.807	97.592	180.399	7.234	19.648	24,9	9,2
1998/99	83.290	98.100	181.390	7.306	19.740	24,8	9,2
1999/00	83.146	98.178	181.324	7.324	19.974	24,8	9,1
2000/01	83.072	97.806	180.878	7.366	19.815	24,6	9,1
2001/02	83.970	98.699	182.669	7.507	19.668	24,3	9,3
2002/03	85.412	100.431	185.843	7.629	19.690	24,4	9,4

Datenquelle: Österreichische Schulstatistik 1951/52 bis 2002/03; eigene Berechnungen

Der wesentliche Entscheidungspunkt für diese Entwicklung und von besonderem Interesse für den weiteren Bildungsverlauf der Schüler ist hier der Übertritt von der 4. Klasse Volksschule in die 1. Klasse der Allgemeinbildenden Höheren Schule. Seit der Schulreform 1962 war der Anteil der Schüler, die nach der 4. Klasse Volksschule ihre Schullaufbahn in der 1. Klasse AHS fortsetzen – abgesehen von kurzen Einbrüchen – laufend gestiegen. Wie aus den beiden Grafiken 7a und 7b deutlich zu entnehmen ist und wie schon weiter oben die Verteilung der Schüler in der 5. Schulstufe zeigte, verlief diese Entwicklung für Mädchen und Knaben unterschiedlich.

Am Startpunkt der Zeitreihen für die Grafiken liegt der Wert für die Mädchen (11,3%) deutlich unter jenem der Knaben (15,4%). Damals setzte noch knapp ein Drittel der Schüler seine Schullaufbahn in der 5. Klasse Volksschule fort. Dies sollte sich in den darauf folgenden Jahren massiv ändern (Tabelle 14). Schon Anfang der 1980er-Jahre glichen sich die männlichen und weiblichen Übertrittsraten von der 4. Klasse Volksschule in die 1. Klasse der Allgemeinbildenden Höheren Schule an, und gegen Ende dieses Jahrzehnts hatten die Mädchen die Buben klar überholt. Im Schuljahr 2001/02 war der Vorsprung der Mädchen (33%) auf mehr als vier Prozentpunkte angestiegen.

Alle Überlegungen zur Frage, wie sich die Übertrittsraten in Zukunft entwickeln werden, werden natürlich von der Frage überschattet, wie sich das österreichische Bildungssystem gerade an diesem entscheidenden Kreuzungspunkt entwickeln wird. Wird in Zukunft die Notwendigkeit, sich schon im Alter von zehn Jahren für die weitere Bildungslaufbahn zu entscheiden, beibehalten, oder wird eine gemeinsame Schule der 6- bis 14- bzw. 15- oder 16-Jährigen eingeführt, wie es in den meisten nicht deutschsprachigen OECD-Ländern Usus ist? Zwar kann ein Prognosemodell dafür

Tabelle 14: Übertrittsraten von der 4. Klasse VS in die 1. Klasse HS bzw. AHS

Schuljahr	Männlich						Weiblich					
	VS4.Kl	VS5.Kl	HS[1)]	AHS[1)]	HS%	AHS%	VS4.Kl	VS5.Kl	HS[1)]	AHS[1)]	HS%	AHS%
1963/64	50369	19625					47985	18159				
1964/65	51978	17950		7773		15,4	49661	16259		5406		11,3
1965/66	54634	17152		8458		16,3	53073	15393		6098		12,3
1966/67	58456	16028		9432		17,3	55786	14187		6907		13,0
1967/68	59035	15989		10193		17,4	56344	13550		7699		13,8
1968/69	61283	14180		10636		18,0	58014	11790		8261		14,7
1969/70	62800	12325		11566		18,9	59955	9945		8999		15,5
1970/71	64605	10192		12452		19,8	61438	8010		9784		16,3
1971/72	66639	4802		13725		21,2	63591	3960		11046		18,0
1972/73	67204	2998		14300		21,5	64498	2490		11687		18,4
1973/74	66071	2102		14087		21,0	63879	1713		11746		18,2
1974/75	65372	1469		13349		20,2	63702	1173		11120		17,4
1975/76	64380	775		13393		20,5	61412	669		12096		19,0
1976/77	64151	461		13406		20,8	61940	367		11794		19,2
1977/78	62905	340		13486		21,0	59728	233		11980		19,3
1978/79	60470	244	46748	14201	74,3	22,6	58005	182	45467	12919	76,1	21,6
1979/80	56933	190	44775	13904	74,0	23,0	54765	141	44261	12503	76,3	21,6
1980/81	54125	167	42262	12958	74,2	22,8	52329	129	41430	12141	75,7	22,2
1981/82	51856	112	39944	12660	73,8	23,4	49413	113	39622	11678	75,7	22,3
1982/83	48502	111	38365	12191	74,0	23,5	46507	68	36962	11609	74,8	23,5
1983/84	46978	68	36044	11352	74,3	23,4	45042	65	34694	11109	74,6	23,9
1984/85	45893	62	33758	11340	71,9	24,1	44211	63	32159	11059	71,4	24,6
1985/86	43483	50	32901	11499	71,7	25,1	41143	46	31711	11106	71,7	25,1
1986/87	41840	36	30521	11413	70,2	26,2	40238	44	28390	11246	69,0	27,3
1987/88	41889	45	29711	11697	71,0	28,0	39958	28	28176	11693	70,0	29,1
1988/89	42389	30	29718	11636	70,9	27,8	40079	26	27818	11646	69,6	29,1
1989/90	43480	19	29796	12055	70,3	28,4	41625	12	27675	12023	69,1	30,0
1990/91	45749	31	30751	12306	70,7	28,3	44136	17	28755	12626	69,1	30,3
1991/92	47150	23	32995	13165	72,1	28,8	45606	18	31021	13465	70,3	30,5
1992/93	47293	17	33732	13160	71,5	27,9	45698	10	31260	14201	68,5	31,1
1993/94	46969	13	33953	12977	71,8	27,4	45331	14	31732	13737	69,4	30,1
1994/95	47076	17	33983	12426	72,4	26,5	44982	8	31528	13290	69,6	29,3
1995/96	46415	7	33409	13029	71,0	27,7	44887	9	30802	13644	68,5	30,3
1996/97	46674	14	32821	12914	70,7	27,8	44610	7	30500	13851	67,9	30,9
1997/98	47592	16	33276	12922	71,3	27,7	45260	14	30213	13956	67,7	31,3
1998/99	47538	8	33388	13831	70,2	29,1	45581	12	30627	14238	67,7	31,5
1999/00	47699	16	33380	13756	70,2	28,9	45637	13	30627	14695	67,2	32,2

Schuljahr	Männlich						Weiblich					
	VS4.Kl	VS5.Kl	HS[1]	AHS[1]	HS%	AHS%	VS4.Kl	VS5.Kl	HS[1]	AHS[1]	HS%	AHS%
2000/01	49196	6	33717	13457	70,7	28,2	46971	6	30526	14503	66,9	31,8
2001/02	49402	10	34382	14217	69,9	28,9	46771	12	30966	15538	65,9	33,1
2002/03	49423	8	34442	14430	69,7	29,2	46933	8	31039	15245	66,4	32,6

[1] Die angegebenen Schülerzahlen der HS und AHS sind jene Schüler, die aus der 4. Klasse Volksschule (des Vorjahres) aufgestiegen sind – auf diese beziehen sich auch die Prozentsätze.

Datenquelle: Österreichische Schulstatistik 1951/52 bis 2002/03; eigene Berechnungen

genutzt werden, unterschiedliche Entwicklungspfade abzuschätzen, aber in einer Standardvariante – und darum handelt es sich hier – wird von der Konstanz der gesetzlichen Lage ausgegangen. Somit wird in diesem Modell davon ausgegangen, dass auch in Zukunft die Eltern eine der wichtigsten Entscheidungen für die weitere Bildungslaufbahn ihres Kindes schon treffen müssen, wenn es erst zehn Jahren alt ist. Allerdings glaube ich nicht, dass dies – sollte dem heutigen österreichischen Schulsystem einfach eine gemeinsame Schule der 6- bis 14- bzw. 15-Jährigen übergestülpt werden – viel an der Zahl derer verändern würde, die die Berechtigung zum Besuch der Hochschule (Matura) erreichen. Das österreichische Schulsystem ist insbesondere – aber nicht nur – nach der 9. Schulstufe hoch selektiv (hohe Repetenten- und Dropoutquoten). Wenn nun Schüler, die von zu Hause keine Unterstützung erhalten, gemeinsam mit Schülern, die sozial bedingt wesentlich besser für dieses System konditioniert sind, unterrichtet werden, so werden die sozial benachteiligten Kinder schneller und nachhaltiger aus der gemeinsamen Schule verdrängt werden. Damit eine gemeinsame Schule der 6- bis 14- bzw. 15-Jährigen erfolgreich ist, wäre ein Paradigmenwechsel von einer selektiven zu einer fördernden Schule erforderlich, einer Schule, deren Ziel es ist, möglichst allen ein Wissen zu vermitteln, das zur bestmöglichen Verwirklichung jedes Einzelnen dient. Nicht umsonst benötigte Finnland fast zehn Jahre – in denen primär die Lehrer umgeschult wurden –, um sein Schulsystem umzustellen.

Die statistische Analyse der Vergangenheitsdaten legt für die zukünftige Entwicklung dieser Übertrittsraten einen linearen Trend (Grafik 7: Linie V1) nahe. Anfang der 1990er-Jahre schien es allerdings schon, als ob dieser kontinuierliche Anstieg der Übertrittsrate gebrochen wäre und in Zukunft mit leicht fallenden bzw. konstanten Raten zu rechnen sei. Doch am Ende dieses Jahrzehnts traten doch wieder prozentuell mehr Mädchen und Buben von der 4. Klasse Volksschule in die 1. Klasse der Allgemeinbildenden Höheren Schule über als am Anfang. Aufgrund der demographischen Entwicklung

Grafik 7a: Übergang von der 4. Klasse VS in die 1. Klasse AHS männlich in %

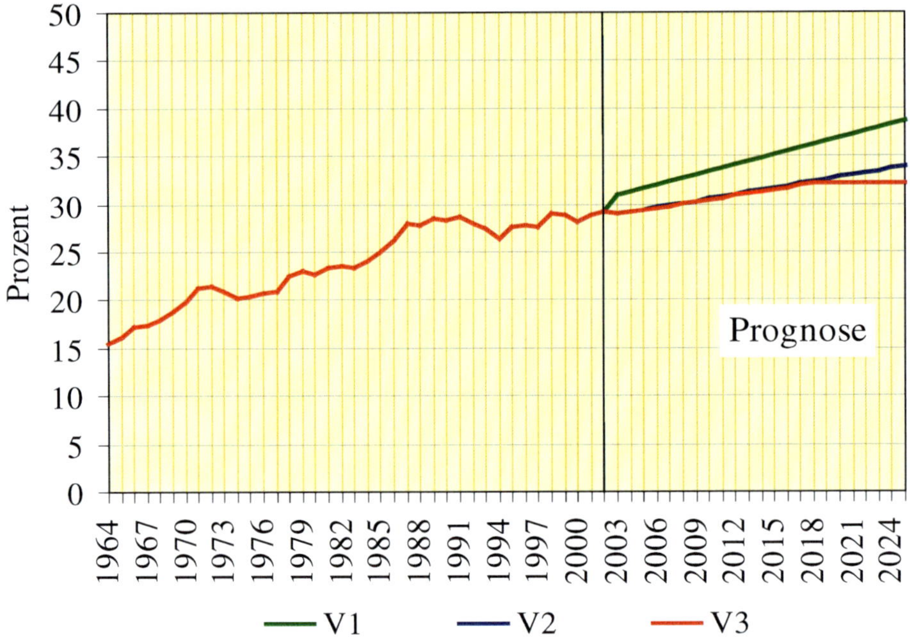

Grafik 7b: Übergang von der 4. Klasse VS in die 1. Klasse AHS weiblich in %

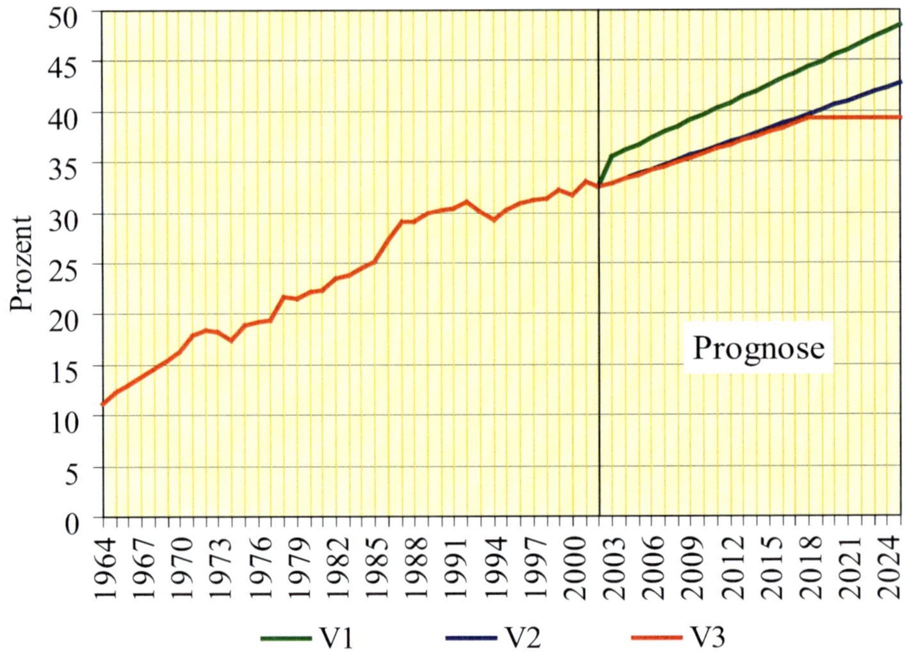

– die Schülerzahlen in der 4. Klasse Volksschule sanken Mitte der 1990er-Jahre für einige Jahre – gab es auch bei den Absolutzahlen einen leichten Rückgang (Tabelle 14). Gerade in den letzten Jahren (2001/02/03) erreichten die Übertrittsraten für Knaben, insbesondere aber für die Mädchen wieder Spitzenwerte. Verwendet man zur Berechnung der zukünftigen Entwicklung einen linearen Trend über den gesamten Beobachtungszeitraum, so würden sich die in den Grafiken 7a und b mit V1 bezeichneten Kurven ergeben. Bei längerfristigen Prognosen ist die Brauchbarkeit von linearen Trends eher problematisch, dies insbesondere dann, wenn Zeitreihen – wie in diesem Fall – Brüche aufweisen. Daher wurde für das Prognosemodell die Steigung einer linearen Regression über den Zeitraum von 1981 bis 2002 (Kurve V2) bis 2017 verwendet und dann der 2017 erreichte Wert konstant fortgeschrieben (Grafik 7a und b Kurve V3).

Die Übertrittsraten von der 4. Klasse in die 5. Klasse Volksschule wurden für die Mädchen bis 2010 trotz des schon sehr niedrigen Wertes linear abnehmend und danach konstant angenommen. Für die Knaben wurden sie über den gesamten Prognosezeitraum konstant fortgeschrieben. Beide Raten haben nur mehr einen historischen Wert, da die Absolutzahlen für das Bildungssystem keinerlei Bedeutung besitzen.

Übertrittsraten von der 4. Klasse Volksschule in die 1. Klasse AHS (Prognosemodell)

		Startwert 2003	Grenzwert ab 2017
VS4->AHS5	M	0,27845	0,32899
VS4->AHS5	W	0,30575	0,41336

Der Anteil der Sonderschüler ist über den Beobachtungszeitraum relativ gering und schwankt bei den Knaben zwischen 1,5% (1951/52) und 4,9% (1977/78) und liegt 2002/03 bei 2% – bei den Mädchen schwankt er zwischen 1% (1951/52) und 3,3% (1979/80) bzw. 2002/03 bei 1%. Auffällig dabei ist, dass der Anteil der Burschen, die in der 5. Schulstufe eine Sonderschule besuchen, immer deutlich höher ist als jener der Mädchen. Für die Zukunft wurde angenommen, dass sich die Entwicklung der letzten Jahre konstant fortsetzen wird. Allerdings sind auch hier die absoluten Zahlen zwar höher als in der Volksschuloberstufe, für das weitere Bildungssystem aber trotzdem von geringer Bedeutung.

4.2.3 Der Schulverlauf in der 1. bis 8. Schulstufe

In Anbetracht dieser deutlichen Veränderungen beim Schüler/Klassen- bzw. Schüler/Lehrer-Verhältnis stellt sich die Frage, welche Auswirkungen diese Veränderungen auf den Schulerfolg hatten. Rein quantitativ kann der

Schulerfolg an der Zahl der Aufsteiger, Wiederholer und Dropouts gemessen werden. Ob eine qualitative Verbesserung des Unterrichts stattgefunden hat oder die Bildungsinhalte allgemein verändert wurden, kann aus diesen Zahlen nicht abgelesen werden und ist nicht Gegenstand dieser Untersuchung.

In den ersten vier Schulstufen des österreichischen Schulsystems sind die entscheidenden Größen die Zahl der Aufgestiegenen und der Repetenten. Dropouts – Schüler, die das Schulsystem in dieser Ebene schon verlassen – konnten aufgrund der Art des zur Verfügung stehenden Datenbestandes zwischen 1977 und 2001 nicht beobachtet werden. Es wird angenommen, dass, sofern es sie gibt, ihre Zahl sehr klein ist. Immerhin müssten Schüler, die innerhalb der ersten vier Schulstufen das 15. Lebensjahr (Ende der Schulpflicht) erreichen – vorausgesetzt, sie haben die erste Schulstufe mit dem gesetzlich vorgesehenen Alter begonnen –, innerhalb dieser vier Schulstufen nicht weniger als fünfmal wiederholen.

In den Tabellen 15 und 16a,b sind die Eckdaten der beobachteten Repetentenraten der Volks- und Sonderschule zwischen 1977 und 2001 zusam mengestellt. Die minimale und die maximale Rate sind immer das Mittel aus

Tabelle 15: Repetentenraten in der 1.–4. Schulstufe der Volksschule (1977–2001)

Volksschule	**1. Schulstufe**		**2. Schulstufe**		**3. Schulstufe**		**4. Schulstufe**	
Geschlecht	m	w	m	w	m	w	m	w
Minimalrate	3,0%	1,3%	1,3%	1,2%	1,2%	0,8%	0,8%	0,6%
Durchschnittsrate	5,2%	3,4%	2,6%	1,9%	2,1%	1,2%	1,6%	1,2%
Maximalrate	6,8%	4,8%	4,1%	2,9%	3,1%	1,8%	2,7%	1,9%
Endrate	4,5%	3,0%	1,3%	1,2%	1,2%	0,8%	0,9%	0,7%

Tabelle 16a: Repetentenraten in der 1.–4. Schulstufe der Sonderschule (1977–2001)

Sonderschule	**1. Schulstufe**		**2. Schulstufe**		**3. Schulstufe**		**4. Schulstufe**	
Geschlecht	m	w	m	w	m	w	m	w
Minimalrate	0,0%	0,0%	3,0%	3,8%	3,0%	3,1%	3,0%	2,7%
Durchschnittsrate	6,9%	7,4%	8,1%	8,6%	6,7%	6,3%	6,0%	5,6%
Maximalrate	17,5%	16,1%	11,8%	12,1%	8,9%	8,7%	7,8%	7,7%
Endrate	4,1%	5,6%	3,9%	4,9%	4,2%	3,9%	3,3%	3,4%

Tabelle 16b: Repetentenraten in der 5.–8. Schulstufe der Sonderschule (1977–2001)

Sonderschule	**5. Schulstufe**		**6. Schulstufe**		**7. Schulstufe**		**8. Schulstufe**	
Geschlecht	m	w	m	w	m	w	m	w
Minimalrate	3,4%	2,8%	3,4%	2,8%	2,9%	2,1%	2,1%	2,0%
Durchschnittsrate	5,1%	4,6%	4,7%	4,3%	4,0%	3,4%	3,8%	3,5%
Maximalrate	6,3%	5,9%	6,2%	6,2%	5,8%	5,4%	5,8%	5,1%
Endrate	4,1%	3,9%	4,5%	4,2%	3,7%	3,4%	3,5%	3,0%

den zwei kleinsten bzw. größten beobachteten Werten, die Endrate ist das Mittel der beiden zuletzt beobachteten Werte (2000/01 und 2001/02). Für die Volksschuloberstufe werden keine Werte ausgewiesen, da die Schülerzahlen viel zu klein sind, um zuverlässige Raten zu erhalten. Allerdings sind auch die Werte für die Sonderschulen aufgrund der kleinen Besetzungszahlen in den einzelnen Klassen großen Schwankungen unterworfen und besonders in den Extremwerten von Zufälligkeiten geprägt. Ein Problem ist allen Statistiken des primären und sekundären Schulbereichs gemeinsam: Ab dem Schuljahr 1991/92 wurden die außerordentlichen Schüler in allen Kategorien (Schulerfolg; Aufgestiegen von .... usw.) mitgezählt; davor wurden die außerordentlichen Schüler zwar in der Summe ausgewiesen, aber in den einzelnen Kategorien nicht berücksichtigt. In den ersten Jahren nach dieser Unstellung hatte ich mit verschiedenen Algorithmen die außerordentlichen Schüler wieder herausgerechnet. An die tatsächlichen Verhältnisse konnte man sich mit dieser Vorgangsweise nur annähern, allerdings ist auch das Mitzählen der außerordentlichen Schüler mit vielen Unsicherheiten verbunden. So dürfte beispielsweise ein außerordentlicher Schüler erst zu den zum Aufsteigen berechtigten Schülern gezählt werden, wenn er ein ordentlicher Schüler geworden ist – in der Praxis ist dies aber eine Grauzone. Da aber diese Art der Erhebung nun schon über zehn Jahre angewendet wird, wurde für diese Auswertung der dadurch entstehende Bruch in den Zeitreihen in Kauf genommen und primär die Entwicklung der letzten zehn Jahre als Grundlage für die Prognose herangezogen. Natürlich wirkt sich diese Änderung der Erhebungsmenge auf die einzelnen Schulstufen, Schultypen und Erhebungsjahre – je nachdem, ob es gerade eine Flüchtlingswelle gibt oder nicht – recht unterschiedlich aus. Betrachtet man z.B. in Grafik 8 die Entwicklung der Repetentenraten in der 4. Klasse Volksschule, so sieht man recht deutlich den Bruch in der Zeitreihe, der durch diese Änderung bewirkt wird.

Überraschend ist, dass die 1. Klasse Pflichtschule häufiger wiederholt wird als die höheren Schulstufen des primären Schulwesens, und dies, obwohl seit 1974 Schüler dieser Schulstufe eigentlich „ohne Rücksicht auf die Beurteilungen im Jahreszeugnis in die 2. Schulstufe aufsteigen“ dürfen (Tabellen 15 und 16a,b). Generell beinhalten die hier verwendeten Repetentenzahlen nicht nur jene Mädchen und Buben, die in der Statistik „als nicht berechtigt zum Aufsteigen“ (Schulerfolg) ausgewiesen werden, sondern auch jene, die im nächsten Jahr aus derselben Schulstufe kommen – also eine Klasse freiwillig wiederholen –, und dies scheint in der ersten Klasse der Pflichtschulen besonders häufig vorzukommen.

Wichtig ist in diesem Zusammenhang anzumerken, dass der bei weitem größte Teil der Schulkinder in Österreich seine Ausbildung in den ersten

Grafik 8: Entwicklung der Repetentenraten in der 2. und 4. Schulstufe der Volksschule

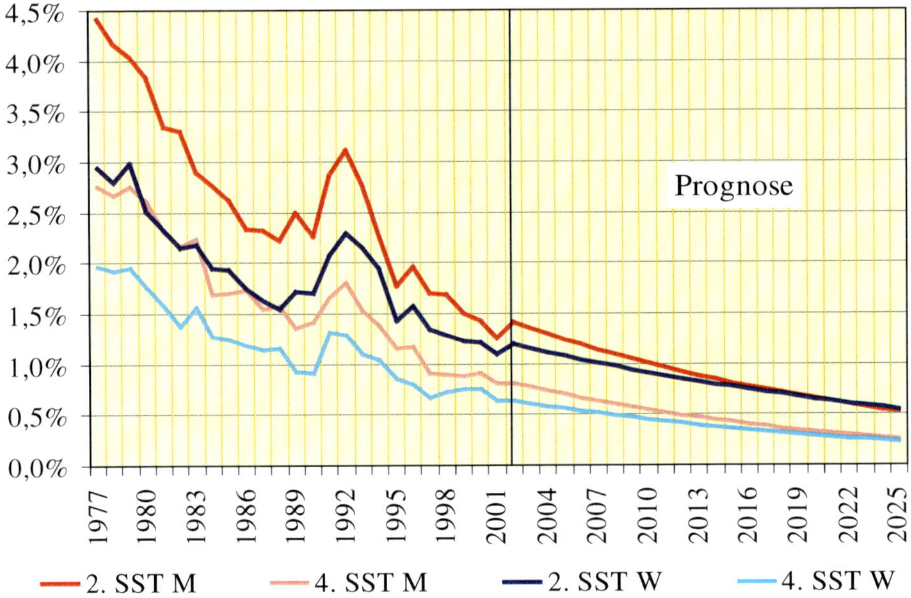

Grafik 9: Entwicklung der Repetentenraten in der 2. und 6. Schulstufe der Sonderschule

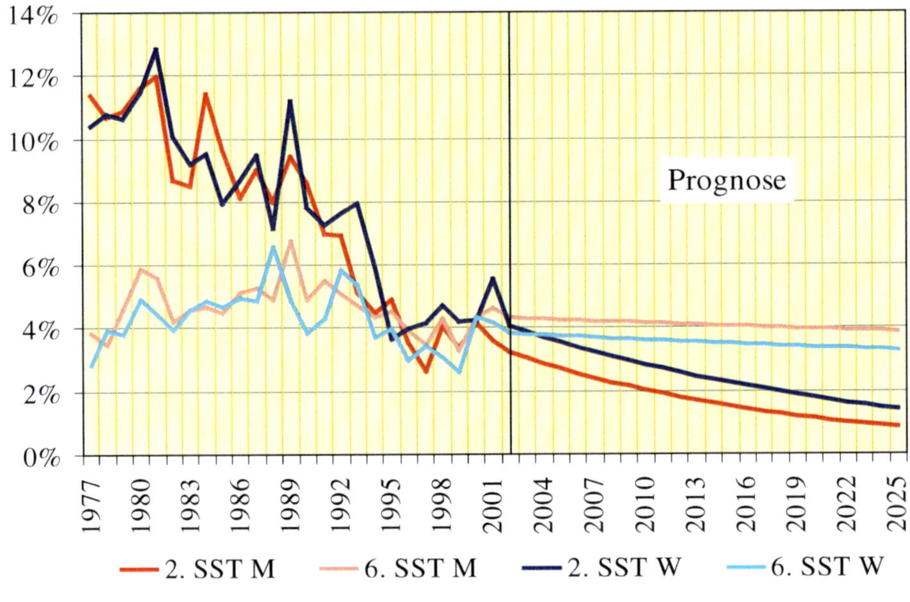

vier Schulstufen der Volksschule erhält; die 5.–8. Schulstufe der Volksschule sowie die gesamte Sonderschule werden nur von einer kleinen Minderheit besucht. 2002 saßen in der 1. Schulstufe der Volksschule 92.766 Schüler, in der gleichen Schulstufe der Sonderschule nur 809, in der 5. Schulstufe Sonderschule 1.557 und in der Volksschule überhaupt nur mehr 26.

Wie schon kurz erwähnt führen geringe Schülerzahlen zu stark schwankenden Zeitreihen – betrachtet man zum Beispiel die Entwicklung der Repetentenraten in der 2. bzw. 6. Schulstufe der Sonderschule (Grafik 9), so zeigt sich dieser Effekt recht deutlich. Es fällt oft sehr schwer, aus derartigen Zeitreihen Tendenzen für die zukünftige Entwicklung abzulesen. In diesem Fall ist es interessant, dass die Entwicklung der Repetentenraten für die Schulstufen sehr unterschiedlich aber weitgehend geschlechtsneutral ist.

Nach Abschluss der 4. Klasse Volksschule verteilen sich die Schüler im Wesentlichen auf die Hauptschule und Allgemeinbildende Höhere Schule. Da theoretisch bis zur 9. Schulstufe Schulpflicht besteht, sind auch in diesem Abschnitt der Schule die Aufstiegs- und Repetentenraten die entscheidenden Größen für die Schülerströme. Die Dropoutrate erlangt erst in der 8. Schulstufe insbesondere in der Hauptschule (Grafik 10) eine gewisse Bedeutung – in dieser Schulstufe hat schon eine größere Anzahl von Schülern durch Wiederholen einer oder mehrerer Klassen das Ende der Schulpflicht erreicht, sodass sie auch ohne positives Zeugnis der 4. Klasse der Hauptschule bzw. AHS das Schulsystem verlassen können.

Tabelle 17: Repetentenraten in der 5.–8. Schulstufe der Hauptschule (1977–2001)

Hauptschule	**5. Schulstufe**		**6. Schulstufe**		**7. Schulstufe**		**8. Schulstufe**	
Geschlecht	m	w	m	w	m	w	m	w
Minimalrate	1,9%	0,9%	2,0%	1,1%	2,4%	1,2%	2,0%	1,3%
Durchschnittsrate	2,9%	1,6%	3,1%	1,7%	3,2%	1,7%	3,2%	1,9%
Maximalrate	4,0%	2,3%	4,1%	2,3%	4,6%	2,5%	4,3%	2,7%
Endrate	1,9%	0,9%	2,0%	1,1%	2,5%	1,3%	2,2%	1,5%

Da die Schulstatistik im Unterschied zur Hochschulstatistik bis 2002 auf keiner Schülerverlaufsstatistik beruht, sondern nur jeweils die Schüler einer Klasse erfasst werden, kann eine hypothetische Dropoutrate nur aus dem Vergleich der Zahl der Schüler am Ende des Schuljahres (Schulerfolg) und jener am Anfang des nächsten Schuljahres (Vorbildung) gewonnen werden. Da jeweils alle Schulen einer Schulstufe aller zutreffenden Schultypen und für Österreich insgesamt betrachtet werden, erlaubt dies – für die zur Verfügung stehende Datenbasis – eine relativ gute Abschätzung der Dropoutraten. Damit werden zwar alle Verzerrungen ausgeschaltet, die durch einen Wechsel der Schule bzw. des Schultyps innerhalb Österreichs entstehen, un-

Grafik 10: Entwicklung der Dropoutrate in der 8. Schulstufe der Hauptschule

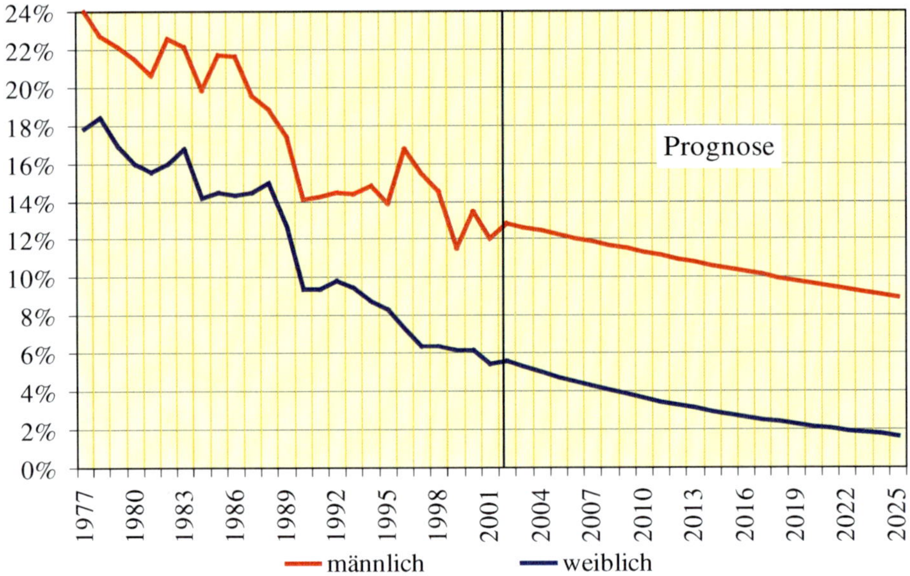

berücksichtigt bleiben allerdings solche Verzerrungen, die durch einen Wegzug ins bzw. Zuzug aus dem Ausland verursacht werden. Diese Unschärfe wurde durch die Hinzunahme der außerordentlichen Schüler natürlich deutlich verstärkt.

In der Hauptschule steigen die Repetentenraten von Schulstufe zu Schulstufe geringfügig an – und jene der Mädchen liegen durchgehend deutlich unter jenen der Buben (Tabelle 17; Grafik 11).

Tabelle 18: Repetentenraten in der 5.–8. Schulstufe der AHS (1977–2001)

AHS	**5. Schulstufe**		**6. Schulstufe**		**7. Schulstufe**		**8. Schulstufe**	
Geschlecht	m	w	m	w	m	w	m	w
Minimalrate	2,03%	1,38%	1,90%	1,17%	3,02%	1,84%	3,29%	1,99%
Durchschnittsrate	2,93%	1,91%	2,91%	1,75%	4,83%	2,95%	4,20%	2,64%
Maximalrate	3,67%	2,50%	3,90%	2,32%	6,27%	3,85%	5,49%	3,40%
Endrate	2,50%	1,75%	2,19%	1,49%	3,33%	2,25%	4,06%	2,96%

In der Unterstufe der Allgemeinbildenden Höheren Schule stellen die 3. und 4. Klasse (7. und 8. SST) sichtlich die größten Hürden dar – diese werden jedenfalls von allen Schulstufen am häufigsten wiederholt (Tabelle 18). So wie in der Hauptschule liegen auch in der AHS die Repetentenraten der Mädchen deutlich unter jener der Buben – in der 3. und 4. Klasse beträgt der Unterschied im Durchschnitt etwas weniger als zwei Prozentpunkte. Aller-

Grafik 11: Entwicklung der Repetentenraten in der 5. und 8. Schulstufe der Hauptschule

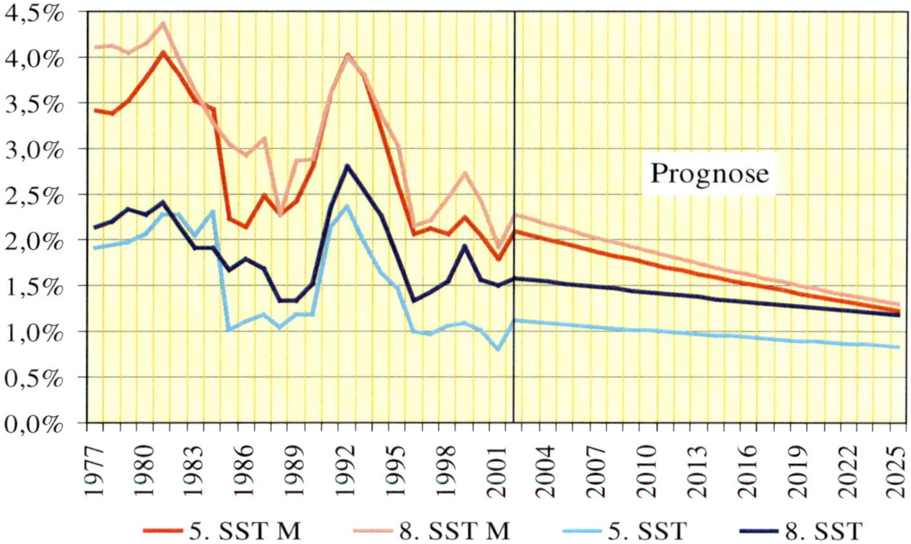

Grafik 12: Entwicklung der Repetentenraten in der 7. und 8. Schulstufe der AHS

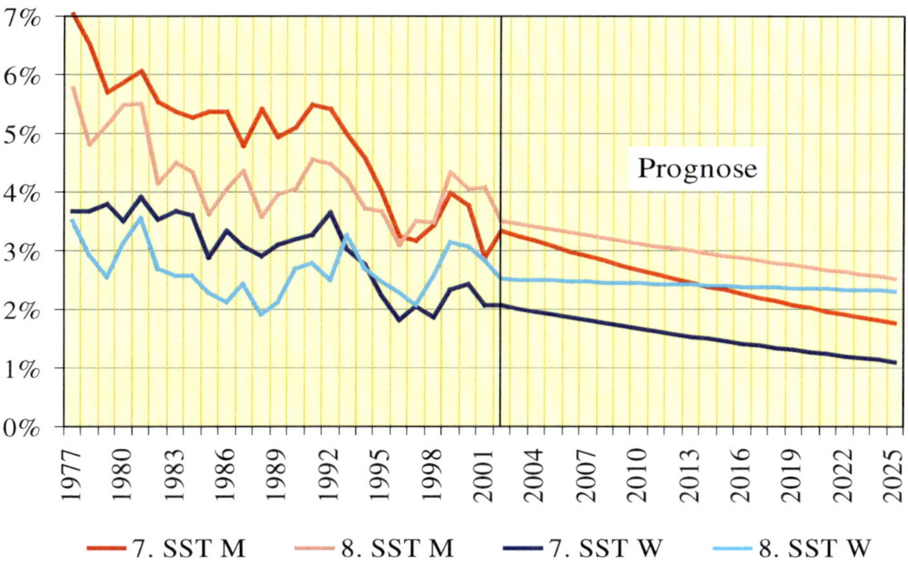

dings ist die Entwicklung der Repetentenraten in den beiden Klassen interessant: In der Vergangenheit war bei den Mädchen und Buben die Repetentenraten in der 3. Klasse deutlich höher als in der 4., gegen Ende des Beobachtungszeitraums ist es genau umgekehrt, und dies unabhängig vom Geschlecht (Grafik 12).

4.3 DER WEITERFÜHRENDE SCHULBEREICH

4.3.1 Die Übertritte von der 8. in die 9. Schulstufe und die Verteilung der Schüler in der 9. Schulstufe

Da nach dem in Österreich gültigen Schulpflichtrecht die allgemeine Schulpflicht neun Schuljahre dauert (SchPflG § 3), müssten im Idealfall die Schülerzahlen der 9. Schulstufe etwa der 15-jährigen Bevölkerung entsprechen. Nun gibt es verschiedene Ursachen, warum dies nicht der Fall ist:

1. Nach Einführung der neunjährigen Schulpflicht dauerte es etwa zehn Jahre, bis sich das Schulsystem dieser Gesetzesänderung angepasst hatte (1966–1976; 1966 gab es erstmals Schüler in Polytechnischen Schulen).
2. Ein Teil der Schüler und Schülerinnen (Repetenten) erfüllt schon vor Erreichen der 9. Schulstufe die neunjährige Schulpflicht und verlässt das Schulsystem – oft schon in der 4. Klasse Hauptschule, bei mehrmaliger Wiederholung einer Schulstufe auch schon früher.
3. Seit 1991 werden in der Schulstatistik auch die außerordentlichen Schüler mitgezählt, was früher nicht der Fall war. Außerordentliche Schüler weichen oft von der Altersstruktur der ordentlichen Schüler ab, weshalb die Hinzunahme der außerordentlichen Schüler in der Schulstatistik zu Verzerrungen bei Vergleichen der Schülerzahlen mit den entsprechenden Altersjahrgängen der Bevölkerung führt.
4. Die Schülerzahlen der 9. Schulstufe enthalten neben den Schülern ohne Schullaufbahnverlust auch noch die Repetenten. Die Polytechnische Schule kann zwar nicht wiederholt werden, aber gerade die 1. Klasse (9. Schulstufe) der Berufsbildenden Mittleren und Höheren Schulen wird besonders häufig wiederholt.

Betrachtet man die Zeitreihen, so ist wohl das Auffallendste, dass die Schulbesuchsquote der Mädchen in diesem Alter immer höher als die der Knaben ist, wofür im Wesentlichen zwei Faktoren verantwortlich sind:

1. Mädchen sind im österreichischen Schulsystem erfolgreicher und wiederholen seltener, sie erreichen die 9. Schulstufe also auch häufiger ohne Schullaufbahnverlust und verlassen daher das Schulsystem selten vorzeitig, und
2. sie besuchen häufiger als Knaben eine weiterführende Schule (BMS, AHS, BHS). Aber gerade für diese Schulstufe (siehe oben) sind die Repetentenquoten innerhalb der weiterführenden Schulen besonders hoch.

In den ersten zehn Jahren – nach Einführung der neunjährigen Schulpflicht – stieg die Schulbesuchsquote für die 9. Schulstufe kontinuierlich an. Es benötigte offensichtlich eine gewisse Zeit, bis sich die neunjährige Schul-

Grafik 13: Schulbesuchsquote in der 9. Schulstufe

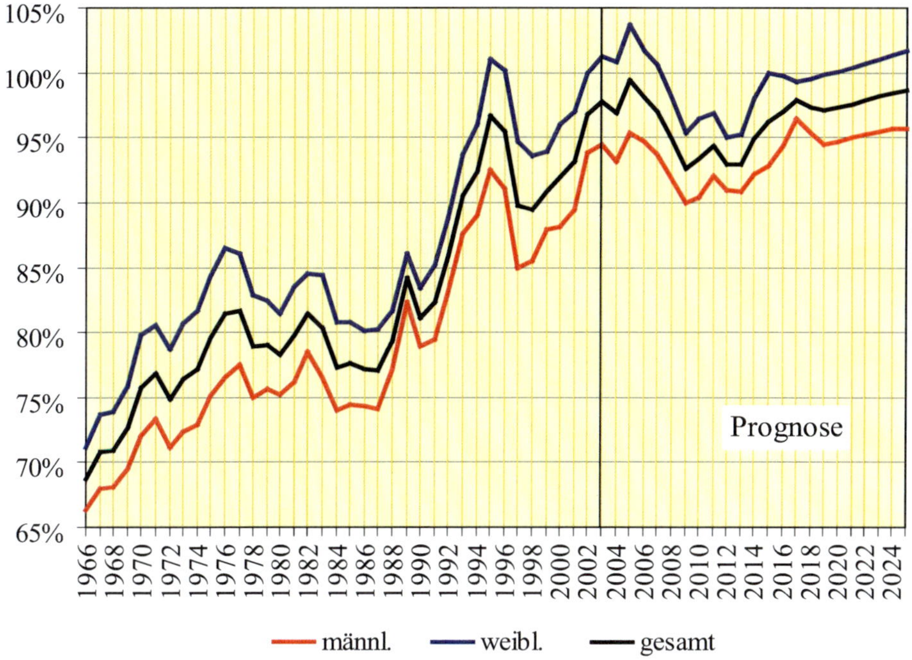

pflicht durchsetzte (siehe oben). Gleichzeitig trug sicherlich auch die markante Zunahme des Besuchs der höheren Schulen (AHS, BHS) zu diesem Anstieg bei. Danach blieb die Schulbesuchsquote für fast 15 Jahre (1976–1990) relativ konstant (etwa 80%); in dieser Zeit brach der steigende Trend zu den weiterführenden Schulen ein und sank sogar für einige Jahre. Erst nach 1990 stieg die Schulbesuchsquote wieder steil an und erreichte 1995 fast 100% – bei den Mädchen sogar knapp über 100%. Genau in diesem Jahr hatte auch der Anteil der Schüler der weiterführenden Schulen an den Schülern der 9. Schulstufe insgesamt wieder einen Gipfelpunkt erreicht, und mit dem folgenden Abschwung dieses Anteils fiel auch wieder die Schulbesuchsquote (Grafik 13). Offensichtlich reagiert die Schulbesuchsquote relativ sensibel auf die Verteilung der Schüler in der 9. Schulstufe nach Schulformen.

Der hier verwendete Begriff „Schulbesuchsquote“ bedarf einer kurzen Erklärung:

1. Er bezieht sich nicht auf eine genau definierte Altersgruppe. Aufgrund der heutigen Datenlage ist es durchaus möglich, zu untersuchen, wie sich die einzelnen Geburtsjahrgänge auf die einzelnen Schulstufen verteilen oder aus welchen Geburtsjahrgängen sich die 9. Schulstufe zusammensetzt. Aber das ist nicht die Fragestellung für diese Vergleichszahl. Mit

dieser Größe sollte nur eine Maßzahl gefunden werden, welche die Veränderung des durchschnittlichen Schulbesuchs in der 9. Schulstufe bzw. in anderen Abschnitten des Schulsystems beschreibt.

2. Es werden jeweils alle Schüler einer Schulstufe betrachtet, und es wird nicht zwischen Wiederholern und Schülern ohne Schullaufbahnverlust unterschieden – zwischen Schülern mit bzw. ohne Schullaufbahnverlust zu unterscheiden, wäre bei den dieser Untersuchung zugrunde liegenden Daten grundsätzlich nur möglich, wenn der Schullaufbahnverlust in der gerade untersuchten Schulstufe stattfand, die Schüler also Wiederholer der 9. Schulstufe sind.
3. Um dieser unterschiedlichen Zusammensetzung bezüglich des Geburtsjahres Rechnung zu tragen, werden die Schülerzahlen einem Mittelwert von Altersjahrgängen gegenübergestellt; in der 9. Schulstufe beispielsweise zeigen genauere Untersuchungen der Alterstruktur der Schüler der Schuljahre 1995–2002, dass die Mehrheit der Schüler (88% der Schüler {47% 15-jährig bzw. 41% 16-jährig} und 90% der Schülerinnen {51% 15-jährig bzw. 39% 16-jährig}; der Rest ist älter) zwischen 15 bis unter 17 Jahre alt ist. Daher wurde zur Berechnung der hier verwendeten Schulbesuchsquote der Mittelwert der beiden Jahrgänge der 15- bis 16-jährigen Bevölkerung herangezogen. Je höher die besuchte Schulstufe, desto breiter die Streuung der Altersjahrgänge, was durch eine Einbeziehung von mehreren Altersgruppen für die Mittelwertberechnung berücksichtigt wird.

Beim Übergang von der 8. in die 9. Schulstufe stehen die Schüler und Schülerinnen vor einer Vielfalt von Wahlmöglichkeiten. Sie können

- eine Polytechnische Schule,
- eine Berufsbildende Mittlere Schule,
- eine Berufsbildende Höhere Schule oder
- eine Allgemeinbildende Höhere Schule besuchen.

Dabei muss berücksichtigt werden, dass etwa 20% der Schüler schon vor der 9. Schulstufe ihre neunjährige Schulpflicht erfüllen – eben jene, die eine oder mehrere (etwa 3%) Schulstufen wiederholen – und das Schulsystem daher schon vor Erreichen der 9. Schulstufe verlassen können. Um einen Hauptschulabschluss zu erlangen, ist es zwar gesetzlich erlaubt, zehn Jahre eine Pflichtschule zu besuchen, wie die Schulbesuchsquoten nahe legen, doch dürfte dies eher selten vorkommen. Wiederholungen einer Schulstufe während der ersten neun Schuljahre kommen erwartungsgemäß in der Hauptschule am häufigsten vor: Betrachtet man die Polytechnische Schule als 9. Schulstufe der Hauptschule, so erreichen nur 54% der Schüler ohne Schullaufbahnverlust diese Schulstufe, und immerhin 6% dieser Schülergruppe wiederholen innerhalb dieser neun Schuljahre sogar mehrmals eine

Schulstufe. Diese Betrachtungsweise verzerrt die tatsächlichen Verhältnisse etwas, da nur etwa 30% der Hauptschüler die Polytechnische Schule besuchen; der Rest geht in eine weiterführende Schule (BMS, AHS, BHS), und das sind sicher die erfolgreicheren Schüler.

Die Wahl einer dieser Schullaufbahnen an diesem Entscheidungspunkt bestimmt für viele Schüler schon weitgehend die zukünftigen Qualifikationsmöglichkeiten. So ist nur für die Absolventen der BHS bzw. AHS der Zutritt in eine Hochschule einfach; die Möglichkeiten, ohne Matura an einer Hochschule zu studieren, sind schwieriger und werden nur von relativ wenigen wahrgenommen. Die Hoffnung, dass sich dies durch die Einführung der Fachhochschulen ändern würde, hat sich, wie sich schon knapp nach deren Einführung abzeichnete (F. Nitsch[11]), nur zum Teil erfüllt. Im Wintersemester 2004/05 betrug der Anteil der Anfänger, die keine Reifeprüfung hatten, an den an Fachhochschul-Studiengängen *erstmalig aufgenommenen* inländischen Studierenden 7,4% (M 9,0%, W 5,0%) und an den inländischen Studierenden insgesamt 6,3% (M 7,7%, W 4,2%); etwas günstiger stehen die Chancen, doch noch einen Hochschulabschluss zu erreichen, für jenen Personenkreis, der außerhalb der Standardschullaufbahn eine Studienberechtigung erwirbt, wenn die Studierenden mit einer Berufsreifeprüfung hinzugerechnet werden – immerhin haben 2004/05 5,2% (M 6,2%, W 3,8%) mit dieser Zugangsberechtigung ihr Studium an einer Fachhochschule aufgenommen.

Das Wahlverhalten beim Übertritt von der 8. in die 9. Schulstufe hat sich seit 1966 markant gewandelt. Aufgrund dieses Wandels hat sich auch die Zusammensetzung der Schüler in der 9. Schulstufe nach Schulformen massiv verändert (Grafiken 14a,b; 15a,b bzw. 16 und Tabelle 19). Geprägt war diese Entwicklung von der rasanten Zunahme der Zahl der Mädchen, die eine höhere Schule besuchten. So hat sich der Anteil der Mädchen, die in der 9. Schulstufe eine *Berufsbildende Höhere Schule* besuchen, von weniger als 6% im Schuljahr 1966/67 auf 37% im Schuljahr 2002/03 erhöht. Dies bedeutet, dass sich die Zahl der Mädchen, die in einer 1. Klasse BHS sitzen, zwischen 1966 und 2002 fast verneunfacht und seit 1971 verfünffacht hat (Grafik 15b). Diese Entwicklung wurde einerseits durch die Neueinrichtung (z.B. Höhere Lehranstalten für Bekleidung) bzw. die Umwandlung der Mittleren Schulen für Lehrer und Erzieher in Höhere und andererseits durch den Ausbau von Schulen, die überwiegend bzw. bevorzugt von Mädchen besucht werden (z.B. Kaufmännische Höhere Schulen), möglich.

[11] Statistische Nachrichten 9/1996, 679 ff. (Studierende an Fachhochschul-Studiengängen im Wintersemester 1995/96).

Grafik 14a: Anteile der PTS, BMS, BHS und AHS an den Schülern der 9. Schulstufe (männlich)

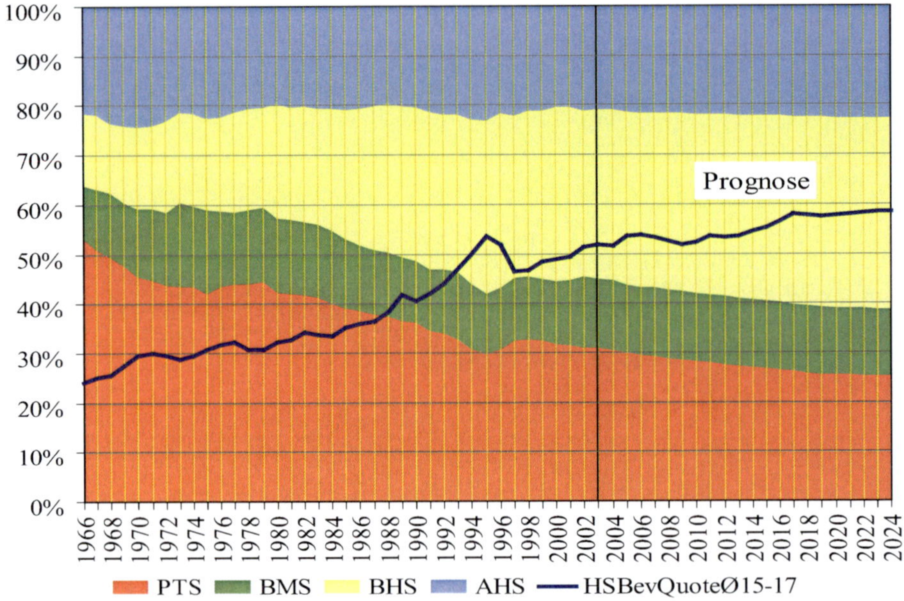

Grafik 14b: Anteile der PTS, BMS, BHS und AHS an den Schülerinnen der 9. Schulstufe (weiblich)

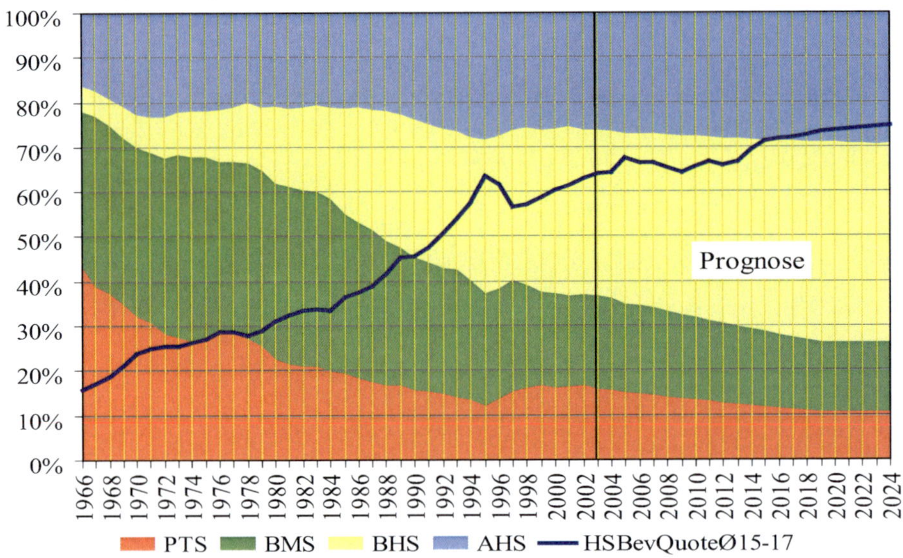

Anmerkung: HSBevQuote Ø15-17 = Anteil der Schüler an höheren Schulen (AHS, BHS) an der 15- bis 17-jährigen Bevölkerung.

Grafik 15a: Bevölkerungs- und Schülerzahlentwicklung in der 9. Schulstufe nach Schulformen (1971 auf 100 normiert; männlich)

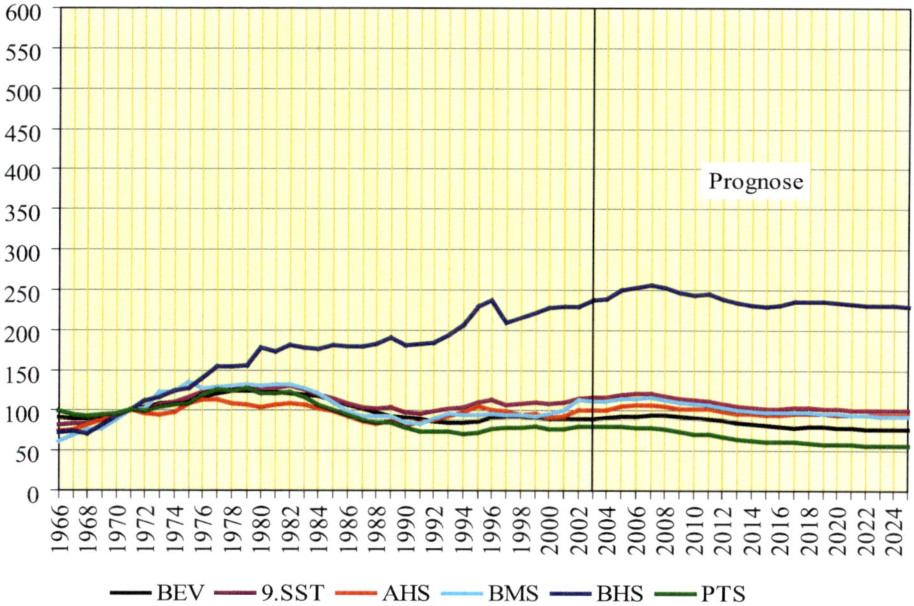

Grafik 15b: Bevölkerungs- und Schülerinnenzahlentwicklung in der 9. Schulstufe nach Schulformen (1971 auf 100 normiert; weiblich)

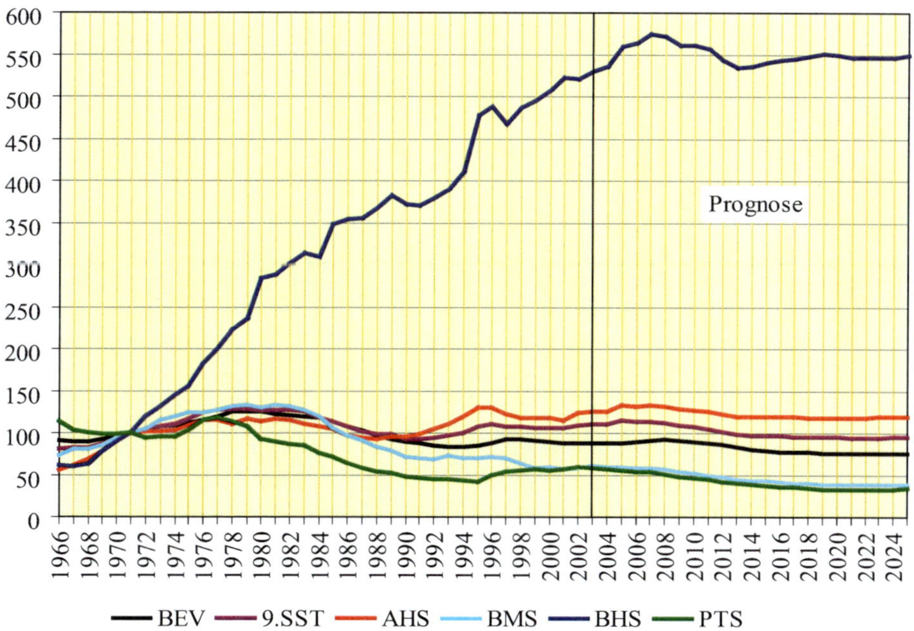

Tabelle 19: Aufteilung der Schülerzahlen in der 9. Schulstufe

Schuljahr	PTS-M	BMS-M	BHS-M	AHS-M	PTS-QM	BMS-QM	BHS-QM	AHS-QM	PTS-W	BMS-W	BHS-W	AHS-W	PTS-QW	BMS-QW	BHS-QW	AHS-QW
1966/67	17.307	3.474	4.735	7.055	53,1%	10,7%	14,5%	21,7%	14.531	11.654	1.970	5.461	43,2%	34,7%	5,9%	16,2%
1971/72	17.630	5.742	6.594	9.560	44,6%	14,5%	16,7%	24,2%	12.859	16.011	3.234	9.780	30,7%	38,2%	7,7%	23,4%
1972/73	17.447	5.897	7.398	9.183	43,7%	14,8%	18,5%	23,0%	12.021	16.761	3.883	9.877	28,3%	39,4%	9,1%	23,2%
1973/74	18.280	7.068	7.693	8.952	43,5%	16,8%	18,3%	21,3%	12.255	18.388	4.227	9.925	27,4%	41,0%	9,4%	22,2%
1974/75	18.791	7.067	8.136	9.315	43,4%	16,3%	18,8%	21,5%	12.230	19.138	4.672	10.137	26,5%	41,4%	10,1%	22,0%
1975/76	19.234	7.795	8.351	10.374	42,0%	17,0%	18,3%	22,7%	13.182	19.869	5.018	10.691	27,0%	40,7%	10,3%	21,9%
1976/77	20.910	7.322	9.183	10.760	43,4%	15,2%	19,1%	22,3%	14.734	19.825	5.880	11.304	28,5%	38,3%	11,4%	21,8%
1977/78	22.120	7.351	10.133	10.786	43,9%	14,6%	20,1%	21,4%	15.179	20.340	6.486	11.225	28,5%	38,2%	12,2%	21,1%
1978/79	22.014	7.524	10.162	10.289	44,0%	15,1%	20,3%	20,6%	14.596	21.082	7.216	10.862	27,2%	39,2%	13,4%	20,2%
1979/80	22.504	7.531	10.290	10.273	44,5%	14,9%	20,3%	20,3%	13.824	21.179	7.633	11.368	25,6%	39,2%	14,1%	21,1%
1980/81	21.338	7.449	11.677	9.900	42,4%	14,8%	23,2%	19,7%	11.984	20.845	9.171	11.040	22,6%	39,3%	17,3%	20,8%
1981/82	21.248	7.581	11.432	10.258	42,1%	15,0%	22,6%	20,3%	11.523	21.152	9.328	11.390	21,6%	39,6%	17,5%	21,3%
1982/83	21.501	7.544	11.950	10.332	41,9%	14,7%	23,3%	20,1%	11.157	20.954	9.758	11.289	21,0%	39,4%	18,4%	21,2%
1983/84	20.452	7.265	11.656	10.183	41,3%	14,7%	23,5%	20,5%	10.941	20.426	10.114	10.852	20,9%	39,0%	19,3%	20,7%
1984/85	18.839	6.971	11.573	9.759	40,0%	14,8%	24,5%	20,7%	9.769	19.083	9.995	10.485	19,8%	38,7%	20,3%	21,3%
1985/86	17.773	6.320	11.936	9.472	39,1%	13,9%	26,2%	20,8%	9.157	17.036	11.225	10.193	19,2%	35,8%	23,6%	21,4%
1986/87	16.612	5.717	11.820	8.901	38,6%	13,3%	27,5%	20,7%	8.219	15.586	11.450	9.515	18,4%	34,8%	25,6%	21,3%
1987/88	15.476	5.344	11.795	8.267	37,9%	13,1%	28,9%	20,2%	7.428	14.479	11.481	9.243	17,4%	34,0%	26,9%	21,7%
1988/89	15.038	5.299	12.047	7.921	37,3%	13,1%	29,9%	19,7%	6.859	13.319	11.869	9.062	16,7%	32,4%	28,9%	22,0%
1989/90	14.966	5.308	12.488	8.272	36,5%	12,9%	30,4%	20,2%	6.799	12.757	12.335	9.343	16,5%	30,9%	29,9%	22,7%
1990/91	13.919	4.839	11.878	7.878	36,1%	12,6%	30,8%	20,5%	6.117	11.587	11.996	9.307	15,7%	29,7%	30,8%	23,9%
1991/92	13.090	4.809	12.051	8.125	34,4%	12,6%	31,7%	21,3%	5.930	11.238	11.954	9.678	15,3%	29,0%	30,8%	24,9%
1992/93	13.111	5.131	12.101	8.465	33,8%	13,2%	31,2%	21,8%	5.758	11.027	12.246	10.154	14,7%	28,1%	31,3%	25,9%
1993/94	13.132	5.516	12.764	8.825	32,6%	13,7%	31,7%	21,9%	5.700	11.632	12.593	10.810	14,0%	28,6%	30,9%	26,5%
1994/95	12.589	5.442	13.550	9.333	30,8%	13,3%	33,1%	22,8%	5.533	11.248	13.275	11.629	13,3%	27,0%	31,8%	27,9%
1995/96	12.865	5.400	15.132	10.046	29,6%	12,4%	34,8%	23,1%	5.416	11.208	15.467	12.661	12,1%	25,0%	34,6%	28,3%
1996/97	13.681	5.488	15.593	9.636	30,8%	12,4%	35,1%	21,7%	6.302	11.397	15.763	12.699	13,7%	24,7%	34,1%	27,5%
1997/98	13.780	5.424	13.798	9.414	32,5%	12,8%	32,5%	22,2%	6.927	11.208	15.104	11.921	15,3%	24,8%	33,4%	26,4%
1998/99	13.952	5.381	14.233	9.000	32,8%	12,6%	33,4%	21,1%	7.165	10.366	15.758	11.531	16,0%	23,1%	35,2%	25,7%
1999/00	14.054	5.358	14.604	9.179	32,5%	12,4%	33,8%	21,3%	7.321	9.256	16.035	11.592	16,6%	20,9%	36,3%	26,2%
2000/01	13.564	5.520	15.053	8.783	31,6%	12,9%	35,1%	20,5%	7.124	9.447	16.399	11.558	16,0%	21,2%	36,8%	26,0%
2001/02	13.624	5.799	15.081	8.893	31,4%	13,4%	34,8%	20,5%	7.306	9.076	16.911	11.312	16,4%	20,3%	37,9%	25,4%
2002/03	14.082	6.490	15.151	9.623	31,1%	14,3%	33,4%	21,2%	7.691	9.331	16.827	12.056	16,8%	20,3%	36,7%	26,3%

Datenquelle: Österreichische Schulstatistik 1966/67 bis 2002/03; eigene Berechnungen

Weniger stark betroffen von diesem Verlust an Schülerinnen waren zunächst die Berufsbildenden Mittleren Schulen, deren Anteil in der Vergangenheit von 35% (1966) auf über 40% (1973–75) angestiegen war und erst ab 1983/84 langsam, aber stetig abnahm und sich bis heute halbiert hat (Schuljahr 2002/03: 20%; Grafik 14b).

Bei den Mädchen stieg der Anteil der Schülerinnen, die in der 9. Schulstufe eine AHS besuchen, von 16% (1966/67) auf über 28% im Jahr 1995 und stagniert seither bei etwa 26% – im Schuljahr 2001/02 war er sogar auf 25% gesunken (Tabelle 19; Grafik 14b).

Weniger stark fielen diese Veränderungen in der 9. Schulstufe bei den Knaben aus:

1. waren die Ausgangswerte günstiger; es besuchten 1966 (24%) schon mehr Buben eine Höhere Schule, und
2. hat nur die Zahl der Schüler, die eine Berufsbildende Höhere Schule besuchen (Grafik 14a), deutlich zugenommen; sie hat sich zwischen 1971 und 1981 fast verdoppelt (Grafik 15a) und ist seither nur mehr leicht angestiegen – im Jahr 1980 vom 1,8fachen des Wertes von 1971 auf das 2,3fache im Jahr 2002.

Die Zahl der Knaben, die eine 5. Klasse (9. Schulstufe) der Allgemeinbildenden Höheren Schule besuchen, hat sich seit 1971 fast gleichlaufend mit den Jahrgangsstärken der Bevölkerung verändert. Die Zahl jene Schüler, die in einer 1. Klasse einer Berufsbildenden Mittleren Schule sitzen, ist nach einem leichten Anstieg in der 1. Hälfte der 1970er-Jahre bis Mitte der 1980er-Jahre etwa konstant geblieben – das 2,2fache des Niveaus des Jahres 1966.Danach ist sie innerhalb von nur drei Jahren (1984–1987) wieder auf das Niveau von 1970 zurückgekehrt, auf dem sie bis 2000 (dem 1,6fachen) verharrte, um in den letzten Jahren wieder leicht anzusteigen (2002: auf das 1,9fache). Auch der Anteil der BMS-Schüler an den Schülern der 9. Schulstufe insgesamt ist, nachdem er sich viele Jahre um die 13% bewegte, im Schuljahr 2002/03 leicht auf über 14% angestiegen – das Maximum gab es im Jahr 1974 mit knapp 17% (Tabelle 19).

Ganz allgemein kann man für Knaben wie für Mädchen feststellen, dass der Anteil der Schüler dieser Altersgruppe, die in der 9. Schulstufe eine Schule besuchen, die zur Hochschulreife führt (AHS, BHS), deutlich zugenommen hat. Den größten Beitrag an dieser Zunahme lieferten die Berufsbildenden Höheren Schulen – und in diesem Bereich, wie schon gezeigt, wiederum die Mädchen. 1966 besuchten nur etwas mehr als 15% der Mädchen und knapp 25% der Knaben dieses Alters – verglichen wurde mit dem Durchschnitt aus den beiden Jahrgängen der 15- bis unter 17-Jährigen – eine Schule, die mit einer Matura abschloss. 1995 erreichte dieser Wert mit knapp 64% für die Mädchen und knapp 54% für die Knaben ein vorläufiges Maximum; im Schuljahr 2002/03 lag dieser Wert wieder bei 63% für die Mädchen und 51% für die Knaben (Grafik 16). Obwohl also das Ausgangsniveau der Mädchen zu Beginn des Beobachtungszeitraums deutlich unter jenem der Knaben lag, setzen heute deutlich mehr Mädchen als Knaben ihre weiterführende schulische Ausbildung an einer höheren Schule fort.

Grafik 16: Schulbesuchsquote in der 9. Schulstufe nur AHS + BHS

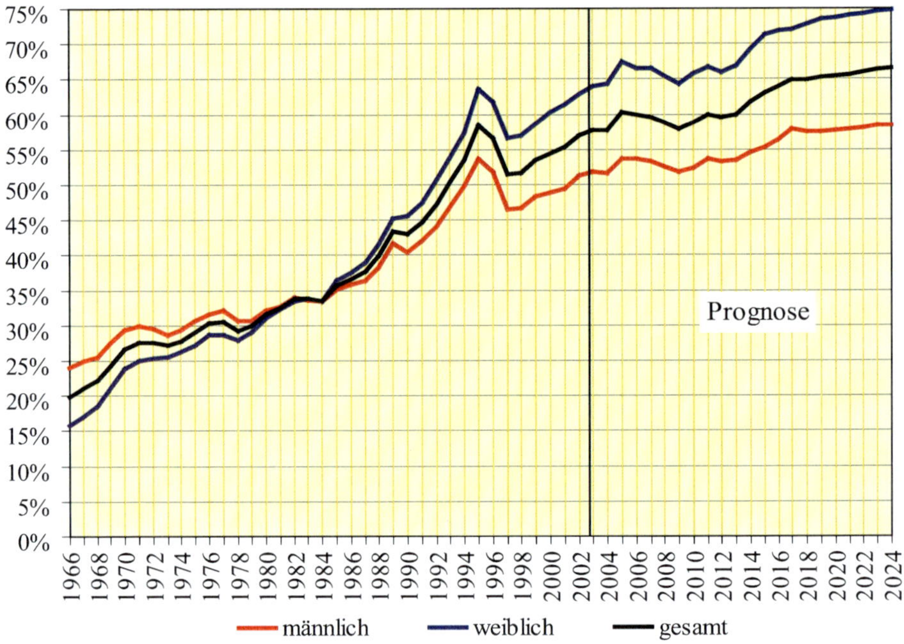

Da von der demographischen Entwicklung keine großen Schwankungen mehr zu erwarten sind, entscheidet über die Verteilung der Schüler in der 9. Schulstufe im Wesentlichen die Entwicklung der Übertrittsraten von der 8. Schulstufe der Hauptschule und der Allgemeinbildenden Höheren Schule (jeweils 4. Klasse) ins weiterführende Schulwesen (9. Schulstufe der AHS {5. Klasse}, BMS, BHS {1. Klasse}). Für jene Übertrittsraten, die ähnlich wie beim Übergang von der Volksschule in die Allgemeinbildende Höhere Schule in der Vergangenheit laufend gestiegen sind, wurde eine vergleichbare Vorgangsweise gewählt: Sofern in der Vergangenheit ein positiver Trend beobachtet wurde, wird die Steigung der entsprechenden Regressionsgleichung zur Fortschreibung verwendet und ab einem bestimmten Jahr der dann erreichte Wert konstant fortgeschrieben (Tabelle 20, 21). Allerdings muss an diesem Entscheidungspunkt noch berücksichtigt werden, dass in

Summe nicht mehr Schüler verteilt werden können, als die 8. Schulstufe positiv abgeschlossen haben. Also dürfen auch in Zukunft z.B. die Übertrittsraten von der 4. Klasse AHS in die 5. Klasse AHS, die PTS, die BMS und BHS in Summe nicht größer als 1 minus den Repetentenraten und Dropoutraten (ist nur möglich bei Schülern, die die neunjährige Schulpflicht schon erfüllt haben) werden.

Wie aus den Grafiken 17a,b sichtbar wird, steigen seit vielen Jahren die Übertritte von der Hauptschule ins weiterführende Schulwesen auf Kosten des Besuchs der Polytechnischen Lehrgänge. Bei den Mädchen, die in diesem Alter insgesamt schon immer eine deutlich höhere Bildungsbeteiligung im weiterführenden Schulbereich aufwiesen, zeichnet sich bei den Übergängen ins Berufsbildende Mittlere Schulwesen seit der ersten Hälfte der 1990er-Jahre allerdings eine Sättigung bzw. bei den Mittleren Wirtschaftsberuflichen Schulen sogar eine deutlich rückläufige Tendenz ab. Diese Entwicklung bewirkte, dass bei den Mädchen insgesamt der Zugang in die Polytechnischen Lehrgänge seit 1995 wieder zunahm, obwohl im Berufsbildenden Höheren Schulwesen nach wie vor steigende Übertrittsraten zu beobachten sind. Die Übertrittsraten der Knaben von der Hauptschule ins weiterführende Schulwesen, die im gesamten Beobachtungszeitraum deutlich unter jenen der Mädchen liegen, zeichnen sich außer einem kurzen Rückgang in der zweiten Hälfte der 1990er-Jahre immer durch eine leicht steigende Tendenz aus. Allerdings wird der Anteil der Hauptschüler, die in der 9. Schulstufe keine weiterführende Schule – also eine Polytechnische Schule bzw. die 9. Schulstufe einer Sonderschule – besuchen, bei den Knaben wahrscheinlich erst 2010 unter 50% fallen, ein Wert, den die Mädchen schon zu Beginn des Beobachtungszeitraums 1978 unterschritten haben. Ähnlich wie bei den Mädchen leisten auch bei den Knaben die weiterhin steigenden Übertrittsraten ins höhere Schulwesen den entscheidenden Beitrag zu dieser Entwicklung. Die Übertrittsraten in den berufsbildenden mittleren Schulbereich sind mit einer Ausnahme – den Mittleren Wirtschaftsberuflichen Schulen – leicht fallend bis konstant. Die Mittleren Wirtschaftsberuflichen Schulen waren in der Vergangenheit eine eindeutige Mädchendomäne und wurden kaum von Knaben besucht. Seit den 1990er-Jahren entscheiden sich jedoch immer mehr Knaben für diesen Schultyp, und inzwischen setzen immerhin fast 2% der männlichen Schüler der Hauptschule ihre Schullaufbahn in einer Mittleren Wirtschaftsberuflichen Schule fort – fast doppelt so viele wie jene, die in eine Höhere Wirtschaftsberufliche Schule übertreten.

Die Zahl der Übertritte von der Hauptschule in jene Schulen, die zur Matura führen, ist in der Vergangenheit laufend gestiegen. Insgesamt setzten 2002 bei den Mädchen mehr als 46% und bei den Knaben knapp 33%

Grafik 17a: Verteilung jener Schüler der 9. Schulstufe, die aus der 4. Klasse HS aufgestiegen sind, in Prozent (männlich)

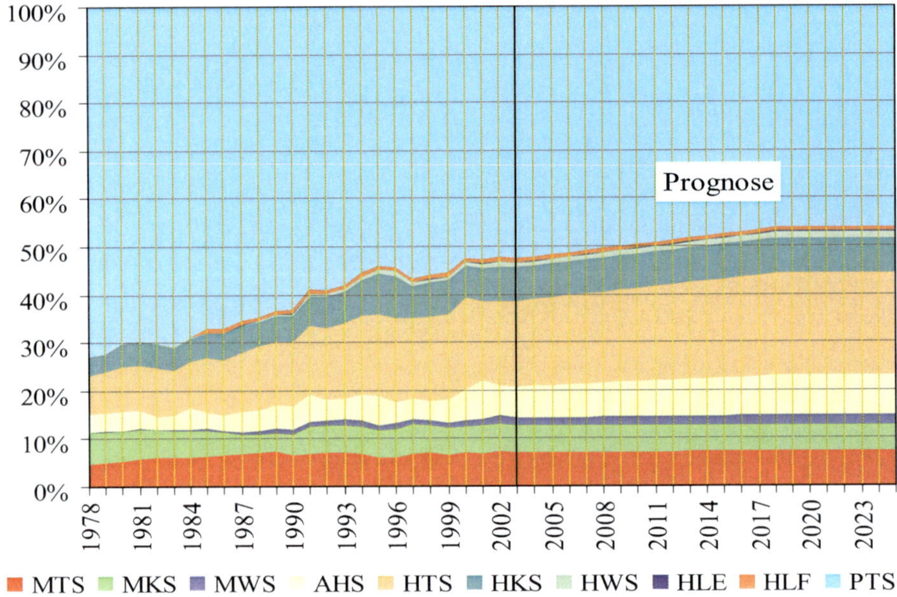

Grafik 17b: Verteilung jener Schülerinnen der 9. Schulstufe, die aus der 4. Klasse HS aufgestiegen sind, in Prozent (weiblich)

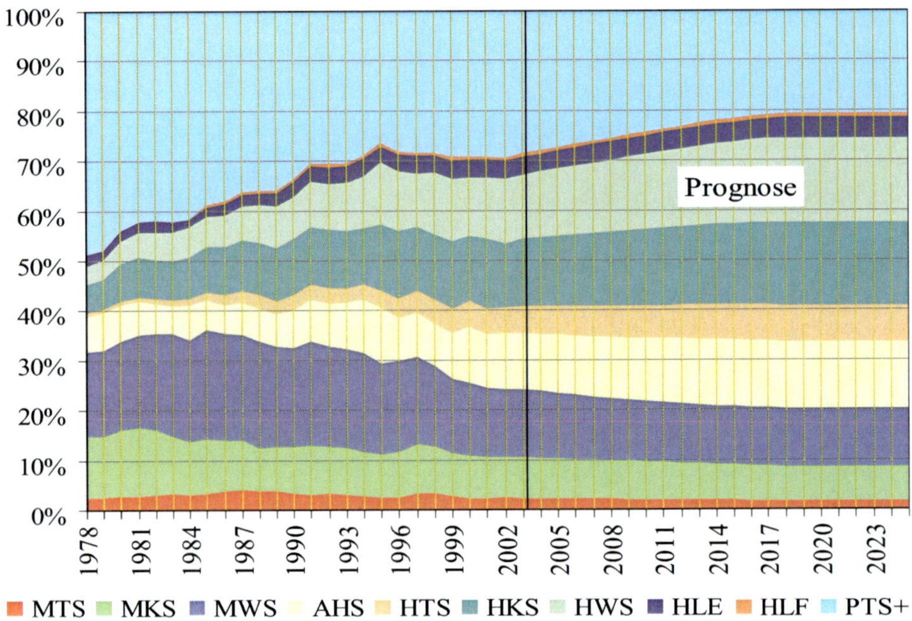

der Schüler der 4. Klasse Hauptschule ihre Schullaufbahn in einer höheren Schule fort. In Zukunft wird dieser Anteil bei den Mädchen etwa 60% und bei den Knaben knapp 40% erreichen. Bei den Knaben dominieren eindeutig die Höheren Technischen Schulen. Der höchste Wert wurde im Jahr 2000 erreicht, als mehr als 19% der Schüler der 4. Klasse Hauptschule in diesen Schultyp übertraten. Allerdings sackte die Übertrittsrate im Jahr danach wieder auf den Durchschnittswert der letzten Jahre ab (16–17%) – offensichtlich war dieses Jahr eine Einzelerscheinung. Auch für die Übertrittsrate in die Höheren Kaufmännischen Schulen – hier wurde die höchste beobachtete Übertrittsrate (8,8%) schon 1996 erreicht – ist die zukünftige Entwicklung nicht einfach abzuschätzen. Werden die Übertrittsraten in Zukunft wieder steigen? Bis jetzt waren solche Einbrüche meist nur vorübergehend. Im Prognosemodell wird aufgrund dieser Erfahrung trotz der stagnierenden Werte der letzten Jahre mit einer leichten Steigerung der Übertrittsraten gerechnet – immerhin wird dieser Schultyp am zweithäufigsten gewählt. In alle anderen Berufsbildenden Höheren Schulen treten jeweils weniger als 1% der männlichen Schüler der 4. Klasse Hauptschule über. Die Übertrittsraten von der 4. Klasse Hauptschule in die Höheren Land- und Forstwirtschaftlichen Schulen werden in Zukunft sogar leicht rückläufig sein (Tabelle 20).

Wie schon oben erwähnt, besuchen Mädchen viel häufiger eine weiterführende Schule, und auch hier insbesondere eine Berufsbildende Höhere Schule – auch die Wahl des Schultyps ist nicht so einseitig wie bei den Knaben. Allerdings gibt es in diesem Fall zwei etwa gleich häufig besuchte Favoriten: die Höhere Kaufmännische Schule und die Höhere Wirtschaftsberufliche Schule.

Die Höhere Wirtschaftsberufliche Schule weist im Unterschied zu den Mittleren Wirtschaftsberuflichen Schulen sogar die stärkste Steigerung der Übertrittsraten beim Übergang von der Hauptschule in das höhere Schulwesen auf. Allerdings gibt es hier oft einen Zusammenhang, denn wenn in der Berufsbildenden Höheren Schule eines Typs kein Platz mehr ist, weichen manche Schüler auf die mittlere Schule des gleichen Typs aus. Wenn im höheren Schulwesen allerdings neue Kapazitäten geschaffen werden oder die Schülerzahlen insgesamt sinken – z.B. weil starke Jahrgänge die Schule abschließen –, so führt dies zu einer Sogwirkung auf die mittleren Schulen insbesondere desselben Typs. Besonders auffallend waren in der Vergangenheit die Steigerungsraten bei den Übertritten der Mädchen von der Hauptschule in die Höheren Technischen Schulen: In den 20 Jahren von 1978 bis 1998 hat sich diese Übertrittsrate mehr als versiebenfacht. Nach 1998 kam die Dynamik dieses Wachstums allerdings zum Erliegen, die Zuwächse waren nur mehr marginal, weshalb auch für die Zukunft nur mehr mit einem eher bescheidenen Wachstum gerechnet wird (Tabelle 20).

Tabelle 20: Übertrittsraten von der 4. Klasse Hauptschule in die 5. Klasse AHS und in die 1. Klasse des berufsbildenden Schulwesens (Übertritt von der 8. in die 9. Schulstufe; Prognosemodell)

Männlich	**Startwert in %**	**Grenzwert in %**	**Grenzjahr**
HS->AHS	6,333	8,193	2018
HS->MTS	7,209	7,366	2018
HS->MKS	5,559	5,381	2018
HS->MWS	1,517	2,098	2018
HS->HTS	17,670	21,297	2018
HS->HKS	6,974	7,385	2018
HS->HWS	0,811	1,214	2018
HS->HLE	0,099	0,174	2018
HS->HLF	0,879	0,697	2018

Weiblich	**Startwert in %**	**Grenzwert in %**	**Grenzjahr**
HS->AHS	10,989	13,338	2015
HS->MTS	2,494	1,835	2018
HS->MKS	8,258	6,782	2018
HS->MWS	14,018	11,729	2015
HS->HTS	5,160	7,316	2018
HS->HKS	13,360	16,481	2018
HS->HWS	12,338	17,083	2018
HS->HLE	3,549	4,070	2018
HS->HLF	0,662	0,752	2018

Die Übergänge von der Hauptschule in die Allgemeinbildende Höhere Schule sind, nachdem sie über viele Jahre relativ konstant bis leicht steigend waren, im Jahr 2000 sowohl bei den Mädchen als auch bei den Buben um zirka zwei Prozentpunkte angestiegen und verharrten die beiden letzten Jahre (2001/02) des Beobachtungszeitraums auf diesem gegenüber den Vergangenheitswerten deutlich höheren Niveau. Da es sich dabei sichtlich um Auswirkungen von strukturellen Veränderungen handelt, wurde angenommen, dass sich die leicht positive Steigung der Regressionsanalyse der Jahre davor auch in Zukunft fortsetzt, ausgehend aber eben vom Niveau der letzten drei Jahre. Die im Prognosemodell verwendeten Übertrittsraten für den Übergang von der Hauptschule ins weiterführende Schulwesen sind in Tabelle 20 zusammengefasst.

Der zweite wichtige Schülerstrom, der in diesem Alter an einem neuerlichen Entscheidungspunkt angelangt ist, sind die AHS-Schüler; auch in diesem Bildungsbereich steht – ähnlich wie bei den Hauptschülern – die Wahl der weiteren Bildungslaufbahn an (Grafik 18a,b). Allerdings befinden sich die AHS-Schüler bereits in einem Bildungsbereich, der zur Matura führt, weshalb heute praktisch nur mehr die Entscheidung von Bedeutung ist, ob sie eine stärker berufsbildende Ausbildung anstreben und dafür ein Jahr länger bis zur Matura eine Schule besuchen, oder ob sie in dem schon gewählten Schulbereich bleiben und erst später – im tertiären Bildungsbereich – eine spezielle Berufsausbildung erwerben. Die Übertrittsraten (Tabelle 21) ins berufsbildende mittlere Schulwesen sind für die AHS-Schüler im Unterschied zu den Hauptschülern nur von geringer Bedeutung. Bis zum Beginn der 1980er-Jahre traten zwar bei den Mädchen noch mehr als 10% der Schülerinnen der 4. Klasse der Allgemeinbildenden Höheren Schulen in eine Berufsbildende Mittlere Schule über, seither aber schwanken diese Werte zwischen 3 und 6% (Grafik 18b). Wie schon in der Vergangenheit wählt auch heute der größte Teil der Schülerinnen, die ihre Schullaufbahn im berufsbildenden mittleren Schulwesen fortsetzen, die Mittleren Kaufmännischen Schulen (Max. 1978: 6%; Min. 1997: 1%), gefolgt von den Mittleren Wirtschaftsberuflichen Schulen (Max. 1978: 5%; Min. 1999: 1%). Rückläufig waren die Übertrittsraten ins berufsbildende mittlere Schulwesen insbesondere bei den Mädchen seit längerem – Mitte der 1980er-Jahre gab es zwar einen Anstieg, der aber nur von kurzer Dauer war. Bei den Burschen wurde das Minimum 1997 (2,9%), bei den Mädchen 1999 (3,2%) erreicht. In den Jahren danach gab es wieder leichte Zunahmen der Übertritte in die BMS, womit also der nun schon so viele Jahre andauernde fallende Trend gestoppt zu sein scheint (2001: M u. W 6,4%). Den größten Beitrag zu diesem neuerlichen Anstieg lieferten die Mittleren Kaufmännischen Schulen und – bei den Mädchen – auch die Mittleren Wirtschaftsberuflichen Schulen. Bei den Knaben sind die Übertrittsraten für den letzteren Schultyp vernachlässigbar, erreichten sie doch erst in den letzten Jahren (2001: M 0,342%) einen Wert knapp über 0,3%. Aufgrund dieses Anstiegs wurde für die Zukunft allerdings angenommen, dass die Übertrittsrate der Knaben in diesen Schultyp weiter steigen und im Jahr 2018 einen Grenzwert von 0,47 Prozent erreichen wird. Dieser Beitrag zur Zahl der Schüler in den Berufsbildenden Mittleren Schulen insgesamt bleibt aber trotz dieses Anstiegs von geringer Bedeutung.

Auch bei den Übertritten von der 4. Klasse AHS ins berufsbildende höhere Schulwesen gab es in den 1990er-Jahren stagnierende bzw. insgesamt sogar rückläufige Raten (M: Max 1990 38,3%; Min 1994 32,3%; W: Max 1988 31,5%; Min 1996 26,1%). Besonders drastisch fiel dieser Rückgang der Übertrittsraten bei den Knaben in den Jahren 1989–1992 (von 28% auf 22%)

an die Höheren Technischen Schulen und bei den Mädchen in den Jahren 1988–1997 (von 14% auf 10%) an die Höhere Kaufmännische Schule aus. Seit Mitte der 1990er-Jahre – bei den Knaben etwas früher – kletterten die Übertrittsraten wieder nach oben und erreichten mit wenigen Ausnahmen ihre Maximalwerte innerhalb des Beobachtungszeitraums um 2001 (M: HTS: 2001 28,2%, HKS: 2001 12,6%, HWS: 2001 1,4%, HLES: 1996 0,24%, HLFS: 1990 1,1%; insgesamt: 2001 42,9%; W: HTS: 2002 7,9%, HKS: 2001 14,9%, HWS: 2000 9,1%, HLES: 1993 4,4%, HLFS: 2001 0,49%; insgesamt: 2001 35,5%).

Tabelle 21: Übertrittsraten von der 4. Klasse der AHS in die 1. Klasse des berufsbildenden Schulwesens (Übertritt von der 8. in die 9. Schulstufe)

Männlich	Startwert in %	Grenzwert in %	Grenzjahr
AHS->PTS	0,381	0,341	2018
AHS->MTS	2,538	1,829	2018
AHS->MKS	2,894	2,089	2018
AHS->MWS	0,308	0,465	2018
AHS->HTS	26,904	29,936	2018
AHS->HKS	11,857	13,645	2018
AHS->HWS	1,111	1,608	2018
AHS->HLE	0,176	0,305	2018
AHS->HLF	0,765	0,586	2018

Weiblich	Startwert in %	Grenzwert in %	Grenzjahr
AHS->PTS	0,210	0,292	2018
AHS->MTS	0,789	0,283	2018
AHS->MKS	3,486	2,424	2018
AHS->MWS	1,948	1,543	2018
AHS->HTS	7,770	10,050	2018
AHS->HKS	14,596	15,186	2018
AHS->HWS	8,854	10,557	2018
AHS->HLE	3,417	3,577	2018
AHS->HLF	0,470	0,628	2018

Lesart: 1. Spalte: Übertritte von – wohin (z.B. Hauptschule – AHS)
2. Spalte: Wie viele Schüler der 8. Schulstufe der HS bzw. AHS in die angegebene Schulform im Schuljahr 2003/04 übertreten werden
3. und 4. Spalte: Welcher Grenzwert (3. Spalte) in welchem Jahr (4. Spalte) erreicht wird. Der erreichte Grenzwert wird ab diesem Jahr konstant fortgeschrieben.

Scheinbar hatten Kapazitätsengpässe im berufsbildenden höheren Schulwesen – in den 1. Klassen erreichten die Klassenschülerzahlen nach einer kurzen Entspannung wieder Spitzenwerte (im *Durchschnitt* 33 und mehr

Grafik 18a: Verteilung jener Schüler der 9. Schulstufe, die aus der 4. Klasse AHS aufgestiegen sind, in Prozent (männlich)

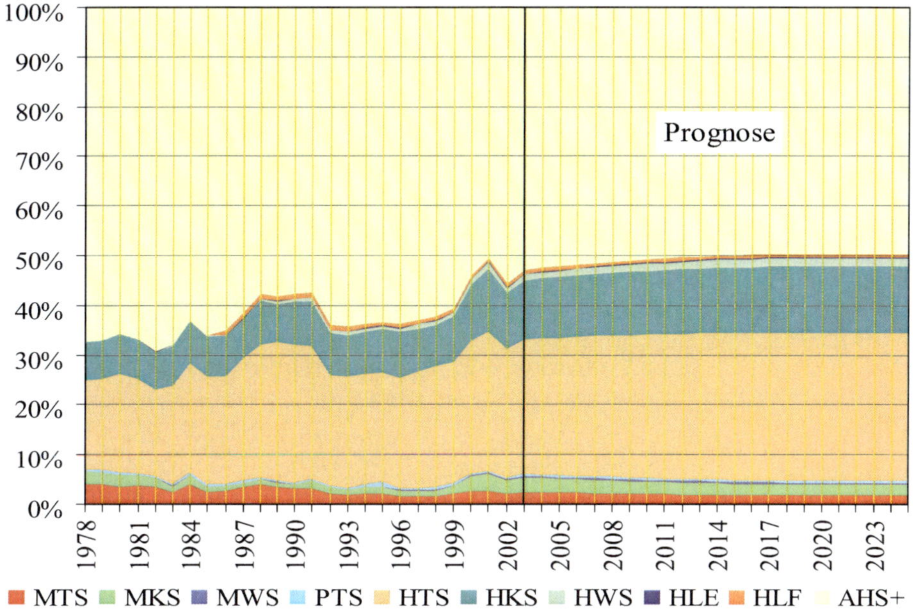

Grafik 18b: Verteilung jener Schülerinnen der 9. Schulstufe, die aus der 4. Klasse AHS aufgestiegen sind, in Prozent (weiblich)

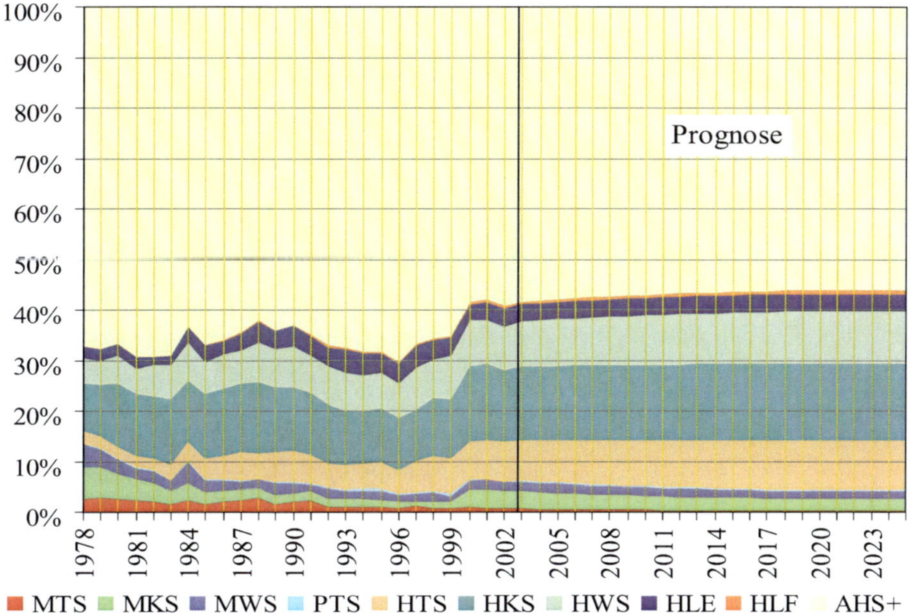

Schüler pro Klasse, insbesondere in den stark besuchten Berufsbildenden Höheren Schulen) – einen weiteren Anstieg, wie er in der Zeit davor stattgefunden hatte, gebremst. Doch als sich die Lage etwas entspannte – zwischen 1991 und 2001 wurde die Zahl der Klassen um mehr als 20% aufgestockt –, wurde dieser Rückgang schnell wieder aufgeholt und neue Spitzenwerte bei den Übertrittsraten erreicht (siehe oben). Aufgrund dieser Entwicklung wird auch für die Zukunft mit weiterhin steigenden Übertrittsraten gerechnet (Tabelle 21 bzw. Grafiken 18a,b).

Für die Wahl einer leicht modifizierten Trendfortschreibung bei den Übergängen von der 8. in die 9. Schulstufe sprechen neben den oben angeführten formal methodischen Überlegungen unter anderem auch arbeitsmarktpolitische Argumente, die hier noch kurz angeführt werden.

Besonders auffallend waren die starken Rückgänge bei den Übertritten von der Allgemeinbildenden Höheren Schule in die Berufsbildenden Höheren Schulen. Vieles spricht nun dafür, dass sich die Übertrittsraten nicht nur erholen, sondern auch weiterhin steigen werden – wenn auch vielleicht nicht in demselben Ausmaß wie in den letzten Jahren. Nach wie vor finden Absolventen Berufsbildender Höherer Schulen leichter einen Arbeitsplatz als solche mit einer AHS-Matura. Je größer die Bildungsbeteiligung wird, desto größer wird auch der Anteil jener Jugendlichen sein, die nicht primär eine Hochschullaufbahn anstreben, sondern den Erwerb einer unmittelbar verwertbaren Qualifikation. Da es seit vielen Jahren für Jugendliche immer schwieriger wird, eine Lehrstelle zu finden, werden sich immer mehr Jugendliche gezwungen sehen, in einer rein schulischen Laufbahn entsprechende Befähigungen zu erwerben. Die dafür am besten geeignete schulische Laufbahn ist sicher der Besuch einer Berufsbildenden Mittleren oder Höheren Schule.

Wäre die Bildungsbeteiligung nicht schon in der Vergangenheit laufend angestiegen und daher immer mehr Jugendliche in die Schule und nicht auf den Arbeitsmarkt gegangen, wäre die Nachfrage nach Lehrstellen schon längst nicht mehr zu befriedigen gewesen. Wie groß die Entlastung des Arbeitsmarktes durch eine steigende Bildungsbeteiligung ist, wurde schon vor einigen Jahren in einer Untersuchung des Instituts für sozioökonomische Entwicklungsforschung aufgezeigt.[12] So gesehen ist jede Investition in das weiterführende Bildungswesen eine Einsparung bei den Ausgaben für Arbeitslose bzw. für spätere Schulungsmaßnahmen. Dabei darf nicht übersehen werden, dass neben der Verminderung der Nachfrage nach Arbeitsplätzen auch noch die Erhaltung der Schüler privatisiert ist, da sie ja außer den vom

[12] Bildungswesen und Qualifikationsstruktur, 37 ff.

Staat getragenen Betriebskosten der Schulen und eventuellen Kinderbeihilfen keine direkten staatlichen Leistungen erhalten. Da sich die Arbeitsmarktsituation in den nächsten Jahren trotz guter Wirtschaftsentwicklung – unter anderem aufgrund von Produktivitätssteigerungen durch weitere Automatisierung – nicht entspannen und die Nachfrage nach immer qualifizierteren Arbeitskräften steigen wird, dürfte die Annahme weiterhin steigender Bildungsbeteiligung höchstwahrscheinlich zutreffend sein. Darüber hinaus sollte noch darauf hingewiesen werden, dass der auffallendste Rückgang beim Übergang von den Allgemeinbildenden Höheren Schulen in die Berufsbildenden Höheren Schulen zu verzeichnen war, womit nur eine Verschiebung bei der Art der Bildungslaufbahn, nicht aber eine Verminderung der Bildungsbeteiligung erfolgte. Sollte sich dieser relativ kurzfristig beobachtbare Trend entgegen unseren Modellannahmen doch wieder ins Negative wenden, würde dies nur zu mehr Absolventen in den Allgemeinbildenden Höheren Schulen und in der Folge auch zu mehr Studienanfängern führen – Absolventen der Allgemeinbildenden Höheren Schulen schlagen häufiger eine Hochschullaufbahn ein als Absolventen der Berufsbildenden Höheren Schulen.

Für den weiteren Verlauf der Schullaufbahn der Schüler und Schülerinnen sind die Repetenten- und Dropoutraten bestimmend. Das österreichische Schulsystem ist eigentlich von Beginn an auf Selektion ausgerichtet. In den letzten Jahren wurde zwar versucht, dies zu entschärfen – Berechtigung zum Aufsteigen trotz einer negativen Note usw. –, wirklich geändert hat sich an dieser Situation jedoch nur wenig. Nach Erfüllung der Schulpflicht – nach der 9. Schulstufe – erhält die Selektion allerdings eine neue Qualität, denn Schüler, die das Schulwesen verlassen wollen, haben keine Probleme, dies auch zu tun. Und je bildungsferner ein Schüler ist, desto schneller wird er bei Misserfolgen „das Handtuch werfen“ und dem Bildungssystem für immer Adieu sagen. Wer öfter in seinen Bildungsbemühungen enttäuscht wird, verlasst – insbesondere in diesem Alter und wenn er vom Elternhaus nicht unterstützt wird – schnell frustriert das Bildungssystem und wird später nur mehr schwer zu motivieren sein, wieder einen neuen Anlauf zu nehmen, um in dieses zurückzukehren. Und gerade in diesem Schulabschnitt (9. Schulstufe) verschärft sich besonders im berufsbildenden Schulwesen die Selektion – die Repetentenquoten erreichen in manchen Bereichen zehn und mehr Prozent (M: AHS: 1994 10%, 2001 9%; MTS: 1996 15%, 2001 11%; HTS: 1994 12%, 2001 6%; W: AHS: 1994 6%, 2001 6%; MKS: 1994 21%, 2001 7%; HKS: 1994 8%, 2001 2%), und noch höher liegen die Dropoutraten (M: AHS: 2000 13%, 2001 12%; MTS: 1989 33%, 2001 23%; HTS: 1995 22%, 2001 20%; W: AHS: 1999 9%, 2001 7%; MKS: 1998 27%, 2001 23%;

HKS: 1996 20%, 2001 20%). Das Argument, dass viele Schüler nur an Stelle der Polytechnischen Schule die 1. Klasse einer Berufsbildenden Mittleren bzw. Höheren Schule besuchen, mag zwar in manchen Fällen stimmen, es gibt aber sicher eine angenehmere Art, die Schulpflicht zu erfüllen; immerhin haben diese Schüler den Versuch unternommen, ihre Bildungslaufbahn fortzusetzen, waren also am Anfang dieses Versuchs noch ausreichend motiviert, sich dieser Mühen zu unterziehen.

4.3.2 Der Schulverlauf in der 9. bis 12. Schulstufe der AHS

In der 9. Schulstufe – jener Schulstufe, in der auch all jene, die bis zu diesem Zeitpunkt noch keine Schulstufe wiederholt haben, die allgemeine Schulpflicht erfüllt haben – scheint die Auslese so richtig zu beginnen. Sowohl die Repetenten- als auch die Dropoutraten schnellen hoch, und die Repetentenraten erreichen Werte (Tabellen 22 und 23), die mehr als doppelt so hoch sind wie jene in der Sekundarstufe I (5.–8. Schulstufe). Obwohl der Beobachtungszeitraum etwa mit dem Einsetzen der Verbesserung des Schüler/Klassen- bzw. Schüler/Lehrer-Verhältnisses beginnt – 1977 gab es noch 29,3 Schüler/Klasse und 13,7 Schüler/Lehrer, 1990/91 waren diese Werte auf 24,0 bzw. 8,7 gesunken und pendelten sich dann bis 2001 bei etwa 24,5 bzw. 9,3 ein (siehe Tabelle 13 und Grafik 6) –, zeigt sich weder bei den Repetenten- noch bei den Dropoutraten eine Verbesserung. Ganz im Gegenteil die Repetentenraten der 9. Schulstufe nehmen seit Mitte der 1980er-Jahre sogar zu, sinken dann zwar für einige Jahre, um darauf aber wieder ab 1996 zu steigen (Grafik 19).

Tabelle 22: Repetentenraten in der 9.–12. Schulstufe der AHS (1977–2001)

AHS	**9. Schulstufe**		**10. Schulstufe**		**11. Schulstufe**		**12. Schulstufe**	
Geschlecht	m	w	m	w	m	w	m	w
Minimalrate	6,5%	3,9%	7,1%	4,1%	7,6%	4,4%	1,7%	0,9%
Durchschnittsrate	8,4%	5,3%	8,5%	5,2%	9,1%	5,4%	2,4%	1,4%
Maximalrate	9,7%	6,4%	9,5%	6,3%	10,1%	6,5%	3,1%	1,9%
Endrate	9,1%	6,1%	8,2%	4,5%	9,0%	4,8%	2,3%	1,2%

Den größten Unterschied bei den Repetentenraten gibt es – wie schon im Schulwesen der 6- bis 14-Jährigen – zwischen den Geschlechtern. Bei den Schulstufen mit hohen Repetentenraten (9.–11. Schulstufe) liegt diese bei den Mädchen im Durchschnitt um drei Prozentpunkte unter jener der Buben. Aber auch die einzelnen Schulstufen zeigen eine recht unterschiedliche Entwicklung. Die letzte Klasse (12. SST) der AHS nimmt erwartungsgemäß eine Sonderstellung ein, da sie nur mehr von relativ wenigen Schülern wiederholt wird. Betrachtet man die Durchschnittsraten der 9.–11. Schulstufe, so zeigt sich bei den Buben eine leichte Zunahme mit der Höhe der Schulstufe. Berücksichtigt man dagegen nur die in den letzten Jahren erreichten Werte, so werden die 9. und 11. Schulstufe von Buben etwas häufiger wiederholt als die 10.. Bei den Mädchen wird die 9. Schulstufe deutlich öfter als die 10. und 11. Schulstufe wiederholt. Dass die 12. Schulstufe so offensichtlich von den anderen Schulstufen der AHS-Oberstufe abweicht, liegt wohl daran, dass Schüler, die die 12. Schulstufe nicht positiv abschließen, nicht zur Matura zugelassen werden, und dies geschieht, wie man sieht, nach einer vier- bis achtjährigen selektiven AHS-Laufbahn doch eher selten.

Grafik 19: Entwicklung der Repetentenraten in der 9. und 11. SST der AHS

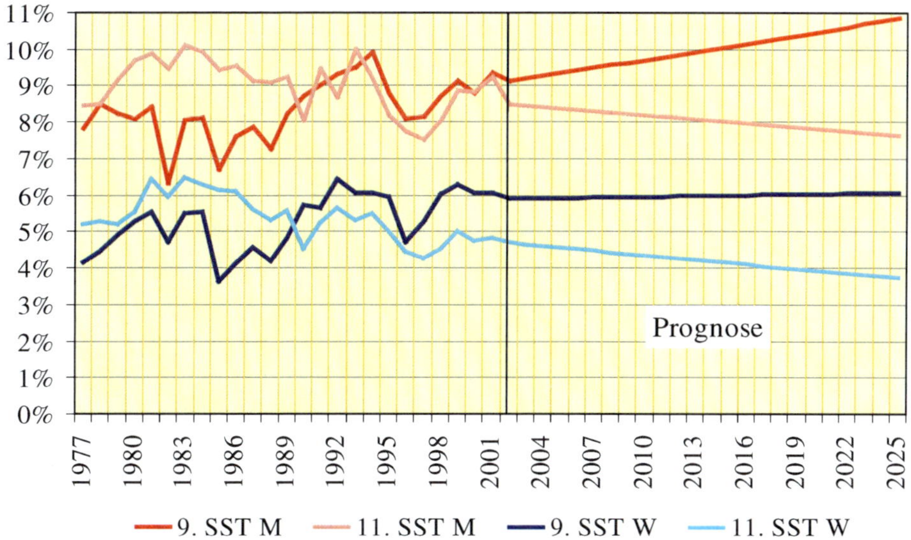

Bei den hier diskutierten Repetentenraten muss immer bedacht werden, dass es sich dabei nur um jene Schüler handelt, die eine Schulstufe tatsächlich wiederholen. Schüler, die das Schulsystem vorzeitig mit oder ohne positives Jahreszeugnis verlassen, werden bei den Dropouts gezählt.

Nach der 9. Schulstufe haben alle Schüler die neunjährige Schulpflicht erfüllt, und die Möglichkeiten, eine weitere sinnvolle schulische Laufbahn zu planen, sind – wenn jemand erst zu diesem oder gar erst zu einem noch späteren Zeitpunkt erkennt, dass er die falsche Schule gewählt hat – sehr eingeschränkt bis nicht mehr vorhanden. So ist es nicht verwunderlich, dass die Wahrscheinlichkeit, das formale Schulsystem ab diesem Zeitpunkt zu verlassen, gegenüber den Schulstufen davor stark zunimmt. Die hier verwendeten Werte wurden mit Hilfe eines Vergleichs zwischen Schulerfolgs- und Vorbildungsdaten berechnet. Es handelt sich daher um Schüler, die sich entweder während des Schuljahres oder während der Sommerferien dafür entscheiden, das Schulsystem zu verlassen. Dropouts sind somit Schüler, die innerhalb Österreichs *rein rechnerisch* weder in einen anderen Schultyp wechseln noch im selben Schultyp eine Schulstufe wiederholen. Hier liegt die Betonung auf „rein rechnerisch", da es sich, wie schon erwähnt, bei den zugrunde liegenden Daten um keine personenbezogenen Daten handelt und somit darin nur Informationen über die Schüler einer Klasse insgesamt und nicht über den einzelnen Schüler enthalten sind. Da die über Österreich und den jeweiligen Schultyp aggregierten Daten jedoch in Bezug zu den anderen Schultypen dieser Schulstufe ausgewertet werden, fallen die durch Migration entstehenden Fehler – besonders im weiterführenden Schulwesen – nicht so sehr ins Gewicht. Allerdings machen sich bei dieser Art der Berechnung der Dropouts Veränderungen, die durch Modifikationen der statistischen Erhebungsbögen entstehen – wie z.B. die Einbeziehung der außerordentlichen Schüler –,durch Brüche in den Zeitreihen sehr unangenehm bemerkbar oder führen zu starken Schwankungen der Werte, insbesondere dann, wenn die Absolutzahlen der Schüler in einer Schulstufe bzw. einem Schultyp noch dazu klein sind.

Grafik 20: Entwicklung der Dropoutraten in der 9. und 11. Schulstufe der AHS

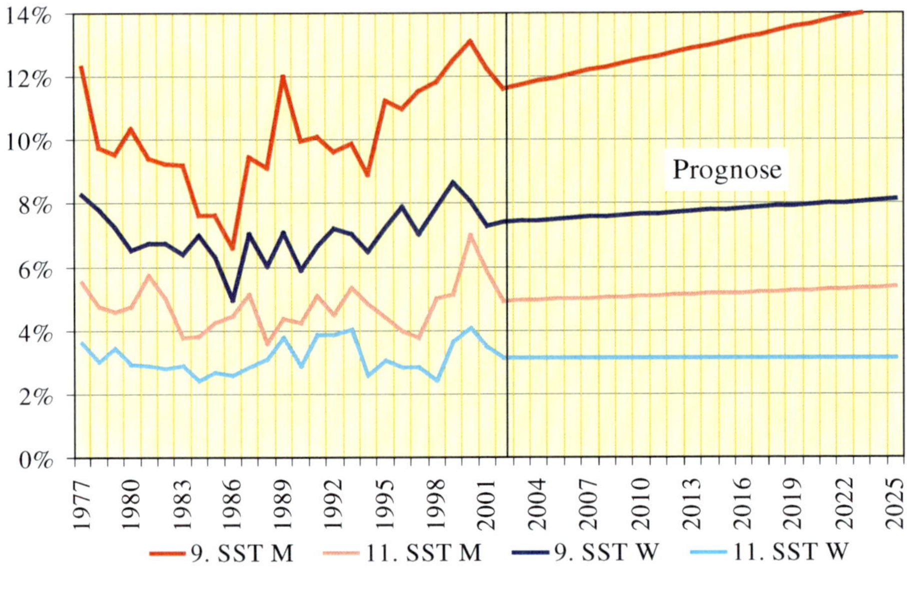

Auch bei den Dropoutraten (Tabelle 23 bzw. Grafik 20) beweisen die Mädchen, dass sie an dieses Schulsystem besser angepasst sind. Ihre Dropoutraten liegen deutlich niedriger als jene der Buben. In der 9. Schulstufe

verlassen im Durchschnitt 10% der Buben, aber nur knapp 7% der Mädchen das formale Schulsystem, wobei die Rate der Mädchen – korrespondierend mit der Repetentenquote in dieser Schulstufe – nach einem Minimum im Jahr 1985 tendenziell steigend ist. In der 10. und 11. Schulstufe verlassen nur mehr halb so viele Schüler wie in der 9. Schulstufe die Schule, aber immerhin noch fast 5% der Buben und zwischen 3 und 4% der Mädchen. Für die 12. Schulstufe wurde keine Dropoutrate berechnet, da ein langjähriger Vergleich der Schülerzahlen der 12. Schulstufe mit den Maturantenzahlen zeigte, dass diese in etwa übereinstimmen, was die Annahme sehr wahrscheinlich erscheinen lässt, dass ein Schüler, der diese Schulstufe erreicht hat, wenn nicht sofort, so doch irgendwann einen positiven Maturitätsabschluss erreicht.

Tabelle 23: Dropoutraten in der 9.–12. Schulstufe der AHS (1977–2001)

AHS	**9. Schulstufe**		**10. Schulstufe**		**11. Schulstufe**		**12. Schulstufe**	
Geschlecht	m	w	m	w	m	w	m	w
Minimalrate	7,1%	5,4%	3,1%	2,4%	3,7%	2,4%	0,0%	0,0%
Durchschnittsrate	10,1%	7,0%	4,8%	3,9%	4,7%	3,1%	0,0%	0,0%
Maximalrate	12,8%	8,4%	6,4%	5,0%	6,4%	4,0%	0,0%	0,0%
Endrate	12,7%	7,7%	5,4%	3,8%	6,4%	3,8%	0,0%	0,0%

4.3.3 Der Schulverlauf in den Berufsbildenden Mittleren Schulen

Die in den Berufsbildenden Mittleren und Höheren Schulen beobachteten Repetentenraten der ersten Klassen zählen zu den höchsten des sekundären Schulwesens. Obwohl sich seit der zweiten Hälfte der 1980er-Jahre die Lage an den Berufsbildenden Mittleren Schulen merklich entspannt hat – die Schüler/Klassen- und Schüler/Lehrer-Verhältnisse gingen zurück –, weisen die Repetentenraten steigende bis stark steigende (9. und 12. Schulstufe) Tendenzen auf. 1985 haben knapp 11% der Buben und 10% der Mädchen die 1. Klasse einer Mittleren Technischen Schule wiederholt, heute sind es fast 12% der Buben und 13% der Mädchen (Tabelle 24). Auch in den höheren Schulstufen nehmen die Repetentenraten nur geringfügig ab. So wird die 10. Schulstufe im Durchschnitt von mehr als 10% der Buben und 6% der Mädchen wiederholt und die 11. Schulstufe immerhin noch von 8,1% der Buben und 3,8% der Mädchen. Erst in der letzten (12.) Schulstufe gehen die Repetentenraten deutlich zurück. Allerdings sind sie in dieser Schulstufe im Beobachtungszeitraum tendenziell gestiegen und erreichten in den letzten Jahren (Endrate) einen Wert von 6,4% für die Knaben und 3,4% für die Mädchen.

Tabelle 24: Repetentenraten in den MTS (1977–2001)

MTS	**9. Schulstufe**		**10. Schulstufe**		**11. Schulstufe**		**12. Schulstufe**	
Geschlecht	m	w	m	w	m	w	m	w
Minimalrate	7,9%	5,2%	6,8%	4,2%	5,1%	2,5%	2,2%	0,3%
Durchschnittsrate	11,4%	10,1%	10,5%	6,0%	8,1%	3,8%	4,0%	1,5%
Maximalrate	15,0%	15,0%	12,8%	9,2%	11,5%	6,1%	7,1%	3,9%
Endrate	11,7%	13,1%	12,7%	9,2%	11,3%	5,7%	6,4%	3,4%

Grafik 21: Entwicklung der Repetentenraten in der 9. und 12. Schulstufe der Mittleren Technischen Schulen

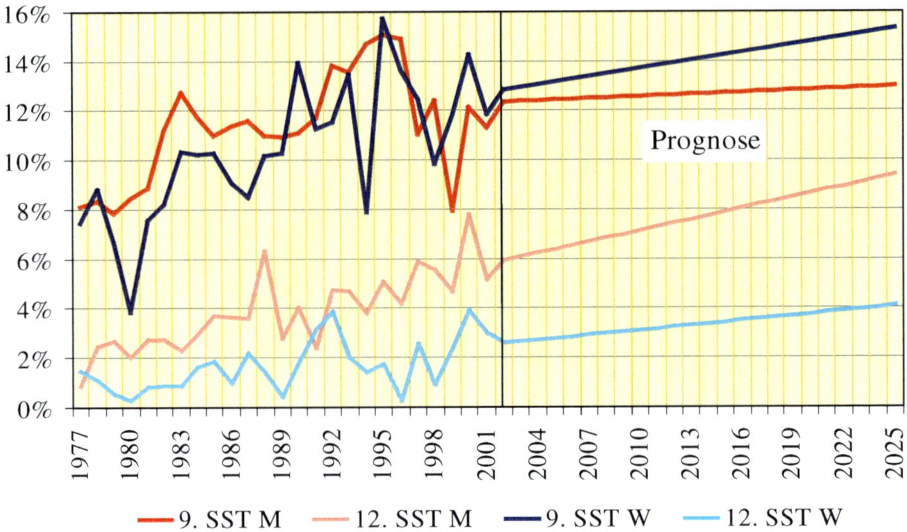

Nachdem die Dropoutraten (Tabelle 25) insbesondere in der 9. Schulstufe über viele Jahre hinweg gestiegen sind, hat in den letzten Jahren in den meisten Schulstufen eine Trendumkehr stattgefunden – so weit bei den starken Schwankungen aufgrund der geringen Fallzahlen bei den Mädchen überhaupt ein Trend erkennbar ist. Trotz dieser Trendumkehr sind die Dropoutraten in der 9. Schulstufe insbesondere bei den Burschen nach wie vor erschreckend hoch – offensichtlich betrachten viele Schüler die 1. Klasse der Berufsbildenden Mittleren Schulen nur als eine bessere Polytechnische Schule und verlassen das formale Schulsystem, nachdem sie die allgemeine Schulpflicht erfüllt haben. Anders ist es nicht zu verstehen, dass auch heute noch rund 21% der Buben und 8% der Mädchen nach der 9. Schulstufe den Mittleren Technischen Schulen den Rücken kehren und sich damit vom formalen Schulsystem verabschieden. Die Dropoutraten der Mittleren Technischen Schulen – mit Ausnahme der 9. Schulstufe – sind insofern

Tabelle 25: Dropoutraten in den MTS (1977–2001)

MTS	9. Schulstufe		10. Schulstufe		11. Schulstufe		12. Schulstufe	
Geschlecht	m	w	m	w	m	w	m	w
Minimalrate	21,3%	6,1%	0,0%	1,9%	0,0%	0,9%	1,8%	2,0%
Durchschnittsrate	28,0%	13,7%	3,3%	6,4%	3,3%	4,7%	7,7%	8,2%
Maximalrate	32,9%	18,9%	7,4%	10,0%	8,5%	11,3%	14,1%	20,5%
Endrate	21,3%	8,3%	4,9%	5,4%	6,2%	7,1%	5,9%	18,1%

interessant, als sie eine der wenigen geschlechtsspezifischen Ausnahmen darstellen: Mehr Mädchen als Buben verlassen in diesen Schulstufen das Schulsystem. Überraschend ist die Dropoutrate in der 12. Schulstufe: Sie stieg im Beobachtungszeitraum insbesondere bei den Mädchen laufend an und erreichte in den letzten Jahren den beachtlichen Wert von 18%; für die Buben gab es in den letzten Jahren eine leichte Trendumkehr, sodass der Endwert mit 6% unter den Durchschnittswert fiel. Allerdings stellen die Mädchen in den Mittleren Technischen Schulen auch heute noch mit etwa einem Viertel der Schüler eine Minderheit dar – möglicherweise ist dies mit ein Grund für diese geschlechtsspezifischen Abweichungen.

Grafik 22: Entwicklung der Dropoutraten in der 9. und 12. Schulstufe der MTS

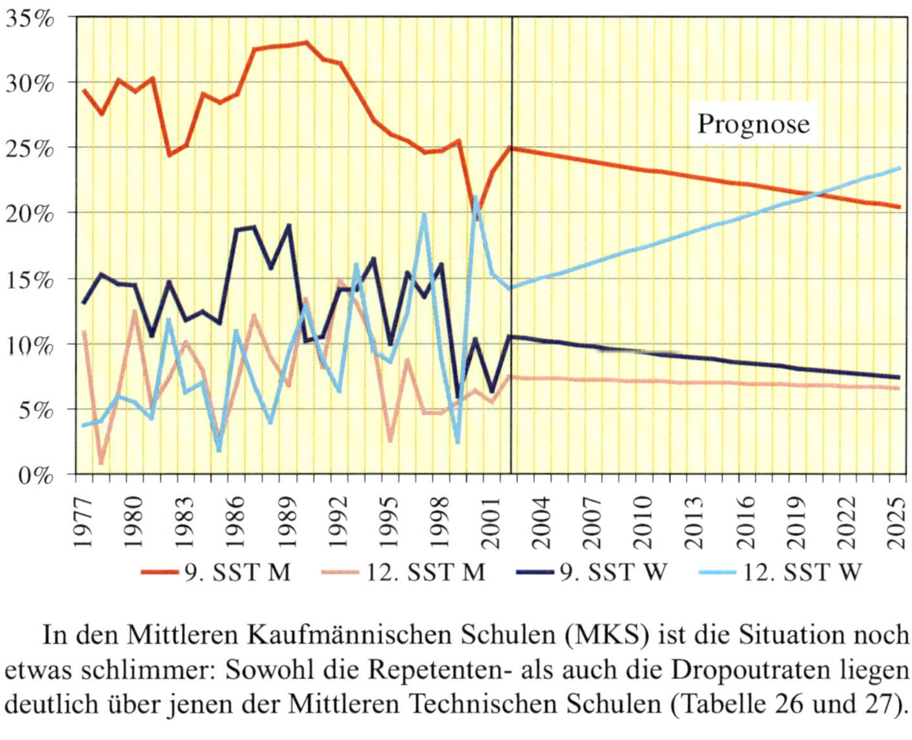

In den Mittleren Kaufmännischen Schulen (MKS) ist die Situation noch etwas schlimmer: Sowohl die Repetenten- als auch die Dropoutraten liegen deutlich über jenen der Mittleren Technischen Schulen (Tabelle 26 und 27).

Tabelle 26: Repetentenraten in den MKS (1977–2001)

MKS	9. Schulstufe		10. Schulstufe		11. Schulstufe	
Geschlecht	m	w	m	w	m	w
Minimalrate	8,0%	6,9%	8,0%	6,4%	4,8%	3,1%
Durchschnittsrate	13,3%	11,8%	12,8%	9,3%	7,2%	4,5%
Maximalrate	20,5%	20,3%	17,1%	12,5%	9,9%	7,0%
Endrate	8,8%	7,0%	13,1%	12,3%	9,9%	7,0%

Tabelle 27: Dropoutraten in den MKS (1977–2001)

MKS	9. Schulstufe		10. Schulstufe		11. Schulstufe	
Geschlecht	m	w	m	w	m	w
Minimalrate	20,6%	10,3%	0,1%	0,0%	0,0%	0,6%
Durchschnittsrate	27,1%	15,9%	4,0%	2,4%	2,4%	3,1%
Maximalrate	34,1%	26,6%	12,9%	7,1%	6,3%	5,9%
Endrate	29,4%	24,5%	7,5%	5,4%	4,0%	3,0%

Grafik 23: Entwicklung der Repetentenraten in der 9. und 10. Schulstufe der Mittleren Kaufmännischen Schulen

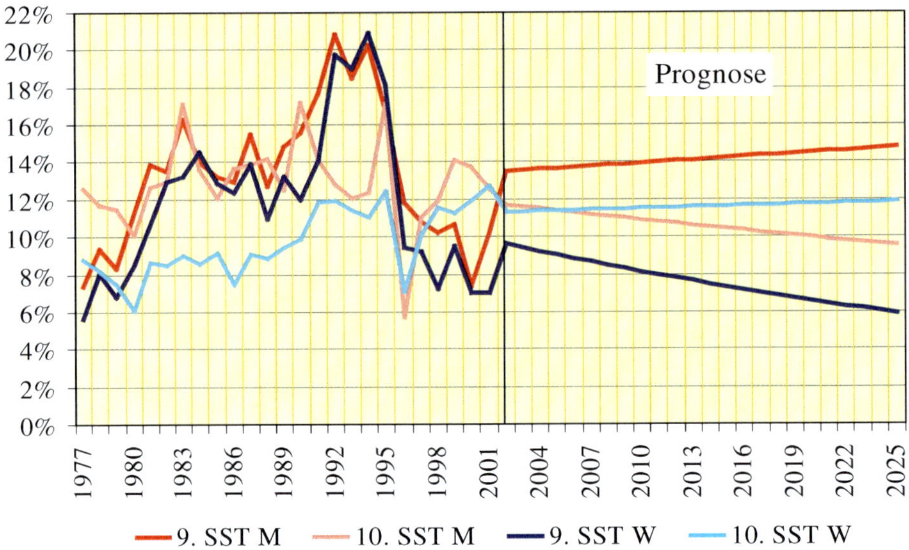

Dabei ist auffallend, dass die Repetentenraten der ersten beiden Klassen bis 1994/95 zu Extremwerten anstiegen. In der 9. Schulstufe erreichten sie sogar ausgehend von einem Wert deutlich unter 10% über 20% und in der 10. Schulstufe 17% (Grafik 23). Dagegen wies die Dropoutrate der 9. Schulstufe bis 1995 eine leicht fallende Tendenz auf und stieg dann insbesondere bei den Mädchen wieder an (Grafik 25). Dies ist überraschend, da Schüler mit einem negativen Schulerfolg viel häufiger ihre Schullaufbahn abbrechen als solche mit einem positiven. Daher lassen Dropout- und Repetentenraten über die Zeit hinweg meist eine ähnliche Entwicklung erkennen. Addiert man die Repetenten- und die Dropoutraten, so zeigt sich, dass bei den Buben 1992 47%, 2001/02 knapp 40% und bei den Mädchen über demselben Zeitraum etwa 30% die 1. Klasse der Mittleren Kaufmännischen Schulen nicht erfolgreich bestehen. Etwas besser ist die Situation in der 2. Klasse (10. Schulstufe); zwar ist die Repetentenrate noch immer sehr hoch – im Durchschnitt knapp 13% bei den Buben und 9% bei den Mädchen –, die Dropoutrate aber liegt im Durchschnitt bei 4% (M) bzw. 2% (W), allerdings innerhalb eines breiten Schwankungsbereichs (unter 0,1%–12,9% {M} bzw. 0%–7,1% {W}). In diesem Zusammenhang muss betont werden, dass die Mittleren Kaufmännischen Schulen sich im Wesentlichen aus zwei- und dreijährigen Schultypen zusammensetzen. Daher wurde von Schülern, die die 2. Schulstufe erfolgreich abschließen und danach das Schulsystem verlassen, angenommen, dass sie Absolventen der zweijährigen Schultypen sind und damit einen positiven Abschluss an einer Mittlere Kaufmännische Schule erworben haben.

Unter dem Sammelbegriff „Mittlere Wirtschaftsberufliche Schulen“ sind vorwiegend Schultypen zusammengefasst, die weitgehend, in der Vergangenheit sogar ausschließlich, von Mädchen besucht werden. Dies führt dazu, dass die für die Buben berechneten Repetenten- und Dropoutraten stark schwanken und eine Entwicklung oft nur schwer erkennbar ist – dies gilt ganz besonders für die zukünftige Entwicklung.

In diesem Zusammenhang muss darauf hingewiesen werden, dass den in den Grafiken ausgewiesenen Prognosekurven der Repetenten- und Dropoutraten das Ergebnis von unterschiedlichen statistischen Verfahren (Regressionsanalyse usw.) zur Gewinnung von Prognosedaten zugrunde liegt. Nicht immer wurden für diese Analyse die gesamten Vergangenheitsdaten berücksichtigt – insbesondere dann, wenn sich deutliche Brüche in der Zeitreihe erkennen ließen, wurden bevorzugt die letzten Jahre verwendet, und nicht immer wurden diese Ergebnisse dann direkt für das Prognosemodell herangezogen. Oft dienten diese Kurven eher zur Orientierung, da diese Raten ja von anderen Größen wie z.B. der Zahl der Schüler pro Klasse bzw. pro Lehrer abhängig sind und diese Größen sich in Zukunft sicherlich allein durch die demographische Entwicklung verändern werden.

Die Repetentenraten der Mädchen (Tabelle 28) sind innerhalb der Berufsbildenden Mittleren Schulen die niedrigsten und erreichen fast das Niveau der Raten der Allgemeinbildenden Höheren Schulen. Allerdings sind die Repetentenraten für die ersten beiden Klassen innerhalb des Beobach-

Tabelle 28: Repetentenraten in den MWS (1977–2001)

MWS	9. Schulstufe		10. Schulstufe		11. Schulstufe	
Geschlecht	m	w	m	w	m	w
Minimalrate	0,0%	1,9%	0,0%	2,5%	0,0%	0,6%
Durchschnittsrate	8,2%	5,5%	6,0%	5,1%	3,6%	2,4%
Maximalrate	12,3%	9,7%	10,7%	8,1%	5,4%	4,1%
Endrate	10,4%	7,9%	10,3%	8,1%	4,6%	3,8%

tungszeitraums laufend angestiegen (Grafik 24). Die in der letzten Schulstufe beobachteten Repetentenraten weisen starke Schwankungen auf, die in den letzten Jahren jedoch eine deutlich steigende Tendenz aufweisen; 2001 wurde der zweithöchste Wert erreicht. Für die Burschen ist die Entwicklung mit Ausnahme der 9. Schulstufe ähnlich. Berücksichtigt man für die 9. Schulstufe nur die letzten zehn Jahre – in dieser Zeit hat die Zahl der Burschen in diesem Schultyp schon etwas zugenommen –, so scheint sich ausgehend von einem relativ hohen Niveau eine Trendumkehr abzuzeichnen.

Grafik 24: Entwicklung der Repetentenraten in der 9. und 10. Schulstufe der Mittleren Wirtschaftsberuflichen Schulen

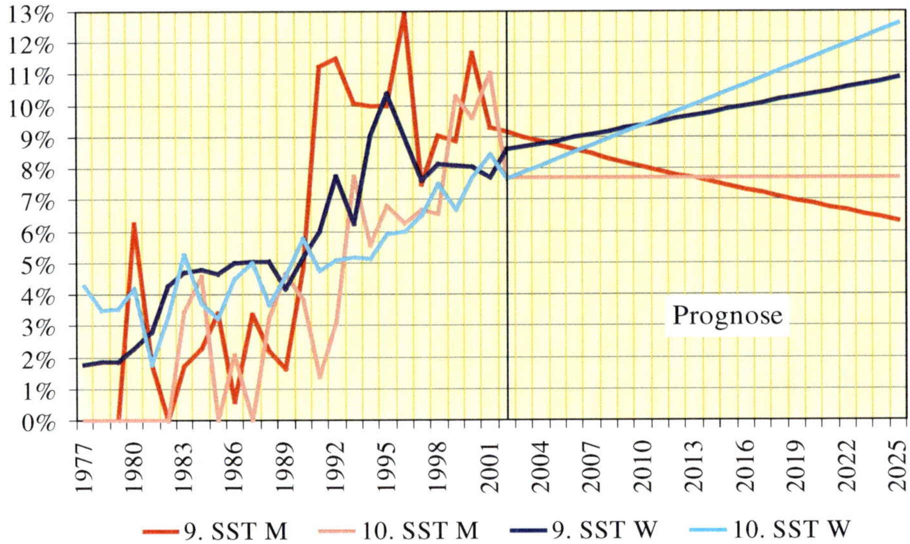

Die Berechnung der Dropoutraten für die Mittleren Wirtschaftsberuflichen Schulen gestaltet sich unter den gewählten Bedingungen – Zusammenfassung von Schultypen mit unterschiedlicher Dauer (ein- bis dreijährig) – noch schwieriger als bei den Mittleren Kaufmännischen Schulen. Wie schon bei diesen wurde angenommen, dass ein Schüler, der die Schule mit einem positiven Jahresabschluss verlässt, ein Absolvent dieses Schultyps ist und nicht ein Dropout. Dies ist zwar nicht immer der Fall, bei der gegebenen Datenlage aber eine gute Näherung.

Grafik 25: Entwicklung der Dropoutraten in der 9. Schulstufe der Mittleren Kaufmännischen und Wirtschaftsberuflichen Schulen

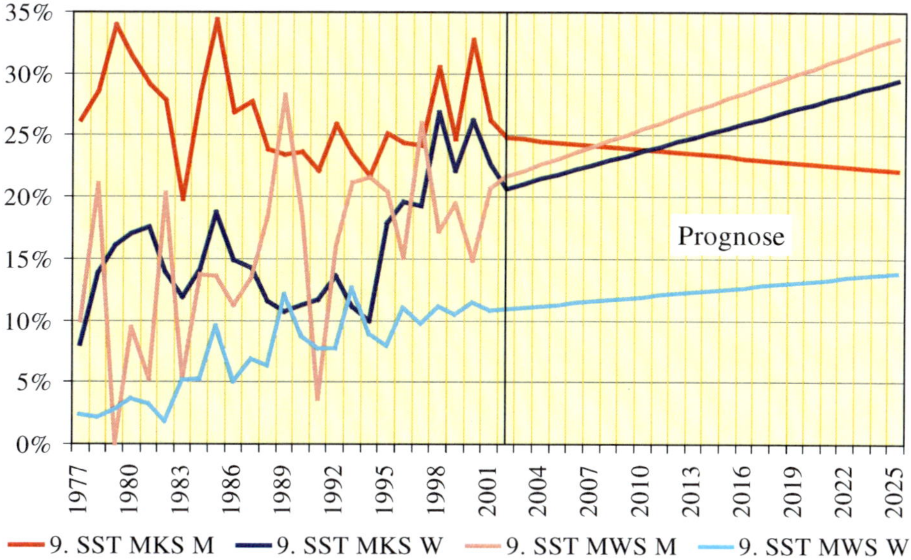

Tabelle 29: Dropoutraten in den MWS (1977–2001)

MWS	**9. Schulstufe**		**10. Schulstufe**		**11. Schulstufe**	
Geschlecht	m	w	m	w	m	w
Minimalrate	3,4%	2,0%	0,0%	1,3%	0,0%	0,5%
Durchschnittsrate	18,0%	7,1%	13,8%	6,3%	8,5%	5,0%
Maximalrate	26,8%	12,4%	54,1%	11,9%	27,7%	10,3%
Endrate	18,1%	11,1%	8,3%	8,3%	6,6%	6,6%

Die so berechnete weibliche Dropoutrate der 9. Schulstufe (Grafik 25) – also Mädchen, die diese Schulstufe nicht positiv abschlossen haben, sie aber auch nicht wiederholen – stieg mit den Jahren fast parallel zur Repetentenrate an und erreichte 2001 einen Wert von etwa 11%; die Dropoutraten für die 10. und 11. Schulstufe schwanken relativ stark um einen Mittelwert von etwa 6% bzw. 5% (Tabelle 29). Aufgrund des sehr geringen Anteils von männlichen Schülern in diesem Schultyp sind die Dropoutraten der Buben mit großer Vorsicht zu verwenden – oft reicht ein einziger Schüler, um massive Schwankungen bei den Dropoutraten zu bewirken (Tabelle 29 und Grafik 25).

4.3.4 Der Schulverlauf in den Berufsbildenden Höheren Schulen

Die Repetenten- und Dropoutraten in den Berufsbildenden Höheren Schulen (BHS) sind zwar etwas niedriger als in den Berufsbildenden Mittleren Schulen, aber etwas schlechter als in den Allgemeinbildenden Höheren Schulen. Auffallend ist, dass für fast alle untersuchten Schultypen die Repetentenraten der 1. Klassen (9. Schulstufe) bis Mitte der 1990er-Jahre ansteigen, teilweise sogar stark.

Grafik 26: Entwicklung des Schüler/Klassen-Verhältnisses in der BHS

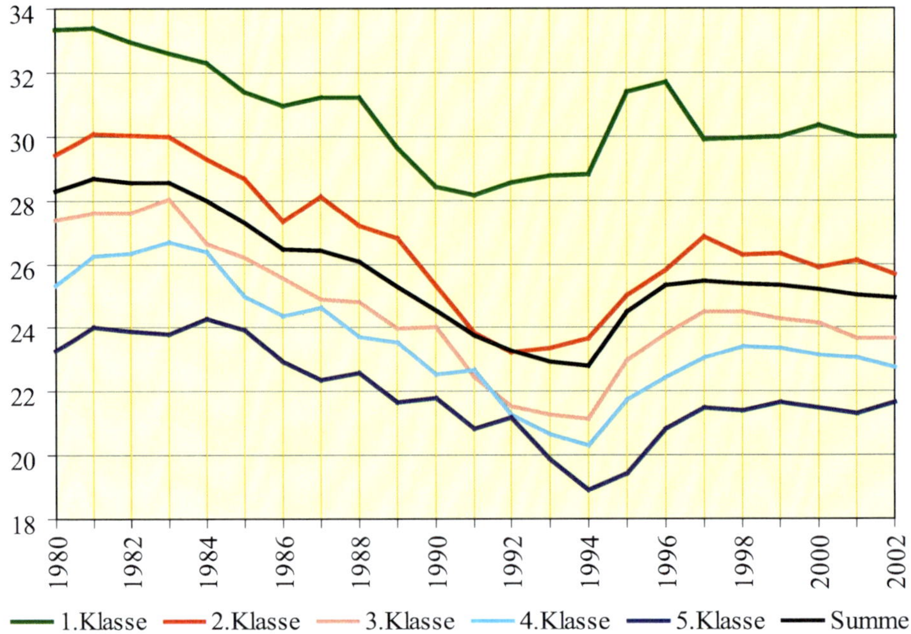

Diese Entwicklung ist besonders bei jenen Schultypen ausgeprägt, in denen die Zahl der Jugendlichen, die diese Ausbildung für ihre Schullaufbahn wählen, überdurchschnittlich zunahm. Da sich im selben Zeitraum trotz dieses verstärkten Zustroms zu den Berufsbildenden Höheren Schulen das Schüler/Klassen- bzw. Schüler/Lehrer-Verhältnis – zumindest seit Mitte der 1980er-Jahre – deutlich entspannt hat (Grafik 26), konnten kapazitive Engpässe nicht primär für diese Entwicklung verantwortlich sein. Die in der Grafik 26 dargestellten Kurven des Schüler/Klassen-Verhältnisses werden primär von den beiden größten Schultypen – den Höheren Technischen und Kaufmännischen Schulen – geprägt, die in dieser Hinsicht eine sehr ähnliche Entwicklung aufweisen. Obwohl sich seit Mitte der 1990er-Jahre das Schüler/Klassen-Verhältnis wieder verschlechtert hat, waren die Repetentenraten

– insbesondere in der 1. Klassen – und teilweise auch die Dropoutraten im selben Zeitraum rückläufig. Angesichts dieser Tatsache wäre es interessant, welche anderen Faktoren in den Berufsbildenden Höheren Schulen für die Entwicklung der Repetenten- und Dropoutraten bestimmend sind.

Tabelle 30: Repetentenraten in den Höheren Technischen Schulen (1977–2001)

HTS	**9. Schulst.**		**10. Schulst.**		**11. Schulst.**		**12. Schulst.**		**13. Schulst.**	
Geschlecht	m	w	m	w	m	w	m	w	m	w
Min-Rate	5,7%	5,4%	7,7%	5,0%	6,6%	3,0%	6,2%	2,2%	1,5%	0,4%
Dur-Rate	9,6%	8,2%	10,7%	6,5%	9,9%	5,8%	7,6%	4,6%	2,3%	1,5%
Max-Rate	12,0%	11,8%	15,4%	9,6%	12,7%	7,6%	9,3%	6,5%	3,7%	2,6%
Endrate	7,3%	6,7%	9,6%	5,8%	9,5%	6,3%	7,1%	4,9%	2,6%	1,4%

Grafik 27: Entwicklung der Repetentenraten in der 9. und 12. Schulstufe der Höheren Technischen Schulen

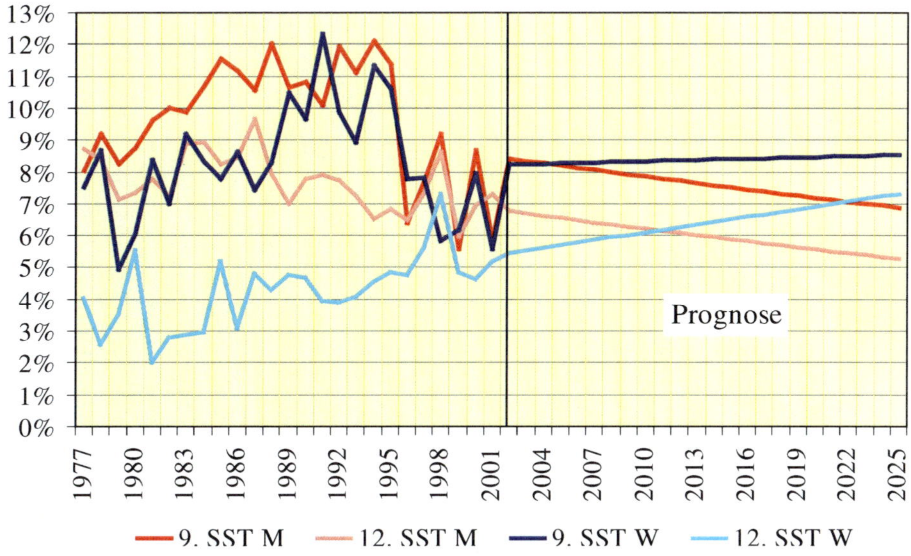

Die geringen Erfolgsquoten führten dazu, dass die 1. Klasse der Höheren Technischen Schule 1994/95 von 32% der Knaben und 22% der Mädchen nicht erfolgreich beendet wurde, wobei der Anstieg der Dropoutraten seit Mitte der 1980er-Jahre merklich steiler ausfiel als jener der Repetentenraten (Grafik 27 und 28). Seither sind die Repetentenraten eher stärker und die Dropoutraten bei den Knaben in geringerem Ausmaß rückläufig. Bei den Mädchen erreichten die Dropoutraten dagegen 2000/01 ein Maximum. Für die anderen Schulstufen ist die Entwicklung nicht so einheitlich: Bei den Repetenten liegt der Endwert in der Nähe des Durchschnittswertes.

Für die Dropoutraten übersteigen die Endwerte der 10., 11. und 12. Schulstufe den Durchschnittswert deutlich. Auch für die 13. Schulstufe wurden Dropoutraten berechnet. Allerdings zeigt die Erfahrung, wie schon bei der Allgemeinbildenden Höheren Schule, dass die Maturantenzahlen etwa den Schülerzahlen der letzten (13.) Schulstufe entsprechen, also die Schüler dieser Schulstufe – wie auch immer – einen positiven Abschluss erreichen.

Tabelle 31: Dropoutraten in den Höheren Technischen Schulen (1977–2001)

HTS	**9. Schulst.**		**10. Schulst.**		**11. Schulst.**		**12. Schulst.**	
Geschlecht	m	w	m	w	m	w	m	w
Min-Rate	11,8%	2,0%	4,7%	3,6%	2,7%	0,8%	0,0%	0,0%
Dur-Rate	17,8%	9,3%	8,8%	7,7%	5,1%	4,0%	3,4%	3,0%
Max-Rate	21,7%	14,8%	11,0%	11,0%	9,1%	6,9%	6,4%	7,8%
Endrate	19,9%	14,8%	10,5%	8,2%	5,7%	4,7%	5,3%	3,6%

Grafik 28: Entwicklung der Dropoutraten in der 9. und 10. Schulstufe der Höheren Technischen Schulen

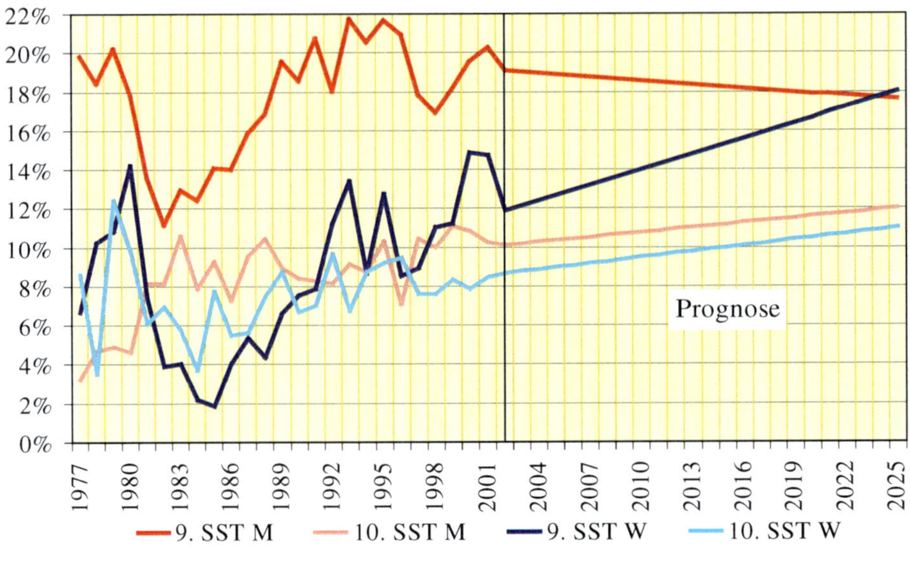

Vielleicht sollte in diesem Zusammenhang noch einmal darauf hingewiesen werden, dass wenn hier von Dropouts gesprochen wird, jener Prozentsatz der Schüler gemeint ist, der das *formale* Schulsystem verlässt. Daneben gibt es in Österreich aber auch ein nicht formales – teilweise privates – Ausbildungssystem, in dem man sowohl staatlich anerkannte als auch nicht anerkannte Abschlüsse erwerben kann. Eine Möglichkeit für gescheiterte Maturanten, doch noch einen Maturitätsabschluss zu erweben, stellt z.B. der

Besuch einer Maturaschule oder der Maturavorbereitungslehrgänge an den Volkshochschulen dar. In beiden Fällen müssen die Maturitätsprüfungen allerdings an einer staatlich anerkannten Schule abgelegt werden. Daneben gibt es noch zahlreiche Schulen für Berufstätige, die eine Weiterbildungsmöglichkeit für Personen bieten, die schon im Berufsleben stehen und möglicherweise in jüngeren Jahren eine weiterführende Schule abgebrochen haben. Alle diese Schulen wurden bei den vorliegenden Untersuchungen nicht berücksichtigt, da sie einerseits – statistisch gesehen – relativ wenig Schüler aufweisen und andererseits vom Regelschulwesen in vielen Merkmalen, wie Schuljahre, Alter der Schüler usw., deutlich abweichen. Außerdem sind – was für eine statistische Auswertung von grundlegender Wichtigkeit ist – die für diesen Bildungsbereich vorliegenden Daten unvollständig und nicht sehr zuverlässig. Im Modell werden diese Fälle einerseits dadurch berücksichtigt, dass – wie schon erwähnt – die Abschlussklassen für die Maturantenprognose herangezogen werden bzw., wo dies nicht ausreicht, mit Hilfe eines Aufschlagsfaktors diese Fälle berücksichtigt werden.

Tabelle 32: Repetentenraten in den HKS (1977–2001)

HKS	**9. Schulstufe**		**10. Schulstufe**		**11. Schulstufe**		**12. Schulstufe**		**13. Schulst.**	
Geschlecht	m	w	m	w	m	w	m	w	m	w
Min-Rate	3,7%	2,2%	7,2%	4,1%	5,6%	2,8%	4,6%	2,3%	1,3%	0,6%
Dur-Rate	7,7%	4,4%	11,5%	6,4%	9,4%	5,1%	9,2%	5,2%	2,9%	1,9%
Max-Rate	12,2%	7,5%	18,3%	10,8%	13,2%	8,3%	12,2%	7,6%	4,6%	3,4%
Endrate	3,7%	2,4%	10,2%	6,3%	8,0%	4,5%	8,1%	3,8%	1,9%	0,8%

Tabelle 33: Dropoutraten in den HKS (1977–2001)

HKS	**9. Schulstufe**		**10. Schulstufe**		**11. Schulstufe**		**12. Schulstufe**	
Geschlecht	m	w	m	w	m	w	m	w
Min-Rate	17,1%	11,8%	8,5%	7,9%	3,6%	2,8%	2,5%	2,0%
Dur-Rate	21,1%	16,1%	13,6%	12,1%	6,1%	4,9%	4,1%	3,3%
Max-Rate	25,7%	20,0%	16,1%	14,1%	8,2%	6,9%	6,3%	4,8%
Endrate	24,0%	19,3%	14,0%	12,3%	6,4%	4,1%	5,0%	3,5%

Wie schon zuvor erwähnt, sind auch bei den Höheren Kaufmännischen Schulen die Repetentenraten der 1. Klasse bis 1994/95 angestiegen (Grafik 29). So konnte Ende der 1970er-Jahre bei den Knaben eine Repetentenrate von 6% und bei den Mädchen von 3% beobachtet werden; 1994/95 hatten sich diese Werte auf 13% bei den Buben und auf knapp 8% bei den Mädchen mehr als verdoppelt. Ab diesem Zeitpunkt sackten sie plötzlich ab und erreichten 2001/02 den niedrigsten beobachteten Wert. Nicht so in den anderen Schulstufen: Bis auf die 10. Schulstufe der Mädchen gingen sie in

Grafik 29: Entwicklung der Repetentenraten in der 9. und 12. Schulstufe der Höheren Kaufmännischen Schulen

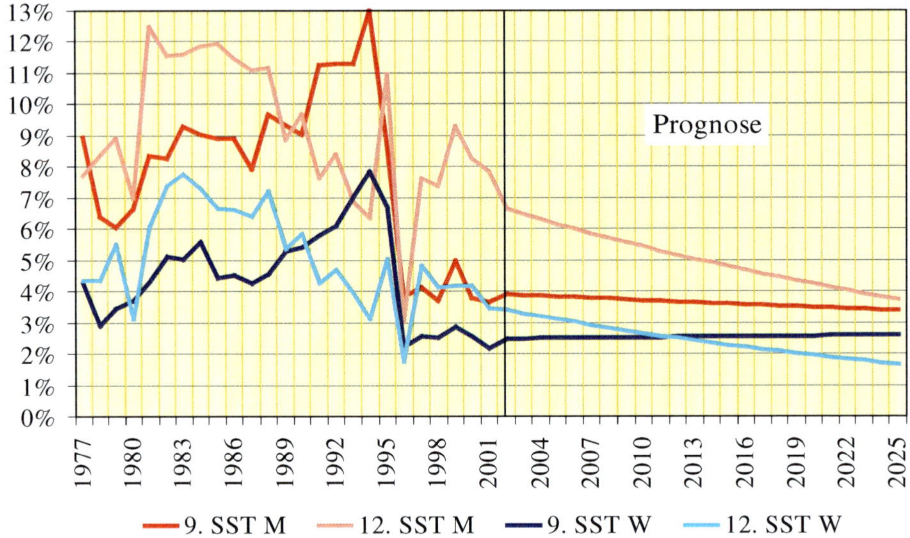

Grafik 30: Entwicklung der Dropoutraten in der 9. und 10. Schulstufe der Höheren Kaufmännischen Schulen

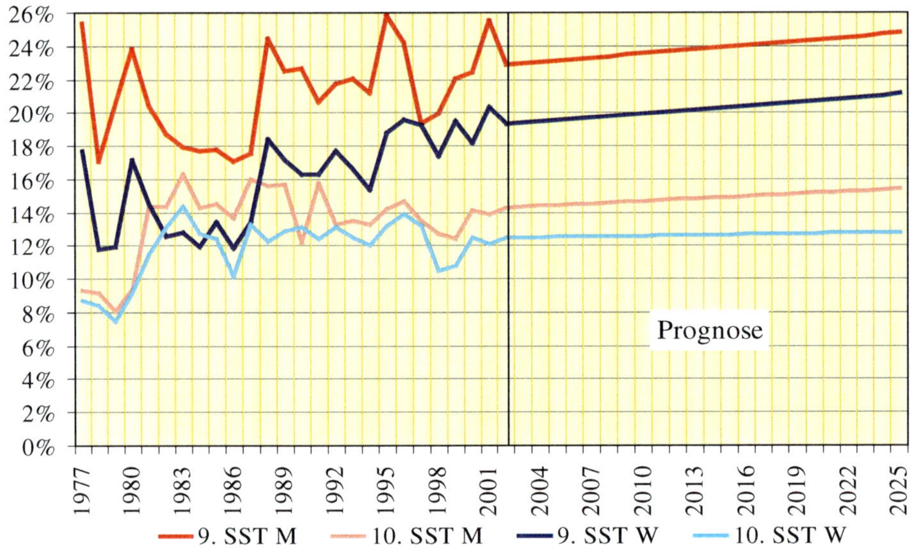

allen Schulstufen mehr oder weniger stark, und zwar relativ kontinuierlich, zurück, und der Wert für die Endrate lag deutlich unter dem Durchschnittswert – die Repetentenraten der 10. Schulstufe der Mädchen waren über den gesamten Beobachtungszeitraum relativ konstant (Tabelle 32). In den höheren Schulstufen konnte somit ein Bruch in der Zeitreihe, vergleichbar mit jenem in der 1. Klasse, nicht beobachtet werden.

Auch bei den Dropoutraten ist in der Zeitreihe kein vergleichbarer Bruch festzustellen. In den ersten beiden Klassen (9. und 10. SST) sind sie leicht gestiegen (Grafik 30) und in den anderen Schulstufen leicht gefallen bzw. konstant geblieben (Tabelle 33). Die Dropoutraten der beiden ersten Schulstufen der Höheren Kaufmännischen Schulen sind insbesondere für die Mädchen die höchsten innerhalb der Berufsbildenden Höheren Schulen. Bei den Knaben werden sie nur noch von jenen der Höheren Wirtschaftsberuflichen Schulen überflügelt, wovon aber nur sehr wenige Schüler betroffen sind, da dieser Schultyp ja nur von sehr wenigen Knaben besucht wird.

Die Dropoutraten der Höheren Wirtschaftsberuflichen Schulen für die Knaben wurden zwar für die Prognose berechnet, allerdings konnten daraus aufgrund der großen Schwankungsbreite der Werte nur Anhaltspunkte für die zukünftige Entwicklung gewonnen werden. Dies trifft ebenso auf die Höheren Schulen für Lehrer und Erzieher zu; auch hier ist der Anteil der Knaben an der Gesamtschülerzahl zu gering, um brauchbare Dropoutraten zu berechnen. Und in den Höheren Land- und Forstwirtschaftlichen Schulen sind die Schülerzahlen insgesamt (für Mädchen und Burschen) sehr gering und die Dropoutraten daher noch geringer – teilweise sind statistisch gesehen gar keine vorhanden bzw. entstehen sogar Schüler „aus dem Nichts“, was zu negativen Dropoutraten führt –, sodass die berechneten Werte nur als Orientierung für die im Modell verwendeten Raten herangezogen werden konnten.

Ähnlich ist auch die Situation bei die Repetentenraten der Burschen in den Höheren Wirtschaftsberuflichen Schulen und Höheren Schulen für Lehrer und Erzieher: Zwar sind die Repetenten- größer als die Dropoutzahlen, aber noch immer zu klein um wirklich aussagekräftige Raten berechnen zu können. Die Endraten der männlichen Repetentenraten der Höheren Wirtschaftsberuflichen Schulen liegen in der 1. und 3. Klasse unter dem Durchschnitt, für die anderen Klassen darüber. Wo eindeutige Tendenzen auch mit Hilfe statistischer Analysen nicht zu belegen waren, wurde für die Prognose meist der Durchschnitt der letzten drei bis vier Jahre konstant fortgeschrieben. Wie schon erwähnt, werden die Höheren Schulen für Lehrer und Erzieher von noch weniger Burschen als die Höheren Wirtschaftsberuflichen Schulen besucht. Bei diesem Schultyp sind die Endraten mit Ausnahme der letzten in allen Schulstufen höher als die Durchschnittsrate. In der letzten Schulstufe gab es in den letzten vier Jahren überhaupt keine männlichen Schüler, die diese Schulstufe wiederholten.

Dagegen lassen sich aufgrund der deutlich höheren weiblichen Schülerzahlen in diesen beiden Schultypen für die Mädchen sowohl aussagekräftige Repetenten- als auch Dropoutraten berechnen (Tabelle 34 und 35 bzw. Grafik 31).

In den Höheren Wirtschaftsberuflichen Schulen liegt die weibliche Repetenten-Endrate der ersten beiden Schulstufen unter und jene der letzten drei Schulstufen (11.–13.) über dem Durchschnittswert. Diesem Ergebnis entspricht auch die Entwicklung der Repetentenraten: Die 1. und 2. Klasse weisen einen sinkenden, die höheren Klassen einen steigenden Trend auf.

Grafik 31: Entwicklung der weiblichen Repetentenraten in der 9. und 10. Schulstufe der HWS und HLES

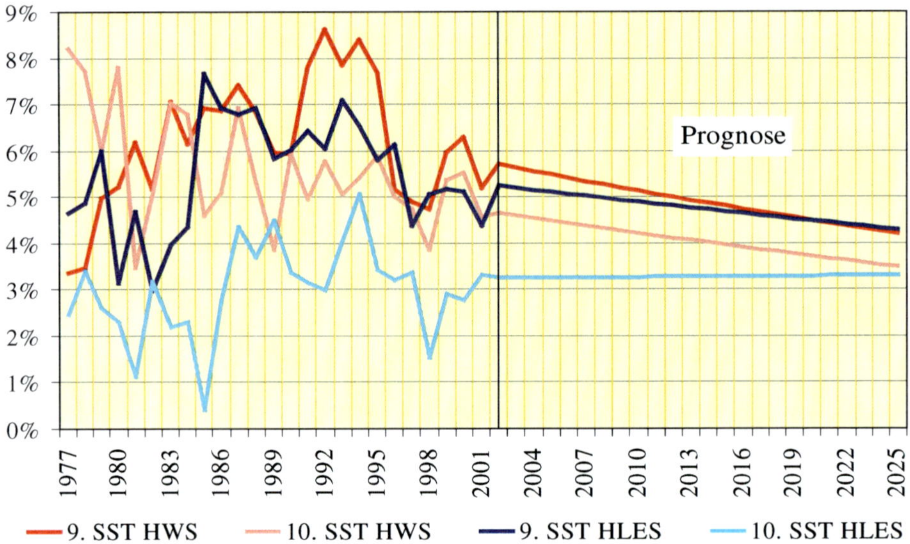

Tabelle 34: Repetentenraten in den HWS (1977–2001)

HWS	9. Schulst.		10. Schulst.		11. Schulst.		12. Schulst.		13. Schulst.	
Geschlecht	m	w	m	w	m	w	m	w	m	w
Min-Rate	7,2%	4,3%	5,2%	3,7%	5,4%	1,8%	3,5%	1,5%	1,2%	0,3%
Dur-Rate	12,4%	6,3%	11,8%	5,4%	9,4%	3,6%	9,4%	3,7%	2,2%	1,0%
Max-Rate	32,8%	8,5%	31,6%	7,8%	12,9%	6,8%	22,0%	5,9%	3,2%	2,4%
Endrate	8,9%	5,7%	13,1%	5,1%	9,2%	4,5%	10,3%	3,9%	2,8%	1,2%

Tabelle 35: Repetentenraten in den HLES (1977–2001)

HLE	9. Schulst.		10. Schulst.		11. Schulst.		12. Schulst.		13. Schulst.	
Geschlecht	m	w	m	w	m	w	m	w	m	w
Min-Rate	0,0%	3,1%	0,0%	0,8%	0,0%	1,0%	0,0%	0,2%	0,0%	0,2%
Dur-Rate	10,6%	5,5%	7,2%	3,0%	7,5%	2,0%	5,9%	1,5%	0,8%	0,4%
Max-Rate	21,9%	7,3%	16,7%	4,8%	20,0%	4,6%	13,3%	3,8%	4,3%	0,8%
Endrate	10,8%	4,7%	9,9%	3,0%	12,1%	1,8%	7,3%	3,1%	0,0%	0,3%

In den Höheren Schulen für Lehrer und Erzieher[13] weisen die weiblichen Repetentenraten abgesehen von der 4. Klasse alle einen sinkenden Trend auf bzw. sind konstant. Damit übereinstimmend liegt auch nur die Endrate der 12. Schulstufe über der Durchschnittsrate.

Die Dropoutraten der Höheren Wirtschaftsberuflichen Schulen sind in den ersten beiden Schulstufen deutlich höher als jene der Höheren Schulen für Lehrer und Erzieher, wobei die 9. Schulstufe der HLES und die 10. Schulstufe in beiden Schultypen eine ähnliche Entwicklung bei unterschiedlichem Niveau aufweisen: Anstieg der Raten bis Ende der 1980er-Jahre, Rückgang bis in die 2. Hälfte der 1990er-Jahre und ein Wiederanstieg am Ende des Beobachtungszeitraums (Grafik 32).

Tabelle 36: Weibliche Dropoutraten in den HWS und HLES (1977–2001)

HWS & HLES	**9. Schulst.**		**10. Schulst.**		**11. Schulst.**		**12. Schulst.**	
Weiblich	HWS	HLES	HWS	HLES	HWS	HLES	HWS	HLES
Min-Rate	9,3%	1,6%	5,5%	0,5%	2,0%	0,0%	1,1%	0,0%
Dur-Rate	13,2%	3,9%	10,1%	3,9%	3,5%	2,6%	2,7%	1,4%
Max-Rate	16,9%	7,8%	12,9%	7,1%	5,0%	4,6%	4,7%	4,1%
Endrate	12,5%	4,7%	9,8%	4,9%	3,1%	3,4%	1,6%	0,9%

In der 11. und 12. Schulstufe sind die Dropoutraten dieser beiden Schultypen vom Niveau her ähnlich. Die Endrate liegt bei den Höheren Wirtschaftsberuflichen Schulen in allen Schulstufen unter der Durchschnittsrate (Tabelle 36), bei den Höheren Schulen für Lehrer und Erzieher ist dies nur in der 12. Schulstufe der Fall. Betrachtet man nur den Zeitraum seit der Umwandlung der Mittleren Schulen für Lehrer und Erzieher in Höhere Schulen, so ergibt sich für alle Schulstufen eine eher fallende Tendenz der Dropoutraten. Bei den Höheren Wirtschaftsberuflichen Schulen lässt sich ein fallender Trend nur in der 2. und 4. Klasse (10. und 12. SST) erkennen, in den beiden anderen Schulstufen ist er eher leicht steigend bis konstant.

Wie schon erwähnt, konnten für die Höheren Land- und Forstwirtschaftlichen Schulen fast keine brauchbaren Dropoutraten berechnet werden. In diesen Fällen wurden dann für das Modell Lösungen gesucht, die auf den Durchschnittswerten der letzten zwei bis vier Jahre bzw. des Gesamtdurchschnitts beruhen. Erschwerend kommt für diesen Schultyp hinzu, dass es

[13] Mit der 7. SchOGNov. 1982 wurden die davor Mittleren zu Höheren Schulen für Lehrer und Erzieher umgewandelt; wirklich gestartet war dieser Schultyp mit nennenswerten Schülerzahlen 1985; die hier vor 1985 ausgewiesenen Repetenten- und Dropoutraten stammen von den Mittleren Schulen für Lehrer und Erzieher. Die Raten für die 13. Schulstufe starten 1989.

erst ab 1985 Daten gibt, die auch die Berechnung von Repetenten- und Dropoutraten in der in dieser Studie angewandten Form erlauben.

Grafik 32: Entwicklung der weiblichen Dropoutraten in der 9. und 10. Schulstufe der HWS und HLES

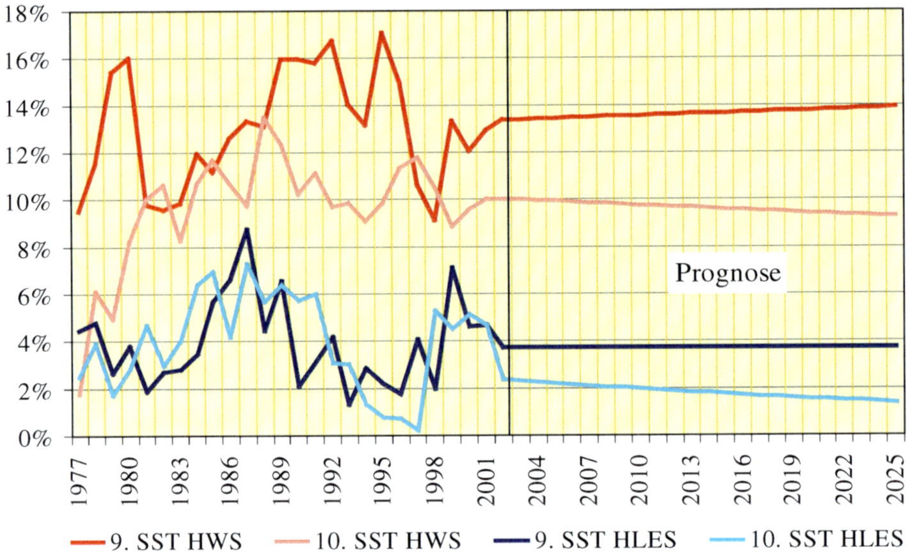

Im Unterschied zu den Dropoutraten reichte die Größe der Schülerzahlen für die Berechnung von Repetentenraten in allen Schulstufen, primär allerdings nur für die Knaben und natürlich mit allen Problemen, die sich bei insgesamt doch recht kleinen Schülerzahlen ergeben. Für die Mädchen wurde aufgrund dieser Probleme im Modell – mit Ausnahme der 12. Schulstufe – in allen Schulstufen ein Mittelwert (gestutzter Mittelwert) verwendet. In der 12. Schulstufe zeigte sich eine signifikante Zunahme der Repetentenraten (Tabelle 37 bzw. Grafik 33).

Tabelle 37: Repetentenraten in den HLFS (1977–2001)

HLFS	**9. Schulst.**		**10. Schulst.**		**11. Schulst.**		**12. Schulst.**		**13. Schulst.**	
Geschlecht	m	w	m	w	m	w	m	w	m	w
Min-Rate	6,8%	2,9%	5,0%	1,1%	2,4%	0,2%	2,0%	0,2%	0,4%	0,0%
Dur-Rate	12,2%	6,0%	7,5%	2,8%	4,5%	2,3%	4,2%	1,3%	1,4%	0,6%
Max-Rate	17,0%	8,8%	10,0%	4,8%	6,7%	4,3%	7,2%	2,8%	4,3%	1,7%
Endrate	9,2%	5,3%	9,5%	3,7%	5,8%	2,8%	5,9%	2,5%	4,3%	1,1%

Bei den Burschen weisen zwei Schulstufen einen ausgeprägten Trend aus: Die 9. Schulstufe nahm in den letzten Jahren deutlich ab und die 13. deutlich zu. In dieser Schulstufe ist sogar die Endrate gleich der Maximalrate. Die anderen

Schulstufen zeigen keine ausgeprägten Tendenzen: Je nachdem wie viele Jahre in die Analyse einbezogen werden, können sich manchmal sogar Ergebnisse in die eine oder andere Richtung ergeben. Nur in der 12. Schulstufe ist aufgrund der Entwicklung in der Vergangenheit noch mit einem weiteren leichten Anstieg zu rechnen. In der 10. und 11. Schulstufe wurde angenommen, dass sich der Anstieg der letzten Jahre nicht fortsetzt, sondern die Repetentenraten in Zukunft wieder – wie schon in der Vergangenheit – abnehmen werden.

Grafik 33: Entwicklung der Repetentenraten in der 9. und 12. Schulstufe der Höheren Land- und Forstwirtschaftlichen Schulen

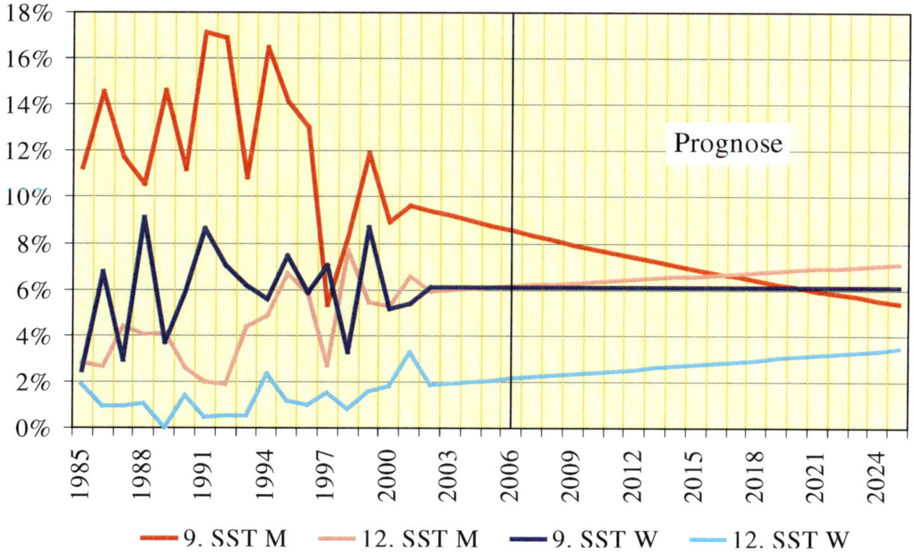

4.4 DIE 12. BZW. 13. SCHULSTUFE

Betrachtet man die Entwicklung der jeweils letzten Schulstufe der Allgemeinbildenden (12. Schulstufe) und Berufsbildenden Höheren Schulen (13. Schulstufe), so zeigen die *zwischen Mädchen und Knaben deutlich unterschiedlichen* Repetenten- und Dropoutquoten recht eindrücklich ihre Wirkung (Grafik 34).

So übersteigt der Anteil der Mädchen, welche die letzte Klasse einer Höheren Schule besuchen, an dem entsprechenden Altersjahrgang – ein Mittelwert aus den drei Jahrgängen der 18- bis 20-Jährigen – jenen der Knaben schon Ende der 1970er-Jahre. In der 1. Klasse wurden die Knaben von den Mädchen erst Mitte der 1980er-Jahre überholt. Dies weist darauf hin, dass die Aussicht, die letzte Schulstufe einer Höheren Schule (AHS, BHS) zu erreichen, für Mädchen günstiger ist als für Knaben. Insgesamt verlassen relativ viele Schüler, die sich nach der 8. Schulstufe für eine Höhere Schule entscheiden, das Schulsystem, bevor sie die letzte Schulstufe erreichen; so haben z.B. 1985 35,7% (M 35%, W 36,4%) (1995: G 58,4%, M 53,6%, W 63,5%) des entsprechenden Jahrgangs ihre weitere Schullaufbahn an einer 9. Schulstufe einer Höheren Schule begonnen, fünf Jahre danach – 1990 – wurde die letzte Schulstufe nur mehr von 26% (M 23,9%, W 28,2%) (2000: G 37%, M 31,1%, W 43,2%) des entsprechenden Jahrgangs erreicht (Grafiken 34 und 36).

Grafik 34: Schulbesuchsquote in der 12./13. (letzten) Schulstufe

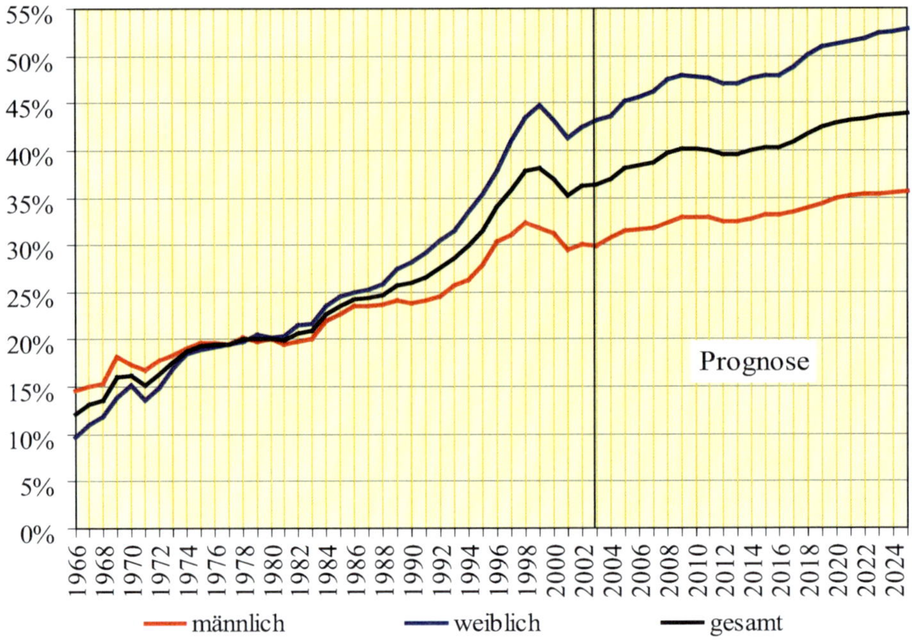

Dies ist natürlich kein genauer Wert für die Zahl der Schulabbrecher, es lässt sich daraus aber immerhin auf die Größenordnung dieser Zahl schließen. So betrug der Unterschied 1985–1990 knapp zehn Prozentpunkte (M 11,1, W 8,2), 1995–2000 jedoch mehr als 21 Prozentpunkte (M 22,5, W 20,3). Offensichtlich hat mit der starken Zunahme der Schüler, die ihre Bildungslaufbahn nach der 8. Schulstufe in höheren Schulen fortsetzen, auch die Zahl derer, die das Ausbildungsziel – die Matura – nicht erreichen, stark zugenommen. Dabei gibt es einige interessante Punkte:

- Die Mädchen schneiden bei diesem Vergleich immer um etwa zwei Prozentpunkte besser ab. Sie sind also erfolgreicher als die Knaben, obwohl deutlich mehr Mädchen als Knaben, gemessen an der gleichaltrigen Bevölkerung, in diesem Alter eine weiterführende Schule besuchen.

- Das Verhältnis zwischen AHS- und BHS-Schülern fällt in der 9. Schulstufe insgesamt ab 1983 immer zu Gunsten der BHS-Schüler aus. 1985 z.B. besuchten von den Schülern der Höheren Schulen 54% eine Berufsbildende Höhere Schule (M 56%, W 52%; 1995: G 57%, M 60%, W 55%). In den letzten Schulstufen (12./13.) sind die Unterschiede schwächer und kehren sich in einzelnen Jahren sogar um. 1990 liegt der Anteil der BHS-Schüler nur mehr bei 52% (M 53%, W 51%; 2000: G 52%, M 54%, W 51%). Es zeigt sich also, dass die Wahrscheinlichkeit, eine AHS erfolgreich abzuschließen, größer ist als der erfolgreiche Abschluss einer BHS – und dieser Trend hat sich mit dem Anstieg der Schüler an Berufsbildenden Höheren Schulen noch verstärkt: 1995/2000 hat sich dieses Verhältnis schon um fünf Prozentpunkte zu Gunsten der AHS verschoben, 1985/90 waren es nur zwei Prozentpunkte.

Ganz unterschiedlich verlief die geschlechtsspezifische Entwicklung bei den Berufs- und Allgemeinbildenden Höheren Schulen. In den Allgemeinbildenden Höheren Schulen lag der Frauenanteil schon seit 1971 über jenem der Männer – sowohl in der 9. als auch in der 12. Schulstufe. Dagegen betrug der Frauenanteil in den Berufsbildenden Höheren Schulen Anfang der 1970er-Jahre gerade einmal 32%; mehr als zwei Drittel der Schüler der BHS waren somit Männer. Doch das sollte sich (bezogen auf Entwicklungen im Schulbereich) in relativ kurzer Zeit ändern. Trotz generell starken Anstiegs der Bildungsbeteiligung, insbesondere an den Berufsbildenden Höheren Schulen, überholten die Mädchen anteilsmäßig die Knaben 1990 in der 9. und schon 1989 in der 13. Schulstufe. Dabei muss bedacht werden, welche gewaltigen Veränderungen sich in dieser Zeit ereignet haben: In den 30 Jahren zwischen 1971 und 2001 hat sich die Zahl der Schülerinnen in der 9. Schulstufe der BHS mehr als verfünffacht und in der 13. Schulstufe mehr als verachtfacht (Grafik 35a,b bzw. 36a,b).

Für Mädchen und Knaben fand gleichermaßen eine Verschiebung bezüglich des besuchten Schultyps statt. So besuchten 1971 noch 73% (M 67%, W 81%) der Schüler in der letzten Schulstufe eine Allgemeinbildende Höhere Schule, 1991 waren es knapp über 48% (M 47%, W 50%) und 2001 nur mehr 46% (M 44%, W 47%; Grafiken 35a,b bzw. Tabelle 38). Die erhöhte Bildungsbeteiligung in diesem Alter ist also primär ein Ergebnis des kontinuierlich steigenden Zustroms zu den Berufsbildenden Höheren Schulen. Wie sowohl in den Grafiken 36a und b (12./13. Schulstufe) als auch in den Grafiken 15a und b (9. Schulstufe) gut zu sehen ist, weicht die Entwicklung der Schülerzahlen der Allgemeinbildenden Höheren Schulen nur geringfügig von der Entwicklung der Jahrgangsstärken der entsprechenden Bevölkerung ab.

Grafik 35a: Anteile der BHS und AHS an den Schülern der 12./13. Schulstufe (männlich)

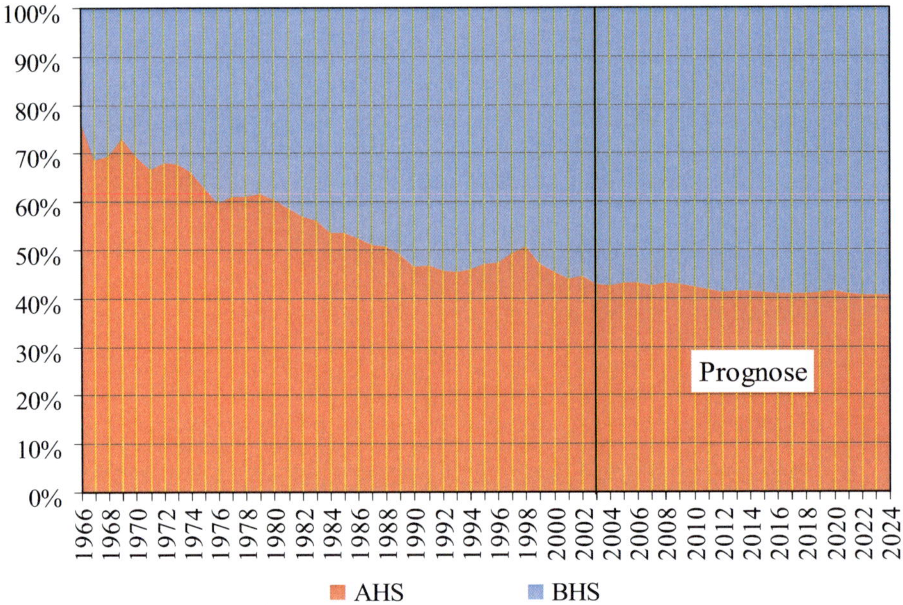

Grafik 35b: Anteile der BHS und AHS an den Schülerinnen der 12./13. Schulstufe (weiblich)

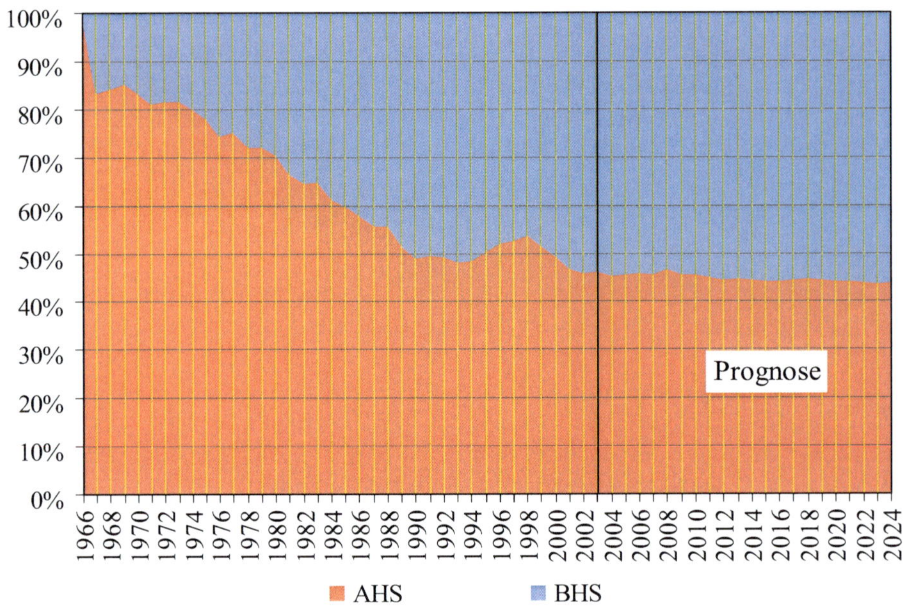

Grafik 36a: Bevölkerungs- und Schülerzahlentwicklung in der 12./13. Schulstufe (1971 auf 100 normiert; männlich)

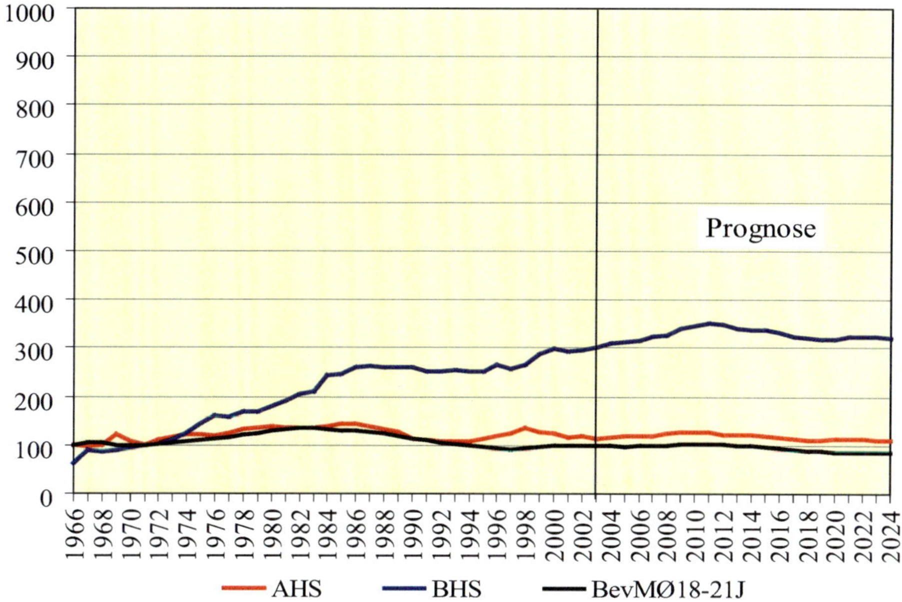

Grafik 36b: Bevölkerungs- und Schülerinnenzahlentwicklung in der 12./13. Schulstufe (1971 auf 100 normiert; weiblich)

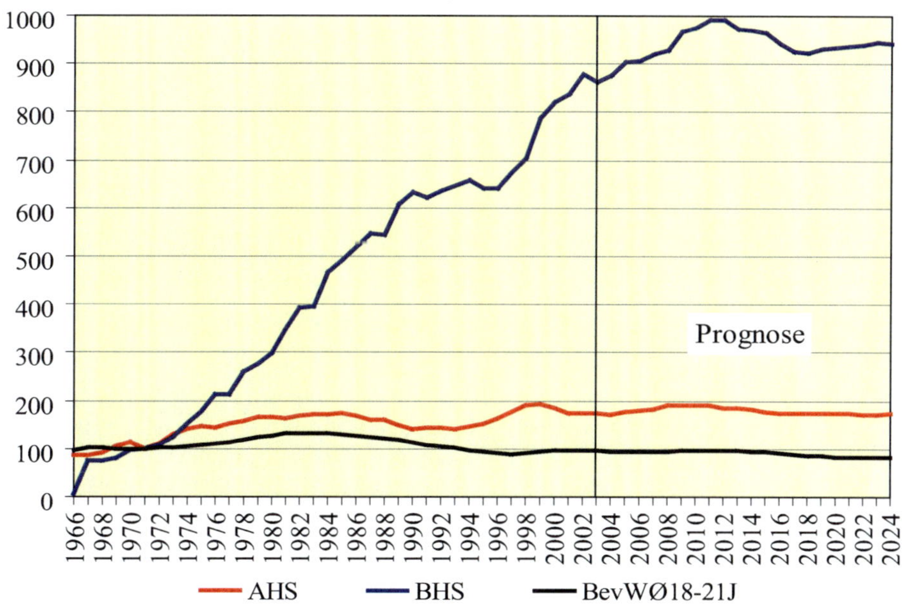

Tabelle 38: Schülerzahlen und deren Verteilung in der 12. bzw. 13. Schulstufe

Schuljahr	männlich							weiblich							Frauenanteil		
	BHS-M	AHS-M	12./13. SST-M	BHS-QM	AHS-QM	BevMØ 18-21J	SB-QM	BHS-W	AHS-W	12./13. SST-W	BHS-QW	AHS-QW	BevWØ 18-21J	SB-QW	BHS	AHS	HS
1966/67	1.724	5.648	7.372	23%	77%	50.764	15%	57	4.656	4.713	1%	99%	48.547	10%	3%	45%	39%
1971/72	2.822	5.646	8.468	33%	67%	50.403	17%	1.274	5.452	6.726	19%	81%	49.571	14%	31%	49%	44%
1972/73	2.895	6.204	9.099	32%	68%	51.249	18%	1.359	6.087	7.446	18%	82%	50.111	15%	32%	50%	45%
1973/74	3.113	6.548	9.661	32%	68%	52.553	18%	1.579	7.057	8.636	18%	82%	51.081	17%	34%	52%	47%
1974/75	3.477	6.803	10.280	34%	66%	53.794	19%	1.931	7.750	9.681	20%	80%	52.277	19%	36%	53%	48%
1975/76	4.048	6.833	10.881	37%	63%	55.266	20%	2.238	7.924	10.162	22%	78%	53.635	19%	36%	54%	48%
1976/77	4.508	6.706	11.214	40%	60%	57.002	20%	2.720	7.903	10.623	26%	74%	55.143	19%	38%	54%	49%
1977/78	4.469	7.034	11.503	39%	61%	58.818	20%	2.716	8.301	11.017	25%	75%	56.653	19%	38%	54%	49%
1978/79	4.780	7.549	12.329	39%	61%	61.023	20%	3.304	8.513	11.817	28%	72%	59.567	20%	41%	53%	49%
1979/80	4.758	7.671	12.429	38%	62%	62.816	20%	3.507	9.065	12.572	28%	72%	61.445	20%	42%	54%	50%
1980/81	5.103	7.860	12.963	39%	61%	64.796	20%	3.813	9.042	12.855	30%	70%	63.418	20%	43%	53%	50%
1981/82	5.356	7.611	12.967	41%	59%	66.579	19%	4.431	8.870	13.301	33%	67%	65.129	20%	45%	54%	51%
1982/83	5.773	7.612	13.385	43%	57%	67.616	20%	5.005	9.179	14.184	35%	65%	66.026	21%	46%	55%	51%
1983/84	5.922	7.612	13.534	44%	56%	67.589	20%	5.036	9.263	14.299	35%	65%	65.831	22%	46%	55%	51%
1984/85	6.842	7.871	14.713	47%	53%	67.009	22%	5.932	9.364	15.296	39%	61%	65.074	24%	46%	54%	51%
1985/86	6.941	8.047	14.988	46%	54%	66.132	23%	6.277	9.417	15.694	40%	60%	64.004	25%	47%	54%	51%
1986/87	7.324	8.058	15.382	48%	52%	65.483	23%	6.632	9.170	15.802	42%	58%	63.115	25%	48%	53%	51%
1987/88	7.425	7.759	15.184	49%	51%	64.489	24%	6.970	8.757	15.727	44%	56%	62.091	25%	48%	53%	51%
1988/89	7.303	7.525	14.828	49%	51%	62.563	24%	6.923	8.670	15.593	44%	56%	60.356	26%	49%	54%	51%
1989/90	7.350	7.103	14.453	51%	49%	60.112	24%	7.747	8.202	15.949	49%	51%	58.292	27%	51%	54%	52%
1990/91	7.358	6.429	13.787	53%	47%	57.714	24%	8.047	7.746	15.793	51%	49%	56.092	28%	52%	55%	53%
1991/92	7.080	6.280	13.360	53%	47%	55.460	24%	7.923	7.792	15.715	50%	50%	53.966	29%	53%	55%	54%
1992/93	7.132	6.009	13.141	54%	46%	53.449	25%	8.090	7.844	15.934	51%	49%	52.231	31%	53%	57%	55%
1993/94	7.210	6.044	13.254	54%	46%	51.640	26%	8.239	7.650	15.889	52%	48%	50.472	31%	53%	56%	55%
1994/95	7.088	6.036	13.124	54%	46%	49.945	26%	8.386	7.915	16.301	51%	49%	48.590	34%	54%	57%	55%
1995/96	7.097	6.349	13.446	53%	47%	48.334	28%	8.180	8.336	16.516	50%	50%	46.727	35%	54%	57%	55%
1996/97	7.476	6.754	14.230	53%	47%	46.870	30%	8.165	8.924	17.089	48%	52%	45.131	38%	52%	57%	55%
1997/98	7.219	7.093	14.312	50%	50%	46.179	31%	8.588	9.570	18.158	47%	53%	44.360	41%	54%	57%	56%
1998/99	7.455	7.684	15.139	49%	51%	46.723	32%	8.975	10.412	19.387	46%	54%	44.681	43%	55%	58%	56%
1999/00	8.081	7.248	15.329	53%	47%	48.178	32%	10.013	10.589	20.602	49%	51%	45.984	45%	55%	59%	57%
2000/01	8.421	7.050	15.471	54%	46%	49.703	31%	10.455	10.130	20.585	51%	49%	47.678	43%	55%	59%	57%
2001/02	8.278	6.561	14.839	56%	44%	50.458	29%	10.661	9.422	20.083	53%	47%	48.592	41%	56%	59%	58%
2002/03	8.374	6.780	15.154	55%	45%	50.361	30%	11.174	9.487	20.661	54%	46%	48.608	43%	57%	58%	58%

Der starke Zustrom zu den Berufsbildenden Höheren Schulen bewirkte in den 1970er- bis Anfang der 1980er-Jahre eine deutliche Verschlechterung der Schüler/Klassen- bzw. Schüler/Lehrer-Verhältnisse. So saßen in der 1. Klasse der Höheren Technisch-gewerblichen Schulen zwischen 1977 und 1983 durchschnittlich mehr als 34, 1981 sogar mehr als 35 Schüler in einer Klasse. Erst mit der Abnahme der Jahrgangsstärken trat in der zweiten Hälfte der 1980er-Jahre eine leichte Entspannung ein. Aber auch heute sitzen durchschnittlich noch immer mehr als 30 Schüler in der 1. Klasse der Höheren Technisch Schulen. Teilweise noch schlimmere Zustände herrschten in den anderen Berufsbildenden Höheren Schulen; als jedoch die starken Geburtsjahrgänge das berufsbildende Schulwesen verließen, entspannte sich auch dort die Situation (Grafik 26).

Leider kann das Schüler/Lehrer-Verhältnis im berufsbildenden Schulwesen für mittlere und höhere Schulen nur gemeinsam untersucht werden, da diese oft einen gemeinsamen Lehrkörper haben und die Lehrer in der Schulstatistik daher nur gemeinsam ausgewiesen werden. Allerdings zeigt das Schüler/Klassen-Verhältnis, dass es deutliche Unterschiede bei der Entwicklung der Berufsbildenden Mittleren und Höheren Schulen gegeben hat, was aufgrund der Schülerströme auch zu erwarten war. So weisen die Berufsbildenden Mittleren Schulen im Unterschied zu den Berufsbildenden Höheren Schulen teilweise schon seit den 1980er-Jahren stagnierende bis sogar rückläufige Zugänge auf. Dies führte zu einer Entlastung dieses Schulbereichs sowie zu einer Verbesserung der Unterrichtssituation. Dagegen war das Wachstum in den Berufsbildenden Höheren Schulen über viele Jahre hinweg ungebremst (Tabelle 20, 21 bzw. Grafiken 17, 18 a,b).

4.4.1 Die Entwicklung der Maturantenzahlen

Die langjährige Beobachtung der Schülerzahlen in der letzten Schulstufe der Höheren Schulen hat gezeigt, dass diese in etwa den Maturantenzahlen entsprechen. Werden zu diesen Zahlen noch die Maturanten der Schulen für Berufstätige hinzugezählt, so stellt diese Zahl eine gute Ausgangsbasis für die Berechnung der Studienanfänger des tertiären Schulwesens dar.

Wie schon gezeigt, wird die Entwicklung der Maturantenzahlen im Wesentlichen durch zwei Faktoren – die **demographische** Entwicklung und das Ausmaß der **Bildungsbeteiligung** im höheren Schulwesen – bestimmt. Die demographisch bedingten Veränderungen werden aber durch das Ausmaß, in dem das vorhandene Bildungsangebot tatsächlich angenommen wird, deutlich modifiziert. In den Grafiken 37a,b und Tabelle 39 lässt sich deutlich erkennen, dass die vor 20 Jahren aufgrund demographischer Fak-

Grafik 37a: Entwicklung der Zahl der männlichen Maturanten nach Schulformengruppen und der prozentuelle Anteil am Durchschnitt der 18- bis 21-jährigen Bevölkerung (BevAnt)

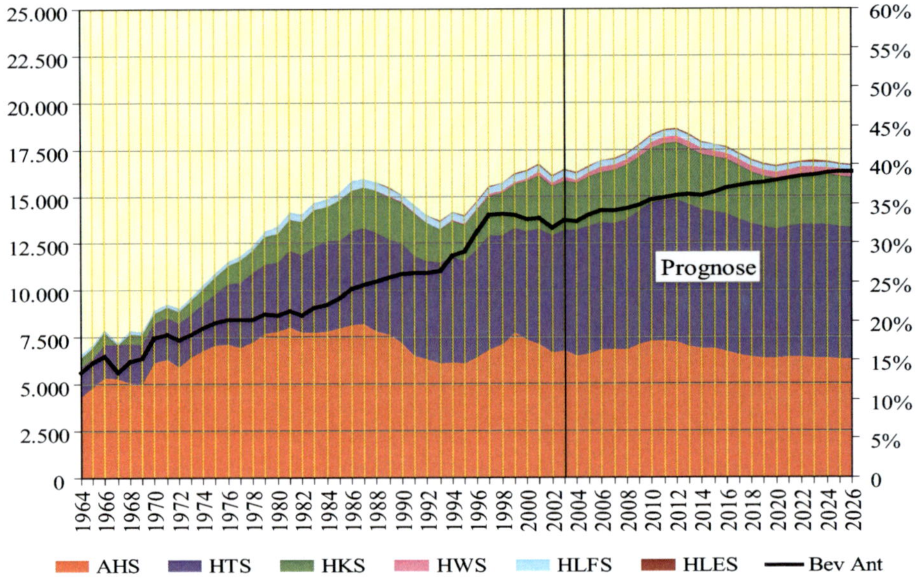

Grafik 37b: Entwicklung der Zahl der weiblichen Maturantinnen nach Schulformengruppen und der prozentuelle Anteil am Durchschnitt der 18- bis 21-jährigen Bevölkerung (BevAnt)

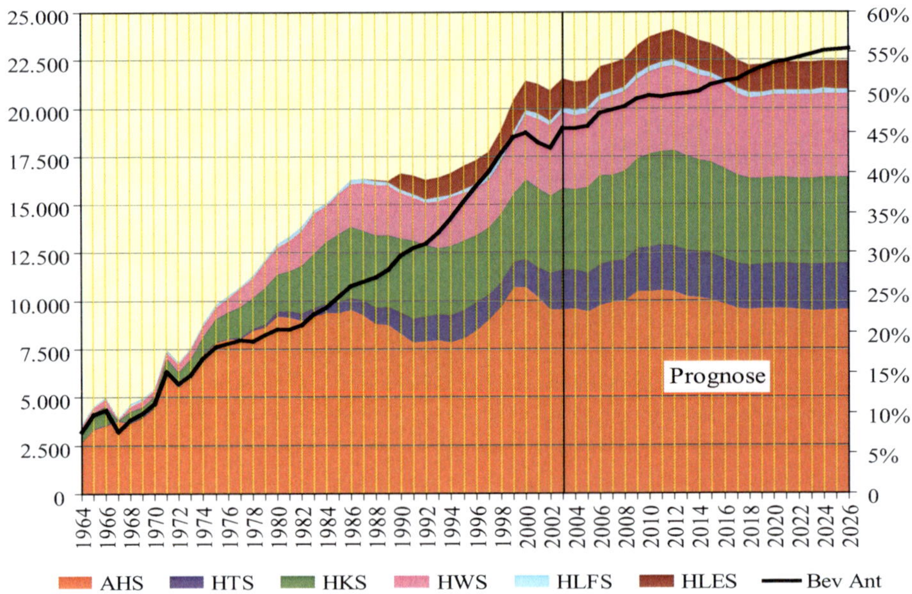

toren einsetzende Entlastungsphase schon 1993 zu Ende gegangen ist. Der schwächste Jahrgang, der im Schuljahr 1996/97 die Schule verlassen hat, brachte mit 32.470 Schülern in der 12./13. Schulstufe bzw. mit 33.321 Maturanten sogar einen neuen Rekordwert – mehr als die „Babyboomer" der späten 1960er-Jahre, die in den frühen 1980er-Jahren die Schule verlassen hatten.

Tabelle 39: Entwicklung der Maturantenzahlen; Hauptergebnisse

Maturajahr	Gesamt	Bev Ant[1]	Männlich	Bev Ant[1]	Weiblich	Bev Ant[1]	AHS Ant	Frauen-anteil
1971	16.755	17%	9.259	18%	7.496	15%	75%	45%
1976	21.809	20%	11.532	21%	10.277	19%	69%	47%
1981	27.517	21%	14.160	22%	13.357	21%	63%	49%
1986	32.149	25%	15.827	24%	16.322	25%	55%	51%
1991	31.105	27%	14.568	25%	16.537	29%	46%	53%
1996	32.045	34%	14.721	30%	17.324	37%	46%	54%
1997	33.321	36%	15.524	33%	17.797	39%	48%	53%
1998	34.666	38%	15.742	34%	18.924	42%	49%	55%
1999	36.663	40%	16.218	35%	20.445	45%	50%	56%
2000	37.877	40%	16.406	34%	21.471	46%	48%	57%
2001	37.993	39%	16.724	33%	21.269	44%	45%	56%
2002	37.072	37%	16.128	32%	20.944	43%	44%	56%
2003	38.022	38%	16.444	33%	21.578	45%	43%	57%
2004	37.635	38%	16.262	32%	21.373	45%	43%	57%
2005	38.072	39%	16.626	33%	21.446	45%	42%	56%
2006	39.081	40%	16.921	34%	22.160	47%	42%	57%
2007	39.394	41%	17.033	34%	22.360	47%	43%	57%
2008	39.917	41%	17.323	34%	22.594	48%	42%	57%
2009	41.030	42%	17.764	35%	23.266	49%	43%	57%
2010	42.021	42%	18.292	36%	23.729	50%	42%	56%
2015	41.166	42%	17.795	36%	23.371	49%	41%	57%
2020	39.008	45%	16.635	37%	22.374	53%	41%	57%
2025	39.113	47%	16.681	39%	22.433	55%	40%	57%

1) Anteil am Altersjahrgang (Durchschnitt der 18- bis 20-Jährigen)

Schon damals hatte sich aufgrund der steigenden Bildungsbeteiligung das Maximum der Maturantenzahlen vom Maximum der Jahrgangsstärken – das 1982 mit 133.642 Personen (Durchschnitt der 18- bis 21-Jährigen) erreicht worden war – um fünf Jahre verschoben; bei den Maturanten gab es erst 1987 mit 32.303 Absolventen ein Maximum.

Erst ab diesem Zeitpunkt machte sich der Rückgang der Jahrgangsstärken auch durch rückläufige Maturantenzahlen bemerkbar. Davon betroffen waren aber praktisch nur die männlichen Maturanten – sie erreichten nach einem Maximum im Jahr 1987 mit 15.923 Absolventen 1993 mit 13.702 Absolventen ein deutliches Minimum (Grafik 37a). Bei den Maturantinnen kann man nicht wirklich von einem Rückgang sprechen – zwischen 1987 und 1994 fand nur kein weiterer Anstieg der weiblichen Maturantenzahl statt, sondern die Absolventinnenzahlen pendelten um einen Wert von 16.500 (Grafik 37b).

Da im selben Zeitraum die entsprechende Altersgruppe der weiblichen Bevölkerung um mehr als 20% abnahm, wurde dieser demographische Rückgang einzig durch einen noch deutlicheren Anstieg der Bildungsbeteiligung im weiterführenden Schulsystem kompensiert. Trotz des noch bis 1997 andauernden weiteren Rückgangs der weiblichen Bevölkerung der entsprechenden Jahrgangsstärken stiegen die Zahlen der Maturantinnen ab 1994 aufgrund der weiter stark steigenden Bildungsbeteiligung schon wieder deutlich an (Grafik 37b). Dabei muss allerdings berücksichtigt werden, dass gerade in diese Zeit die Neuerrichtung bzw. Umwandlung der Höheren Schulen für Lehrer und Erzieher für die Absolventenzahlen – insbesondere die weiblichen – wirksam wurde.

Wie schon oben dargestellt, führte der starke Anstieg der Bildungsbeteiligung zu einer Verschlechterung der Situation an den Schulen: Die Zahl der Schüler pro Klasse und pro Lehrer nahm zu. Dies zeigte auch Auswirkungen auf die Maturantenzahlen. Für einige Jahre (1999–2002) stagnierte der Anteil der Maturanten an der Bevölkerung bzw. war sogar rückläufig – bei den männlichen Absolventen setzte diese Entwicklung schon um ein Jahr früher ein als bei den Absolventinnen.

Die Verteilung der Maturanten auf die sechs Schultypengruppen zeigt starke geschlechtsspezifische Unterschiede (Grafik 37a,b) und hat sich im Lauf der Zeit auch verändert. In der zweiten Hälfte der 1990er-Jahre war ein leichter Trend zurück zur AHS zu beobachten gewesen, der bis 1999 den Anteil dieses Schultyps wieder knapp über die 50%-Marke geführt hatte. Seither hat sich dies jedoch als vorübergehendes Phänomen erwiesen, sodass für die Zukunft mit einem Rückgang auf knapp über 40% gerechnet wird. Beim Frauenanteil zeichnen sich derzeit keine nennenswerten Veränderungen ab: Ausgehend von einem Niveau deutlich unter 40% in den späten 1960er-Jahren hatte der Frauenanteil schon 1982/83 die Marke von 50% erreicht. Durch die Einrichtung der Höheren Lehrer- und Erzieherbildenden Schulen ist der Frauenanteil kurzfristig auf über 57% angestiegen. Unter der Annahme gleich bleibender organisatorischer Rahmenbedingungen wird er sich bei ca. 57% einpendeln. Dieses Übergewicht lässt sich auch in verschiedenen anderen Kennzahlen ausdrücken: Im Schuljahr 2002/03 gab es an Höheren Schulen über 5.000 mehr Absolventinnen als Absolventen. Die Maturantenquote weiblicher Jugendlicher liegt mit nahezu 45% am Altersjahrgang bereits mehr als zehn Prozentpunkte höher als jene der männlichen Jugendlichen, für die erst gegen Ende des Prognosezeitraums ein Wert von knapp 40% erwartet wird.

Aufgrund der steigenden Bildungsbeteiligung in der Sekundarstufe 2 werden die Maturantenzahlen auch für die Jahre bis 2012 trotz relativ konstanter Bevölkerung in dieser Altersgruppe (Durchschnitt der 18- bis 21-jährigen Bevölkerung) weiter steigen und um dieses Jahr herum mit etwa 42.600 Maturanten (M 18.600, W 24.000) auch den höchsten je beobachteten Wert erreichen. Danach könnte der Rückgang der Jahrgangsstärken nur noch durch einen neuerlichen deutlichen Anstieg der Bildungsbeteiligung wettgemacht werden. Allerdings dürfte sich an diesem Maximum nicht mehr viel ändern, da sich die Maturanten, die 2012 die Schule verlassen werden, schon 2004 zwischen Allgemeinbildender Höherer Schule und Hauptschule entschieden haben und diese Entscheidung unter den bekannten gesetzlichen Bedingung trafen, die dieser Prognose zugrunde liegen.

4.5 DAS TERTIÄRE BILDUNGSWESEN[14]

4.5.1 Die Studienanfänger

Bei gegebenen Maturantenzahlen wird der Zugang an die Universitäten durch die Entwicklung der **Übertrittsquoten** der Maturanten bestimmt. So ist es nicht verwunderlich, dass auch in diesem Bildungsbereich die Bildungsexpansion vorwiegend von den Studentinnen getragen wird. Innerhalb von 15 Jahren (1971–1986 – der Zeit mit dem stärksten Bildungswachstum) hat sich die Zahl der Studienanfängerinnen mehr als verdreifacht, während die der Studienanfänger im selben Zeitraum „nur" auf das 1,8fache anstieg (Grafik 38). Der entsprechende Altersjahrgang – ein Mittelwert aus den vier Altersgruppen der 18- bis 21-Jährigen – ist in diesen 15 Jahren auf das 1,3fache angestiegen.

Die stark ansteigende Bildungsbeteiligung der weiblichen Bevölkerung führte dazu, dass seit 1990 mehr Frauen als Männer ein Universitätsstudium beginnen (Grafiken 39 u. 40; Tabelle 40).

[14] Teile dieses Kapitels wurden aus dem Endbericht der Hochschulplanungsprognose 2005 in angepasster Form übernommen.

Grafik 38: Entwicklung der Erstzulassungen an Universitäten und Fachhochschulen (1971 auf 100 normiert)

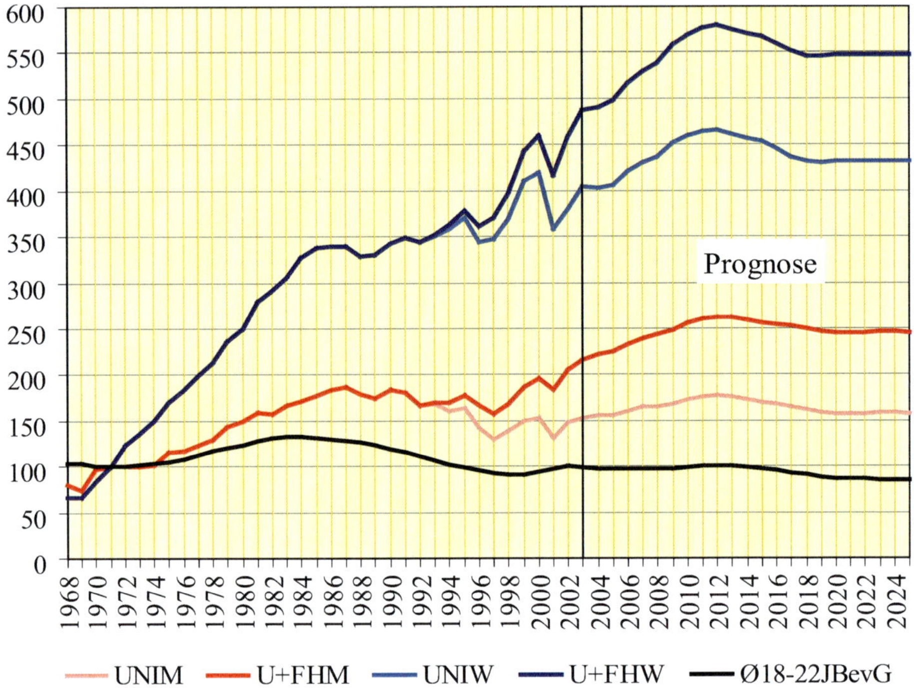

Allerdings mussten sieben Jahre vergehen, bis sich die Geschlechterproportion der Maturanten – es gab schon 1983 mehr Maturantinnen als Maturanten – auch bei den Studienanfängerinnen durchsetzte, und nicht ganz unerwartet vergingen mehr als zehn Jahre, bis sich dieser Trend auch bei den Studienabschlüssen durchsetzte – 2001 gab es erstmals mehr Abschlüsse von Frauen als von Männern; bei den Erstabschlüssen stellten die Frauen schon 1999 den Gleichstand her. Dies ist ein gutes Beispiel, wie langsam Veränderungen im Bildungssystem – mögen sie in Teilbereichen auch noch so rasant vonstatten gehen – im Gesamtsystem sichtbar und wirksam werden.

Einen weiteren Wachstumsschub bewirkte die Einführung der Fachhochschulstudiengänge als komplementärer tertiärer Ausbildungszweig. Nach 15 Jahren leichten Wachstums hatte die Übertrittsquote an die Universitäten gegen Mitte der 1980er-Jahre mit 70% ein Niveau erreicht, das abgesehen von kleineren Schwankungen bis 1995 (71%) gehalten wurde. Mit dem forcierten Ausbau des FHS-Angebotes ab 1995 ist die Übertrittsquote bis zum Studienjahr 1997 um 13 Prozentpunkte gefallen. Damit lag sie mit 58% auf einem Niveau, das zuletzt 1971 beobachtet worden war.

Grafik 39: Anteil der Erstzulassungen an Universitäten am Mittelwert der 18- bis 22-jährigen Bevölkerung

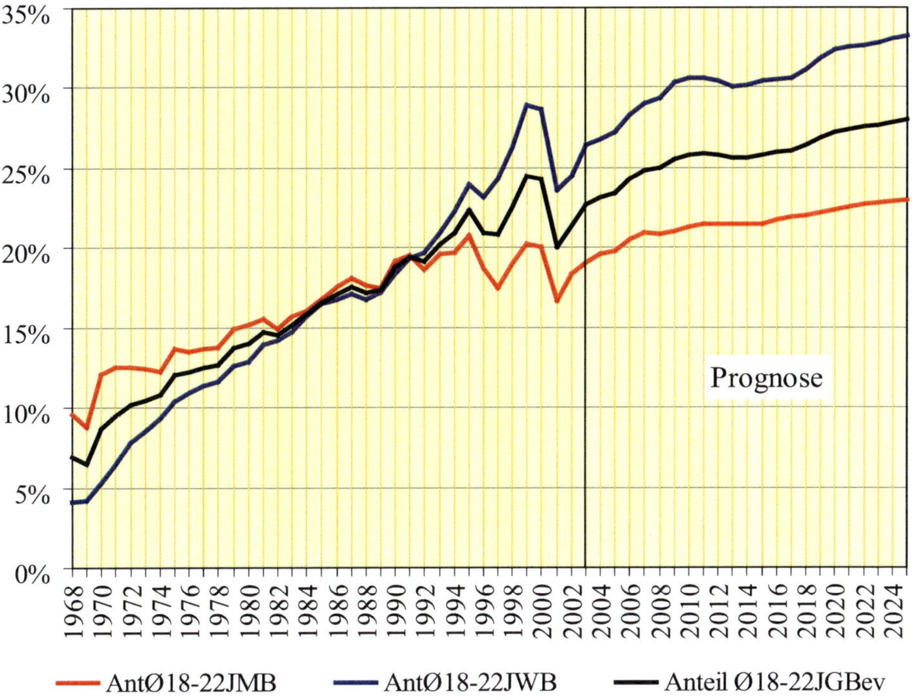

Die Zahl von rd. 2.651 „erstmals aufgenommenen Studierenden“ an FHS im Studienjahr 1997/98 entspricht etwa 8% der Maturanten. Somit war die Übertrittsquote der Maturanten insgesamt – Universitäten und Fachhochschulen – zwischen 1995 und 1997 um neun Prozentpunkte gefallen. Der Entlastungseffekt der FHS allein kann den Rückgang seit 1995 somit nicht erklären. Neben restriktiven Wirkungen von Sparmaßnahmen[15], die auch Auswirkungen im Hochschulbereich haben, hat auch eine geänderte Einberufungspraxis des Bundesheeres zu einer – allerdings nur vorübergehenden – Reduktion der Übertrittsquote beigetragen. Dass dieser Rückgang nur vorübergehend war, zeigte die weitere Entwicklung. Bis zum Studienjahr 2003 stieg die Übertrittsquote insgesamt – Universitäten und Fachhochschulen – mit 77% auf den höchsten bis zu diesem Zeitpunkt beobachteten Wert, nach-

[15] Pensionsanrechnung, Entfall von Fahrtbeihilfen und Freifahrten für Studierende, Herabsetzung der Altersgrenze bei der Gewährung der Familienbeihilfe (BGBl 201/1996); Änderung bei der Gewährung der Familienbeihilfe für Studierende durch Anwendung einiger Regelungen des Studienförderungsgesetzes (Studiendauer bzw. Studienwechsel; BGBl 433/1996).

dem sie 2001 mit 65% kurzfristig einen Wert erreicht hatte, wie er zuletzt in den 1970er-Jahren beobachtet worden war.

Tabelle 40: Erstmalig zugelassene Studierende und Universitätsbesuchsquoten[1]

Stud.	Erstmalig zugelassene inl. ord. Studierende im Studienjahr							FHS		PÄDAK		Summe[2]
Jahr	Gesamt	Quote	männl.	Quote	weibl.	Quote	Anteil weibl.	ges.	weibl.	ges.	weibl.	Quote
1976	13.310	12,2%	7.464	13,5%	5.846	10,9%	43,9%			3.871	2.724	16%
1981	18.917	14,7%	10.070	15,5%	8.847	13,9%	46,8%			3.632	2.728	17%
1986	22.368	17,1%	11.621	17,5%	10.747	16,7%	48,0%			2.622	2.015	19%
1991	22.448	19,4%	11.404	19,5%	11.044	19,3%	49,2%			2849	2288	22%
1996	19.930	20,9%	9.035	18,7%	10.895	23,1%	54,7%	2.138	572	2.715	2.101	26%
1997	19.215	20,8%	8.184	17,5%	11.031	24,3%	57,4%	2.464	706	2.699	2.092	26%
1998	20.463	22,5%	8.760	18,9%	11.703	26,2%	57,2%	2.792	859	3.097	2.384	29%
1999	22.487	24,4%	9.468	20,2%	13.019	28,9%	57,9%	3.385	1.028	3.339	2.595	32%
2000	23.010	24,2%	9.695	20,0%	13.315	28,7%	57,9%	3.944	1.252	4.056	3.093	33%
2001	19.677	20,0%	8.339	16,7%	11.338	23,5%	57,6%	5.143	1.882	3.033	2.332	28%
2002	21.394	21,4%	9.341	18,4%	12.053	24,5%	56,3%	6.142	2.484	3.053	2.339	31%
2003	22.449	22,7%	9.633	19,0%	12.816	26,4%	57,1%	6.692	2.644	3.059	2.358	32%
2004	22.620	23,1%	9.847	19,6%	12.773	26,7%	56,5%	6.992	2.795	3.071	2.378	33%
2005	22.758	23,4%	9.864	19,8%	12.893	27,2%	56,7%	7.292	2.898	3.103	2.403	34%
2006	23.532	24,2%	10.179	20,4%	13.353	28,3%	56,7%	7.592	3.026	3.200	2.490	35%
2007	24.094	24,8%	10.427	20,9%	13.667	29,0%	56,7%	7.892	3.141	3.258	2.545	36%
2008	24.311	24,9%	10.473	20,8%	13.839	29,3%	56,9%	8.192	3.263	3.311	2.590	37%
2009	24.984	25,5%	10.647	21,0%	14.336	30,3%	57,4%	8.492	3.381	3.411	2.676	38%
2010	25.506	25,8%	10.922	21,3%	14.583	30,6%	57,2%	8.732	3.477	3.506	2.752	38%
2015	25.116	25,8%	10.746	21,5%	14.371	30,4%	57,2%	9.149	3.643	3.337	2.607	39%
2020	23.695	27,2%	9.975	22,3%	13.720	32,4%	57,9%	9.204	3.665	3.137	2.461	41%
2025	23.722	28,0%	10.012	23,0%	13.710	33,2%	57,8%	9.211	3.668	3.141	2.462	43%

[1] Anteil am Durchschnitt aus den vier Jahrgängen der 18- bis unter 22-Jährigen
[2] Summe = Universitäten, Fachhochschulstudiengänge und alle pädagogischen Akademien

Betrachtet man die Zahl aller Studienanfänger an den wichtigsten tertiären Ausbildungseinrichtungen insgesamt – wissenschaftlichen und künstlerischen Universitäten, Fachhochschulstudiengängen und Pädagogischen Akademien –, so gibt es schon Mitte der 1970er-Jahre mit rd. 84% ein Maximum der Maturantenübertrittsrate. Gegen Ende der 1980er-Jahre erreichte diese Rate mit rd. 74% einen ersten Minimalwert, um dann bis 1995 wieder auf 84% anzusteigen. Innerhalb von nur zwei Jahren fällt die Rate dann auf 74%, steigt bis zum Studienjahr 2000 allerdings wieder auf 84% an, sinkt im nächsten Jahr auf 74% und erreicht im Jahr darauf (2002) wieder 82%. Da

Grafik 40: Entwicklung der Zahl der erstmalig zugelassenen inländischen ordentlichen Studierenden bis zum Jahr 2025

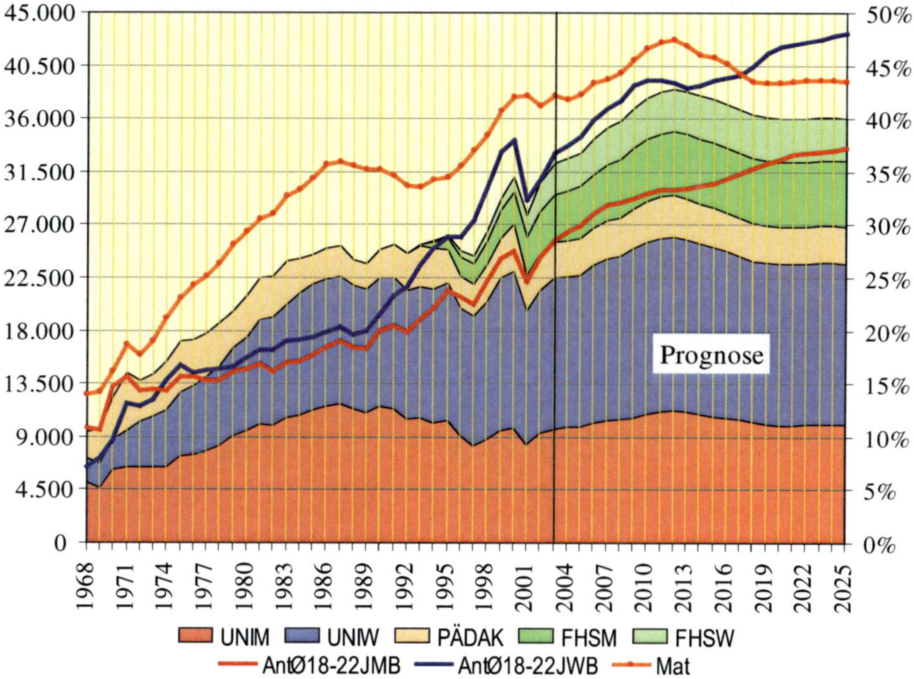

durch diese Summenrate Substitutionen praktisch ausgeschlossen werden können und die Einbrüche fast ausschließlich die wissenschaftlichen Universitäten betrafen – die Studienanfänger bei Fachhochschulstudiengängen stiegen in diesem Zeitraum kontinuierlich an –, muss daraus geschlossen werden, dass Studienanfänger *an Universitäten* relativ empfindlich auf soziale Maßnahmen reagieren.

Für die Übertrittsraten der Maturanten an die Universität ist nicht nur das Geschlecht bedeutsam, sondern auch,

- an welchem Schultyp die Hochschulreife erreicht wurde (Grafik 41) und
- welches Studium gewählt wird.

Ein weiterer Aspekt für die Übertrittsraten der Maturanten ist der Zeitpunkt, wann das Studium nach Abschluss der Matura aufgenommen wird. Dabei unterlagen alle diese Parameter häufig auch noch zeitlichen Veränderungen.

Betrachtet man die Übertrittsquoten der Maturanten an die Universitäten nach Schultypen (Grafik 41), so zeigt sich, dass AHS-Maturanten zu einem wesentlich höheren Prozentsatz ein Universitätsstudium beginnen als BHS-Maturanten. Besonders niedrig sind die Übertrittsquoten für die

Maturanten der Berufsbildenden Höheren Schulen für Land- und Forstwirtschaft (HLFS) sowie für Lehrer und Erzieher (HLES). Auch die Einführung der Fachhochschulen hat sich auf die schultypspezifischen Übertrittsquoten unterschiedlich ausgewirkt – wenig überraschend, dass gerade die Übertrittsquoten der Höheren Technischen Schulen den stärksten Rückgang verzeichneten. Anfangs wurden ja vorwiegend Fachhochschulen mit einer technischen Ausbildungsrichtung eingerichtet. Ebenso antworteten die Maturanten der Berufsbildenden Höheren Schulen mit einer Ausnahme – den Höheren Land- und Forstwirtschaftlichen Schulen – auf die Einführung der Studienbeiträge mit einem stärkeren Rückgang der Übertrittsquoten als jene der Allgemeinbildenden Höheren Schulen. Im Unterschied zur AHS reagierten in der BHS die Frauen etwas stärker als die Männer auf diese Maßnahme. Bis zur Einführung der Fachhochschulen lagen die männlichen Übertrittsquoten der Maturanten an die Universitäten sowohl für AHS- als auch BHS-Maturanten immer deutlich über jenen der Frauen, danach lagen die Übertrittsquoten der Frauen für einige Jahre deutlich über jenen der Männer. Allerdings glichen sich die Unterschiede mit der Veränderung

Grafik 41: Entwicklung der Übertrittsquoten der AHS- und BHS-Maturanten an Universitäten nach Geschlecht

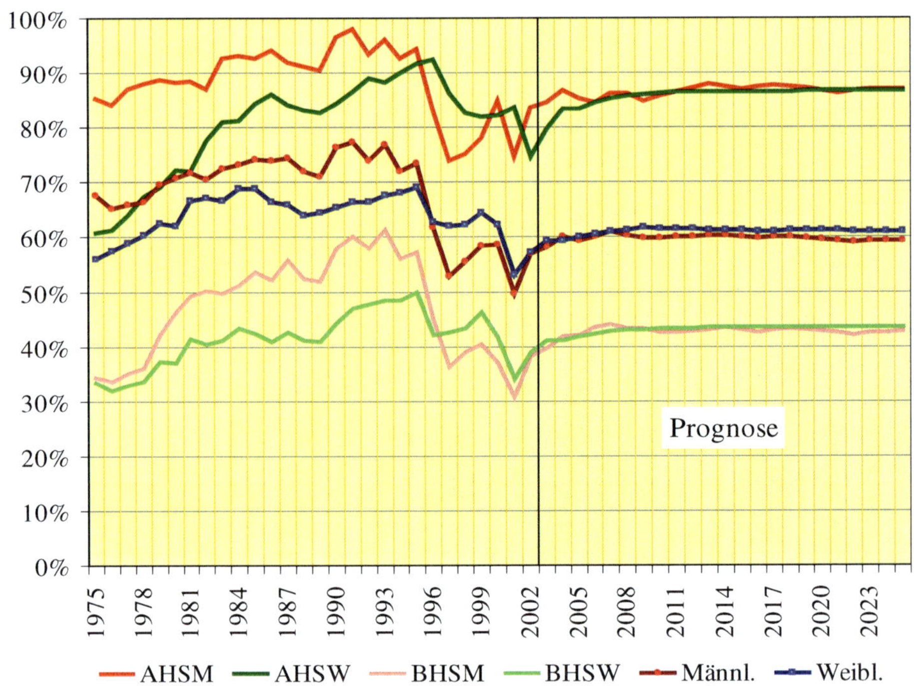

des fachlichen Angebots bei den Fachhochschulen und nach Einführung der Studienbeiträge wieder aus.

Untersucht man die Entwicklung der Übertrittsraten nach dem Zeitpunkt, wann nach der Matura ein Studium begonnen wird, so gab es die größten Veränderungen bei den Männern. So ist z.B. der Anteil der männlichen Maturanten, die ohne Verzögerung unmittelbar nach Erreichen der Hochschulreife ihr Studium (im Wintersemester) begonnen haben, seit 1973 von über 60% (max. Wert 1978 68%) bis 2003 (27%) auf unter 30% gesunken; wobei 1995 mit 58% erstmals die Übertrittsrate unter 60% fiel. Gleichlaufend stieg die Übertrittsrate jener Maturanten an, die ein Jahr nach der Matura ihr Studium aufnahmen: 1973 waren es 25% und 1992 nur mehr 20%, doch danach stieg diese Rate steil an und erreichte 2002 mit 57% ein Maximum (2003 56%). Die Zahl der männlichen Studienanfänger, die zwei, drei und vier oder mehr Jahre verstreichen lassen, bevor sie ihr Studium beginnen, ist relativ gering (zwei Jahre zwischen 2,5% und 7% {im Jahr 2003}; drei Jahre zwischen 1,3% und 2,4% {im Jahr 1999}; vier und mehr Jahre zwischen 4,4% und 9,2% {im Jahr 1973}). Der Grund für diese Verschiebungen ist eine geänderte Einberufungspraxis für Wehrpflichtige.

Grafik 42: Entwicklung der Studienanfängerzahlen in Fachhochschulstudiengängen

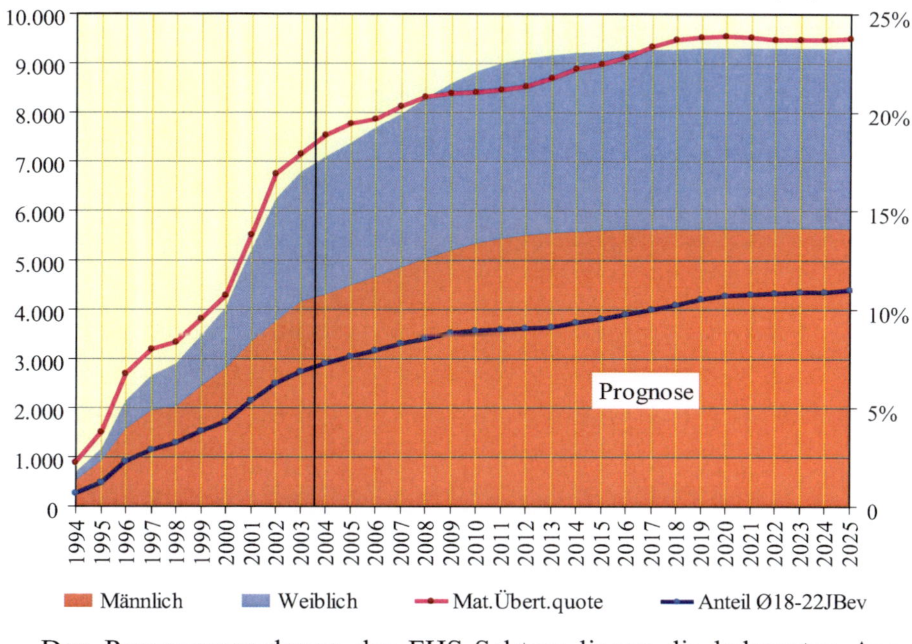

Den Prognoseannahmen des FHS-Sektors liegen die bekannten Ausbaupläne für diesen Bereich zugrunde. Laut Fachhochschul-Entwicklungs-

und Finanzierungsplan 2004[16] sind ab 2005 jährlich rd. 300 neue Studienplätze für FHS-Anfänger geplant. Geht man davon aus, dass die aktuelle Geschlechterproportion an den Fachhochschulen von etwa 40% Frauen zu 60% Männern im Großen und Ganzen erhalten bleibt, so entsprechen die angepeilten Anfängerzahlen, bezogen auf die Maturanten, einer Übertrittsquote von insgesamt 18–24% (M 25–34%, W 12–16%; Grafik 42). Wie die Entwicklung der Übertrittsquote an Universitäten zeigt, hatten die Fachhochschulen bisher einen beinahe 100%igen Entlastungseffekt für die Universitäten bewirkt. (Im Jahr 2001 hatten nur 7% der FHS-Studierenden keine Matura.) Das muss freilich nicht so bleiben. Angesichts der Studienorganisation der FHS ist zwar ein Parallelstudium an einer Universität praktisch auszuschließen, eine Abfolge von FHS-Studium und Universitätsstudium – mit oder ohne Abschluss und in beliebiger Reihenfolge – wäre jedoch durchaus denkbar.

In Grafik 40 ist deutlich zu erkennen, dass die Einrichtung der Fachhochschulen gerade in jenem Augenblick erfolgte, als die Maturantenzahlen wieder zu wachsen begannen. Wird der Ausbau der FHS im geplanten Umfang realisiert und bleibt die Nachfrage nach Ausbildungsplätzen weiterhin so groß wie bisher, könnte der FHS-Sektor die absehbare Expansion des Zulaufs zu den Universitäten und Hochschulen zu einem guten Teil auffangen. Daher wurde auch der im Studienjahr 1987/88 erreichte Höchststand von 22.600 erstmalig zugelassenen inländischen ordentlichen Studierenden an den Universitäten bis *heute* nicht überschritten.

Durch die Einführung des Studienbeitrags hat sich die Situation allerdings gravierend verändert. Diese strukturelle Maßnahme hat den langsamen Wiederanstieg der Übertrittsquoten in den letzten Jahren abrupt beendet und auf 52% absacken lassen, ein Wert, der zuletzt in den späten 1960er-Jahren beobachtet worden war. Auf das erste Jahr nach der Einführung folgte zwar wieder ein Anstieg auf 57%, allerdings ist völlig offen, ob sich damit eine längerfristige Erholung der Übertrittsquoten abzeichnet oder ob nur eine kurzfristige Reaktion auf den massiven Einbruch beobachtet wurde. Um eine Prognose durchführen zu können, müssen jedoch längerfristige Annahmen getroffen werden, die aufgrund des kurzen Beobachtungszeitraums mit großen Unsicherheiten behaftet sind. Für die vorliegende Prognosevariante wurde nun angenommen, dass der durch die Einrichtung der Fachhochschulen eingetretene Rückgang der Übertrittsraten von Maturanten an die Universitäten fortgeschrieben und der durch die Ein-

[16] Fachhochschul-Entwicklungs- und Finanzierungsplan III 2005/06 bis 2009/10 des Bundesministeriums für Bildung, Wissenschaft und Kultur vom 16. Juni 2004.

führung des Studienbeitrags entstandene Rückgang in Zukunft wieder wettgemacht wird und danach auf dem entsprechenden Niveau (61%) verharrt (Tabelle 41). Unter dieser Annahme wächst – prozentuell – nur mehr der Zugang zu den Fachhochschulen. Da bis zum Jahr 2011 allerdings absolut mit weiter steigenden Maturantenzahlen (siehe Grafik 37a,b) zu rechnen ist, werden auch die Studienanfänger bis zu diesem Zeitpunkt leicht zunehmen. Das Wachstum der Bildungsbeteiligung – gemessen an dem Anteil am Altersjahrgang (Durchschnitt der 18- bis 22-Jährigen {Anteil Ø18-22JBev}) – wird sich allerdings etwas verlangsamen.

Markant unterschiedlich war die Entwicklung nach dem Geschlecht (Grafik 47a,b): Die größte Zahl an Studienanfängern wurde mit knapp 12.000 bei den Männern schon 1987 erreicht – an dieses Maximum werden die Studienanfängerzahlen trotz angenommener leicht steigender Bildungsbeteiligung nicht mehr herankommen. Bei den männlichen Studienanfängern schlagen auch die Auswirkungen der neu eingerichteten FHS voll durch. Ganz anders stellt sich die Entwicklung bei den Studienanfängerinnen dar. Während der „Babyboomzeit" begann gerade die Aufholjagd im Bildungsbereich; die Bildungsbeteiligung stieg steil an und legte während der rückläufigen Jahrgangsstärken so zu, dass von den deutlichen Einbrüchen ab 1987 bei den Männern (minus 3.600 Personen) bei den Frauen fast nichts zu merken ist. Während der Anteil *weiblicher* Erstinskribierender Anfang der 1970er-Jahre bei 40% lag, haben im Wintersemester 1984/85 erstmals mehr Frauen als Männer ein Studium aufgenommen. Durch die Umwandlung der Lehrer- und Erzieherbildenden Schulen von *Mittleren* in *Höhere* Schulen und die damit verbundene Erweiterung des Kreises der zugangsberechtigten Frauen haben die Frauen im Studienjahr 1992 bei den Zugängen erstmals die Mehrheit erreicht. Die erfolgreiche Einführung der Fachhochschulen, die in der Anfangsphase zu rund drei Viertel von Männern besucht wurden, hat schon im Studienjahr 1999/2000 den Frauenanteil bei den Studienanfängern auf 58% ansteigen lassen. Da sich die Geschlechterverteilung bei den FHS inzwischen zu Gunsten eines höheren Frauenanteils verschoben hat, wird dieser Wert leicht sinken (auf ca. 56%), um in Zukunft aufgrund der etwas stärker steigenden bzw. nicht stagnierenden Bildungsbeteiligung der Frauen wieder auf 58% anzusteigen.

Setzt man die Studienanfänger in Relation zum korrespondierenden Altersjahrgang (das ist jeweils der Durchschnitt aus den vier Jahrgängen der 18- bis unter 22-Jährigen), so begannen im Jahr 2000 24% des Jahrgangs an einer Universität zu studieren, wobei die Quote für Frauen deutlich höher ist (28 zu 20%). 1980 waren es 13,8% und 1970 erst 8,8% eines Altersjahrgangs, die ein Universitätsstudium aufnahmen. Damals war die Bildungs-

Tabelle 41: Die Übertrittsquoten:[1] Vergangene Entwicklung und Annahmen

Männlich	1975	1985	1990	1995	1997	2000	2001	2002	2003	2010	2020
Alle SF	68	73	76	73	53	59	50	57	58	60	60
Weiblich											
Alle SF	56	68	65	68	62	62	53	57	59	62	61
M+W											
AHS	73	89	91	93	79	84	75	81	84	86	87
HTS	31	52	55	55	34	33	27	32	35	36	37
HKS	37	45	49	54	43	45	36	43	43	47	47
HWS	0	0	0	51	47	43	38	45	48	51	51
HLFS	32	36	41	44	28	29	31	29	33	34	35
HLES	0	0	38	38	31	37	25	32	32	32	32
Alle	62	71	71	71	58	61	52	57	59	61	61
FHS											
Gesamt				4	8	11	14	17	18	21	24
männlich				7	13	17	20	23	25	30	34
weiblich				1	4	6	9	12	12	15	16

[1] Die hier verwendete Übertrittsquote gibt an, wie viel Prozent eines Maturantenjahrgangs *jemals* ein ordentliches Studium an einer österreichischen Universität aufnehmen.

beteiligung der Männer mit 12,1% noch mehr als doppelt so hoch wie jene der Frauen (5,3%). Aufgrund der Ausweitung des Fachhochschulangebots ist bei den Männern nur mehr mit einer leichten Zunahme auf 22%, bei den Frauen hingegen mittelfristig mit einem auf über 30% des Altersjahrgangs ansteigenden Universitätsbesuch zu rechnen. Um das Jahr 2010 ist eine Universitätsbesuchsquote von über einem Viertel (26%) des Jahrgangs zu erwarten. Bei Einbeziehung der FHS und der Pädagogischen (inkl. religions- und berufspädagogischen) Akademien (zukünftig Pädagogische Hochschulen) wird dieser Wert knapp vor dem Jahr 2020 die 40%-Marke übersteigen (siehe Tabelle 40 u. Grafik 40).

4.5.2 Die Zahl der Studierenden

Die Zahl der inskribierten inländischen ordentlichen Studierenden ist nicht nur von der Höhe der Neuzugänge, sondern auch von der durchschnittlichen Dauer des Verbleibs der Studierenden an der Universität bestimmt. Dabei ist es statistisch bedeutungslos, ob die Betreffenden die Hochschule später einmal als Absolventen oder aber als Dropouts verlassen. Aus diesem Grund ist die regelmäßig erhobene Studiendauer bis zum Studienabschluss ein ungeeignetes Maß zur Beschreibung der Verweildauer.

Die mittlere Zahl der inskribierten Semester pro Person war Anfang der 1970er-Jahre erheblich angestiegen. Die aus einjährigen Retentionsraten der nach Jahrgangskohorten gegliederten Studenten abgeleitete „zu erwartende Verweildauer" lag in den 1970er-Jahren zwischen acht und neun Wintersemestern und erreichte 1990 mit zehn Wintersemestern pro erstmalig zugelassenem Studierenden einen vorläufigen Höchstwert. Jeder Erstimmatrikulierende belegte – unabhängig von einem späteren Studienerfolg – im Durchschnitt 20 Semester. Danach ist der Wert nur geringfügig gesunken, wobei der Unterschied zwischen Männern und Frauen etwas weniger als ein Jahr betrug.

Durch die Einführung des Studienbeitrags schien sich diese Entwicklung drastisch zu verändern. So sackte die durchschnittliche Verweildauer im Jahr der Einführung des Studienbeitrags durch zahlreiche vorgezogene Abschlüsse und Verzicht auf Weiterinskription auf einen noch nie beobachteten Wert von unter vier Jahren. Allerdings stieg die durchschnittliche Verweildauer im nächsten Jahr wieder auf sieben und 2003 sogar auf 7,5 Jahre. Diese Entwicklung setzt sich im Wesentlichen aus zwei Komponenten – dem Einmaleffekt aufgrund der Einführung eines Studienbeitrags und einem langfristigen Anteil – zusammen. Die neuesten Ergebnisse lassen vermuten, dass der Einmaleffekt den größten Anteil an der historisch niedrigsten Verweildauer hatte und sich in Zukunft wieder Werte, die etwas unter den mittleren Vergangenheitswerten liegen, einstellen werden.

Betrachtet man die Vergangenheit, so wurde die demographische Konsolidierungsphase in der Statistik der inländischen ordentlichen Studierenden am wenigsten deutlich sichtbar. Auch während der Phase stagnierender Anfängerzahlen wuchs die Studentenzahl stetig (Grafik 43). Allerdings war im Zeitverlauf ein deutliches Abflachen der Wachstumsrate bei gleichzeitigem Anstieg der Bildungsbeteiligung (Anteil der Studenten an der 18- bis 26-jährigen Bevölkerung) zu beobachten. Von zweistelligen Werten zu Beginn der 1970er-Jahre sank die Wachstumsrate kontinuierlich, und in den Jahren 1996 und 1997 waren erstmals seit einer Generation Rückgänge bei der Zahl der Studenten zu verzeichnen, wobei die Rückgänge bei den männlichen Studierenden anfangs so groß waren, dass sie den weiteren Anstieg der Studentinnen mehr als kompensierten. Das Verhältnis von Anfängern zu Studierenden hatte sich aber nunmehr bei 1:9 bis 1:10 (entsprechend der mittleren Verweildauer) eingependelt, und dank der Errichtung von Fachhochschulen ist von der Zugangsseite her mit keinen größeren Wachstumsimpulsen zu rechnen.

Aufgrund der Einführung des Studienbeitrags ist davon auszugehen, dass sich eine der bestimmenden Größen für die Studierendenzahlen – die Ver-

Grafik 43: Entwicklung der Studierendenzahlen bis zum Jahr 2025

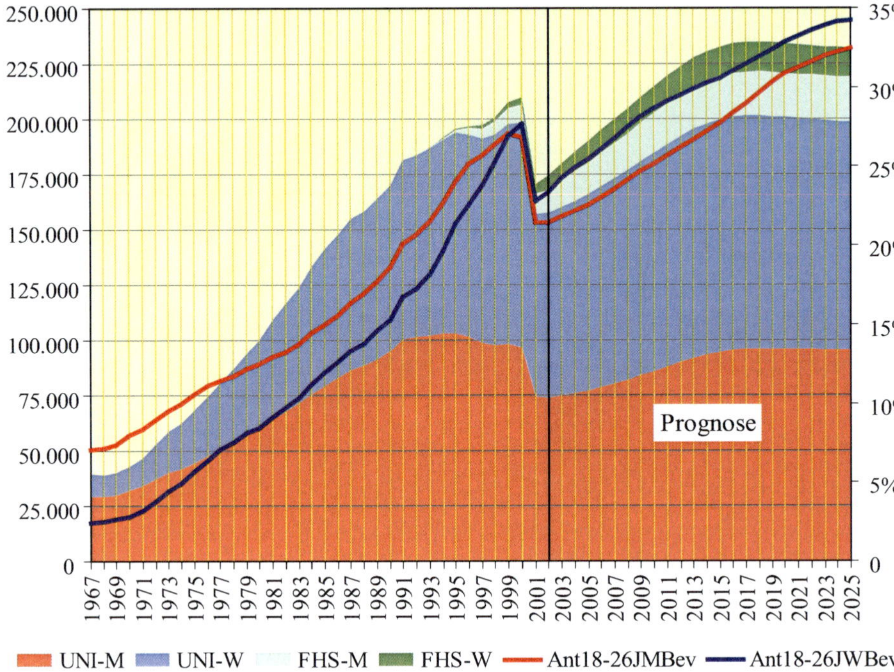

weildauer – verändert. Unmittelbar nach Einführung des Studienbeitrags gingen wir noch davon aus, dass die Verweildauer relativ niedrig (6,5 Jahre) bleiben würde, weshalb wir auch wesentlich geringere Studierendenzahlen (135.000) erwarteten. Dieser Wert wurde schon im ersten Jahr nach Einführung des Studienbeitrags deutlich überschritten, und aus heutiger Sicht dürften einige längerfristige Faktoren (z.B. Gewöhnungseffekt, Berufstätigkeit während des Studiums) doch nicht zur erwarteten Verkürzung der Verweildauer und damit zur Senkung der Studierendenzahlen geführt haben (Grafik 43).

Dies bedeutet, dass die Einführung des Studienbeitrags die schlecht sitzenden Blätter eines Baumes zwar wie ein Wirbelsturm davongeweht hat, also jene Studierenden, die eigentlich längst die Verbindung mit der Universität verloren hatten, aber immer noch inskribiert waren, jene aber, die an der Universität verblieben sind, trotz langer Studiendauer und Studienbeitrags ihr Studium sichtlich abschließen wollen. Dafür sprechen auch die nach wie vor deutlich steigenden Abschlussquoten in den höheren Semestern, die uns einen Absolventenrekord nach dem anderen bescheren – zufällig erreichen auch gerade jetzt stärkere Studienjahrgänge die höheren Semester (14 und mehr).

Das Abwandern überwiegend männlicher Studierender zur FHS und der zuletzt erreichte Frauenanteil von 57% bei den Neuzulassungen führte – trotz nach wie vor bestehender geringer Unterschiede in der mittleren Verweildauer – bei den Studierendenzahlen schon 1999 zu einer Parität von Männern und Frauen und lässt für die Zeit ab 2005 beim Frauenanteil sogar ein Erreichen der 54%-Marke als wahrscheinlich erscheinen.

Tabelle 42: Entwicklung der Studierendenzahlen bis zum Jahr 2025; Hauptergebnisse

Winter-semester	männlich	weiblich	gesamt	Frauen-anteil	Quote[1]	Belegte Studien	FHS
1976	47.661	26.726	74.387	36%	9%	79.632	
1981	64.170	44.843	109.013	41%	11%	121.492	
1986	83.006	65.072	148.078	44%	14%	166.875	
1991	100.649	81.019	181.668	45%	18%	216.724	
1996	101.752	91.452	193.204	47%	24%	241.889	3.648
1997	98.882	92.535	191.417	48%	25%	239.910	5.610
1998	97.987	95.158	193.145	49%	26%	241.619	7.641
1999	98.435	99.643	198.078	50%	27%	248.904	9.652
2000	96.617	101.835	198.452	51%	27%	250.137	11.333
2001	74.681	82.227	156.908	52%	22%	209.051	13.849
2002	74.166	83.325	157.491	53%	22%	210.544	16.840
2003	74.816	85.501	160.317	53%	23%	224.427	19.721
2004	75.940	87.359	163.299	53%	24%	224.971	22.231
2005	77.164	89.106	166.270	54%	24%	231.297	24.139
2010	86.024	98.824	184.848	53%	27%	261.591	30.046
2015	94.503	105.244	199.747	53%	29%	283.891	32.878
2020	96.338	104.543	200.881	52%	32%	286.028	33.330
2025	95.704	103.212	198.916	52%	33%	283.538	33.396

1) Anteil an den sieben Jahrgängen der 18- bis unter 26-jährigen Bevölkerung

Bei fruheren Prognosen waren wir von der Annahme ausgegangen, dass die Verweildauer gegen administrative Maßnahmen in hohem Maße resistent sei. Dass Maßnahmen zur Studienreorganisation oder Einschränkungen der Sozialleistungen relativ wirkungslos bleiben, wird dann verständlich, wenn man berücksichtigt, dass die Verweildauer wesentlich von den „alten Studenten“ beeinflusst wird, die meist schon arbeiten und kaum noch Sozialleistungen in Anspruch nehmen. Zu diesem Zeitpunkt war allerdings nicht mit der Einführung eines Studienbeitrags gerechnet worden. Offensichtlich sind es gerade viele der „alten Studenten“, die empfindlich auf diese neue Situation reagierten und ihr nur mehr nebenbei betriebenes Studium nicht mehr fortsetzten und damit die Verweildauer absacken ließen.

Spektakulär war ab der zweiten Hälfte der 1980er-Jahre auch die Entwicklung der Mehrfachinskriptionsquote. Ausgehend von 13,3% im Wintersemester 1988/89 hat sie sich bis zum Wintersemester 2003 auf 40% verdreifacht. Das heißt, dass 100 Studenten nun nicht mehr bloß 113 (oder gar 107, wie in den frühen 1970er-Jahren), sondern 140 Inskriptionen tätigen. Selbst eine nur kurze Trendextrapolation führt unter diesen Prämissen rasch zu Inskriptionszahlen von annähernd 300.000 belegten Studien von inländischen ordentlichen Studierenden. Für die vorliegende Prognose wurde aufgrund dieser Entwicklung ein von 38% auf knapp 43% steigender Wert angenommen, was bei gegebenen Studierendenzahlen zu Inskriptionszahlen zwischen 225.000 und 286.000 führt. Verstärkt wurde diese Entwicklung wahrscheinlich noch durch die Änderung bei den Voraussetzungen für den Bezug der Familienbeihilfe, dass nämlich Studierende, die mehr als einmal das Studium wechseln, die Familienbeihilfe verlieren (BGBl 433/1996). Die Mehrfachinskriptionen entwickelten sich je nach Studienrichtungsgruppen recht unterschiedlich.

Für den Arbeitsmarkt sind allerdings nur die Studierendenzahlen von Bedeutung, da Studenten zu einem wesentlich geringeren Prozentsatz als nicht Studierende nach Arbeit außerhalb der Geringfügigkeit nachfragen – sie senken somit die Erwerbsquote der Maturanten (AHS-, BHS-Absolventen; siehe Arbeitsmarktmodell). Je länger sie studieren, desto größer wird die Zahl der Studierenden und desto stärker wird die Erwerbsquote dieser Altersgruppe in dieser Qualifikationsebene reduziert.

4.5.3 Die Zahl der Studienabschlüsse

Die Studentenzahlen bestimmen nur sehr indirekt die Studienabschlüsse und Erstabschlüsse. Der entscheidende Parameter ist – neben der Zahl der Studienanfänger – die Erfolgsquote. Sie gibt an, ein wie großer Anteil der Anfängerkohorte einen bestimmten (z.B. ersten) Abschluss erreicht. Die komplementäre Größe zur Erstabschlussquote ist die Dropout-Rate, also der Anteil jener Personen, welche die Universität verlassen, ohne einen Abschluss erreicht zu haben. Bei dieser Definition ist zu beachten, dass Erfolg und Misserfolg nicht an eine Beendigung der Inskriptionsfolge gebunden sind.

Neben der drastischen Veränderung des Hochschulzugangs war wohl der Rückgang der **Dropoutrate** während der ersten Hälfte der 1990er-Jahre eine der markantesten Entwicklungen im Hochschulsektor. Ausgehend von einem Niveau von etwa 40% am Ende der 1960er-Jahre war sie durch zwei Jahrzehnte hindurch kontinuierlich angestiegen. Um 1983/84 überschritt sie die 50%-Marke und erreichte 1988 mit 57% das höchste jemals beobachtete Niveau. Unter den zu diesem Zeitpunkt herrschenden Bedingungen hätten nur 47% der männlichen und gar nur 38% der weiblichen Studienanfänger irgendein Studium abgeschlossen. In der Zwischenzeit stieg die Erfolgsquote jedoch wieder an, und die Dropoutquote sank 1995 auf das Niveau von 1983 (50%). Im Studienjahr 1996/97 war ein sprunghafter Anstieg der Abschlusszahlen – von 12.500 auf 14.000 Abschlüsse – und damit auch der Erstabschlüsse zu verzeichnen. Durch die Einführung des Studienbeitrags kam es dann noch einmal zu einem deutlichen Anstieg auf 66%, und die neuesten Abschlusszahlen (2003/04) lassen einen weiteren Anstieg erwarten.

Tabelle 43: Studienabschlüsse; Hauptergebnisse

Jahr	Abschlüsse UNI			Erstabschlüsse UNI personenbezogen						Abschlüsse FHS			EA-UNI+FHS	Ant. / Bev[1]	Abs. insg.+FHS
	Insgesamt	davon W	F.-Ant.	Insg.	Ant. / Bev[1]	M	Ant. / Bev[1]	W	Ant. / Bev[1]	M	W	Insg.			
1971	4.636	1.168	25%	3.944	4,0%	2.815	5,7%	1.129	2,3%	0	0	0	3.944	4,0%	4.636
1976	5.640	1.553	28%	4.898	4,7%	3.475	6,5%	1.423	2,7%	0	0	0	4.898	4,7%	5.640
1981	7.254	2.597	36%	6.406	6,1%	4.049	7,8%	2.357	4,5%	0	0	0	6.406	6,1%	7.254
1986	8.578	3.341	39%	7.595	6,3%	4.522	7,4%	3.073	5,1%	0	0	0	7.595	6,3%	8.578
1991	10.950	4.650	42%	9.211	6,7%	5.124	7,2%	4.087	6,0%	0	0	0	9.211	6,7%	10.950
1996	14.419	6.416	44%	10.948	8,3%	5.793	8,6%	5.155	7,9%	91	23	114	11.062	8,4%	14.533
1997	14.148	6.529	46%	12.140	9,5%	6.361	9,9%	5.779	9,1%	339	119	458	12.598	9,9%	14.606
1998	14.043	6.799	48%	12.044	9,9%	5.981	9,8%	6.063	10,0%	684	187	871	12.915	10,6%	14.914
1999	13.754	6.639	48%	11.815	10,2%	5.906	10,2%	5.909	10,1%	1.206	418	1.624	13.439	11,6%	15.378
2000	15.267	7.703	50%	13.200	11,8%	6.318	11,4%	6.882	12,3%	1.390	545	1.935	15.135	13,6%	17.202
2001	15.003	7.656	51%	12.786	11,9%	6.020	11,3%	6.766	12,6%	1.653	645	2.298	15.084	14,1%	17.301
2002	16.717	8.690	52%	13.834	13,4%	6.486	12,6%	7.348	14,2%	1.773	815	2.588	16.422	15,9%	19.305
2003	16.749	8.694	52%	14.510	14,3%	6.786	13,4%	7.724	15,2%	1.941	967	2.908	17.418	17,2%	19.656
2004	16.812	9.023	54%	14.655	14,7%	6.584	13,1%	8.071	16,3%	2.367	1.412	3.779	18.434	18,5%	20.591
2005	16.910	9.213	54%	14.823	14,9%	6.546	13,0%	8.277	16,9%	2.652	1.894	4.545	19.368	19,5%	21.455
2010	16.795	9.410	56%	14.798	14,0%	6.340	11,7%	8.458	16,4%	3.560	2.385	5.945	20.743	19,6%	22.740
2015	17.645	9.888	56%	15.430	14,8%	6.597	12,2%	8.833	17,4%	4.040	2.728	6.768	22.199	21,2%	24.413
2020	18.085	10.062	56%	15.593	14,7%	6.698	12,3%	8.895	17,2%	4.112	2.789	6.901	22.494	21,2%	24.986
2025	17.225	9.604	56%	14.719	15,0%	6.278	12,6%	8.440	17,6%	4.078	2.797	6.875	21.593	22,1%	24.100

1) Anteil am Durchschnitt aus den fünf Jahrgängen der 25- bis unter 30-jährigen Bevölkerung

Um einen Bezug zur demographischen Entwicklung herzustellen, sei darauf hingewiesen, dass sich die Absolventen des Rekordjahres 1996/97 zum Großteil aus den Geburtsjahrgängen um 1970 rekrutieren. 1978 wurde mit 85.402 Geburten nach dem Maximum von 1963 (134.809) das erste Minimum erreicht, das erst 19 Jahre später, 1997, mit 84.045 Geburten unterschritten werden sollte. Bei der Zahl der Studienabschlüsse bzw. bei den Jungakademikern hat die demographisch bedingte Konsolidierungsphase also eben erst voll eingesetzt. Die Dekade stagnierender Anfängerzahlen – aufgrund der zwischen 1987 und 1998 deutlich sinkenden Jahrgangsstärken in diesen Altersgruppen (Durchschnitt der 18- bis 22-Jährigen 1983: 133.481 und 1998: 90.937) – sollte sich in den künftigen Absolventenzahlen widerspiegeln. Vor Einführung des Studienbeitrags sah es so aus, als wären die über 12.000 Personen, die 1997/98 ihren ersten akademischen Grad erworben hatten, für längere Zeit die größte Zahl an Erstabschlüssen gewesen. Allerdings wurde dieser Wert schon im Studienjahr 2000 mit überraschend hohen 13.200 Erstabschlüssen deutlich übertroffen, um dann im nächsten Jahr allerdings wieder zu sinken. Ab 2003 scheint es nun jedoch, dass durch vorgezogene Studienabschlüsse aufgrund der Einführung des Studienbeitrags vorübergehend – zumindest bis 2005 – doch mit weiter steigenden Absolventenzahlen zu rechnen ist, die sich in den nachfolgenden Jahren auf hohem Niveau stabilisieren und um 2020 mit 15.600 Erstabschlüssen ein Maximum erreichen werden.

Grafik 45 zeigt zunächst als Flächen, getrennt nach Geschlecht, die **Abschlusszahlen** an Universitäten und Fachhochschulen. Parallel dazu verläuft – auf etwas niedrigerem Niveau – die Linie der Erstabschlusszahlen an Uni-

Grafik 44: Bevölkerungs- und (Erst-)Absolventenentwicklung (1971 auf 100 normiert)

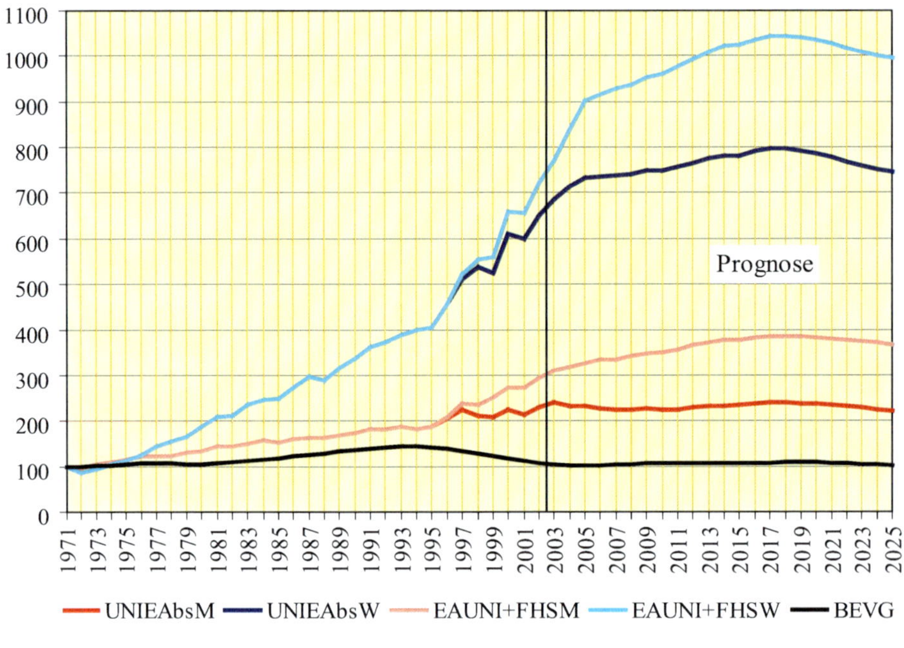

Grafik 45: Entwicklung der Zahl der (Erst-)Abschlüsse an Universitäten und Fachhochschulen

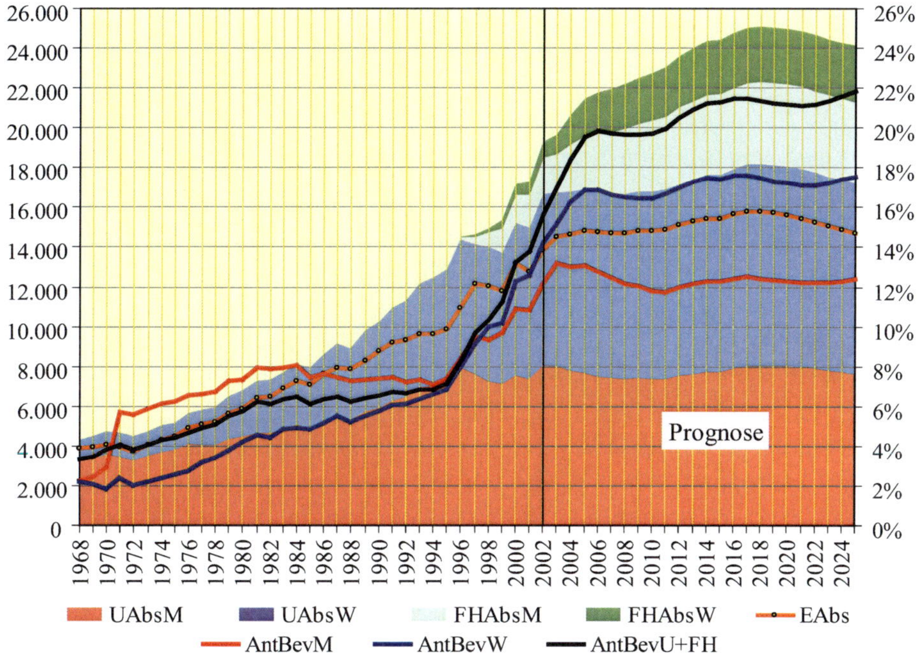

versitäten. Unter den oben diskutierten Annahmen ist damit zu rechnen, dass die Universitätsabschlusszahlen in der nächsten Dekade knapp unter 17.000 liegen, danach um 2018 die 18.000er-Marke knapp übersteigen und gegen Prognoseende wieder auf 17.000 Abschlüsse zurückfallen werden. Als schwarze Linie ist der Anteil der Erstabschlüsse an Universitäten plus den FHS-Abschlüssen am Mittelwert der 25- bis 30-Jährigen (AntBevU+FH) dargestellt. Der steile Anstieg der Absolventenzahlen der FHS in der Zeit zwischen 1996 und 1999 – die Absolventenzahlen hatten sich jährlich verdoppelt – führte dazu, dass der im selben Zeitraum beobachtete Rückgang der Absolventenzahlen bei den Universitäten mehr als ausgeglichen wurde und die Absolventenzahlen insgesamt sogar leicht anstiegen. Auch der nur einmalige Einbruch bei den Universitätsabschlusszahlen im Jahr 2001 konnte durch die steigenden FHS-Abschlüsse fast ausgeglichen werden. Der absehbare leichte Rückgang der „Universitätsabsolventenquote" nach 2005 auf knapp 14% des Altersjahrgangs ist eine kombinierte Folge aus vorgezogenen Abschlüssen und dem Ausbau der Fachhochschulen. Trotz dieses Rückgangs, der in näherer Zukunft – bis etwa 2010 – zu einer Stagnation der Universitätsabschlusszahlen führen wird, werden dank der weiter steigenden FHS-Abschlusszahlen die Abschlüsse insgesamt noch bis etwa 2018 (UNIEA+FHSAbs: 22.500; UNIAbs+FHSAbs: 24.500) zunehmen.

Die Grafiken 44 und 45 zeigen deutlich, dass die Zunahme der männlichen und weiblichen Absolventen zwischen 1980 und 1993 nur mehr bei den Studentinnen durch einen Anstieg einer erfolgreichen Bildungsbeteiligung bewirkt wurde. 1981 erreichte der Anteil der Absolventinnen am Mittelwert der entsprechenden Altersjahrgänge (Mittelwert der 25- bis 30-Jährigen) knapp 5%, 1991 6,5%, und bis 2001 hatte sich diese Quote mit 14,2% fast verdreifacht. Die entsprechenden Anteile bei den männlichen Absolventen lagen zwischen 1981 und 1991 meist knapp unter 9%. Die Entwicklung verläuft bei den männlichen Studenten in dieser Zeit praktisch parallel zur demographischen Entwicklung. Erst nach 1993 setzte ein deutlicher Anstieg der „Bevölkerungsanteilsquote“ ein, der bis zum Ende des Beobachtungszeitraums anhält und 2002 mit 15,6% den höchsten je beobachteten Wert erreicht. Dies bedeutet, dass die erfolgreiche – also mit einem Abschluss verbundene – Bildungsbeteiligung der Männer, die seit Ende der 1970er-Jahre auf diesem Bildungsniveau tendenziell sogar leicht rückläufig war, ab 1994 insbesondere durch die Einführung der Fachhochschulen eine neue Dynamik gewonnen hat.

Da während dieser Stagnationsphase der Männer die erfolgreiche Bildungsbeteiligung der Frauen konstant anstieg und auch etwa um die gleiche Zeit (1995) an Dynamik zunahm, übertraf der Anteil der Absolventinnen jenen der männlichen Absolventen sowohl bei den Bevölkerungsanteilen (2000: M 13,6%, W 13,8%) als auch bei den Absolutzahlen (Erstabschlüsse 1998; Abschlüsse insgesamt 2000; Grafik 45; Tabelle 43). Viele Jahre hatte es nicht danach ausgesehen, dass die Frauen die Männer auch auf dieser Bildungsebene überholen werden, da im Unterschied zu allen niedrigeren Bildungsebenen die Wahrscheinlichkeit, ein Studium erfolgreich abzuschließen, im tertiären Ausbildungsbereich für Studenten lange höher war als für Studentinnen.[17] Inzwischen haben sich die Erfolgsquoten weitgehend angeglichen, und für die Zukunft wird ein leichter Vorteil (ein Prozentpunkt) für die Frauen angenommen (Grafik 46).

Der Anteil der von Frauen erzielten Abschlüsse überschritt schon 2000 die 50%-Marke und hat zuletzt 52% erreicht. Aufgrund der bereits beschriebenen Entwicklung bei den Neueintretenden und den Erfolgsquoten ist mit hoher Wahrscheinlichkeit zu erwarten, dass auch in Zukunft eine deutliche Mehrheit (56%) der Abschlüsse an wissenschaftlichen Universitäten auf Studentinnen entfallen wird. Bei den Erstabschlüssen haben die Frauen die

[17] Studienerfolgsanalyse, 11 ff.

Grafik 46: Entwicklung der Erfolgsquoten an Universitäten (Erstabschlüsse)

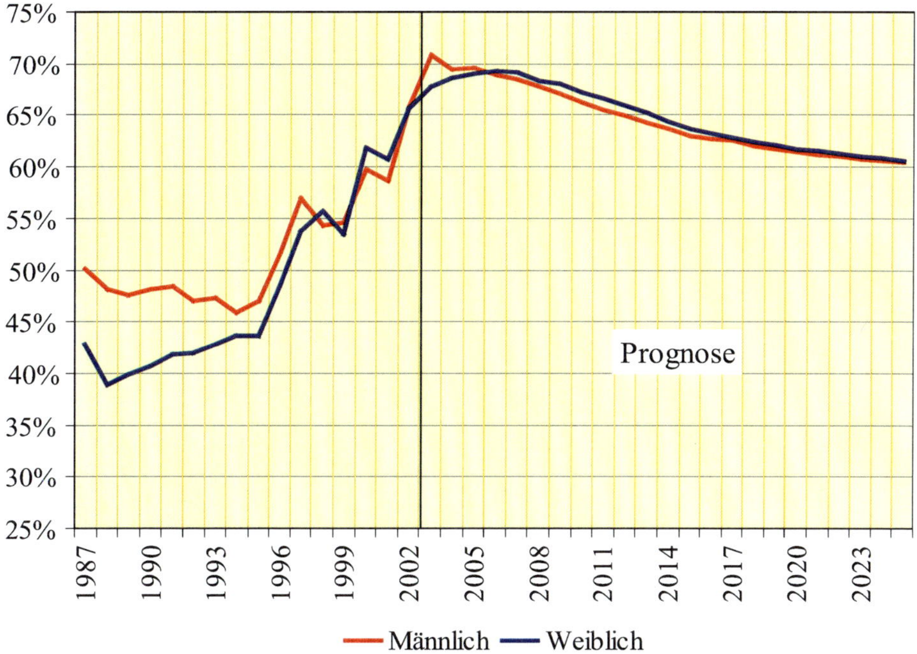

Männer schon 1998 überholt. Tabelle 43 erlaubt einen Blick auf 50 Jahre Hochschulentwicklung: Innerhalb einer Generation – in den 25 Jahren zwischen 1971 und 1996 – hat ein erfolgreicher Aufholprozess der weiblichen Jugend stattgefunden. Während die Akademisierung der Männer zwischen 1971 und 2001 von 5,7 auf 11,7% (plus sechs Prozentpunkte) zugenommen hat, stieg der Akademisierungsgrad der Frauen im selben Zeitraum von 2,3 auf 12,6% (plus zehn Prozentpunkte). Die nächsten 25 Jahre werden vermutlich zu einer „Verweiblichung" der wissenschaftlichen Universitäten führen. Werden die Fachhochschulen wie geplant ausgebaut, ihre Absolventen nachgefragt und ihr Angebot weiterhin mehrheitlich für Männer ansprechend gestaltet, so könnte die weibliche Akademikerquote (ohne FHS) um weitere fünf Prozentpunkte auf über 17% ansteigen, während die männliche Akademikerquote (ohne FHS) bei 12–13% stagnieren dürfte.

Für die FHS-Studiengänge wurde eine Gesamterfolgsquote von etwas über 70% ermittelt. Dies bedeutet, dass die jährliche FHS-Absolventenzahl zwischen 2003 und 2020 kontinuierlich von rd. 2.900 auf 6.900 Personen ansteigen wird. Damit würde eine „erweiterte Absolventenquote" (Erstabschlüsse an Universitäten plus FHS-Abschlüsse) von heute 16% bis 2025 auf 22% eines Jahrgangs ansteigen.

Die Zahl der Jungakademiker wird über den gesamten Prognosezeitraum hinweg deutlich über dem zuletzt beobachteten Wert von 13.800 liegen und um 2017 mit fast 15.700 Erstabsolventen ein Maximum erreichen. Jede nennenswerte Abweichung von den prognostizierten Werten ließe sich unmittelbar als Änderung in den Erfolgsquoten interpretieren.

Setzt man die Absolventenzahlen in Beziehung zu den korrespondierenden Altersjahrgängen (das ist jeweils der Durchschnitt aus den fünf Jahrgängen der 25- bis unter 30-jährigen Bevölkerung), so zeigt sich, dass zuletzt bereits über 13% des Altersjahrgangs erfolgreich ein Universitätsstudium absolviert haben. Bei gleich bleibender Absolutzahl der Erstabschlüsse steigt die so definierte „Universitätsabsolventenquote" im Jahr 2005 auf 14,7% (M 13%, W 17%) eines Altersjahrgangs. Die Prognoseergebnisse der Absolventenzahlen sind bis zum Jahr 2010 im Wesentlichen nur von der Entwicklung der Erfolgsquoten abhängig und daher einigermaßen zuverlässig, da bis zu diesem Zeitpunkt vor allem bereits immatrikulierte Personen einen Abschluss erreichen. Aufgrund der Einführung eines Studienbeitrags könnte sich für einzelne Jahre allerdings eine mehr oder weniger starke Abweichung von den prognostizierten Werten ergeben, da zum jetzigen Zeitpunkt noch nicht abgeschätzt werden kann, wie viele der Studierenden ihren Abschluss vorziehen (können). Die Werte danach sind bereits stark vom Zutreffen der Annahmen über den Hochschulzugang und die Maturantenentwicklung beeinflusst.

4.5.4 Ergebnisse nach Studienrichtungen

Für die detailliertere Prognose der österreichischen Wohnbevölkerung war es notwendig, die Studienabschlüsse nach Studienrichtungsgruppen zu unterteilen.

Je detaillierter eine Prognose ist, desto größer werden die relativen Unsicherheitsbereiche. Die Prognose der Abschlüsse dürfte erfahrungsgemäß auch auf Studienrichtungsebene bis gegen das Jahr 2010 einigermaßen zuverlässig sein, da die in Frage kommenden Personen zum überwiegenden Teil bereits immatrikuliert und die Studienrichtungen daher bekannt sind. Auch in diesem Falle können natürlich zufällige Schwankungen zu einzelnen Zeitpunkten zu erheblichen Abweichungen führen; insbesondere ist es bei Mehrfachinskriptionen nur mit einer gewissen Wahrscheinlichkeit bekannt, welches Studium dann tatsächlich abgeschlossen wird. Was mit einiger Sicherheit vorhergesagt werden kann, sind Tendenzen. Etwas weniger zuverlässig sind die Prognosen der Studierenden- und Inskriptionszahlen, obwohl dank ihrer Charakteristik als Bestände, die pro Jahr nur zu etwa 10–20% ersetzt werden, *plötzliche* Verschiebungen unwahrscheinlich sind. Besonders schwierig – und das zeigt die Erfahrung wiederholter Prognoseläufe – ist die Voraussage der Studienrichtungswahl der Erstimmatrikulierenden.

Da für die künstlerischen Universitäten erst ab 1990 Daten zur Verfügung standen, sind sowohl in den Tabellen als auch in den Grafiken diese Studienrichtungen erst ab diesem Zeitpunkt enthalten.

Einzig stabiles Element sind hier die nur sehr langsam konvergierenden geschlechtsspezifischen Präferenzen und die prägende Wirkung der absolvierten Schulform. Die prognostizierte Zusammensetzung der Studienanfänger hat einen vorhersehbaren Einfluss auf die Studienwahl. Es gibt einen sehr starken, über die Zeit hin stabilen Zusammenhang zwischen absolvierter Schulform und gewählter Studienrichtung, der vor allem bei Männern deutlich ausgeprägt ist. Bei Studienanfängerinnen ist der Zusammenhang zwar ebenfalls offensichtlich, nur wird er von einer generellen Präferenz für geistes- und kulturwissenschaftliche Studien überlagert, sodass diese Studienrichtungsgruppe – unabhängig von der Vorbildung – stets den ersten Platz einnimmt.

Überlagert wird diese Grundtendenz jedoch von starken Schwankungen der Präferenzen *innerhalb* der einzelnen Anfängergruppen, wobei die Entwicklung bei allen Gruppen fast immer parallel verläuft. Berufliche Perspektiven, lokales Studienangebot sowie Studienbedingungen oder das Vorherrschen bestimmter gesellschaftlich brisanter Themen haben hier ebenso Einfluss wie öffentlichkeitswirksame Maßnahmen, die von Universitäten oder Standesvertretungen ergriffen werden, um die Studienwahl in eine bestimmte Richtung zu lenken. Das Ausmaß dieser Schwankungen kann außerordentlich groß sein. Der Anteil der Studienrichtung Medizin beispielsweise schwankte zwischen 6% und 18%, jener der rechtswissenschaftlichen zwischen 9% und 15% – mit zwei Maxima 1978 und 1995 –, wobei diese Schwankungen bei Männern und Frauen recht unterschiedlich ausfallen können; z.B. Rechtswissenschaft: Männer 1977 19%, 1987 10%, 1995 15% und 2001 8%; Frauen 1978 11%, 1985 7%, 1995 15% und 2000 9%.

Ob die Einführung des Studienbeitrags einen Einfluss auf die Studienrichtungswahl haben wird, kann zum jetzigen Zeitpunkt nicht festgestellt werden, weshalb bei dieser Prognose davon ausgegangen wurde, dass dies nicht der Fall ist. Allerdings wäre es durchaus denkbar, dass Studienanfänger beispielsweise, um Kosten zu sparen, ein eher kürzeres Studium wählen – z.B. ein Studium, bei dem das Bakkalaureat schon eingeführt ist.

Unter den möglichen Annahmen zur Studienrichtungswahl scheiden Trendextrapolationen aus, weil sie innerhalb weniger Jahre zu völlig unplau-

Grafik 47a: Entwicklung der Zahl der männlichen erstmalig zugelassenen inländischen ordentlichen Studierenden nach Studienrichtungsgruppen bis zum Jahr 2025

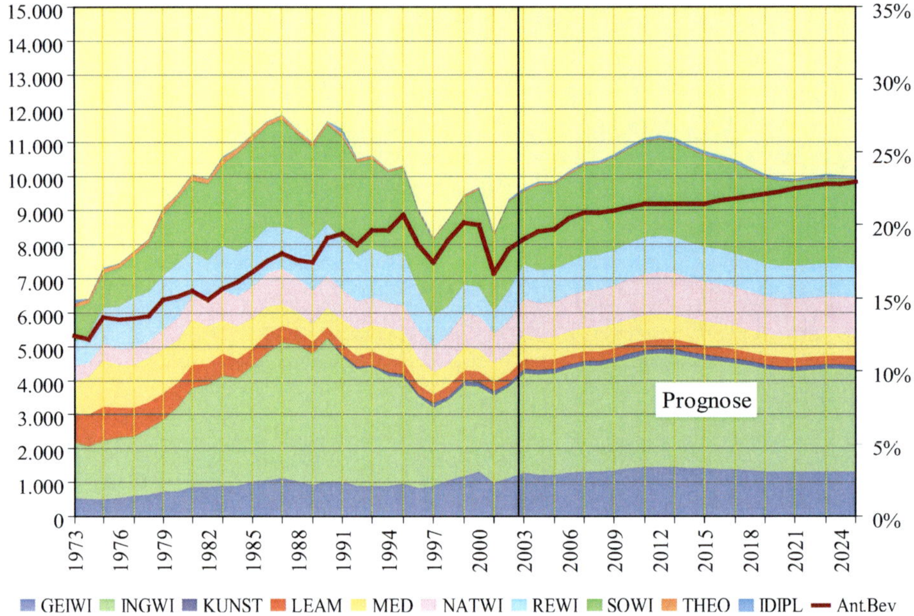

Grafik 47b: Entwicklung der Zahl der weiblichen erstmalig zugelassenen inländischen ordentlichen Studierenden nach Studienrichtungsgruppen bis zum Jahr 2025

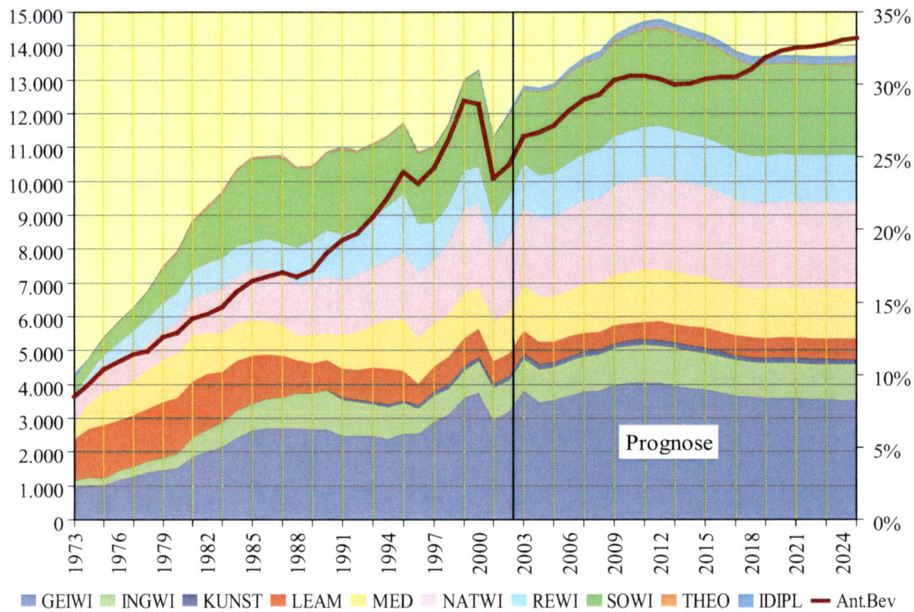

Grafik 48a: Erstabschlüsse männlicher inländischer ordentlicher Studierender an Universitäten nach Studienrichtungsgruppen

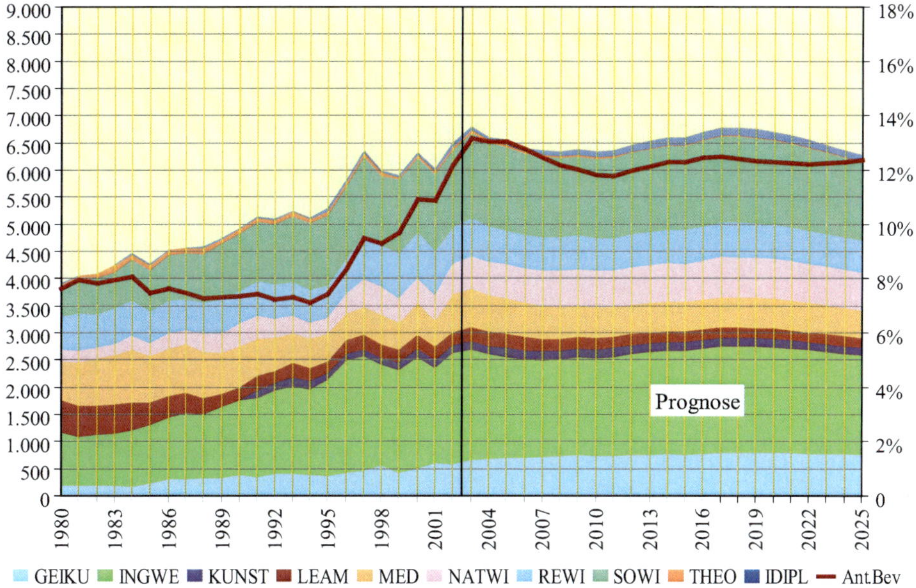

Grafik 48b: Erstabschlüsse weiblicher inländischer ordentlicher Studierender an Universitäten nach Studienrichtungsgruppen

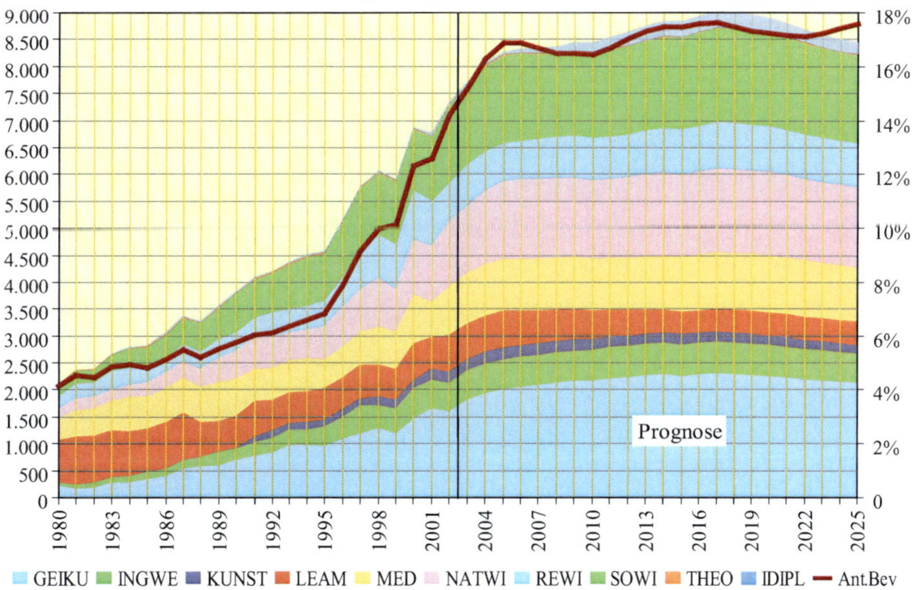

siblen Resultaten führen. Selbst Status-quo-Projektionen sind zumindest in jenen Fällen riskant, wo Studienrichtungen historische Höchst- oder Tiefststände erreicht haben, da das Verlaufsmuster typischerweise zyklisch ist. Da es jedoch praktisch unmöglich ist, den Zeitpunkt der Trendwende vorherzusehen, haben wir – wie in früheren Prognosen – unterstellt, dass sich die Studienwahl (innerhalb der einzelnen Anfängergruppen!) langfristig in etwa dem durchschnittlichen Wahlverhalten der letzten zehn Jahre annähert.

Tabelle 44: Prognose der Erstabschlüsse (Personen) nach Studienrichtungsgruppen[1]

StJa	GEIKU	INGWE	KUNST	LEAM	MED	NATWI	REWI	SOWI	THEO	IDIPL	Summe
1980	388	1.057	0	1.390	1.097	387	850	742	81	19	6.011
1985	556	1.226	0	1.203	1.443	501	862	1.130	130	27	7.078
1990	1.052	1.614	0	850	1.428	922	971	1.766	112	29	8.744
1991	1.104	1.710	250	950	1.253	1.005	1.013	1.782	114	30	9.211
1992	1.213	1.840	246	808	1.181	961	1.067	1.841	102	39	9.298
1993	1.356	1.906	282	843	1.126	870	1.045	2.009	140	31	9.608
1994	1.331	1.900	281	801	1.147	816	1.075	2.120	116	39	9.626
1995	1.302	2.137	236	818	1.048	903	1.085	2.150	104	61	9.844
1996	1.503	2.486	246	859	1.057	1.074	1.216	2.359	111	37	10.948
1997	1.638	2.638	231	920	1.116	1.320	1.528	2.582	106	61	12.140
1998	1.839	2.270	286	854	1.261	1.416	1.539	2.420	110	49	12.044
1999	1.593	2.376	295	792	1.190	1.254	1.653	2.517	81	64	11.815
2000	1.953	2.630	293	941	1.499	1.477	1.746	2.500	88	73	13.200
2001	2.247	2.281	342	841	1.142	1.510	1.626	2.621	85	91	12.786
2002	2.178	2.570	334	918	1.625	1.754	1.379	2.870	86	120	13.834
2003	2.462	2.595	344	923	1.658	1.846	1.454	3.043	85	100	14.510
2004	2.599	2.481	364	949	1.623	1.967	1.391	3.124	78	79	14.655
2005	2.696	2.412	383	940	1.631	2.056	1.334	3.154	75	142	14.823
2006	2.747	2.366	378	891	1.606	2.103	1.322	3.113	65	134	14.725
2007	2.792	2.343	377	844	1.569	2.132	1.363	3.034	61	180	14.695
2008	2.852	2.335	378	817	1.549	2.136	1.389	2.992	59	208	14.715
2009	2.907	2.358	367	785	1.548	2.141	1.402	3.000	58	251	14.817
2010	2.893	2.377	358	746	1.524	2.127	1.392	3.029	56	297	14.798
2015	3.004	2.500	343	620	1.557	2.226	1.467	3.246	48	419	15.430
2020	3.034	2.529	319	625	1.617	2.271	1.473	3.275	46	402	15.593
2025	2.878	2.375	285	622	1.529	2.176	1.399	3.081	43	330	14.719

[1] Bis 1991 ohne künstlerische Universitäten

Die Auswirkung der neu eingerichteten Fachhochschulstudiengänge auf die Zusammensetzung der Studienanfänger zeigt sich in erster Linie in der Abwerbung bestimmter Personengruppen. Die FHS zieht am stärksten männliche HTL-Absolventen an. Dies erhöht, wie schon erwähnt, den Frauenanteil, gleichzeitig aber beispielsweise auch den Anteil der AHS-Maturanten unter den Studienanfängern an Universitäten. Dieser war langfristig von beinahe 90% auf unter 60% gesunken. Seit der Einrichtung der Fachhochschulen ist er wieder auf beinahe zwei Drittel angestiegen. Die Studienwahl der Universitätsstudenten selbst scheint hingegen unverändert. Maturanten Höherer Technischer Schulen, die sich gegen die Fachhochschule und für ein Universitätsstudium entscheiden, wählen zu ähnlichen Anteilen wie früher ein technisches Studium (Grafik 47a,b).

In den letzten Jahren konnte eine leichte Erholung der Studienanfängerzahlen in den ingenieurwissenschaftlichen Studienrichtungen beobachtet werden. Es sind dies jene Studien, in denen die Inskriptionszahlen im Zeitraum 1976 bis 1990 – durchaus im Sinne der Bildungspolitik – stark gestiegen waren und wo sich die Konkurrenz der Fachhochschulen bei schon seit 1991 rückläufigen Anfängerzahlen am stärksten auswirkte. Der markante Wendepunkt der Entwicklung trat erst vor kurzem (2000) ein, und es wird angenommen, dass sich diese Entwicklung in abgeschwächter Form auch fortsetzen wird. Die Studienanfängerzahlen in den naturwissenschaftlichen Studienrichtungen haben den Höhepunkt vor einigen Jahren (1999) überschritten.

Die stärksten Rückgänge bei den Studienanfängerzahlen mussten die Lehramtsstudien hinnehmen. 1975 gab es noch 2.600 Studienanfänger, 2003 waren es nur mehr 960, und bis jetzt ist auch keine Trendumkehr festzustellen; primär davon betroffen sind Frauen. Einen Problemfall unter den schrumpfenden Studienrichtungen stellt aufgrund des insgesamt sehr kleinen Anteils das Theologiestudium dar. Hier gehen die Anfängerzahlen seit einem Maximum von 277 im Wintersemester 1983 ständig zurück (auf dzt. 74) – für die Prognose wurde angenommen, dass damit das Minimum erreicht ist und die Anfängerzahlen zumindest anteilsmäßig (0,3%) nicht mehr weiter sinken werden. Den Gegenpol bildet die breite, heute etwa ein Viertel (M 13%, W 30%) der Studierenden umfassende Gruppe der geisteswissenschaftlichen Studienrichtungen. Hier wurde angenommen, dass das beständige, erst in den letzten Jahren gebrochene Wachstum sich nicht mehr weiter fortsetzt, sondern auf dem zuletzt erreichten hohen Niveau verharrt (Grafik 47a,b).

Trotz annähernd gleich bleibender Gesamtzahlen sind bei den Erstabschlüssen recht unterschiedliche Entwicklungen einzelner Studienrichtungen zu erwarten. Die einzigen Studienrichtungsgruppen, bei denen in naher Zukunft mit steigenden Absolventenzahlen zu rechnen ist, sind die „Geistes- und kulturwissenschaftlichen", die „Naturwissenschaftlichen" und die „Sozial- und wirtschaftswissenschaftlichen" Studien. Mit 1.050 Erstabschlüssen im Studienjahr 1995/96 war die Zahl der Jungakademiker in der Studienrichtungsgruppe Medizin gegenüber 1984 um mehr als ein Drittel zurückgegangen. Der in den folgenden Jahren beginnende Anstieg der Absolventenzahlen könnte bis zum Jahr 2005 sogar wieder den Höchstwert der 1980er-Jahre übertreffen. Die Zahl der jährlich ins Erwerbsleben eintretenden Absolventen eines rechtswissenschaftlichen Studiums stagnierte zwischen 1983 und 1992 bei etwa 1.000 Personen. Hier hat mit Beginn der 1990er-Jahre ein Anstieg eingesetzt, dessen Dynamik die Absolventenzahl im Jahr 2000 auf über 1.700 anschwellen ließ. Danach endete dieser Trend, und die Absolventenzahlen werden sich zwischen 1.300 und 1.400 einpendeln (Grafik 48a,b).

5 Veränderungen der Qualifikationsstruktur der Wohnbevölkerung und der Erwerbstätigen

5.1 EINLEITUNG

Alle zehn Jahre werden die Einwohner Österreichs bei der Volkszählung mit vielen ihrer Merkmale erhoben. Seit der Volkszählung 1971 liegen dem Institut nun Daten vor, die in den in dieser Arbeit besonders berücksichtigten Merkmalen – Geschlecht, Alter in Einzeljahren, höchste abgeschlossene Ausbildung und Berufstätigkeit[18] – untereinander weitgehend vergleichbar sind. Für die Jahre 1981/91 und 2001 liegen entsprechend vergleichbare Daten der Statistik Austria vor, die Daten für das Jahr 1971 wurden für die vorliegende Studie entsprechend anpasst.

Bis Veränderungen bei der Qualifikationsstruktur der Wohnbevölkerung in den Daten sichtbar werden, vergeht eine lange Zeit – auch dann, wenn sich das Bildungsverhalten der Jugend noch so stürmisch verändert. Würden groß angelegte Kampagnen zur Erwachsenenbildung durchgeführt und diese Ausbildung mit formalen Abschlüssen beendet, sähe dies anders aus. Doch die Erwachsenenbildung fristet in Österreich eher ein Schattendasein – insbesondere jene, die mit einem formalen Abschluss endet –, weshalb praktisch nur die heranwachsende Jugend zur Veränderung der Qualifikationsstruktur beiträgt. So hat sich trotz seit Jahrzehnten stark steigender Bildungsbeteiligung der Jugend, insbesondere der weiblichen, die Position Österreichs bezüglich des Anteils der Bevölkerung mit einem tertiären Abschluss im internationalen Vergleich auch 2001 nicht verbessert (OECD 2006).

5.2 DIE QUALIFIKATIONSSTRUKTUR DER WOHNBEVÖLKERUNG DER VOLKSZÄHLUNGSJAHRE 1971/81/91 UND 2001 IM VERGLEICH

Wie schon in Kapitel 4 aufgezeigt, stieg seit etwa Beginn der 1960er-Jahre die Bildungsbeteiligung in allen Bildungsebenen steil an. Zuerst erfasste diese Entwicklung den Bereich des sekundären Bildungswesens, um sich dann in den folgenden Jahren in die tertiäre Bildungsebene fortzupflanzen.

[18] Ergebnisse der Volkszählungen 1971, 1981 und 1991.

Die Grafiken 49a und 49b dokumentieren diese Entwicklung recht deutlich. Wie schon oben erwähnt, können Vergleiche mit den Daten aus den Volkszählungen 1971 bis 1991 mit der letzten im Jahr 2001 nur unter Beibehaltung der alten Studienrichtungsgruppenzusammenfassung – wie sie bei den früheren Analysen Verwendung fanden – durchgeführt werden, wobei insbesondere jene Studienrichtungsgruppen, die universitäre Lehramtsstudien enthalten, nicht mehr mit jenen vergleichbar sind, die für die neue Prognose verwendet werden.

Wie aufgrund der Bildungsbeteiligung zu erwarten ist, unterscheidet sich die Entwicklung der Qualifikationsstruktur der weiblichen von jener der männlichen Bevölkerung deutlich.

Die stärksten Zuwachsraten weisen bei den Frauen im tertiären Schulwesen die beiden Studienrichtungsgruppen Geisteswissenschaftlicher Studienbereich (GWS) und Pädagogische Akademien (inkl. der früheren Lehrerbildungsanstalten {PAK}) auf (Tabelle 45b). In diesen beiden Bereichen nahmen die Absolventenzahlen nun schon seit mehreren Volkszählungen besonders stark zu. Nicht so bei den Männern, hier verzeichnen die sozialwissenschaft-

Tabelle 45a: Männliche Wohnbevölkerung nach höchster abgeschlossener Ausbildung, Anteile in Prozent

WohM	Insgesamt				25- bis 65-Jährige				über 65-Jährige			
	1971	1981	1991	2001	1971	1981	1991	2001	1971	1981	1991	2001
SPO	0,05%	0,23%	0,26%	0,46%	0,05%	0,29%	0,33%	0,57%	0,11%	0,25%	0,24%	0,39%
FHS				0,20%				0,25%				0,08%
KHS	0,17%	0,23%	0,31%	0,38%	0,22%	0,30%	0,38%	0,46%	0,15%	0,27%	0,32%	0,39%
BVM	0,15%	0,23%	0,27%	0,35%	0,20%	0,29%	0,33%	0,41%	0,16%	0,28%	0,38%	0,43%
TEC	0,45%	0,69%	0,87%	1,39%	0,57%	0,89%	1,08%	1,75%	0,54%	0,87%	0,97%	1,10%
NAT	0,33%	0,57%	0,75%	0,83%	0,36%	0,76%	0,96%	1,06%	0,25%	0,53%	0,62%	0,61%
GWS	0,39%	0,68%	0,82%	0,91%	0,50%	0,84%	1,00%	1,10%	0,42%	0,92%	0,99%	0,94%
SWS	0,31%	0,51%	0,80%	1,20%	0,43%	0,71%	1,04%	1,55%	0,20%	0,36%	0,56%	0,68%
MED	0,51%	0,61%	0,78%	0,81%	0,77%	0,79%	0,93%	0,98%	0,45%	0,69%	1,12%	0,82%
RWS	0,66%	0,74%	0,82%	0,85%	0,83%	0,90%	0,97%	1,00%	0,70%	1,03%	1,15%	0,96%
PAK	0,71%	0,73%	0,78%	0,84%	0,77%	0,91%	0,98%	1,00%	0,92%	0,83%	0,80%	0,86%
BHS	2,18%	3,37%	5,33%	6,77%	2,49%	3,63%	5,44%	7,43%	1,63%	2,13%	3,13%	3,22%
AHS	4,38%	4,69%	5,24%	5,05%	4,04%	4,31%	4,65%	4,58%	3,13%	2,96%	3,98%	3,41%
BMS	4,58%	6,96%	7,52%	6,96%	4,94%	7,33%	8,05%	7,53%	4,53%	7,50%	7,62%	6,17%
BPS	36,3%	39,4%	44,0%	45,9%	40,7%	43,7%	48,6%	51,1%	26,4%	32,4%	36,2%	40,1%
APS	48,9%	40,4%	31,5%	27,0%	43,1%	34,3%	25,3%	19,3%	60,4%	49,0%	41,9%	39,8%
PSK	3,73%	5,22%	6,46%	8,23%	4,70%	6,66%	8,01%	10,1%	3,90%	6,04%	7,13%	7,27%
SEK	11,1%	15,0%	18,1%	18,8%	11,5%	15,3%	18,1%	19,5%	9,29%	12,6%	14,7%	12,8%
ABS	85,1%	79,8%	75,4%	73,0%	83,8%	78,1%	73,9%	70,3%	86,8%	81,4%	78,1%	79,9%

lichen (SWS) und insbesondere 2001 die technischen Studienrichtungsgruppen (TEC) ein stärkeres Wachstum als die anderen, aber es gibt keine so deutlichen Unterschiede und keine so auffällig bevorzugten Studienrichtungen wie bei den Frauen. Für den Bereich der Pflichtschullehrerausbildung (PAK) zeigt sich allerdings bei den Männern – insbesondere im Vergleich zu den Frauen – eine auffallend geringe Zunahme.

Tabelle 45b: Weibliche Wohnbevölkerung nach höchster abgeschlossener Ausbildung, Anteile in Prozent

WohW	Insgesamt				25- bis 65-Jährige				über 65-Jährige			
	1971	1981	1991	2001	1971	1981	1991	2001	1971	1981	1991	2001
SPO	0,03%	0,17%	0,33%	0,86%	0,04%	0,22%	0,45%	1,18%	0,01%	0,06%	0,11%	0,25%
FHS				0,08%				0,11%				0,01%
KHS	0,12%	0,20%	0,26%	0,37%	0,15%	0,25%	0,33%	0,47%	0,09%	0,17%	0,22%	0,28%
BVM	0,01%	0,02%	0,05%	0,12%	0,01%	0,04%	0,07%	0,18%	0,00%	0,01%	0,03%	0,04%
TEC	0,01%	0,03%	0,06%	0,17%	0,01%	0,05%	0,09%	0,25%	0,00%	0,01%	0,02%	0,03%
NAT	0,15%	0,28%	0,43%	0,61%	0,11%	0,40%	0,59%	0,83%	0,03%	0,13%	0,24%	0,29%
GWS	0,13%	0,50%	0,85%	1,39%	0,18%	0,71%	1,22%	1,97%	0,05%	0,23%	0,38%	0,45%
SWS	0,07%	0,13%	0,30%	0,63%	0,10%	0,19%	0,43%	0,91%	0,01%	0,03%	0,08%	0,13%
MED	0,13%	0,20%	0,38%	0,51%	0,31%	0,29%	0,53%	0,70%	0,06%	0,10%	0,22%	0,23%
RWS	0,07%	0,11%	0,21%	0,36%	0,10%	0,15%	0,30%	0,51%	0,02%	0,05%	0,07%	0,08%
PAK	1,04%	1,35%	1,80%	2,18%	1,13%	1,64%	2,45%	2,89%	0,98%	0,91%	0,94%	1,17%
BHS	0,79%	1,39%	3,21%	5,21%	0,94%	1,51%	3,21%	5,82%	0,17%	0,38%	0,75%	1,05%
AHS	2,76%	3,99%	5,11%	5,31%	2,75%	3,76%	4,81%	4,86%	1,06%	1,48%	2,36%	2,51%
BMS	8,83%	13,3%	14,9%	15,8%	9,71%	14,7%	17,0%	18,6%	5,61%	8,68%	10,6%	10,8%
BPS	12,6%	16,6%	21,4%	22,9%	13,8%	19,2%	25,4%	27,7%	6,2%	9,2%	11,6%	13,3%
APS	73,2%	61,7%	50,6%	43,6%	70,6%	56,8%	43,1%	33,1%	85,7%	78,5%	72,4%	69,4%
PSK	1,75%	3,00%	4,67%	7,28%	2,14%	3,94%	6,46%	10,0%	1,26%	1,70%	2,30%	2,96%
SEK	12,4%	18,7%	23,3%	26,3%	13,4%	20,0%	25,0%	29,2%	6,83%	10,5%	13,7%	14,3%
ABS	85,9%	78,3%	72,1%	66,4%	84,5%	76,0%	68,5%	60,8%	91,9%	87,8%	84,0%	82,7%

Wie im tertiaren Bildungsbereich ist auch im sekundären Bereich ein deutlicher Unterschied bei der Qualifikationsstruktur der weiblichen und der männlichen Wohnbevölkerung festzustellen. So ist der Anteil jener Personen, deren höchste abgeschlossene Ausbildung eine Lehre (BPS) ist, bei den Männern wesentlich höher als bei den Frauen. Deutlich besser schneiden die Frauen bei den Berufsbildenden Mittleren Schulen (BMS) ab; hier war allerdings das Wachstum zwischen 1971 und 1981 entscheidend für den Aufbau des Bestandes, seither sind die Zunahmen relativ bescheiden. Für die weibliche Wohnbevölkerung erreichte dieser Wert 2001 knapp 16% und war damit etwa doppelt so groß wie jener für die männliche Wohnbevölkerung, bei den Männern hatte dieser Wert zwischen 1991 und 2001 sogar leicht abgenommen.

Tabelle 45c: Wohnbevölkerung insgesamt nach höchster abgeschlossener Ausbildung, Anteile in Prozent

WohG	Insgesamt				25- bis 65-Jährige				über 65-Jährige			
	1971	1981	1991	2001	1971	1981	1991	2001	1971	1981	1991	2001
SPO	0,04%	0,20%	0,30%	0,67%	0,05%	0,25%	0,39%	0,87%	0,05%	0,13%	0,15%	0,30%
FHS				0,14%				0,18%				0,04%
KHS	0,14%	0,21%	0,28%	0,37%	0,18%	0,28%	0,36%	0,46%	0,11%	0,21%	0,25%	0,32%
BVM	0,07%	0,12%	0,16%	0,23%	0,10%	0,16%	0,20%	0,29%	0,06%	0,11%	0,15%	0,18%
TEC	0,21%	0,34%	0,44%	0,76%	0,27%	0,45%	0,59%	1,00%	0,20%	0,32%	0,35%	0,44%
NAT	0,23%	0,41%	0,58%	0,72%	0,23%	0,57%	0,78%	0,94%	0,11%	0,28%	0,37%	0,41%
GWS	0,25%	0,58%	0,84%	1,16%	0,33%	0,77%	1,11%	1,53%	0,19%	0,48%	0,59%	0,64%
SWS	0,18%	0,30%	0,54%	0,90%	0,25%	0,44%	0,74%	1,23%	0,08%	0,15%	0,24%	0,34%
MED	0,31%	0,39%	0,57%	0,65%	0,52%	0,53%	0,73%	0,84%	0,21%	0,31%	0,53%	0,45%
RWS	0,34%	0,40%	0,50%	0,60%	0,44%	0,51%	0,64%	0,75%	0,28%	0,40%	0,45%	0,42%
PAK	0,89%	1,07%	1,32%	1,54%	0,96%	1,29%	1,71%	1,95%	0,96%	0,88%	0,89%	1,05%
BHS	1,42%	2,30%	4,22%	5,96%	1,66%	2,53%	4,33%	6,63%	0,72%	1,01%	1,58%	1,87%
AHS	3,49%	4,31%	5,17%	5,19%	3,35%	4,03%	4,73%	4,72%	1,84%	2,02%	2,92%	2,85%
BMS	6,90%	10,4%	11,4%	11,5%	7,50%	11,2%	12,5%	13,1%	5,20%	8,25%	9,54%	9,03%
BPS	23,4%	27,1%	32,1%	33,9%	26,3%	31,0%	37,0%	39,4%	13,8%	17,6%	20,2%	23,5%
APS	62,2%	51,8%	41,5%	35,7%	57,9%	46,0%	34,2%	26,2%	76,2%	67,9%	61,8%	58,1%
PSK	2,65%	4,03%	5,52%	7,74%	3,32%	5,25%	7,23%	10,0%	2,25%	3,26%	3,98%	4,60%
SEK	11,8%	17,0%	20,8%	22,7%	12,5%	17,7%	21,6%	24,4%	7,75%	11,3%	14,0%	13,7%
ABS	85,5%	79,0%	73,7%	69,6%	84,2%	77,0%	71,2%	65,5%	90,0%	85,5%	82,0%	81,7%

In der Kategorie AHS haben die Frauen die Männer inzwischen überholt, da ihr Anteil im Unterschied zu den Männern zwischen 1991 und 2001 wenig, aber doch noch angestiegen ist. Obwohl sich die Zahl der Maturantinnen der Berufsbildenden Höheren Schulen in den letzten 30 Jahren verachtfacht hat (Kap. 4.4), ist der Anteil der Frauen, deren höchste abgeschlossene Ausbildung eine Berufsbildende Höhere Schule ist, nach wie vor sehr gering; hier liegen die Männer noch immer klar voran. Dabei muss allerdings berücksichtigt werden, dass etwas mehr als 40% der BHS- und 80–90% der AHS-Maturanten ein Studium beginnen, wovon dann etwa 60–70% dieses auch erfolgreich abschließen und damit in der nächsthöheren Bildungsebene gezählt werden.

Vergleicht man nur die drei Kategorien tertiäre, sekundäre und Pflichtschulausbildung (Allgemeinbildende Pflichtschulen {APS} + Berufsbildende Pflichtschulen {BPS}), so zeigt sich, dass es schon bei der Volkszählung 1971 mehr Frauen als Männer gab, die einen sekundären schulischen Abschluss erworben hatten (Grafik 49). Obwohl es inzwischen mehr weibliche tertiäre Abschlüsse gibt, hat sich der Abstand in der tertiären Qualifikationsebene erst bei der letzten Volkszählung 2001 etwas stärker zu Gunsten der Frauen verändert. So betrugen die Differenzen zwischen Männern und Frauen bei der Volkszählung 1971 zwei Prozentpunkte (M 3,73%, W 1,75%), 1981 2,2 Prozentpunkte (M 5,22%, W 3,0%), 1991 1,8 Prozentpunkte (M 6,46%, W 4,67%) und 2001 nur mehr 0,95 Prozentpunkte (M 8,23%, W 7,28%).

Betrachtet man die 25- bis 34-jährige Wohnbevölkerung nach Qualifikationsanteilen, also jenen Teil der Bevölkerung, der seine Qualifikation neu erworben hat, so werden die Veränderungen im Bildungswesen natürlich schneller widergespiegelt (Grafiken 50a,b). Allerdings werden aufgrund der langen Studiendauer bei dieser Betrachtungsweise nicht alle tertiären Abschlüsse erfasst.

Besonders auffallend ist, dass zwischen 1981 und 1991 im tertiären Bereich bei einzelnen Kategorien erstmals rückläufige Tendenzen sichtbar werden, wobei sich dieser Trend 2001 meist fortsetzte. So hat sich der Anteil der Personen, deren höchste abgeschlossene Ausbildung die Pädagogische Akademie ist, bei der 25- bis 34-jährigen Bevölkerung zwischen 1981 und 1991 für Frauen und Männer deutlich verringert, nachdem er bei den Frauen zwischen 1971 und 1981 massiv angestiegen war. Bei der männlichen 25- bis 34-jährigen Wohnbevölkerung sind zusätzlich von diesem Rückgang der Anteile auch die Kategorien Naturwissenschaften (NAT), Geisteswissenschaften (GWS) und Medizin (MED) betroffen, wobei bedacht werden muss, dass in den früher verwendeten Kategorien Naturwissenschaften und Geisteswissenschaften fast alle Lehramtsabsolventen enthalten sind. Diese Entwicklung ist also wahrscheinlich vorwiegend auf den Rückgang der männlichen Lehramtsabsolventen zurückzuführen. Dies wird in Zukunft die sich auch schon in der Vergangenheit abzeichnende Entwicklung, dass der Lehrberuf vorwiegend ein weiblicher Beruf ist, noch verstärken – insbesondere da der Anteil der Geisteswissenschaften bei den Frauen 2001 wieder deutlich zugenommen hat.

Der stürmische Ausbau der Schulen in den späten 1960er- und 1970er-Jahre – bedingt durch den deutlichen Anstieg der Bildungsbeteiligung und stark wachsender Jahrgangsstärken – hatte auch einen großen Lehrerbedarf ausgelöst und zur Einstellung vieler junger Lehrer geführt. Diese Entwicklung spiegelte sich auch in der Altersstruktur der Lehrer wider, die in einigen Jahren möglicherweise Anlass für ernste Probleme geben könnte, dann nämlich, wenn jene Lehrer und Lehrerinnen, die in der starken Expansionsphase des Bildungssystems eingestellt wurden, für den Fall, dass es keine „Sonderpensionierungsaktionen“ geben wird, etwa zwischen 2006 und 2016 in Pension gehen werden. In Deutschland gab es eine ähnliche Entwicklung, nur etwas früher, und dort wurde dieses Problem schon seit vielen Jahren unter verschiedensten Aspekten – „Vergreisung der Lehrer “, „Der Unter-

Grafik 49a: Die männliche Wohnbevölkerung nach Qualifikationsanteilen insgesamt

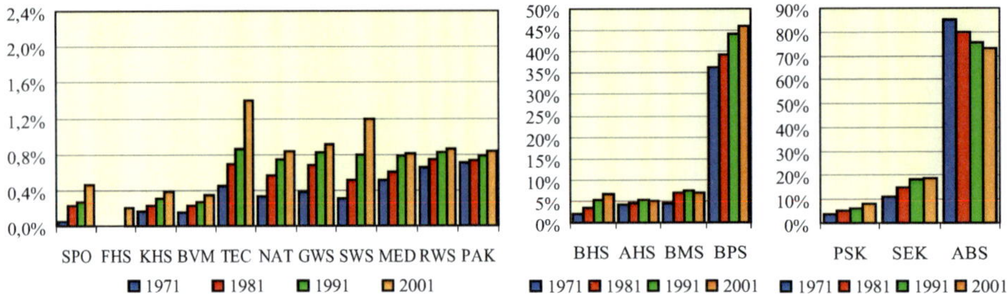

Grafik 49b: Die weibliche Wohnbevölkerung nach Qualifikationsanteilen insgesamt

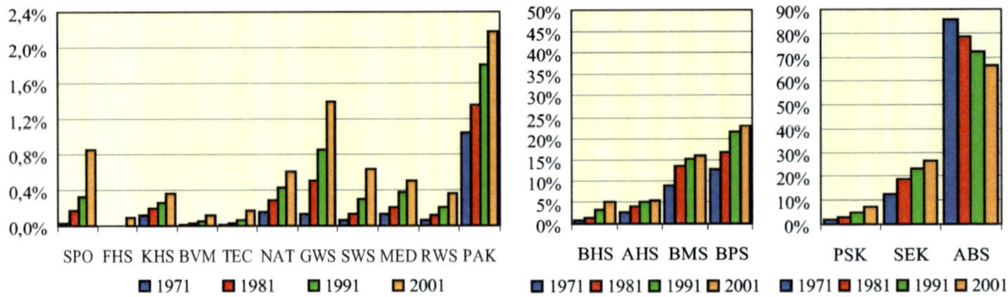

Grafik 50a: Die männliche 25- bis 34-jährige Wohnbevölkerung nach Qualifikationsanteilen

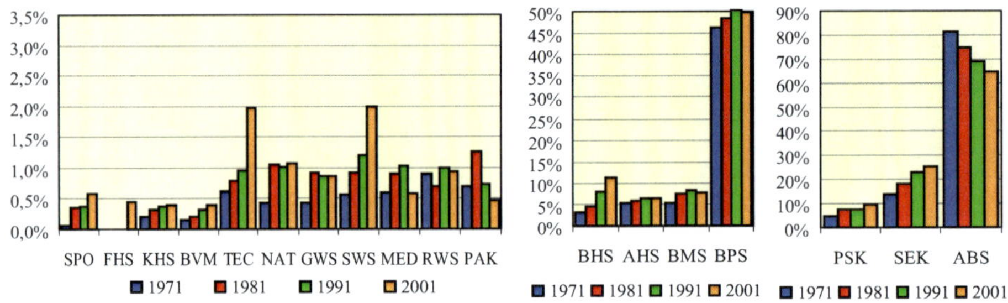

Grafik 50b: Die weibliche 25- bis 34-jährige Wohnbevölkerung nach Qualifikationsanteilen

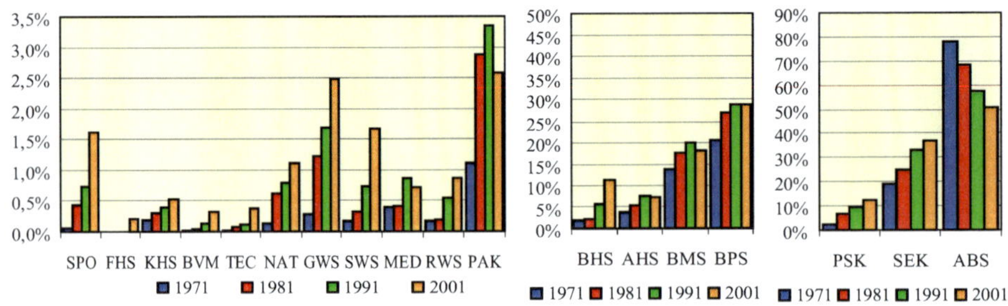

richt ist gefährdet“[19] – heftig diskutiert, da abzusehen war, dass der plötzliche Bedarf an neuen Lehrern schwer zu decken sein wird; insbesondere da die Aussichten, in diesem Beruf eine Arbeit zu finden, aufgrund rückläufiger Jahrgangsstärken und budgetärer Sparmaßnahmen davor lange Zeit sehr schlecht waren. In Deutschland werden in den Allgemeinbildenden Schulen bis zum Jahr 2010 etwa 60% der in der Mitte der 1990er-Jahre aktiven Lehrer nicht mehr zur Verfügung stehen. Österreich wird sich nur wenig später ähnlichen Problemen gegenübersehen.

Im sekundären Ausbildungsbereich zeichnet sich eine Wende ab. Zwar weist dieser Bereich in Summe noch eine steigende Tendenz auf, wobei für dieses Wachstum allerdings nur mehr die Berufsbildenden Höheren Schulen den entscheidenden positiven Beitrag liefern, wodurch die Stagnation bzw. der Rückgang des Nettozugangs aus anderen Bildungsabschlüssen dieses Bereichs noch abgefangen werden kann. Dabei muss immer mit bedacht werden, dass insbesondere AHS-Maturanten (80–95%) häufiger als BHS-Maturanten (60–70%) eine tertiäre Ausbildung aufnehmen und nach Abschluss dieser in der nächsthöheren Bildungsebene gezählt werden (höchste abgeschlossene Ausbildung!).

Lehrberufe (BPS) wurden schon immer häufiger von Männern erfolgreich abgeschlossen; dafür besuchen Frauen viel häufiger eine Berufsbildende Mittlere Schule und schließen diese auch positiv ab, was gerade bei der in diesem Schulbereich hohen Dropoutrate nicht so selbstverständlich ist. Überraschend hoch ist in der Altersgruppe der 25- bis 34-Jährigen nach wie vor – trotz des deutlichen Rückgangs – der Anteil der Personen, die nach der Pflichtschule keine weitere Ausbildung abgeschlossen haben (1971: M 35%, W 58%; 1981: M 26%, W 42%; 1991: M 19%, W 29%; 2001: M 15%, W 22%). Bei diesem Vergleich schneiden die Frauen aufgrund ihres geringen Anteils an Lehrabschlüssen (1971: M 46%, W 21%; 1981: M 49%, W 27%; 1991: M 50%, W 30%; 2001: M 50%, W 29%) deutlich schlechter ab als die Männer, wobei sich das Verhältnis zwischen Männern und Frauen bei den Lehrabschlüssen in den 30 Jahren fast nicht verändert hat – der Abstand liegt fast durchgehend bei etwa 20 Prozentpunkten. Der Abstand zwischen Männern und Frauen bei den Personen ohne über den Pflichtschulabschluss hinausgehende Bildung hat sich mit dem Rückgang insgesamt – von 46% (1971) auf 19% (2001) – doch deutlich verringert (1971 23 und 2001 7 Prozentpunkte).

Betrachtet man die rein schulische Ausbildung, so haben die Frauen in der analysierten Altersgruppe seit der Volkszählung 1991 auch im tertiären Bereich die Männer überholt und diesen Vorsprung bis 2001 noch deutlich

[19] IWD Nr. 4 Jg. 21/26.1.95, Köln, 8.

ausgebaut (1971: M 4,7%, W 2,5%; 1981: M 7,4%, W 6,5%; 1991: M 7,9%, W 9,4%; 2001: M 9,7%, W 12,5%). Im sekundären Bereich (höchste abgeschlossene Ausbildung: AHS+BMS+BHS) überwogen im beobachteten Zeitraum schon immer die Frauen (1971: M 14%, W 19%; 1981: M 18%, W 25%; 1991: M 23%, W 33%; 2001: M 26%, W 37%).

5.3 DAS ERWERBSVERHALTEN NACH HÖCHSTER ABGESCHLOSSENER AUSBILDUNG IM VERGLEICH

Obwohl sich das Erwerbsverhalten seit 1971 stark verändert hat, liegt die Erwerbstätigkeit der Frauen auch 2001 deutlich unter jener der Männer. Große Unterschiede ergeben sich bei einer Betrachtung des Erwerbsverhaltens nach höchster abgeschlossener Ausbildung (Grafiken 51a,b). Auf beide Geschlechter trifft mit wenigen Ausnahmen zu: je höher die Ausbildung, desto

Grafik 51a: Die durchschnittlichen Erwerbsquoten der 25- bis 64-Jährigen nach höchster abgeschlossener Ausbildung, männlich

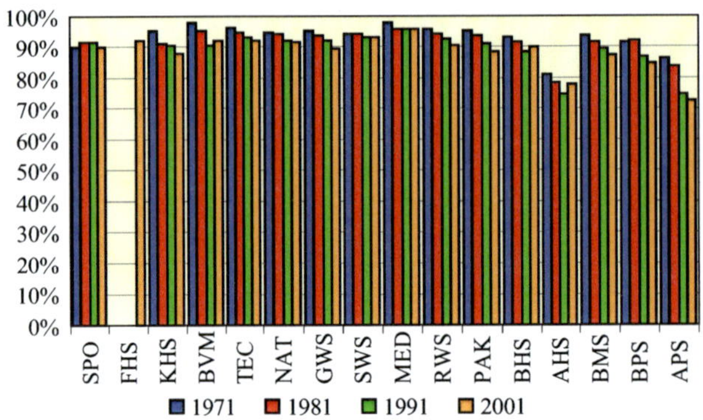

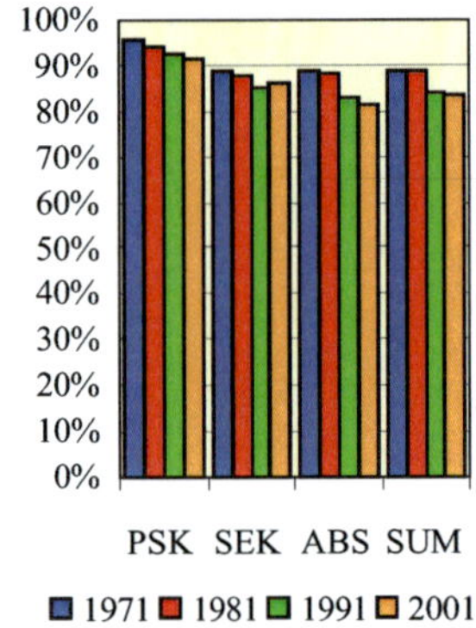

Grafik 51b: Die durchschnittlichen Erwerbsquoten der 25- bis 64-Jährigen nach höchster abgeschlossener Ausbildung, weiblich

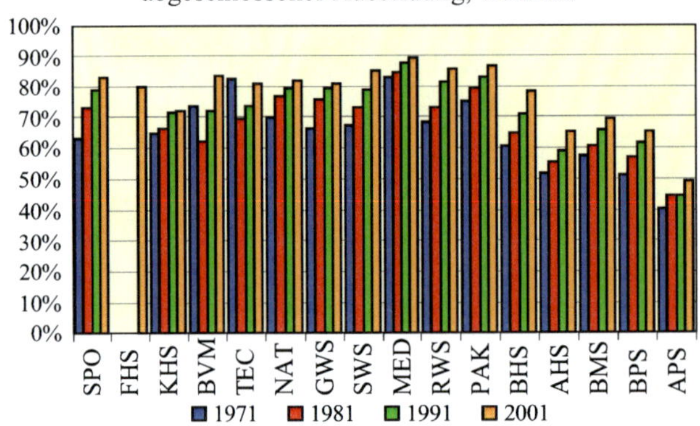

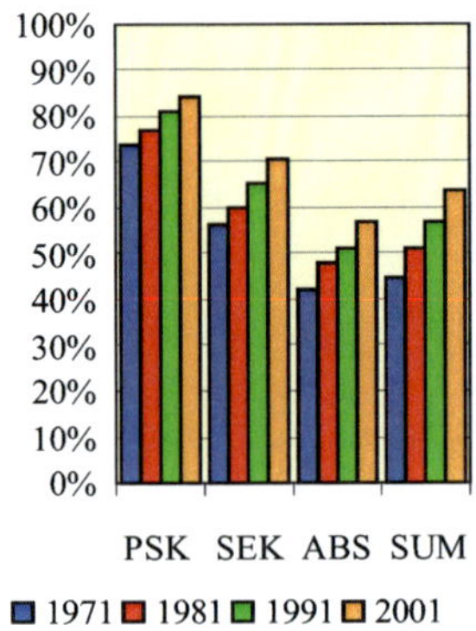

höher die Erwerbsquote. Bei den Männern führt dies nur mehr zu geringen Veränderungen, da die Erwerbstätigkeit in allen Qualifikationsebenen schon sehr hoch ist. Bei den Frauen jedoch sind die Unterschiede gravierender. Frauen mit einer tertiären Ausbildung erreichten 2001 im Durchschnitt über alle Jahrgänge (77% bzw. in der Altersgruppe der 25- bis 64-Jährigen 84%) schon fast die Werte der Männer (80% bzw. in der Altersgruppe der 25- bis 64-Jährigen 92%), obwohl sie nach – im Vergleich zu den Männern – sehr frühen Spitzenwerten (ca. 90% im Alter von 21 bis 31 Jahren) dann im

Grafik 52: Altersspezifische Erwerbsquoten, insgesamt

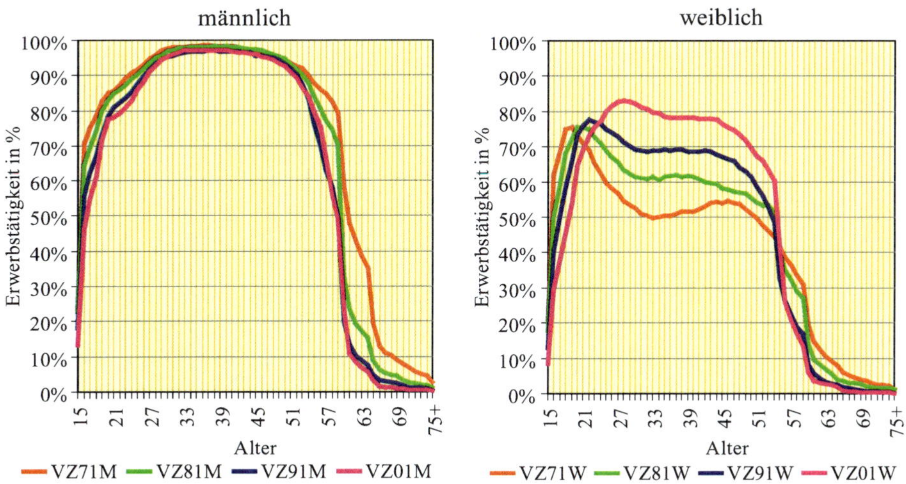

Grafik 53: Altersspezifische Erwerbsquoten, Tertiäre Ausbildung

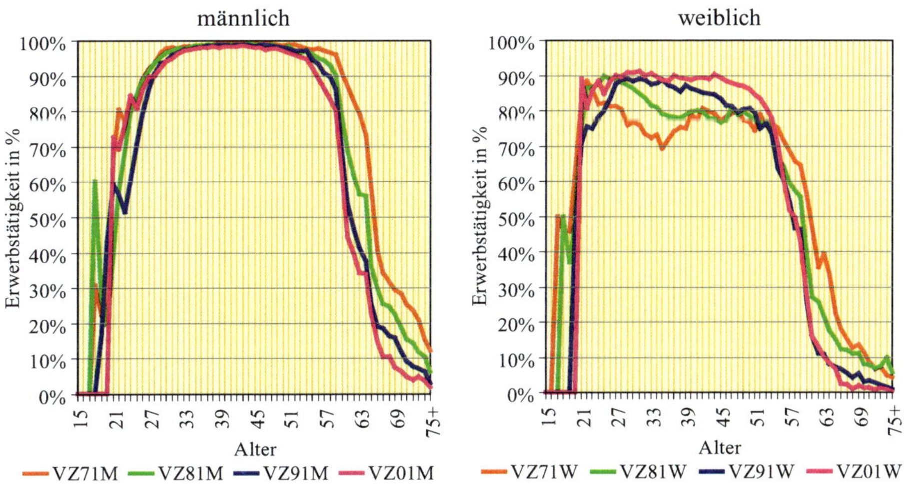

Haupterwerbsalter die 90%-Marke selten überschreiten und damit durchgehend zehn Prozentpunkte unter den Werten der Männer liegen (Grafik 53). Bei den vier beobachteten Volkszählungen ist die durchschnittliche Erwerbsquote der Männer mit einem tertiären Abschluss von Jahrzehnt zu Jahrzehnt leicht gesunken, bei den Frauen dagegen leicht gestiegen.

Die Ausnahmen von der „Regel“, dass höhere Bildung auch eine höhere Erwerbstätigkeit zur Folge hat, stellen jene Frauen und Männer dar, deren höchste abgeschlossene Ausbildung eine Allgemeinbildende Höhere Schule ist: Sie erreichen trotz eines höheren Bildungsabschlusses eine relativ geringe Erwerbstätigkeit.

Tabelle 46a: Männliche Erwerbsquoten nach höchster abgeschlossener Ausbildung, 15 Jahre und älter

ZU	ErwM	Ø über alle Jahrgänge				Ø über die 25- bis 65-Jährigen			
		1971	1981	1991	2001	1971	1981	1991	2001
15	SPO	62,7%	77,9%	80,9%	79,2%	89,8%	91,4%	91,7%	89,8%
15	FHS				86,8%				92,2%
14	KHS	86,4%	77,2%	78,6%	75,2%	95,5%	91,3%	90,5%	87,7%
13	BVM	86,4%	78,7%	74,6%	75,7%	98,1%	95,3%	90,3%	92,1%
12	TEC	82,2%	78,4%	80,1%	82,0%	96,3%	94,8%	93,0%	92,3%
11	NAT	84,6%	81,7%	81,9%	82,1%	94,9%	94,2%	92,3%	91,6%
10	GWS	88,3%	80,7%	79,0%	78,1%	95,3%	93,9%	91,9%	89,4%
9	SWS	86,3%	84,6%	84,4%	85,2%	94,4%	94,4%	93,2%	93,0%
8	MED	92,1%	84,8%	81,4%	82,3%	97,8%	95,8%	95,9%	95,7%
7	RWS	83,8%	76,8%	76,4%	76,4%	96,0%	94,4%	92,8%	90,8%
6	PAK	75,3%	78,4%	78,6%	74,9%	95,1%	93,9%	90,8%	88,4%
5	BHS	80,8%	79,5%	76,7%	81,1%	93,3%	91,8%	88,5%	89,8%
4	AHS	56,3%	54,9%	52,1%	57,1%	81,1%	78,6%	74,8%	78,1%
3	BMS	81,2%	78,2%	78,0%	76,6%	93,5%	91,8%	89,3%	87,1%
2	BPS	83,1%	82,3%	79,2%	75,2%	91,5%	91,9%	87,0%	84,8%
1	APS	66,8%	62,8%	57,0%	49,7%	86,1%	83,9%	74,9%	72,5%
	SUM	73,9%	72,7%	70,6%	68,3%	89,1%	88,7%	84,1%	83,3%
3	PSK	83,8%	80,1%	79,9%	80,2%	95,9%	94,2%	92,6%	91,4%
2	SEK	71,3%	71,2%	70,1%	73,0%	89,1%	88,1%	85,3%	86,0%
1	ABS	73,8%	72,4%	70,0%	65,7%	88,7%	88,4%	82,9%	81,4%
	SUM	73,9%	72,7%	70,6%	68,3%	89,1%	88,7%	84,1%	83,3%

Für dieses abweichende Erwerbsverhalten gibt es einige Ursachen: Etwa 90% der AHS-Maturanten schlagen eine tertiäre Ausbildungslaufbahn[20] ein und sind während ihrer Studienzeit, wenn überhaupt, zumeist nur geringfü-

[20] Quantitative Entwicklungstendenzen der Österreichischen Universitäten und Fachhochschulen 1975-2025, 21 ff.

gig erwerbstätig und werden daher aufgrund der hier verwendeten Definition von Erwerbstätigkeit als nicht erwerbstätig gezählt.[21]

Das Erwerbsverhalten der AHS-Absolventen nach Jahrgängen (Grafik 54) zeigt den relativ späten Eintritt ins Berufsleben: Oft ist man schon während des Studiums nebenher geringfügig beschäftigt, um dann mit der Zeit in eine Erwerbstätigkeit neben dem Studium überzugleiten. In späteren Jahren kann diese Doppelbelastung zum endgültigen Abbruch des Studiums führen. Bei den Frauen erfolgt dieser Eintritt ins Berufsleben oft gar nicht mehr, weshalb auch die durchschnittliche Erwerbsquote sehr niedrig ist (45% bzw. in der Altersgruppe der 25- bis 64-Jährigen 66%). Eine noch niedrigere Erwerbsquote (30% bzw. in der Altersgruppe der 25- bis 64-Jährigen 50%) haben nur noch Frauen, die nach dem Abschluss der Pflichtschule keine weitere schulische Ausbildung erfolgreich beendet haben (Grafik 58). Interessant ist,

Tabelle 46b: Weibliche Erwerbsquoten nach höchster abgeschlossener Ausbildung, 15 Jahre und älter

ZU ErwW	Ø über alle Jahrgänge				Ø über die 25- bis 65-Jährigen			
	1971	1981	1991	2001	1971	1981	1991	2001
16 SPO	61,7%	70,0%	74,3%	78,7%	63,2%	73,1%	79,1%	83,3%
15 FHS				79,6%				80,0%
14 KHS	56,8%	54,7%	58,4%	60,5%	65,1%	66,6%	71,9%	72,5%
13 BVM	72,4%	57,4%	63,2%	78,1%	73,6%	62,4%	72,0%	83,6%
12 TEC	81,1%	64,9%	67,4%	77,9%	82,5%	69,5%	73,6%	81,2%
11 NAT	70,4%	69,5%	69,7%	73,5%	69,9%	76,8%	79,8%	82,2%
10 GWS	61,4%	67,9%	71,0%	75,3%	66,4%	75,8%	79,6%	81,3%
9 SWS	66,3%	69,0%	73,6%	81,1%	67,7%	73,1%	79,2%	85,2%
8 MED	81,9%	76,3%	77,7%	80,7%	83,3%	84,7%	87,9%	89,3%
7 RWS	65,9%	66,4%	74,3%	81,4%	68,7%	73,2%	81,5%	85,8%
6 PAK	62,6%	70,6%	73,9%	77,0%	75,4%	79,7%	83,3%	87,1%
5 BHS	61,4%	62,8%	67,3%	74,1%	60,9%	64,9%	71,2%	78,7%
4 AHS	42,2%	41,6%	42,9%	44,8%	52,0%	55,6%	59,3%	65,6%
3 BMS	55,7%	58,2%	59,5%	61,2%	57,4%	60,6%	66,2%	69,4%
2 BPS	52,3%	56,3%	59,0%	59,8%	51,4%	57,2%	61,7%	65,4%
1 APS	33,8%	33,6%	31,3%	30,0%	40,5%	44,4%	44,8%	49,4%
3 PSK	64,7%	69,0%	72,3%	76,7%	73,9%	77,0%	81,2%	84,0%
2 SEK	53,0%	55,0%	56,9%	60,4%	56,5%	59,9%	65,5%	70,6%
1 ABS	36,5%	38,4%	39,5%	40,2%	42,3%	47,6%	51,0%	56,7%
SUM	39,1%	42,4%	45,1%	48,2%	44,9%	51,3%	56,6%	63,5%

[21] Nur dadurch ist ein Vergleich mit den früheren Volkszählungen möglich. Für die heute oft verwendete Definition, bei der die geringfügig Beschäftigten mitgezählt werden, gibt es für die früheren Volkszählungen keine Daten.

Grafik 54: Altersspezifische Erwerbsquoten, Allgemeinbildende Höhere Schule

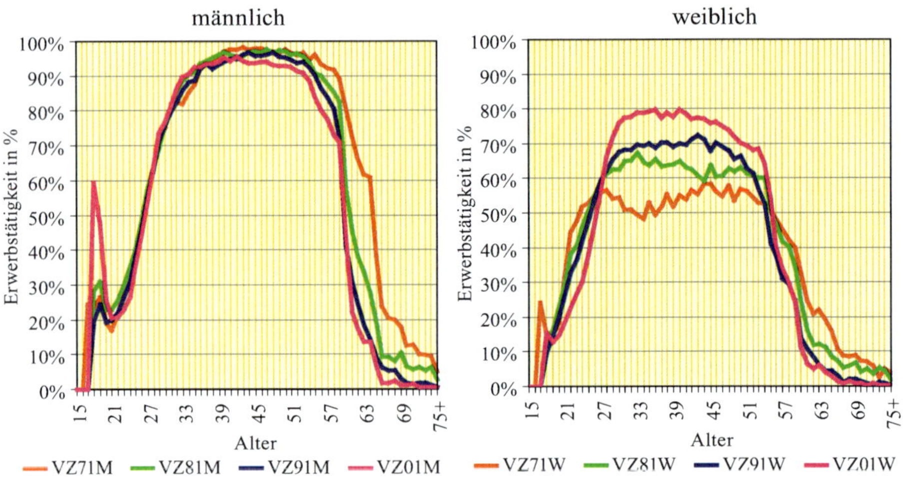

dass schon bei der Volkszählung 1991, noch viel ausgeprägter aber 2001, nicht nur kein Rückgang der Erwerbstätigkeit der AHS-Absolventinnen im gebärfähigen Alter stattfand, sondern 2001 die Erwerbsquoten sogar ansteigen und bei 39 Jahren ihr Maximum (80%) erreichen.

Ähnlich wie bei den Frauen mit der höchsten abgeschlossenen Ausbildung AHS-Matura – jedoch auf deutlich höherem Niveau – verlaufen die Erwerbsquotenkurven der Frauen mit einer BHS-Matura als höchster abgeschlossener Ausbildung. Der Rückgang der Erwerbsquote nach einem im Unterschied zu den AHS-Maturantinnen sehr frühen und steil ansteigenden Maximum ist heute nur mehr gering und zeigt auch keinerlei Tendenz zu einem Wiederanstieg. 1971 zeigte sich noch eine klar ausgeprägt Zacke. Der steile Anstieg ergibt sich aufgrund des Umstandes, dass ein deutlich geringerer Prozentsatz als bei den AHS-Maturantinnen ein Studium beginnt und aus diesem Grund nicht erwerbstätig ist. Lässt man die erste Zacke unberücksichtigt – nur wenige haben zum Stichtag der Volkszählung mit erst 18 Jahren schon die Matura einer BHS, und wenn, dann haben die meisten von diesen gleich eine Arbeit gefunden –, so kommt es zu dieser Spitze bei den Erwerbsquoten. Hingegen weist der langsamere Anstieg der Erwerbsquoten im Alter zwischen 20 und 29 Jahren, der in diesem Ausmaß erstmals bei der Volkszählung 2001 zu beobachten ist, darauf hin, dass auch immer mehr Frauen – ähnlich, wie es bei den Männer schon immer der Fall war – ein Studium beginnen und daher nicht arbeiten. Allerdings beenden sie dieses Studium in weiterer Folge nicht erfolgreich und verbleiben daher in dieser Qualifikationskategorie. Eine Arbeit nehmen sie dann erst später auf (Grafik

55). Da der Anteil der Frauen in der BHS-Qualifikationskategorie vor allem in der Vergangenheit sehr gering war – in den einzelnen Jahrgängen befinden sich meist nur einige hundert Personen –, weist der Verlauf der Kurve starke Schwankungen auf.

Grafik 55: Altersspezifische Erwerbsquoten, Berufsbildende Höhere Schule

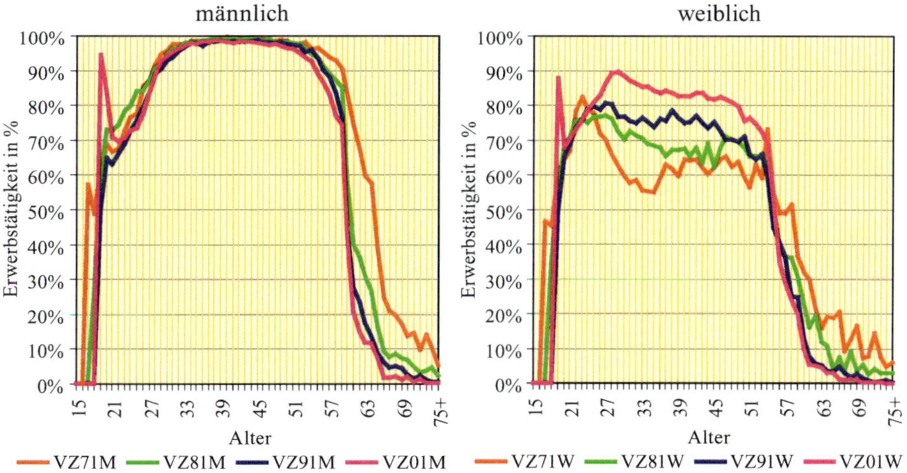

Das Erwerbsverhalten der Frauen hat sich allerdings nicht nur für jene, deren höchste abgeschlossene Ausbildung eine Höhere Schule ist, gravierend verändert, sondern in allen Qualifikationskategorien. Ein Phänomen betrifft indessen Männer wie Frauen: Sie beginnen später zu arbeiten. Der Grund dafür ist im Wesentlichen die laufend gestiegene Bildungsbeteiligung. Bei Frauen ist der verspätete Berufseintritt jedoch aufgrund der im Vergleich zu den Männern stärker gestiegenen Bildungsbeteiligung auch deutlicher ausgeprägt.

Die Frauen über alle Qualifikationskategorien betrachtet (Grafik 52) erreichen das Maximum ihrer Erwerbstätigkeit (83%) erst mit 28 Jahren – viel später als noch bei den vorangegangenen Volkszählungen (1971 mit 19 Jahren 75%; 1981 mit 20 Jahren 76%; 1991 mit 22 Jahren 78%). Vom anschließenden Abschwung ist bei der Volkszählung 2001 nicht mehr viel zu bemerken. Dieser Rückgang der Erwerbsquote erreichte gerade noch fünf Prozentpunkte. Aber dafür ist auch kein Aufschwung – Rückkehr, nachdem die Kinder versorgt sind – mehr feststellbar, da später mit fortschreitendem Alter schon bald die ersten pensionsbedingten Austritte aus dem Erwerbsleben einsetzen. Immer weniger Frauen scheinen ihr Arbeitsleben wegen der Betreuung ihrer Kinder – sofern sie welche haben – zu unterbrechen bzw.

aufzugeben. Bei der Volkszählung 1971 war der Einbruch der Erwerbstätigkeit zum Zeitpunkt des mittleren Gebäralters noch deutlicher ausgeprägt (Grafik 52). Die Differenz zum Maximum betrug damals 25 Prozentpunkte, und das Minimum (50%) wurde im Alter von 33 Jahren erreicht. Auch 1991 war dieser Abschwung der Erwerbsquote noch immer deutlich wahrnehmbar, allerdings betrug diese Differenz nur mehr neun Prozentpunkte (Minimum im Alter von 32 Jahren mit 69%) und war damit schon deutlich geringer als 1981 (Minimum im Alter von 32 Jahren mit 61% ergibt 14 Prozentpunkte). Im Haupterwerbsalter (ca. 30 bis 55 Jahre) erreichen die Frauen inzwischen eine Erwerbsquote von knapp 80% (1971: ca. 50%, 1981: ca. 60% und 1991: fast 70%), während die Männer dieser Altersgruppe fast zu 100% erwerbstätig sind.

Grafik 56: Altersspezifische Erwerbsquoten, Lehrabschluss

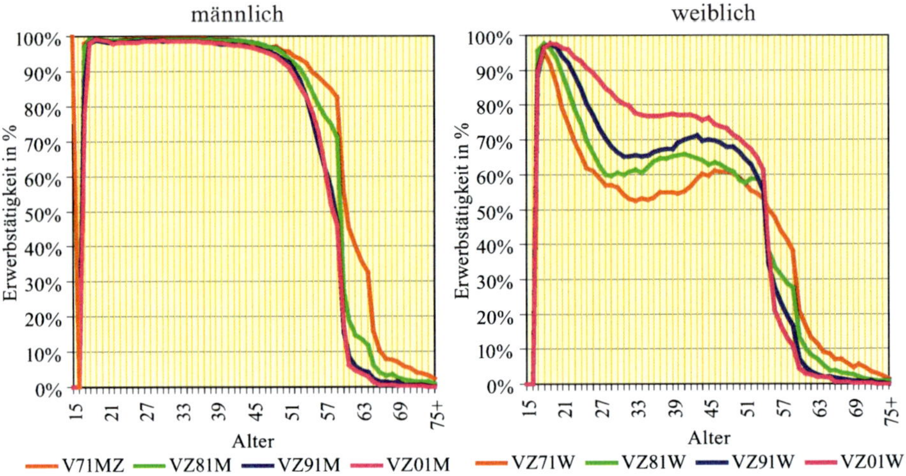

Betrachtet man die Kurven der Erwerbsquoten nach Alter in den einzelnen Qualifikationsgruppen, so zeigt eigentlich nur mehr die Kurve der Frauen mit der höchsten abgeschlossenen Ausbildung „Lehrabschluss“ und in etwas abgeschwächter Form jene für die „Berufsbildende Mittlere Schule“ einen für Frauen „typischen“ Verlauf: früher steiler Anstieg – fast bis zum gleichen Niveau wie jenes der Männer –, aber gleich danach ein steiler Abfall. 1971 fiel die Erwerbsquote bei den Frauen mit „Lehrabschluss“ noch um 42 Prozentpunkte (Minimum bei 33 Jahren 53%), 1981 um 37 Prozentpunkte (Minimum bei 29 Jahren 60%), 1991 um 33 Prozentpunkte (Minimum bei 32 Jahren 65%), und 2001 beträgt diese Differenz nur mehr 21 Prozentpunkte, und das Minimum (77%), das bei 36 Jahren erreicht wird, ist faktisch kein Minimum mehr, sondern die Werte bleiben ein paar Jahre konstant, bis die Pensionierungen einsetzen und damit die Erwerbsquoten zuerst langsam und dann abrupt absinken (Grafik 56). Da diese Qualifikationsgruppe bei den Frauen die zweitgrößte Bevölkerungsgruppe darstellt – für 23% (1991: 21%, 1981: 17%, 1971: 13%) der weiblichen Bevölkerung ist ein Lehrabschluss die höchste abgeschlossene Ausbildung –, wird dadurch auch die Erwerbsquotenkurve für die Gesamtbevölkerung stark beeinflusst.

Grafik 57: Altersspezifische Erwerbsquoten, Berufsbildende Mittlere Schule

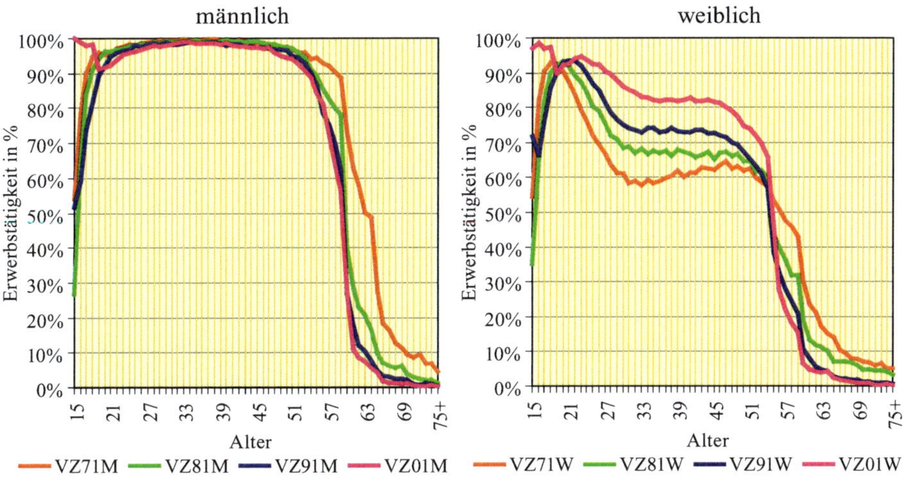

Von der Form und der Entwicklung her über die Volkszählungen hinweg sehr ähnliche Kurven wie jene der Frauen mit Lehrabschluss weisen die Erwerbsquoten der Frauen mit einer Berufsbildenden Mittleren Schule als höchster abgeschlossener Ausbildung auf: anfangs unmittelbar nach Abschluss der Schule eine hohe Erwerbstätigkeit und anschließend ein von Volkszählung zu Volkszählung immer geringer werdender und späterer Rückzug aus der Erwerbstätigkeit (2001: Maximum mit 23 Jahren 95%, Abfall 13 Prozentpunkte; 1991: Maximum mit 21 Jahren 94%, Abfall 21 Prozentpunkte; 1981: Maximum mit 20 Jahren 93%, Abfall 26 Prozentpunkte; 1971: Maximum mit 18 Jahren 93%, Abfall 35 Prozentpunkte). 1971 war die letzte Volkszählung, bei der nach der „Kinderperiode" noch ein leichter Anstieg der Erwerbsquote festzustellen war. Offensichtlich haben seither immer weniger Frauen wegen der Kinder die Erwerbstätigkeit aufgegeben, und wenn sie es taten, sind sie immer seltener in den Beruf zurückgekehrt (Grafik 57).

Die Form der eben besprochenen Erwerbsquotenkurven erweckt im Vergleich zur Form der Erwerbsquotenkurve der anderen Qualifikationsgruppen den Eindruck, dass Kinder nur mehr von Frauen mit diesen beiden

Qualifikationen geboren werden, oder es den Frauen mit diesen Qualifikationen besonders schwer fällt, Beruf und Kinderpflege in Einklang zu bringen. Allerdings hat sich, wie die Veränderung der Kurven zeigt, auch für Frauen mit diesen Qualifikationen einiges gewandelt.

Den mit Abstand größten Bevölkerungsanteil (2001: 44%, 1991: 51%, 1981: 62%, 1971: 73%; Tabelle 45b) stellen nach wie vor jene Frauen, die nach der Pflichtschule keine weitere Ausbildung abgeschlossen haben, und auch bei diesen Frauen sehen wir eine ähnliche Entwicklung wie bei den Frauen mit einem Lehrabschluss bzw. mit einer Berufsbildenden Mittleren Schule, jedoch noch ausgeprägter: Der Abschwung der Erwerbsquotenkurve im mittleren gebärfähigen Alter ist praktisch verschwunden (Grafik 58). Bei der Volkszählung 1991 betrug der Unterschied zwischen dem mit 22 Jahren erreichten Erwerbsquotenmaximum (76%) und dem mit 31 Jahren erreichten Minimum noch 16 Prozentpunkte, und in den Volkszählungsjahren davor war dieser Unterschied noch viel größer – 1981 19 und 1971 28 Prozentpunkte. Die durchschnittliche Erwerbstätigkeit der Frauen mit keiner weiterführenden Ausbildung ist dadurch allerdings nur leicht angestiegen (2001: 36%, 1991: 31%, 1981: 34%, 1971: 34%), was wohl auf den insgesamt immer späteren Berufseintritt und den zumindest bis 1991 immer früheren Berufsaustritt zurückzuführen ist. Dabei ist zu beachten, dass alle Personen, die in eine weiterführende Schule eintreten, aber diese nicht formal abschließen – auch alle, die eine Berufsbildende bzw. Allgemeinbildende Höhere Schule ohne Matura verlassen –, zu dieser Kategorie zählen, sofern sie nicht später einen formalen Abschluss wie z.B. Lehrabschluss, Matura für Berufstätige, Berufsreifeprüfung etc. nachholen; weshalb auch in dieser Kategorie, trotz des Nichterreichens einer höheren Bildungskategorie, die im Zeitverlauf steigende Bildungsbeteiligung ihre Wirkung zeigt, nämlich den immer späteren Berufseintritt.

Bei den vorangegangenen Volkszählungsjahren (1971–1991) schieden sowohl Männer als auch Frauen – unabhängig von der Qualifikationsebene – jedes Mal noch etwas früher aus dem Erwerbsleben. Seit der Volkszählung 1991 scheint diese Entwicklung nun aber gestoppt zu sein (Grafik 52). Bei der Volkszählung 2001 weichen die Erwerbsquoten ab dem 55. Lebensjahr kaum noch von den Werten der Volkszählung 1991 ab.

Betrachtet man die durchschnittliche Erwerbsquote insgesamt aggregiert über alle Bildungsebenen, so zeigt sich bei den Männern im Unterschied zu den Frauen – seit 1971 eine ständige Abnahme der Erwerbstätigkeit. Da fast alle Männer im Haupterwerbsalter 1971 beschäftigt waren – damals herrschte praktisch Vollbeschäftigung –, schlagen der spätere Berufseintritt und der frühere Berufsaustritt – dieser zumindest in den Volkszählungen 1981 und 1991 – voll auf die durchschnittlichen Erwerbsquoten durch (2001: M 68%;

1991: M 71%; 1981: M 73%; 1971: M 74%; Tabelle 46a). Dagegen waren und sind auch heute noch viele Frauen im Haupterwerbsalter nicht beschäftigt, sodass in diesem Alter eine Zunahme der Erwerbstätigkeit möglich war und auch in Zukunft sein wird. Tatsächlich haben die Beschäftigungsverhältnisse so stark zugenommen, dass der spätere Berufsein- und -austritt überkompensiert wurde und die durchschnittlichen Erwerbsquoten der Frauen seit 1971 einen markanten Anstieg aufweisen (2001: W 48%; 1991: W 45%; 1981: W 42%; 1971: W 39%; Tabelle 46b). Noch deutlicher fällt dieser Anstieg der durchschnittlichen Erwerbsquote aus, wenn man nur die Altersgruppe der 25- bis 65-jährigen Frauen heranzieht und damit den verspäteten Berufseintritt durch erhöhte Bildungsbeteiligung zum Großteil ausblendet: Zwischen 1971 (45%) und 2001 (64%) betrug er fast 20 Prozentpunkte.

Für die Männer haben sich die Erwerbsquoten nach Alter und Qualifikationskategorien seit 1971 – abgesehen von dem schon erwähnten späteren Berufseintritt und früheren Berufsaustritt – nur wenig geändert. Männer, die als höchste Ausbildung eine Berufsbildende Höhere Schule abgeschlossen haben, treten deutlich früher und auch häufiger in das Berufsleben ein als AHS-Absolventen (Grafik 54, 55). Ein Grund dafür ist sicherlich, dass weniger BHS-Absolventen ein Hochschulstudium beginnen (siehe Kap. 4.5.1) – in den 1970er-Jahren war es etwa ein Drittel, heute sind es fast zwei Drittel. Allerdings sind umgekehrt die Erfolgsaussichten, ein begonnenes Hochschulstudium auch zu beenden, für BHS-Absolventen deutlich schlechter als für AHS-Absolventen.[22] Die zwar steigenden, aber immer noch niedrigeren Übertrittsquoten in den universitären Bildungsbereich, kombiniert mit einer geringeren Abschlusswahrscheinlichkeit, erklären wohl auch den langsam ansteigenden Verlauf der Beschäftigungskurve von 70% auf fast 100% Erwerbstätigkeit im Alter von 20 bis 37 Jahren. Bis zu diesem Alter haben praktisch alle, die zu studieren begonnen haben, ihr Studium entweder beendet und damit eine höhere Qualifikationsebene erreicht oder dieses abgebrochen und eine Arbeit aufgenommen – vielleicht sogar das Studium gerade wegen ihrer Erwerbstätigkeit abgebrochen.

Bei den Männern ist im Unterschied zu den Frauen seit der Volkszählung 1991 die Bevölkerungsgruppe, die nach Beendigung der Schulpflicht keine weitere schulische Ausbildung erfolgreich abschließt, die zweitgrößte – die größte ist jene mit einem Lehrabschluss (Tabelle 45a,b). Für Männer dieser Qualifikation weicht das Erwerbsverhalten deutlich von jenem der anderen Qualifikationskategorien ab (Grafik 58). Besonders auffallend ist, dass die Männer im Haupterwerbsalter bei der Volkszählung 1971 fast zu 100% be-

[22] Studienerfolgsanalyse, 14 ff.

Grafik 58: Altersspezifische Erwerbsquoten, Allgemeinbildende Pflichtschule

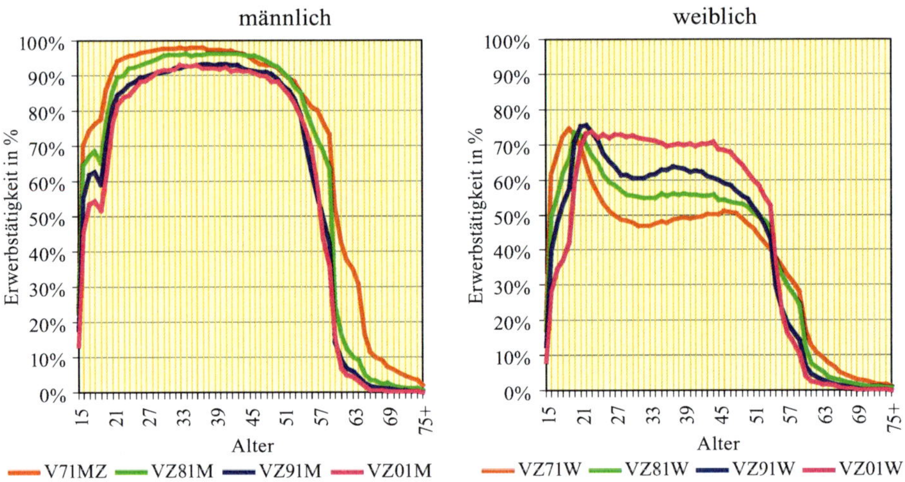

schäftigt waren, 1981 wurde immerhin noch ein Maximalwert von über 96% erreicht. 1991 und 2001 lag der erreichte Maximalwert jedoch nur mehr bei knapp bei 93%. Dies zeigt sehr deutlich, dass sich Arbeitsmarktprobleme zuerst bei den am schlechtesten qualifizierten Arbeitskräften auswirken. Diese Entwicklung führte – neben der stark gestiegenen Bildungsbeteiligung – dazu, dass die durchschnittliche Erwerbsquote zwischen 1971 und 2001 um 17 Prozentpunkte abgenommen hat. Etwas schwächer war dieser Rückgang in der Altersgruppe der 25- bis 65-Jährigen; hier betrug er 14 Prozentpunkte (Tabelle 46a). In dieser Altersgruppe kommt die gestiegene Bildungsbeteiligung praktisch nicht mehr zum Tragen, und die Gründe für den Rückgang der Erwerbsquoten müssen primär am Arbeitsmarkt gesucht werden. Bei den Frauen ist das Bild zweigeteilt: Die durchschnittliche Erwerbsquote über alle Jahrgänge ist gesunken, jene der 25- bis 65-jährigen Frauen dagegen – wie auch in allen anderen Qualifikationsebenen bei den Frauen – dem Trend zu laufend steigender Erwerbstätigkeit gefolgt.

5.4 ABSCHÄTZUNG DER ENTWICKLUNG DER QUALIFIKATIONSSTRUKTUR DER ÖSTERREICHISCHEN WOHNBEVÖLKERUNG UND DES ARBEITSKRÄFTEANGEBOTS

Wie schon oben erwähnt, können die Prognosedaten mit den Vergangenheitsdaten nur in aggregierter Form verglichen werden, da sich die Zusammenfassung nach Studienrichtungen für die Prognose an der ISCED-Klassifikation orientiert und daher von der früher im tertiären Bildungswesen benutzten Klassifikation in wichtigen Bereichen – insbesondere der universitären Lehrerausbildung für das weiterführende Schulwesen (AHS, BHS) – abweicht.

Tabelle 47a: Wohnbevölkerung 15 Jahre und älter nach höchster abgeschlossener Ausbildung

ISCED	Insgesamt			25- bis 64-Jährige			über 65-Jährige		
StR	2001	2011	2021	2001	2011	2021	2001	2011	2021
IDIPL	14.184	14.953	17.836	12.135	12.440	13.564	1.781	2.463	4.200
DIEN	1.908	3.284	4.824	1.791	3.104	4.462	74	130	314
HMED	51.321	65.545	79.457	44.120	55.362	63.195	6.999	9.681	15.720
LAWI	12.262	14.912	17.131	10.150	12.430	14.287	2.049	2.421	2.782
INGWI	51.824	66.270	78.299	45.359	55.090	63.134	6.170	10.981	14.958
NATWI	31.658	45.445	61.986	29.099	40.744	53.662	2.191	4.066	7.595
SWRWI	109.689	163.690	220.307	97.558	143.067	190.949	10.007	17.760	26.294
GKWI	65.518	75.310	83.589	55.026	60.233	61.932	9.781	14.624	21.202
ERZWI	37.759	55.715	71.580	34.489	49.415	58.196	2.850	5.594	12.744
FHS	12.210	56.826	126.984	10.399	49.215	117.511	895	1.801	2.537
PAK	102.755	118.632	132.295	87.187	96.193	90.391	13.091	17.902	37.352
SPO	25.713	29.524	35.086	22.986	25.866	27.947	1.199	2.618	5.476
BHS	397.050	559.840	719.855	296.221	397.716	535.571	23.110	40.726	61.006
AHS	347.333	367.071	358.936	212.210	222.992	205.267	35.543	46.468	60.552
BMS	771.468	829.112	845.760	585.066	594.305	571.075	112.063	167.762	221.926
TER	516.801	710.105	929.373	450.299	603.159	759.230	57.087	90.041	151.173
SEK	1.515.851	1.756.023	1.924.551	1.093.497	1.215.012	1.311.913	170.716	254.957	343.484
ABS	4.646.792	4.589.373	4.356.569	2.937.235	2.776.673	2.564.389	1.013.876	1.129.795	1.209.337
SUM	6.679.444	7.055.500	7.210.493	4.481.031	4.594.844	4.635.531	1.241.679	1.474.792	1.703.993

Die Wohnbevölkerung (15 Jahre und älter) wird innerhalb des Prognosezeitraums laufend leicht wachsen (Tabelle 47a). Von den Altersgruppen relativ am stärksten wird die Zahl der über 65-Jährigen zunehmen. Allerdings zeichnen sich nun auch in diesem Altersbereich massive Veranderungen bezüglich der Qualifikationsstruktur ab. Immer mehr Personen aus der Zeit des größten Bildungsbooms Österreichs werden diese Altersgruppe erreichen, und dies wird zu nachhaltigen Verschiebungen in den einzelnen Bildungsgruppen führen – auch bei den höher Qualifizierten.

Aber auch in allen anderen Altersgruppen wird sich die nun schon seit vielen Jahren steigende Bildungsbeteiligung der österreichischen Bevölkerung in einer immer deutlicheren Veränderung der Qualifikationsstruktur der Wohnbevölkerung niederschlagen. So wird die Zahl der Personen, die nach der Pflichtschule – abgesehen von einer Berufsschule – keine weiterführende Schule besucht haben, laufend zurückgehen.

Tabelle 47b: Wohnbevölkerung 15 Jahre und älter nach höchster abgeschlossener Ausbildung in Prozent

ISCED	Insgesamt			25- bis 64-Jährige			über 65-Jährige		
StR	2001	2011	2021	2001	2011	2021	2001	2011	2021
IDIPL	0,21%	0,21%	0,25%	0,27%	0,27%	0,29%	0,14%	0,17%	0,25%
DIEN	0,03%	0,05%	0,07%	0,04%	0,07%	0,10%	0,01%	0,01%	0,02%
HMED	0,77%	0,93%	1,10%	0,98%	1,20%	1,36%	0,56%	0,70%	0,90%
LAWI	0,18%	0,21%	0,24%	0,23%	0,27%	0,31%	0,17%	0,16%	0,16%
INGWI	0,78%	0,94%	1,09%	1,01%	1,20%	1,36%	0,50%	0,74%	0,88%
NATWI	0,47%	0,64%	0,86%	0,65%	0,89%	1,16%	0,18%	0,28%	0,45%
SWRWI	1,64%	2,32%	3,06%	2,18%	3,11%	4,12%	0,81%	1,20%	1,50%
GKWI	0,98%	1,07%	1,16%	1,23%	1,31%	1,34%	0,80%	1,00%	1,20%
ERZWI	0,57%	0,79%	0,99%	0,77%	1,08%	1,26%	0,23%	0,38%	0,75%
FHS	0,18%	0,81%	1,76%	0,23%	1,07%	2,54%	0,07%	0,12%	0,15%
PAK	1,54%	1,68%	1,83%	1,95%	2,09%	1,95%	1,05%	1,21%	2,19%
SPO	0,38%	0,42%	0,49%	0,51%	0,56%	0,60%	0,10%	0,18%	0,32%
BHS	5,94%	7,93%	10,0%	6,61%	8,66%	11,6%	1,86%	2,76%	3,58%
AHS	5,20%	5,20%	4,98%	4,74%	4,85%	4,43%	2,86%	3,15%	3,55%
BMS	11,5%	11,8%	11,7%	13,1%	12,9%	12,3%	9,00%	11,4%	13,0%
TER	7,74%	10,1%	12,9%	10,0%	13,1%	16,4%	4,60%	6,10%	8,90%
SEK	22,7%	24,9%	26,7%	24,4%	26,4%	28,3%	13,7%	17,3%	20,2%
ABS	69,6%	65,0%	60,4%	65,5%	60,4%	55,3%	81,7%	76,6%	71,0%

Grafik 59a: Die männliche Wohnbevölkerung älter als 15 Jahre nach Qualifikationsanteilen 2001, 2011 und 2021

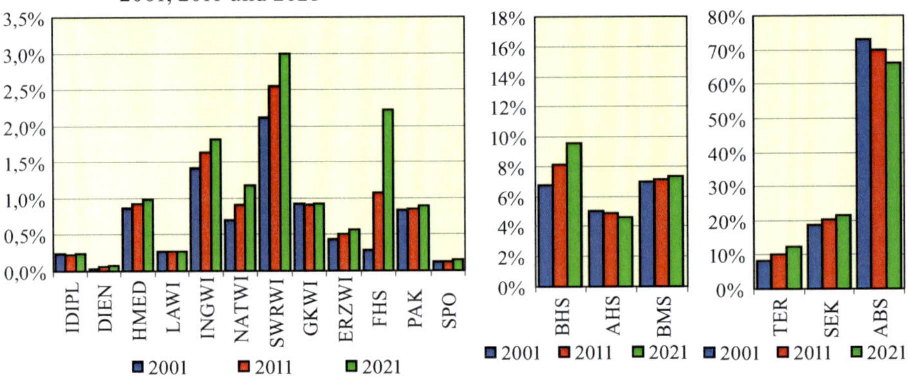

In dieser Qualifikationskategorie sind auch jene Personen enthalten, die eine Lehre bzw. eine Berufsbildende Pflichtschule abgeschlossen haben. Aufgrund dieser Zusammenfassung wird indessen die Gruppe mit dem niedrigsten Bildungsniveau auch in Zukunft die bei weitem größte bleiben (1971: G 85,5%, M 85,1%, W 85,9%, 1981: G 79%, M 79,8%, W 78,3%; 1991: G 73,7%, M 75,4%, W 72,1%; 2001: G 69,6%, M 73,0%, W 66,4%; 2011:

Grafik 59b: Die weibliche Wohnbevölkerung älter als 15 Jahre nach Qualifikationsanteilen 2001, 2011 und 2021

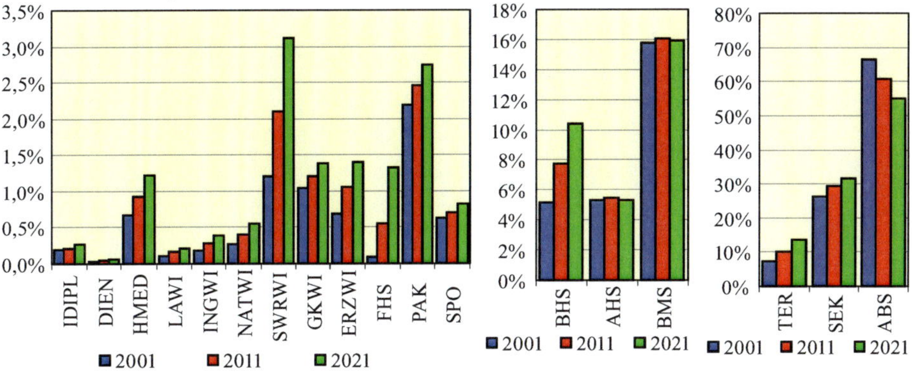

Tabelle 48a: Männliche Wohnbevölkerung 15 Jahre und älter nach höchster abgeschlossener Ausbildung

ISCED	Insgesamt			25- bis 64-Jährige			über 65-Jährige		
	2001	2011	2021	2001	2011	2021	2001	2011	2021
IDIPL	7.479	7.602	8.137	6.287	6.105	5.843	1.089	1.488	2.282
DIEN	1.073	1.894	2.807	1.029	1.816	2.607	24	64	188
HMED	27.789	31.773	34.694	23.475	25.912	25.177	4.266	5.741	9.398
LAWI	8.626	9.199	9.300	6.808	7.056	6.980	1.789	2.130	2.307
INGWI	45.347	55.959	64.145	39.310	45.599	50.427	5.829	10.226	13.580
NATWI	22.205	30.960	41.661	20.487	27.590	35.714	1.494	3.010	5.522
SWRWI	67.764	87.338	105.384	58.871	72.660	85.568	8.063	13.843	18.950
GKWI	29.369	31.288	32.519	23.862	23.582	22.351	5.316	7.589	10.046
ERZWI	13.693	17.217	19.926	12.288	14.585	14.355	1.344	2.548	5.491
FHS	9.267	36.577	78.039	7.936	32.452	72.963	810	1.585	2.078
PAK	26.718	29.307	31.247	22.385	22.095	18.372	4.082	6.222	11.876
SPO	3.767	4.324	5.152	3.438	3.723	4.063	201	452	836
BHS	216.037	279.201	337.332	165.931	200.570	245.428	15.166	24.697	37.605
AHS	161.687	168.160	162.115	102.590	105.670	95.480	16.130	21.766	28.408
BMS	222.404	244.743	258.150	168.383	178.002	182.030	29.107	42.988	55.185
TER	263.097	343.438	433.010	226.176	283.174	344.419	34.307	54.897	82.552
SEK	600.128	692.103	757.598	436.904	484.242	522.939	60.403	89.451	121.198
ABS	2.332.500	2.388.517	2.333.007	1.573.075	1.534.878	1.468.387	377.237	468.449	536.678
SUM	3.195.725	3.424.057	3.523.615	2.236.155	2.302.294	2.335.745	471.947	612.797	740.428

G 65,0%, M 69,8%, W 60,6%; 2021: G 60,4%, M 66,2%, W 54,9%; Tabellen 45a,b, 47b, 48b, 49b). Allerdings wird in den 20 Jahren zwischen 2001 und 2021 der Anteil dieser Gruppe bei den Männern um knapp sieben und bei den Frauen immerhin um fast 12 Prozentpunkte zurückgehen.

Tabelle 48b: Männliche Wohnbevölkerung 15 Jahre und älter nach höchster abgeschlossener Ausbildung in Prozent

ISCED	Insgesamt			25- bis 64-Jährige			über 65-Jährige		
StR	2001	2011	2021	2001	2011	2021	2001	2011	2021
IDIPL	0,23%	0,22%	0,23%	0,28%	0,27%	0,25%	0,23%	0,24%	0,31%
DIEN	0,03%	0,06%	0,08%	0,05%	0,08%	0,11%	0,01%	0,01%	0,03%
HMED	0,87%	0,93%	0,98%	1,05%	1,13%	1,08%	0,90%	0,94%	1,27%
LAWI	0,27%	0,27%	0,26%	0,30%	0,31%	0,30%	0,38%	0,35%	0,31%
INGWI	1,42%	1,63%	1,82%	1,76%	1,98%	2,16%	1,24%	1,67%	1,83%
NATWI	0,69%	0,90%	1,18%	0,92%	1,20%	1,53%	0,32%	0,49%	0,75%
SWRWI	2,12%	2,55%	2,99%	2,63%	3,16%	3,66%	1,71%	2,26%	2,56%
GKWI	0,92%	0,91%	0,92%	1,07%	1,02%	0,96%	1,13%	1,24%	1,36%
ERZWI	0,43%	0,50%	0,57%	0,55%	0,63%	0,61%	0,28%	0,42%	0,74%
FHS	0,29%	1,07%	2,21%	0,35%	1,41%	3,12%	0,17%	0,26%	0,28%
PAK	0,84%	0,86%	0,89%	1,00%	0,96%	0,79%	0,86%	1,02%	1,60%
SPO	0,12%	0,13%	0,15%	0,15%	0,16%	0,17%	0,04%	0,07%	0,11%
BHS	6,76%	8,15%	9,57%	7,42%	8,71%	10,5%	3,21%	4,03%	5,08%
AHS	5,06%	4,91%	4,60%	4,59%	4,59%	4,09%	3,42%	3,55%	3,84%
BMS	6,96%	7,15%	7,33%	7,53%	7,73%	7,79%	6,17%	7,02%	7,45%
TER	8,23%	10,0%	12,3%	10,1%	12,3%	14,7%	7,27%	9,0%	11,1%
SEK	18,8%	20,2%	21,5%	19,5%	21,0%	22,4%	12,8%	14,6%	16,4%
ABS	73,0%	69,8%	66,2%	70,3%	66,7%	62,9%	79,9%	76,4%	72,5%

Betrachtet man nur die zusammengefassten Qualifikationsebenen – tertiäre (TER) und sekundäre Qualifikationsebenen (SEK) sowie Allgemein- und Berufsbildende Pflichtschulen (ABS) –, wird der Anteil der beiden höheren Qualifikationsebenen zunehmen, bei Männern und Frauen allerdings unterschiedlich stark. So wird sich z.B. in der sekundären Bildungsebene die Zahl der Personen mit der Qualifikation Berufsbildende Höhere Schule als höchste abgeschlossene Ausbildung zwischen 2001 und 2021 bei den Frauen mehr als verdoppeln und bei den Männern im selben Zeitraum nur mehr auf das Eineinhalbfache ansteigen. Die Absolventen einer Berufsbildenden Höheren Schule – ohne weiteren höheren Abschluss – werden in dieser Qualifikationsebene als Einzige sowohl anteilsmäßig (Grafik 59a,b) als auch in den Absolutwerten (Grafik 60a,b) noch deutlich zunehmen. Auch in dieser Qualifikationskategorie weisen die Frauen die stärkere Zunahme auf, sodass es bis 2011 absolut schon mehr Frauen in der Wohnbevölkerung geben wird als Männer, deren höchste abgeschlossene Ausbildung eine BHS ist.

Die Zahl der Personen, die als höchste abgeschlossene Ausbildung die Matura einer Allgemeinbildenden Höheren Schule erreichen und darüber hinaus keine höhere Ausbildung abschließen, wird bei Frauen und Männern bis etwa 2015 noch geringfügig ansteigen und ab dann sogar leicht rückläufig sein (Grafik 60a,b). Der Großteil dieser Gruppe sind „Studienabbrecher", da fast 100% der AHS-Absolventen in ihrer weiteren Bildungslaufbahn irgendwann einmal eine tertiäre Ausbildung beginnen.

Tabelle 49a: Weibliche Wohnbevölkerung 15 Jahre und älter nach höchster abgeschlossener Ausbildung

ISCED	Insgesamt			25- bis 64-Jährige			über 65-Jährige		
StR	2001	2011	2021	2001	2011	2021	2001	2011	2021
IDIPL	6.705	7.351	9.699	5.848	6.335	7.721	692	975	1.918
DIEN	835	1.389	2.017	762	1.288	1.855	50	66	127
HMED	23.532	33.772	44.763	20.645	29.450	38.018	2.733	3.940	6.322
LAWI	3.636	5.713	7.831	3.342	5.375	7.307	260	291	476
INGWI	6.477	10.312	14.154	6.049	9.492	12.707	341	755	1.378
NATWI	9.453	14.485	20.325	8.612	13.154	17.948	697	1.056	2.073
SWRWI	41.925	76.352	114.923	38.687	70.407	105.381	1.944	3.917	7.344
GKWI	36.149	44.022	51.071	31.164	36.652	39.581	4.465	7.035	11.156
ERZWI	24.066	38.498	51.654	22.201	34.830	43.841	1.506	3.046	7.254
FHS	2.943	20.249	48.944	2.463	16.763	44.548	85	215	459
PAK	76.037	89.324	101.048	64.802	74.098	72.019	9.009	11.681	25.475
SPO	21.946	25.200	29.935	19.548	22.143	23.885	998	2.166	4.640
BHS	181.013	280.639	382.523	130.290	197.146	290.143	7.944	16.029	23.400
AHS	185.646	198.911	196.820	109.620	117.321	109.786	19.413	24.702	32.144
BMS	549.064	584.370	587.610	416.683	416.303	389.045	82.956	124.774	166.742
TER	253.704	366.667	496.363	224.123	319.984	414.810	22.780	35.144	68.621
SEK	915.723	1.063.920	1.166.952	656.593	730.770	788.974	110.313	165.506	222.286
ABS	2.314.292	2.200.856	2.023.562	1.364.160	1.241.795	1.096.002	636.639	661.346	672.659
SUM	3.483.719	3.631.443	3.686.878	2.244.876	2.292.549	2.299.786	769.732	861.995	963.565

Auf der tertiären Bildungsebene weisen die einzelnen Qualifikationsgruppen insgesamt und auch nach dem Geschlecht stark unterschiedliche Entwicklungen auf (Grafiken 59a,b und 60a,b). Eine Sonderstellung in dieser Qualifikationsebene nehmen die Fachhochschulen ein; sie wurden erst Mitte der 1990er-Jahre eingeführt, und daher gab es bei der Volkszählung 2001 für ihre kurze Existenz zwar überraschend viele Personen mit dieser Qualifikation, insgesamt gesehen aber doch noch wenige Absolventen. Daher ist es natürlich nicht überraschend, dass bedingt durch den zügigen Ausbau dieses Hochschultyps die Absolventenzahlen und damit auch die Personen, deren höchste abgeschlossene Ausbildung ein „Fachhochschulstudiengang" ist, rasant steigen werden. Bis 2011 wird sich ihre Zahl insgesamt vervierfacht und bis 2021 verzehnfacht haben. Da ursprünglich deutlich mehr Männer als Frauen eine Fachhochschule besuchten, wurden bei der Volkszählung 2001 mehr als dreimal so viele Männer wie Frauen mit dieser Qualifikation gezählt. Inzwischen sind auch viele eher für Frauen attraktive Fachhochschulstudiengänge eingerichtet worden, sodass die Zahl der Frauen mit dieser Qualifikation bezogen auf den Startwert praktisch explodieren wird – bis 2011 wird sich diese Zahl versiebenfachen und bis 2021 sogar versiebzehnfachen. Trotz dieses enormen Wachstums werden jedoch auch bis zum Prognoseende etwa 60% der Personen mit dieser Qualifikation Männer sein.

Tabelle 49b: Weibliche Wohnbevölkerung 15 Jahre und älter nach höchster abgeschlossener Ausbildung in Prozent

ISCED	Insgesamt			25- bis 64-Jährige			über 65-Jährige		
StR	2001	2011	2021	2001	2011	2021	2001	2011	2021
IDIPL	0,19%	0,20%	0,26%	0,26%	0,28%	0,34%	0,09%	0,11%	0,20%
DIEN	0,02%	0,04%	0,05%	0,03%	0,06%	0,08%	0,01%	0,01%	0,01%
HMED	0,68%	0,93%	1,21%	0,92%	1,28%	1,65%	0,36%	0,46%	0,66%
LAWI	0,10%	0,16%	0,21%	0,15%	0,23%	0,32%	0,03%	0,03%	0,05%
INGWI	0,19%	0,28%	0,38%	0,27%	0,41%	0,55%	0,04%	0,09%	0,14%
NATWI	0,27%	0,40%	0,55%	0,38%	0,57%	0,78%	0,09%	0,12%	0,22%
SWRWI	1,20%	2,10%	3,12%	1,72%	3,07%	4,58%	0,25%	0,5%	0,76%
GKWI	1,04%	1,21%	1,39%	1,39%	1,60%	1,72%	0,58%	0,82%	1,16%
ERZWI	0,69%	1,06%	1,40%	0,99%	1,52%	1,91%	0,20%	0,35%	0,75%
FHS	0,08%	0,56%	1,33%	0,11%	0,73%	1,94%	0,01%	0,02%	0,05%
PAK	2,18%	2,46%	2,74%	2,89%	3,23%	3,13%	1,17%	1,36%	2,64%
SPO	0,63%	0,69%	0,81%	0,87%	0,97%	1,04%	0,13%	0,25%	0,48%
BHS	5,20%	7,73%	10,4%	5,80%	8,60%	12,6%	1,03%	1,86%	2,43%
AHS	5,33%	5,48%	5,34%	4,88%	5,12%	4,77%	2,52%	2,87%	3,34%
BMS	15,8%	16,1%	15,9%	18,6%	18,2%	16,9%	10,8%	14,5%	17,3%
TER	7,28%	10,1%	13,5%	10,0%	14,0%	18,0%	2,96%	4,08%	7,12%
SEK	26,3%	29,3%	31,7%	29,2%	31,9%	34,3%	14,3%	19,2%	23,1%
ABS	66,4%	60,6%	54,9%	60,8%	54,2%	47,7%	82,7%	76,7%	69,8%

Unter den gewählten Annahmen wird abgesehen von der Qualifikationsgruppe „Fachhochschule“ die Qualifikationsgruppe „Sozialwissenschaften, Wirtschaft und Recht“ am schnellsten wachsen. Die Zahl der Personen, deren höchste abgeschlossene Ausbildung ein sozialwissenschaftliches Studium ist, wird sich zwischen 2001 und 2021 mehr als verdoppeln, wobei wieder der Beitrag der Frauen zu diesem Wachstum deutlich höher ausfällt als jener der Männer. Dadurch wird es auch absolut gesehen nach 2016 mehr Frauen als Männer in dieser Qualifikationsgruppe geben. Keine der anderen universitären Studienrichtungsgruppen kommt an dieses Wachstum heran. Deutlich steigen wird bei beiden Geschlechtern die Zahl der Humanmediziner (HMED; Gesundheits- und Sozialwesen), und das wiederum stärkere Wachstum bei den Frauen wird bewirken, dass in der Wohnbevölkerung ab etwa 2009 die Zahl der Medizinerinnen jene der Mediziner übersteigen wird.

Grafik 60a: Die männliche Wohnbevölkerung älter als 15 Jahre nach Qualifikation 2001, 2011 und 2021

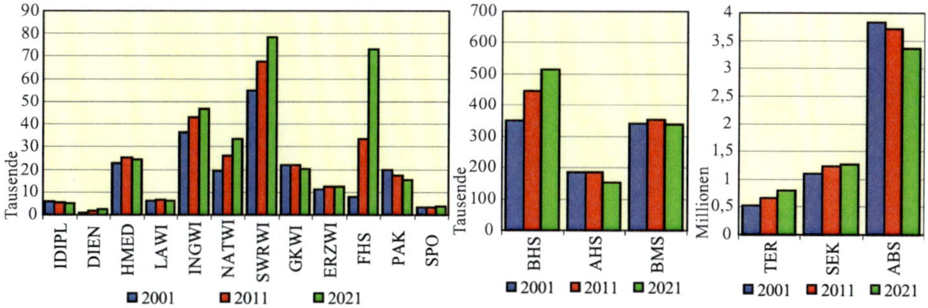

Grafik 60b: Die weibliche Wohnbevölkerung älter als 15 Jahre nach Qualifikation 2001, 2011 und 2021

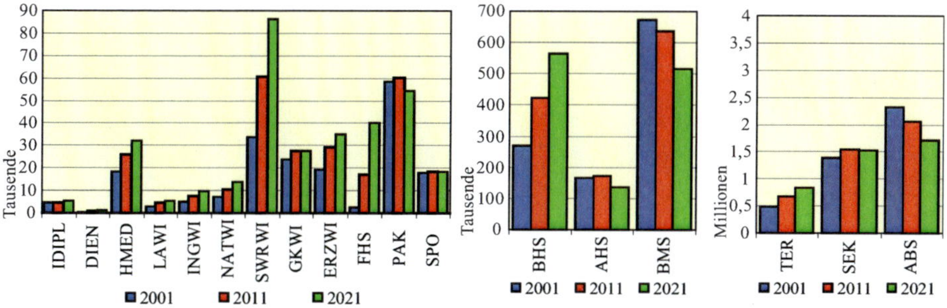

Interessant sind die ähnlich starken geschlechtsspezifischen Abweichungen bei der Entwicklung der Qualifikationsgruppen „Erziehungswissenschaften" (ERZWI) und Pädagogische Akademien (PAK). Allerdings weisen beide Gruppen eine Ähnlichkeit bei der erworbenen Qualifikation auf. An den Pädagogischen Akademien werden die Pflichtschullehrer ausgebildet, und die Absolventen der erziehungswissenschaftlichen Studienrichtungen sind primär die zukünftigen Lehrer an den weiterführenden Schulen (AHS, BHS). In beiden Gruppen wird das Wachstum der Zahl der Frauen mit diesen Qualifikationen jenes der Männer deutlich übersteigen und damit das schon seit langem bestehende weibliche Übergewicht noch verstärken. Die schon seit einiger Zeit andauernden Arbeitsmarktprobleme haben zwar bei den Studienanfängerzahlen zu drastischen Rückgängen geführt[23], Frauen reagierten aber in deutlich geringerem Ausmaß auf diese Probleme als

[23] Quantitative Entwicklungstendenzen der Österreichischen Universitäten und Fachhochschulen 1975–2025, 51.

Männer, weshalb auch die Zahl der Personen mit dieser Qualifikation innerhalb des Prognosezeitraums bei den Frauen noch fühlbar steigen wird. Bei den Männern werden die Qualifikationsgruppen „Ingenieurwesen, Verarbeitendes Gewerbe und Baugewerbe“ (INGWI) und „Naturwissenschaften“ (NATWI) noch deutlich zulegen – bei den Frauen führen diese beiden Qualifikationsgruppen ein eher bescheidenes Dasein; nichtsdestotrotz werden sie leicht zunehmen. Die Qualifikationskategorie „Geisteswissenschaften und Künste“ – eine Domäne der Frauen – wird auch nur mehr bei diesen noch merkbar zulegen.

An dieser Stelle muss aber darauf hingewiesen werden, dass die Wahl einer Studienrichtung stärkeren Schwankungen unterworfen ist, sodass eine gewisse Zuverlässigkeit der Prognose eher nur für fünf bis zehn Jahre gegeben ist. Dabei sollte aber nicht übersehen werden, dass es sich bei der Wohnbevölkerung um eine Bestandsgröße handelt, die pro Jahr nur zu etwa 1–2% ersetzt wird und sich daher auch deren Zusammensetzung nur in diesem Ausmaß verändern kann. Die Entwicklung der Qualifikationsebenen – Tertiäre, Sekundäre und Allgemeinbildende Pflichtschule – ist längerfristig (etwa 10–15 Jahre) relativ gesichert, da sich z.B. die heutigen Schüler der 1. Klasse AHS schon für eine Schullaufbahn entschieden haben, sie frühestens in acht Jahren maturieren werden und sich dann noch für ein oder kein Studium entscheiden werden, wobei sich längerfristig gerade das Übertrittsverhalten der Maturanten nicht so gravierend verändert hat.

Unterscheidet man nur drei Qualifikationsebenen:

1. Personen ohne Matura,
2. höchste abgeschlossene Ausbildung Matura und
3. Abschluss einer tertiären Ausbildung,

so zeigt sich noch deutlicher, wie groß der Anteil jener Personen ist, die keine Matura erworben haben: 2001 mehr als 81% (M 80%, W 82%) der Wohnbevölkerung (Tabelle 48b und 49b) und 77% (M 78%, W 76%) der Erwerbstätigen. Auch die nächste Zukunft wird nur eine sehr langsame Verbesserung dieser Situation bringen – 2011: 77% (Wohnb.: M 77%, W 77%; Erw.: G 71%, M 74%, W 67%), 2021: 72% (Wohnb.: M 74%, W 71%; bzw. Erw.: G 65%, M 70%, W 58%).

Die Erwerbstätigen werden im Simulationsmodell mit Hilfe der Erwerbsquote der Volkszählung 2001, die mit der sich verändernden Schulbesuchsrate jährlich korrigiert wird, berechnet. Dies bedeutet, dass die so berechnete Zahl einem Erwerbstätigenpotenzial unter der Annahme gleich bleibender arbeitsmarktpolitischer Parameter entspricht. Wie die Vergangenheit zeigt, haben sich diese Parameter immer wieder verändert; so war z.B. das Pensionierungsalter lange Zeit laufend gesunken, die Erwerbsquote der Frauen dagegen aber trotz schlechter Arbeitsmarktlage gestiegen. Die so berechnete Zahl der Erwerbstätigen ist daher nur als ein Richtwert für die Größenordnung des Erwerbstätigenpotenzials zu sehen.

Die Überlegung, dass die durchschnittlichen Erwerbsquoten über alle Qualifikationen und Altersgruppen unter anderem durch die laufende Verbesserung der Qualifikationsstruktur und die damit verbundene stärkere Erwerbsneigung der höher Qualifizierten (Erwerbsquoten nach der Ausbildung liegen bei 90–100%) trotz längerer Ausbildungszeiten steigen müssten, wird durch die Realität nur bedingt bestätigt. Zu viele gegenläufige Faktoren lassen die Erwerbsquoten wieder sinken. Bei den Männern ist eine Steigerung nur im Alter möglich, da die männlichen Erwerbsquoten auch für die weniger Qualifizierten im Haupterwerbsalter schon bei knapp 100% liegen; nur in der Altersgruppe der über 60-Jährigen haben die besser Gebildeten (mit einem tertiären Abschluss) höhere Erwerbsquoten. Aber da gerade diese Qualifikationsgruppe deutlich später in das Erwerbsleben eintritt und aufgrund der steigenden Bildungsbeteiligung die Verluste an Erwerbstätigen in den jüngeren Altersgruppen immer größer sind als die Gewinne bei den über 60-Jährigen, kommt es in Summe zu einer Abnahme der Berufstätigkeit (Tabelle 46a). Das zeigte sich schon in der Zeit zwischen 1971 und 2001 und gilt auch für die Zukunft. Hier wird diese Entwicklung durch die Verschiebungen bei der Altersstruktur noch verstärkt.

Bei den Frauen sehen diese Verhältnisse etwas anders aus: Die Erwerbsquoten der weniger Gebildeten liegen auch im Haupterwerbsalter deutlich unter jenen der höher Qualifizierten. Dies hat, natürlich nicht allein, schon in der Vergangenheit aufgrund der steigenden Bildungsbeteiligung die durchschnittlichen Erwerbsquoten – sowohl jene über alle Altersgruppen als auch jene der 25- bis 64-Jährigen – merklich wachsen lassen: zwischen 1971 und 2001 um 9 bzw. 19 Prozentpunkte. Da für die Zukunft – bis auf den Bildungskorrekturfaktor (siehe oben) – konstante qualifikationsspezifische Erwerbsquoten verwendet werden, sind die Veränderungen bei der durchschnittlichen Erwerbsquote vorwiegend auf die bessere Qualifikationsstruktur der weiblichen Wohnbevölkerung zurückzuführen. Einen eher entgegengesetzten Faktor liefern die altersstrukturellen Verschiebungen. Wie schon die Vergangenheitsdaten vermuten ließen, reichen auch bei den Frauen die qualifikationsspezifischen Strukturverschiebungen nicht aus, um einen leichten Rückgang – über alle Altersgruppen – bzw. eine Stagnation – bei den 25- bis 64-Jähringen – der durchschnittlichen Erwerbsquoten zu verhindern.

5.5 ZUSAMMENHÄNGE ZWISCHEN ERWORBENER QUALIFIKATION, ERWERBSTÄTIGKEIT UND ARBEITSLOSIGKEIT

Aufgrund der Zunahme der Personen mit immer höherer Qualifikation – vor allem in den jüngeren Jahrgängen – stellt sich insbesondere in den hoch industrialisierten Ländern, aber nicht nur dort, die Frage, inwiefern der Arbeitsmarkt einen für die jeweilige Ausbildung adäquaten Arbeitsplatz zur Verfügung stellen kann. Je höher das Qualifikationsniveau durch formale Bildungsabschlüsse in einer Gesellschaft steigt, desto häufiger tritt der Fall ein, dass Personen für den Arbeitsplatz, den sie finden können, zu hoch und/ oder falsch qualifiziert sind. Unter gewissen Umständen führt dies zu einer Unzufriedenheit mit dem Arbeitsplatz und damit auch zu einer Verminderung der möglichen Leistungsfähigkeit.

Zu diesen Fragestellungen gibt es international zahlreiche Untersuchungen, in Österreich wird zu diesem Thema jedoch noch relativ wenig geforscht. Ein Grund dafür könnte der im internationalen Vergleich geringe Anteil von Personen mit tertiärer Ausbildung an der österreichischen Gesamtbevölkerung sein. Dieser Anteil hat sich im Beobachtungszeitraum (1981–2001) zwar insgesamt fast – bei der weiblichen Bevölkerung sogar mehr als – verdoppelt (G: 1981 4%, 1991 5,5%, 2001 7,7%; M: 1981 5,2%, 1991 6,5%, 2001 8,2%; W: 1981 3%, 1991 4,7%, 2001 7,3%; siehe Tabelle 45a,b,c), ist aber in vielen anderen OECD-Staaten (Bildung auf einen Blick OECD 2004, 67 ff.) – teilweise von einem höheren Niveau ausgehend – deutlich stärker gestiegen. Möglicherweise hat dieser starke Anstieg vereinzelt auch zu Friktionen am Arbeitsmarkt geführt, was der Auslöser für eine verstärkte Beschäftigung mit derartigen Fragestellungen sein könnte.

Allerdings sind die Arbeitslosenraten der höher Gebildeten in den Industrieländern – ähnlich wie in Österreich – durchwegs (deutlich) geringer als jene der weniger Gebildeten. Dies gilt jedoch nur in Summe. Absolventen einzelner Studienrichtungen bzw. Studienrichtungsgruppen können sehr wohl Probleme haben, einen adäquaten Arbeitsplatz zu finden; wobei es Studienrichtungen gibt, die eine sehr berufsspezifische Ausbildung (z.B. Medizin- und Lehramtsstudien) vermitteln, und andere, deren Ausbildung in einem breiten Spektrum von Wirtschaftsbereichen nachgefragt wird. Weder das eine noch das andere ist notwendigerweise der Grund, warum man leicht oder schwer einen ausbildungsgemäßen Arbeitsplatz findet. Allerdings zeigen die Daten, dass für Absolventen, deren Ausbildung nicht so spezifisch ist, die Wahrscheinlichkeit, arbeitslos zu werden, geringer ist. Es erhebt sich auch die Frage, ob es für Absolventen von Studienrichtungen bzw. Studienrichtungsgruppen, deren Absolventenzahlen in den letzten Dekaden stark gestiegen

Tabelle 50: Arbeitslosenraten der Studienrichtungen, deren Absolventenzahl zwischen 1981 und 2001 am stärksten gestiegen ist

	1981		1991		2001		Zunah.
Studienrichtungen	Summe	25–34J	Summe	25–34J	Summe	25–34J	z. 81/01
Pädagogik & Erziehungswissenschaften	3,4%	4,4%	4,7%	6,7%	4,1%	5,3%	24,9
Politikwissenschaft	3,6%	2,7%	6,7%	8,6%	6,5%	6,7%	10,6
Haushalts- u. Ernährungswissenschaften	0,0%	0,0%	6,4%	5,4%	4,5%	3,9%	10,7
Wirtschaftsing.- Maschinenbau	0,0%	0,0%	0,8%	0,0%	3,1%	4,2%	14,5
Informatik & Mechatronik & Telematik	1,3%	1,5%	2,6%	2,4%	1,8%	1,8%	10,0
Werkstoffwissenschaften	0,0%	0,0%	2,6%	1,3%	1,8%	1,5%	23,8
Medizinisch-technisches Diplom	1,3%	2,0%	2,8%	2,8%	1,7%	1,8%	12,4
Allgemeine Pflichtschule	3,9%	4,7%	8,8%	10,9%	11,7%	12,9%	0,6
Summe	2,9%	3,0%	5,9%	6,0%	6,8%	6,2%	1,1
Tertiäre Ausbildung	0,9%	1,2%	2,7%	3,9%	3,0%	4,0%	2,2
Sekundäre Schulbildung	1,9%	1,9%	4,2%	4,2%	4,7%	4,0%	1,6
Primäre Schulbildung (inkl. Lehre)	3,3%	3,5%	6,7%	7,1%	8,2%	7,7%	0,9

Anmerkung: Rote Werte liegen über dem Gesamtdurchschnitt.
Blaue Werte liegen über dem Durchschnitt der „tertiären Ausbildung“.
Die letzte Spalte gibt an, auf das Wievielfache die Zahl der Personen mit dieser höchsten Ausbildung zwischen 1981 und 2001 angestiegen ist.

sind, schwieriger ist, einen Arbeitsplatz zu finden, weil sich der Arbeitsmarkt diesen Veränderungen nicht schnell genug anpassen kann.

Wie aus der Tabelle 50 ersichtlich, liegt die Arbeitslosenrate der Absolventen der am stärksten gewachsenen Studienrichtungen nur in einem Fall – den Politikwissenschaften – über dem Gesamtdurchschnitt und nur in zwei Fällen über dem Durchschnitt der „tertiären Ausbildung“. Dabei ist allerdings zu berücksichtigen, dass die Arbeitslosenrate für Politikwissenschaftler 1981 und 1991 noch deutlicher über dem Gesamtdurchschnitt lag als 2001. Die mit Abstand höchste Arbeitslosenrate haben – nicht unerwartet – jene Personen, die nur einen Pflichtschulabschluss haben. Für diese Personengruppe ist die Arbeitslosenrate auch am stärksten gestiegen – zwischen 1981 und 2001 immerhin auf das mehr als Vierfache –, während die Arbeitslosenrate insgesamt nur auf das Dreifache zunahm, und dies obwohl die Zahl der Personen mit dieser Qualifikation geschrumpft ist.

Betrachtet man die Arbeitslosenrate nach Bildungsgruppen (Tabelle 51), so fällt als Erstes auf, dass die Höhe der Arbeitslosenrate primär durch die beiden Bildungsgruppen mit der niedrigsten Qualifikation bestimmt wird. Dies ist auch nicht verwunderlich, da diese beiden Gruppen, obwohl sie geschrumpft sind, zusammen nach wie vor den größten Teil der Bevölkerung stellen. Bei den höher Qualifizierten gibt es nur in vier Fällen Arbeitslosen-

Tabelle 51: Arbeitslosenraten insgesamt nach Bildungsgruppen

Arbeitslosenrate nach Bildungsgruppen	**1981**			**1991**			**2001**		
	Summe	25–34J	25–64J	Summe	25–34J	25–64J	Summe	25–34J	25–64J
Sonstige postsek. Ausbildung	1,9%	3,0%	1,9%	3,2%	3,7%	3,1%	3,5%	3,3%	3,5%
Fachhochschule							4,5%	3,3%	4,2%
Künstlerische Studien	1,8%	2,0%	1,8%	3,8%	4,9%	3,8%	4,5%	5,2%	4,5%
Landwirtschaft	0,7%	1,5%	0,7%	2,2%	3,0%	2,2%	3,1%	3,8%	3,1%
Technik	1,2%	1,9%	1,2%	2,4%	2,7%	2,4%	3,1%	2,9%	3,1%
Naturwissenschaften	1,1%	1,5%	1,1%	2,3%	3,7%	2,3%	2,7%	3,4%	2,7%
Geisteswissenschaften	0,8%	1,7%	0,8%	2,7%	5,2%	2,8%	3,3%	5,4%	3,3%
Sozial- u. wirtschaftsw. Stud.	1,0%	1,1%	1,0%	2,7%	2,7%	2,7%	3,5%	3,1%	3,3%
Medizin	0,6%	1,0%	0,6%	1,9%	3,8%	1,9%	1,5%	4,9%	1,5%
Rechtswissenschaften	0,5%	0,6%	0,5%	1,4%	1,9%	1,4%	2,4%	3,9%	2,3%
Pädagogische Akademien	0,4%	0,4%	0,3%	0,8%	1,6%	0,8%	0,9%	1,7%	0,8%
Berufsbild. Höhere Schulen	1,3%	1,3%	1,1%	2,6%	2,4%	2,4%	3,7%	2,2%	3,0%
Allgemeinbild. Höhere Schule	1,9%	2,3%	1,7%	4,6%	5,1%	4,4%	5,8%	4,9%	5,3%
Berufsbild. Mittlere Schulen	1,7%	1,7%	1,5%	3,5%	3,2%	3,3%	4,4%	3,5%	3,8%
Lehrabschluss	2,4%	2,5%	2,1%	4,5%	4,0%	4,4%	5,8%	4,8%	5,7%
Allgemeinbild. Pflichtschule	4,0%	5,2%	3,7%	8,4%	10%	8,9%	12%	13%	12%
insgesamt	2,7%	3,0%	2,5%	5,1%	5,0%	5,0%	6,5%	5,4%	6,1%

Anmerkung: Rote Werte liegen über dem Gesamtdurchschnitt.

raten, die über den Durchschnittswerten liegen, und dies nur bei der Altersgruppe der 25- bis 34-Jährigen, also am Beginn der Berufslaufbahn. Ansonsten liegt die Arbeitslosenrate insbesondere der Personen mit einem tertiären Abschluss deutlich unter der durchschnittlichen Arbeitslosenrate.

Wie schon erwähnt, ist auch die Verteilung der Absolventen von Universitäten und Fachhochschulen auf die verschiedenen Wirtschaftsbereiche sehr unterschiedlich. So gibt es Studienrichtungsgruppen, deren Absolventen sich nur auf wenige Wirtschaftsbereiche, und andere, die sich über ein breites Spektrum von Wirtschaftsbereichen verteilen. Allgemein kann gesagt werden, dass sich das Arbeitsplatzangebot von der verarbeitenden Industrie hin zu den Dienstleistungen verschoben hat, und sich die Konzentration auf einzelne Bereiche verringert hat (Tabelle 52a,b). Die größte Zunahme weisen die Wirtschaftsgruppen „Realitätenwesen, Rechts- und Wirtschaftsdienste“ und bei den Frauen auch noch „Gesundheits- und Fürsorgewesen“ sowie „Unterrichts- und Forschungswesen“ auf. Zwei dieser Wirtschaftsgruppen werden auch bevorzugt von Absolventen zweier Studienrichtungsgruppen gewählt. So wählten Absolventen der Studienrichtung „Medizin“ über Jahrzehnte hinweg zu knapp 90% ihren Arbeitsplatz in der Wirtschaftsgruppe „Gesundheits- und Fürsorgewesen“. Die „Lehramtsstu-

Tabelle 52a: Männliche Erwerbstätige nach den größten Wirtschaftsgruppen

Männliche Erwerbstätige	1981		1991		2001	
Land- und Forstwirtschaft	152.334	7,5%	118.191	5,5%	81.012	3,7%
Erzeugung und Verarb. von Metallen	364.782	18%	349.077	16%	297.660	14%
Bauwesen	266.144	13%	269.719	12%	261.418	12%
Handel; Lagerung	204.951	10%	235.301	11%	282.097	13%
Verkehr, Nachrichtenübermittlung	180.177	8,9%	199.879	9,3%	194.926	8,9%
Realitätenw.; Rechts- & Wirtschaftsdie.	39.817	2,0%	67.565	3,1%	162.270	7,4%
Gebietsk.; Sozialversicherungsträger	172.155	8,5%	213.895	9,9%	177.375	8,1%
Summe	**2.034.770**	**100%**	**2.158.915**	**100%**	**2.181.846**	**100%**

Tabelle 52b: Weibliche Erwerbstätige nach den größten Wirtschaftsgruppen

Weibliche Erwerbstätige	1981		1991		2001	
Land- und Forstwirtschaft	138.156	10%	96.283	6,3%	68.528	4,1%
Erzeugung und Verarb. von Metallen	102.570	7,5%	94.279	6,2%	85.075	5,1%
Handel; Lagerung	249.133	18%	290.287	19%	319.117	19%
Beherb.- & Gaststättenw.	112.789	8,2%	140.451	9,2%	141.380	8,4%
Realitätenw.; Rechts- & Wirtschaftsdie.	50.169	3,6%	59.543	3,9%	127.283	7,6%
Gesundheits- & Fürsorgewesen	134.935	9,8%	192.121	13%	231.427	14%
Unterrichts- & Forschungswesen	81.325	5,9%	105.537	6,9%	165.327	9,8%
Gebietsk.; Sozialversicherungsträger	88.741	6,4%	106.506	7,0%	110.518	6,6%
Summe	**1.376.751**	**100%**	**1.525.367**	**100%**	**1.678.889**	**100%**

dien“ waren bis 2001 bei den Volkszählungen in den Fachstudien enthalten, weshalb das Wahlverhalten dieser Gruppe nicht so klar nachvollziehbar ist. Aber die Absolventen der Studienrichtungsgruppen, die einen hohen Anteil an Lehramtsstudien besitzen, wie z.B. die „Geisteswissenschaftliche“ (GWS) und die „Naturwissenschaftliche Studienrichtungsgruppe“ (NAT), finden zu einem hohen Prozentsatz auch in der Wirtschaftsgruppe „Unterrichts- und Forschungswesen“ ihre Arbeit, wobei es deutliche Unterschiede nach dem Geschlecht gibt. Die Frauen waren schon immer besonders stark im Dienstleistungsgewerbe vertreten und die Männer stärker in produzierenden Betrieben.

Die männlichen Absolventen der „Naturwissenschaftlichen Studienrichtungsgruppe“ fanden 1981 noch zu fast 50% ihren Arbeitsplatz im „Unterrichts- und Forschungswesen“, die weiblichen sogar zu mehr als 50%. Bis 2001 ging dieser Anteil für Männer und Frauen auf knapp über 40% zurück, obgleich die Zahl der Erwerbstätigen mit dieser Qualifikation sowohl in dieser Wirtschaftsgruppe als auch insgesamt stark zugenommen hat – bei den Frauen hat sie sich sogar mehr als verdoppelt (Tabelle 53a,b). Der größte Gewinner ist, wie schon insgesamt, auch in dieser

Studienrichtungsgruppe die Wirtschaftsgruppe „Realitätenwesen, Rechts- und Wirtschaftsdienste".

Tabelle 53a: Männliche Erwerbstätige der Studienrichtungsgruppe NAT nach den größten Wirtschaftsgruppen

Männliche Erwerbstätige	**1981**		**1991**		**2001**	
Erzeugung und Verarbeitung von Chemikalien	1.005	9,0%	1.156	7,6%	1.207	5,5%
Erzeugung und Verarbeitung von Metallen	842	7,5%	1.096	7,2%	1.583	7,2%
Handel; Lagerung	1.400	13%	1.688	11%	2.320	11%
Realitätenwesen; Rechts- & Wirtschaftsdienste	319	2,9%	930	6,1%	2.638	12%
Unterrichts- und Forschungswesen	5.480	49%	7.209	47%	8.971	41%
Gebietskörperschaften; Sozialversicherungsträger	865	7,7%	1.245	8,2%	1.346	6,2%
Summe	**11.191**	**0,5%**	**15.226**	**0,7%**	**21.880**	**1,0%**

Tabelle 53b: Weibliche Erwerbstätige der Studienrichtungsgruppe NAT nach den größten Wirtschaftsgruppen

Weibliche Erwerbstätige	**1981**		**1991**		**2001**	
Handel; Lagerung	1.814	30%	2.663	28%	3.776	24%
Realitätenwesen; Rechts- & Wirtschaftsdienste	103	1,7%	285	3,0%	1.056	6,8%
Gesundheits- und Fürsorgewesen	359	5,9%	478	5,0%	1.112	7,1%
Unterrichts- und Forschungswesen	3.127	51%	4.600	49%	6.591	42%
Summe	**6.131**	**0,4%**	**9.472**	**0,6%**	**15.606**	**0,9%**

Tabelle 54a: Männliche Erwerbstätige der Studienrichtungsgruppe GWS nach den größten Wirtschaftsgruppen

Männliche Erwerbstätige	**1981**		**1991**		**2001**	
Realitätenwesen; Rechts- & Wirtschaftsdienste	265	1,7%	757	3,8%	1.979	8,7%
Kunst; Unterhaltung und Sport	646	4,2%	932	4,7%	1.307	5,7%
Gesundheits- und Fürsorgewesen	421	2,8%	821	4,2%	1.996	8,8%
Unterrichts- und Forschungswesen	7.213	47%	9.116	46%	9.021	40%
Gebietskörperschaften; Sozialversicherungsträger	5.161	34%	5.678	29%	4.593	20%
Summe	15.288	0,8%	19.730	0,9%	22.791	1,0%

Tabelle 54b: Weibliche Erwerbstätige der Studienrichtungsgruppe GWS nach den größten Wirtschaftsgruppen

Weibliche Erwerbstätige	**1981**		**1991**		**2001**	
Handel; Lagerung	473	4,3%	982	4,8%	2.141	5,9%
Realitätenwesen; Rechts- & Wirtschaftsdienste	373	3,4%	1.160	5,7%	3.739	10%
Kunst; Unterhaltung und Sport	338	3,1%	960	4,7%	1.866	5,1%
Gesundheits- und Fürsorgewesen	597	5,4%	1.469	7,2%	5.133	14%
Unterrichts- und Forschungswesen	7.304	66%	11.859	58%	15.617	43%
Gebietskörperschaften; Sozialversicherungsträger	918	8,3%	1.869	9,1%	3.045	8,3%
Summe	**11.023**	**0,8%**	**20.493**	**1,3%**	**36.525**	**2,2%**

Die „Geisteswissenschaftliche Studienrichtungsgruppe“ zeigt eine ähnliche Entwicklung wie die „Naturwissenschaftliche“. Allerdings haben sich die Absolutzahlen der weiblichen Erwerbstätigen insgesamt mehr als verdreifacht und der Anteil an den weiblichen Erwerbstätigen insgesamt fast verdreifacht; bei den Männern war dieses Wachstum, obwohl vorhanden, bei weitem nicht so fulminant (Tabelle 54a,b). In der Wirtschaftsgruppe „Unterrichts- und Forschungswesen“ innerhalb dieser Studienrichtungsgruppe ging der Anteil der erwerbstätigen Frauen zwischen 1981 und 2001 von 66% auf 43% zurück, obwohl sich die Absolutzahlen in dieser Wirtschaftsgruppe mehr als verdoppelt haben. Bei den Männern war der Anteil derjenigen, die mit dieser Qualifikation in dieser Wirtschaftsgruppe arbeiteten, schon 1981 nicht so groß (47%) und ging auch nicht so stark zurück; die Absolutwerte stiegen im Gegensatz zu den Frauen nur leicht an. Auch hier zeigt sich eine profiliertere Verteilung auf mehrere Wirtschaftsgruppen.

Tabelle 55a: Männliche Erwerbstätige der Studienrichtungsgruppe SWS nach den größten Wirtschaftsgruppen

Männliche Erwerbstätige	**1981**		**1991**		**2001**	
Erzeugung und Verarbeitung von Metallen	1.467	12%	1.986	9,6%	2.277	7,0%
Handel; Lagerung	2.239	19%	3.664	18%	4.756	15%
Verkehr, Nachrichtenübermittlung	302	2,5%	554	2,7%	1.538	4,7%
Geld- und Kreditwesen	1.465	12%	3.019	15%	4.330	13%
Realitätenwesen; Rechts- und Wirtschaftsdienste	1.641	14%	3.754	18%	8.523	26%
Unterrichts- und Forschungswesen	1.232	10%	1.900	9,2%	2.791	8,6%
Gebietskörperschaften; Sozialversicherungsträger	1.145	10%	1.867	9,0%	2.305	7,1%
Summe	**12.049**	**0,6%**	**20.671**	**1,0%**	**32.628**	**1,5%**

Tabelle 55b: Weibliche Erwerbstätige der Studienrichtungsgruppe SWS nach den größten Wirtschaftsgruppen

Weibliche Erwerbstätige	**1981**		**1991**		**2001**	
Erzeugung und Verarbeitung von Metallen	156	5,4%	403	5,4%	929	5,2%
Handel; Lagerung	410	14%	1.037	14%	2.332	13%
Geld- und Kreditwesen	274	9,5%	984	13%	2.018	11%
Realitätenwesen; Rechts- und Wirtschaftsdienste	442	15%	1.465	20%	4.346	24%
Gesundheits- und Fürsorgewesen	171	5,9%	244	3,3%	888	5,0%
Unterrichts- und Forschungswesen	598	21%	1.303	18%	2.627	15%
Gebietskörperschaften; Sozialversicherungsträger	331	11%	634	8,5%	1.166	6,5%
Summe	**2.894**	**0,2%**	**7.427**	**0,5%**	**17.817**	**1,1%**

Die einzige Studienrichtungsgruppe, die auch schon 1981 ein breiteres Spektrum an gewählten Wirtschaftsgruppen hatte, war die Studienrichtungsgruppe „Sozial- und Wirtschaftswissenschaften“ – 1981 eine noch deutlich männlich dominierte Studienrichtungsgruppe, in der die Männer vier Mal so viele Erwerbstätige wie die Frauen stellten. Bis 2001 hatten allerdings die Frauen mächtig aufgeholt. Die Absolutzahl der weiblichen Erwerbstätigen hatte sich versechsfacht und war damit etwas größer als die Hälfte der männlichen (Tabelle 55a,b). Bei den Männern waren die Erwerbstätigen 1981 fast gleichmäßig auf fünf Wirtschaftsgruppen verteilt, die größte davon war die Wirtschaftsgruppe „Handel und Lagerung". Bei den Frauen waren es vier, die deutlich von der Wirtschaftsgruppe „Unterrichts- und Forschungswesen" angeführt wurden.

Bis zur Volkszählung 2001 hatte sich das Bild deutlich verändert, wobei für Männer und Frauen eine Konzentration auf eine Wirtschaftsgruppe, nämlich „Realitätenwesen; Rechts- und Wirtschaftsdienste", stattgefunden hatte. Etwa ein Viertel der Erwerbstätigen mit dieser Qualifikation – bei den Männern etwas mehr (26%), bei den Frauen etwas weniger (24%) – arbeitet nun in dieser Wirtschaftsgruppe.

6 Internationaler Vergleich

Wenn internationale Daten verglichen werden, stellt sich zunächst die Frage der unterschiedlichen Definitionen. Eine Möglichkeit, dieses Problem zu umgehen, ist, nur wenige Qualifikationsebenen zu verwenden. Bei den meisten internationalen Vergleichen werden daher oft nur drei Qualifikationsebenen herangezogen:

1. Primäre Ausbildung
2. Sekundäre Ausbildung und
3. Tertiäre Ausbildung.

Manchmal wird auch noch unterschieden zwischen: kein Schulbesuch, Primäre Ausbildung abgeschlossen oder nicht und Sekundäre Ausbildung erster und zweiter Stufe. Wird die Wohnbevölkerung verglichen, ist die zweite wichtige Größe das Alter der zu vergleichenden Bevölkerung. Auch hier gibt es erhebliche Abweichungen. Am wohl intensivsten beschäftigen sich die OECD, UNESCO und in den letzten Jahren immer mehr EUROSTAT und die EU-Kommission mit Bildungsindikatoren. Trotz aller Schwächen und systembedingten Unvergleichbarkeiten unterschiedlicher Bildungssysteme stellen die Bildungsindikatoren der OECD einen wichtigen Versuch dar, die Qualifikationsstruktur der Bevölkerung der Industrieländer trotz unterschiedlichster Bildungssysteme vergleichbar zu machen. Praktisch allen internationalen Bildungsvergleichen liegt heute die Klassifikation der Bildungsindikatoren nach der „International Standard Classification of Education" (ISCED) zugrunde. Die derzeit besten Quellen für den Vergleich von internationalen Bildungsdaten sind die OECD- und die UNESCO-Bildungsdaten. Beide Organisationen verwenden als Grundlage für die Aufbereitung der Daten das Klassifikationssystem „ISCED". Eine bei Bildungsvergleichen der Wohnbevölkerung häufig gewählte Altersgruppe sind die 25- bis 64- bzw. die 25- bis 34-Jährigen. Sowohl OECD als auch UNESCO stellen für diese Altersgruppen Vergleichsdaten zur Verfügung. Auch für den vorliegenden Vergleich sollen diese Altersgruppen herangezogen werden, weshalb auch entsprechende Tabellen für diese Altergruppe ausgewiesen werden.

Betrachtet man nun die Entwicklung des Anteils der Personen mit einer abgeschlossenen tertiären Ausbildung in Prozenten der 25- bis 34-jährigen

Wohnbevölkerung auf Grundlage der OECD-Berichte[24], so zeigt sich als Erstes ein Definitionsproblem. 1991 stimmen die Ergebnisse auf Grundlage der in diesem Bericht verwendeten Definition (Universitäten, Fachhochschulen, alle pädagogischen Akademien und alle hochschulverwandten Abschlüsse) für die tertiären Abschlüsse noch relativ gut überein (Tabelle 58). 2001 weicht der für Österreich an die OECD gemeldete Anteil der Personen mit einer abgeschlossenen tertiären Ausbildung an der 25- bis 34-jährigen Wohnbevölkerung schon um vier Prozentpunkte ab, eine Differenz, die aufgrund der inzwischen erweiterten Definition noch verständlich ist (Meister-/Werkmeisterabschlüsse, Kollegs usw. werden bei den tertiären Abschlüssen mitgezählt, nicht aber bei der in diesem Bericht verwendeten Definition). Der letzte Wert für 2004 ist allerdings aus meiner Sicht nur bedingt nachvollziehbar, da sich zwischen den OECD-Berichten 2005 und 2006 die der OECD gemeldete Definition (siehe Annex 3 EAG 2006, 17) nicht verändert hat. Allerdings hat Statistik Austria – sie meldet die österreichischen Daten an die OECD – in diesem Zeitraum die Mikrozensuserhebung geändert, was ein Grund für diesen unerwarteten Anstieg sein könnte. Da es sich bei der 25- bis 34-jährigen Wohnbevölkerung um Bestandszahlen handelt, die sich nur sehr langsam verändern – es wird ja pro Jahr nur ein Jahrgang ausgetauscht –, ist ein Anstieg in diesem Ausmaß nur durch eine Änderung der Definition bzw. der Erhebungsmethode zu erklären. Dieser Wert wächst auch für alle anderen Staaten relativ langsam, sofern eben nicht durch eine Änderung in der Definition Sprünge auftreten. In Tabelle 56 wird der in dieser Studie berechnete Wert in der Zeile „Österreich" ausgewiesen.

Unabhängig von diesen definitorischen Problemen zeigt sich, dass Österreich auch im besten Fall mehr als zehn Prozentpunkte unter dem Durchschnitt aller OECD-Staaten liegt, und dieser Abstand hat sich zwischen 1991 und 2001 sogar noch von 12 auf 14 Prozentpunkte vergrößert, obwohl der für das Jahr 2001 gemeldete Wert „definitorisch" aufgebessert wurde. Die Werte für 2011 und 2021 in der Zeile „Österreich" sind die aufgrund der Prognose zu erwartenden Zahlen – auch in Zukunft wird sich der weitere Anstieg in Grenzen halten –, wobei der Wert für 2011 als ziemlich zuverlässig angesehen werden kann und auch durch noch so weit reichende Bildungsmaßnahmen nur mehr geringfügig beeinflussbar ist. Im Unterschied zur Altersgruppe der 25- bis 34-Jährigen umfasst die Altersgruppe der 25- bis 64-Jährigen 40 Jahrgänge und verändert sich somit über die Zeit noch viel langsamer. Veränderungen um mehr als einen Prozentpunkt von einem zum nächsten Jahr sind daher eindeutig auf definitorische Modifikationen zu-

[24] Bildung auf einen Blick, OECD-Indikatoren 2003 bis 2006.

rückzuführen. Daher treffen die oben schon für die Altersgruppe der 25- bis 34-Jährigen gemachten Anmerkungen auf die von Österreich an die OECD gemeldeten Werte ebenso zu; dies insbesondere, da sie dasselbe Muster der Abweichungen von den in dieser Studie berechneten Werten aufweisen. Für 1991 stimmen sie überein, 2001 weichen sie schon um vier Prozentpunkte ab, und der Wert für das Jahr 2004 steigt plötzlich von 15% (2003) auf 18% und liegt damit um sieben Prozentpunkte über den hier berechneten. Von unseren Nachbarstaaten scheinen nur noch die Ungarn gewisse Probleme mit der Konstanz der verwendeten Definition zu haben, welche Abschlüsse zu den tertiären zu rechnen sind – auch die ungarischen Werte weichen im Jahr 2004 deutlich vom Vorjahreswert ab.

Es ist natürlich nicht verwunderlich, dass besonders Länder, die im unteren Prozentbereich der Anteile der tertiär gebildeten Bevölkerung liegen, versuchen, weitere Bildungsgruppen zur tertiären Ebene hinzuzurechnen, vor allem dann, wenn sie zu den führenden Industrienationen gehören und diesen Status auch in Zukunft behalten wollen.

Multinationale Industriekonzerne suchen Standorte für ihre Forschungsstätten unter anderem auch danach aus, ob sie an diesen Orten auch die entsprechend ausgebildeten Arbeitskräfte vorfinden, und dafür sind schlechte Werte bei den international vergleichenden Statistiken natürlich von Nachteil. Dies trifft sicherlich auf den Vergleich des prozentuellen Anteils

Tabelle 56: Anteil der Personen mit einer abgeschlossenen tertiären Ausbildung in Prozenten der 25- bis 34-jährigen Bevölkerung

	1991	2000	2001	2002	2003	2004	2011	2021
Austria	8	15	14	15	15	20		
Österreich	9		11	11	12	12	16	19
Czech Republic		11	11	12	12	13		
Finland	33	38	38	39	40	38		
Germany	21	22	22	22	22	23		
Hungary		15	15	15	17	19		
Italy	7	10	12	12	12	15		
Slovak Republic		11	12	12	13	14		
Switzerland	21	26	26	26	29	30		
United Kingdom	19	29	29	31	33	35		
United States	30	38	39	39	39	39		
OECD Mittelwert	**20**	**27**	**28**	**28**	**29**	**31**		

Quelle: Bildung auf einen Blick, OECD-Indikatoren 2003 bis 2006 und eigene Berechnungen

Anmerkung: Die Zeile „Austria“ enthält die OECD-Werte; die Zeile „Österreich“ enthält die in dieser Studie berechneten Werte.

Tabelle 57: Anteil der Personen mit einer abgeschlossenen tertiären Ausbildung in Prozenten der 25- bis 64-jährigen Bevölkerung

	1991	2000	2001	2002	2003	2004	2011	2021
Austria	7	14	14	14	15	18		
Österreich	7		10	10	11	11	13	16
Czech Republic	m	11	11	12	12	12		
Finland	25	32	32	33	33	34		
Germany	22	23	23	23	24	25		
Hungary	m	14	14	14	15	17		
Italy	6	9	10	10	10	11		
Slovak Republic	m	10	11	11	12	12		
Switzerland	20	24	25	25	27	28		
United Kingdom	16	26	26	27	28	29		
United States	30	36	37	38	38	39		
OECD Mittelwert	**18**	**22**	**22**	**23**	**24**	**25**		

Quelle: Bildung auf einen Blick, OECD-Indikatoren 2003 bis 2006 und eigene Berechnungen

Anmerkung: Die Zeile „Austria" enthält die OECD-Werte; die Zeile „Österreich" enthält die in dieser Studie berechneten Werte.

der Personen mit einer abgeschlossenen tertiären Ausbildung der 25- bis 64-jährigen Bevölkerung zu: Österreich liegt deutlich unter dem OECD-Durchschnitt und noch viel deutlicher unter dem Niveau des PISA-Musterlandes Finnland. Das Hauptproblem dabei ist, dass sich dieser Zustand mittelfristig nicht verbessern wird – auch dann nicht, wenn in Österreich schon morgen mit grundlegenden Reformen des Schulsystems begonnen würde. Denn für diese Prognosewerte würde keine Reform mehr wirksam werden, da in diesem Fall auch die Werte für 2021 relativ zuverlässig sind.

Die einzige Möglichkeit, diesen Rückstand etwas zu verringern, wäre die Forcierung der Erwachsenenbildung (siehe Kap. 5.1) wie z.B. eine groß angelegte Kampagne, in der allen Studienabbrechern – und davon gibt es ja gerade in Österreich besonders viele – in speziellen Studienprogrammen die Möglichkeit des Nachholens eines formalen Studienabschlusses angeboten wird.

Die zukünftige Entwicklung wird am besten durch die Nettoeintrittsraten in eine tertiäre Ausbildung beschrieben. In Tabelle 58 ist die Entwicklung dieser Rate in einigen OECD-Ländern (Anrainerstaaten usw.) seit 2000 zusammengestellt. In den Zeilen „Austria" werden die OECD-Werte wiedergegeben, in den Zeilen „Österreich" werden die in dieser Studie berechneten Werte angeführt; dabei muss die unterschiedliche Berechnungsweise beachtet werden: In dieser Studie wird der Anteil am Durchschnitt der 18-

Tabelle 58: Nettoeintrittsraten in eine tertiäre Ausbildung Typ A in Anteilen an der gleichaltrigen Bevölkerung

		2000	2001	2002	2003	2004	2011	2012
Austria	M	30	31	28	32	33		
	W	37	37	34	38	41		
	G	33	34	31	35	37		
Österreich	M	28	26	23	26	27	32	35
	W	38	31	27	30	32	38	41
	G	33	28	25	28	29	35	38
Czech Republic	M	26	26	30	31	36		
	W	24	35	30	35	41		
	G	25	30	30	33	38		
Finland	M	62	62	62	66	65		
	W	81	83	82	81	82		
	G	71	72	71	73	73		
Germany	M	30	32	35	35	38		
	W	30	33	35	37	37		
	G	30	32	35	36	37		
Hungary	M	60	50	55	61	61		
	W	70	63	69	77	76		
	G	65	56	62	69	68		
Italy	M	38	38	44	47	49		
	W	49	50	57	60	62		
	G	43	44	50	54	55		
Slovak Republic	M	38	40	43	39	42		
	W	36	39	45	41	52		
	G	37	40	44	40	47		
Switzerland	M	32	37	37	39	39		
	W	26	29	32	36	38		
	G	29	33	35	38	38		
United Kingdom	M	42	41	43	45	m		
	W	49	49	51	52	m		
	G	46	45	47	48	52		
United States	M	37	36	60	56	56		
	W	49	49	68	70	71		
	G	43	42	64	63	63		
Country mean	**M**	**40**	**41**	**45**	**47**	**48**		
	W	**47**	**51**	**55**	**57**	**59**		
	G	**44**	**47**	**51**	**53**	**53**		

Quelle: Bildung auf einen Blick, OECD-Indikatoren Table C2.2. 2003 bis 2006 und eigene Berechnungen

Anmerkung: Die OECD berechnet die Nettoeintrittsraten über die Summe aller Anteile pro Jahrgang und Geschlecht; die eigenen Berechnungen erfolgten am Durchschnitt der 18- bis 22-Jährigen und beinhalten nur die inländischen ordentlichen Hörer.

bis 22-jährigen Bevölkerung berechnet, und darüber hinaus werden nur die inländischen ordentlichen Studienanfänger berücksichtigt.

Ab dem Jahr 2001 weichen die in dieser Studie berechneten Werte (Österreich) und die OECD-Werte für Österreich (Austria) deutlich von einander ab. Unabhängig von solchen Ungereimtheiten muss man aufgrund dieser Zahlen allerdings feststellen, dass in Österreich auch in Zukunft im internationalen Vergleich mittelfristig mit keiner Verbesserung bei den Eintrittsraten in eine tertiäre Ausbildung Typ A zu rechnen ist. Der Abstand des von Österreich an die OECD gemeldeten Wertes lag im Jahr 2000 um elf und 2004 schon um 16 Prozentpunkte unter dem Durchschnittswert der OECD-Länder. Im Jahr 2000 hatten von den Nachbarländern die Tschechische Republik, Deutschland und die Schweiz noch eine geringere Eintrittsrate als Österreich. Im letzten Jahr der Statistik (2004) teilen sich die drei deutschsprachigen Länder praktisch den letzten Platz – zufällig jene Länder, in denen der Schulbereich für die 6- bis 14- bzw. 15-Jährigen nicht flächendeckend als Gesamtschule geführt wird.

Für Österreich ist auch für die Zukunft mit keiner deutlichen Steigerung dieser Rate zu rechnen, da seit dem massiven Ausbau der Fachhochschulen praktisch alle Maturanten – insbesondere die männlichen – nach der Matura eine tertiäre (postsekundäre) Ausbildung beginnen. In diesem Bildungsabschnitt kann es nur Steigerungen geben, wenn schon im Sekundarbereich II weit gehende Maßnahmen gesetzt werden, damit mehr Personen in zur Matura führende Schulen eintreten und diese dann auch erfolgreich abschließen. Wie bereits ausgeführt wurde, sind gerade die Dropoutraten im Sekundarbereich II ähnlich hoch, wenn nicht sogar höher, als im Tertiärbereich. Angesichts der Diskussion über überfüllte Universitäten und daher notwendige Zugangsbeschränkungen zu diesen wird es allerdings schwierig sein, die Jugend zu motivieren, die Mühe und den langen Ausbildungsweg einer zur Matura führenden Schule auf sich zu nehmen, insbesondere wenn diese Jugendlichen aus bildungsfernen Schichten kommen.

Zusammenfassung

Obwohl Österreich bezogen auf die Qualifikationsstruktur und das dieser zugrunde liegende Bildungswesen im internationalen Vergleich nicht gerade zu den führenden Nationen zählt, hat sich seine Qualifikationsstruktur in den beobachteten drei Jahrzehnten massiv verbessert. Im Allgemeinen kann man im beobachteten Zeitraum (etwa von 1960 bis 2003) eine deutliche Zunahme der Bildungsbeteiligung feststellen. Den Löwenanteil zu dieser Qualifikationssteigerung lieferte über den gesamten Zeitraum hinweg allerdings die weibliche Bevölkerung. Die Frauen nahmen das Bildungsangebot auch dann noch vermehrt in Anspruch, als die Teilnahme der Männer schon stagnierte. So hat sich die Zahl der Mädchen, welche die 1. Klasse einer Berufsbildenden Höheren Schule besuchen, zwischen 1971 und 2001 verfünffacht und die Zahl jener, welche die letzte Klasse einer Berufsbildenden Höheren Schule besuchen, im selben Zeitraum sogar mehr als verachtfacht. In denselben Zeiträumen hat sich die Zahl der Schüler in der 1. Klasse einer Berufsbildenden Höheren Schule „nur“ etwas mehr als verdoppelt und in der letzten Klasse etwa verdreifacht. Seit 1990 konnten gleichlaufend mit der Bevölkerungsentwicklung sogar leicht rückläufige Tendenzen festgestellt werden – erst ab 1996 begannen die Zahlen wieder leicht zu steigen.

Wie im sekundären Schulbereich wird auch im tertiären Schulwesen die Bildungsexpansion der letzten 30 Jahre zum Großteil von den Studentinnen getragen. So ist der Anteil der Maturantinnen am Durchschnitt der 18- bis 20-Jährigen in diesem Zeitraum von 15% auf über 45% deutlich stärker als jener der Männer (17% auf 40%) gestiegen. Dies hatte zur Folge, dass sich die Zahl der Studienanfängerinnen zwischen 1971 und 2002 verfünffachte, während sich jene der männlichen Studienanfänger im selben Zeitraum „nur“ knapp verdoppelte. Die Zunahme der Absolventen insgesamt wurde seit 1971 zum überwiegenden Teil durch die steigenden Abschlusszahlen der Studentinnen bewirkt. 1971 erreichte der Anteil der Absolventinnen an Universitäten am Mittel der entsprechenden Altersjahrgänge (den fünf Jahrgängen der 25- bis unter 30-jährigen Bevölkerung) 2,3%, 1981 4,5%, 1991 6,0% und 2001 schon 12,6%, während die entsprechenden Anteile bei den männlichen Absolventen zwischen 1981 (7,8%) und 1991 (7,2%) sogar leicht rückläufig waren. Erst mit der Einführung der Fachhochschulen begann die Zahl der männlichen Absolventen wieder deutlich zu steigen. Damit würde eine „erweiterte Absolventenquote" (Erstabschlüsse an Universitäten plus FHS-Abschlüsse) von heute 16% bis 2025 auf 22% eines Jahrgangs ansteigen. Dabei sollte allerdings nicht unerwähnt bleiben, dass diese enorme Steigerung der weiblichen Bildungsbeteiligung von einer sehr eingeengten Wahl der besuchten Schulen und Studienrichtungen geprägt war. Sowohl auf der sekundären – Höhere Schulen für Lehrer und Erzieher – als auch auf der tertiären Bildungsebene – Pädagogische Akademien und geisteswissenschaftliche Studienrichtungen – fiel die Wahl der Frauen zu einem hohen Prozentsatz auf eine Ausbildung, die zu pädagogischen oder sozial- und geisteswissenschaftlichen Berufen führt.

Diese Entwicklung bewirkte in allen Bereichen der österreichischen Bevölkerungsstruktur gravierende Veränderungen. Die Qualifikationsstruktur der Wohnbevölkerung hat sich seit der Volkszählung 1971 deutlich verbessert, insbesondere bei den Frauen. So stieg der Anteil der 25- bis 65-jährigen Frauen, die einen tertiären Abschluss erreicht haben, an der weiblichen Bevölkerung derselben Altersgruppe von 2,1% (M 4,7%; G 3,3%) 1971 auf 10% (M 10,1%; G 10%) 2001 und wird bis 2011 auf 14% (M 12,3%; G 13,1%) steigen. Insgesamt wenig Auswirkungen wird – trotz der höheren Erwerbstätigkeit von besser gebildeten Frauen – allerdings die Zunahme der Gebildeten auf die Nachfrage nach Arbeitsplätzen haben, da hier zwei gegenläufige Phänomene aufeinander treffen: Zwar haben gebildete Frauen eine deutlich höhere Erwerbsneigung, aber umgekehrt befinden sie sich immer länger im Stadium der Ausbildung, und damit wird die Zeit der Erwerbstätigkeit mit der höheren und länger werdenden Ausbildung immer kürzer. Die Verbesserung der Qualifikationsstruktur allein liefert, wenn überhaupt, nur einen sehr geringen Beitrag zum allgemeinen Anstieg der Erwerbsneigung der Frauen; diese ist für alle Frauen auf allen Bildungsniveaus gestiegen.

Die durchschnittliche Erwerbsquote der Männer ist seit 1971 von Volkszählungsjahr zu Volkszählungsjahr gesunken. Die Gründe dafür liegen einerseits im späteren Berufseintritt insbesondere derer, die das österreichische Bildungssystem mehr oder weniger erfolgreich nutzten, und andererseits im immer früheren Berufsaustritt aller Erwerbstätigen – dieser wurde erst zwischen 1991 und 2001 gestoppt.

Abkürzungs- und Zusammenfassungsverzeichnis

ABKÜRZUNGEN

ABS	Allgemeinbildende + Berufsbildende Pflichtschulen
ABSM	Hochschulabsolventen männlich
ABSW	Hochschulabsolventen weiblich
AHS	Allgemeinbildende Höhere Schule
ANGMA	Angewandte Mathematik
APS	Allgemeinbildende Pflichtschule
ABS	Allgemeinbildende Pflichtschule + Lehrabschluss
BEV	Österreichische Wohnbevölkerung
BevAnt	Anteil an der Bevölkerung (z.B. Anteil der Maturanten am Durchschnitt der 18- bis 21-jährigen Bevölkerung)
BEVG	Österreichische Wohnbevölkerung gesamt
BHS	Berufsbildende Höhere Schule
BMHS	Berufsbildende Mittlere und Höhere Schulen
BMS	Berufsbildende Mittlere Schule
BPS	Lehrabschluss
BVM	Bodenkultur + Veterinärmedizin
DIEN	Dienstleistungen
EEM	Erstmalig Immatrikulierende männlich
EEW	Erstmalig Immatrikulierende weiblich
ERZWI	Erziehung
FHS	Fachhochschulstudiengänge
GEIKU	Geistes- und kulturwissenschaftliche Studien
GEWI	Geistes- und kulturwissenschaftliche Studien
GKWI	Geisteswissenschaften und Künste
GWS	Geisteswissenschaften (Humanwissenschaften, Kulturkundliche und Philologische Studienrichtungen, Dolmetscher und Theologie)
HKS	Höhere Kaufmännische Schulen
HLES	Höhere Schulen für Lehrer und Erzieher
HLFS	Höhere Land- und Forstwirtschaftliche Schulen
HMED	Gesundheits- und Sozialwesen
HMED	Humanmedizin
HPP86/05	Hochschulplanungsprognose 1986 bzw. 2005
HS	Hauptschule + Polytechnischer Lehrgang
HTS	Höhere Technisch-gewerbliche Schulen
HWS	Höhere Wirtschaftsberufliche Schulen
IDIPL	Individuelles Diplomstudium
INGWE	Ingenieurwesen
INGWI	Ingenieurwissenschaftliche Studien

KHS	Künstlerische Studien
KUNST	Künstlerische Studien
LAFOW	Land- und Forstwirtschaft
LAWI	Landwirtschaft
LEAM	Lehramtsstudien
MatM/W	Maturanten männlich bzw. weiblich
MED	Medizinische Studien
MKS	Mittlere Kaufmännische Schulen
MPAED	Musikpädagogik
MTS	Mittlere Technische Schulen
MWS	Mittlere Wirtschaftsberufliche Schulen
NAT	Naturwissenschaften (Naturwissenschaftliche Studien an Universitäten [inkl. Technische Univ.], Pharmazie, Sportwissenschaften)
NATWI	Naturwissenschaftliche Studien
ÖSTAT	Österreichisches Statistisches Zentralamt (Statistik Austria)
ÖVP	Österreichische Volkspartei
PÄDAK	Pädagogische Akademien (inkl. Berufs- und Religionspädagogische; zukünftig Pädagogische Hochschulen)
PAEDA	Pädagogik
PAK	Pädagogische Akademien (zukünftig Pädagogische Hochschulen)
PHARM	Pharmazeutische Studien
PSK	Tertiäre Ausbildung
PSYCH	Psychologie
PTS	Polytechnische Schule
REWI	Rechtswissenschaftliche Studien
RWS	Rechtswissenschaften
SEK	Sekundäre Ausbildung
SOKOM	Sozial- und Kommunikationswissenschaften
SOWI	Sozial- und wirtschaftswissenschaftliche Studien
SPO	Sonstige Tertiäre Ausbildung
SPÖ	Sozialdemokratische Partei Österreichs
SPORT	Sportwissenschaften
SPRA	Sprachen
SS	Sonderschule
SST	Schulstufe
SUM	SUMME
SWRWI	Sozialwissenschaften, Wirtschaft und Recht
SWS	Sozial- und Wirtschaftswissenschaften
TEC	Technik (ohne Naturwissenschaften) + Montanistik
TER	Tertiäre Qualifikation
THEO	Theologische Studien
VETM	Veterinärmedizin
VS	Volksschule
WINF	Wirtschaftsinformatik
WIPAE	Wirtschaftspädagogik
WSA	Wintersemester Anfänger
WSA-P	Wintersemester Anfänger Personen

SCHULTYPENGRUPPEN DER MATURANTEN

	Kürzel	Schultype
1	AHS	Allgemeinbildende Höhere Schulen (1-10, 12-18, 24, 25, 27)
2	HTS	Höhere Technisch-gewerbliche Schulen (19)
3	HKS	Höhere Kaufmännische Schulen (20)
4	HWS	Höhere Wirtschaftsberufliche Schulen (11, 21)
5	HLFS	Höhere Land- und Forstwirtschaftliche Schulen (23)
6	HLES	Höhere Schulen für Lehrer und Erzieher (22, 26, 28)

ZUSAMMENFASSUNG DER SYNTHETISCHEN STUDIENRICHTUNGSGRUPPEN

SG	RiN	LA	BEZEICHNUNG	Unistg	Isced1	IU
			Geistes- und kulturwissensch. Studien (Unistggr) **01 Pädagogik (PAEDA)**			
1	060		Erziehungs- und Unterrichtswissenschaft Stv.	A	1	A1
1	297		Pädagogik	A	1	A1
1	297	B	Pädagogik (Bakk.)	A	1	A1
1	297	M	Pädagogik (Mag.)	A	1	A1
			02 Geistes- und kulturwissensch. Studien (GEIKU)			
2	070		Vergleichende Literaturwissenschaft	A	2	A2
2	072		Skandinavistik	A	2	A2
2	076		Mittel- und Neulatein Stv.	A	2	A2
2	195		Nederlandistik	A	2	A2
2	229		Klassische Philologie ohne nähere Angaben	A	2	A2
2	236		Romanistik	A	2	A2
2	236	B	Romanistik (Bakk.)	A	2	A2
2	236	M	Romanistik (Mag.)	A	2	A2
2	243		Slawistik	A	2	A2
2	243	B	Slawistik (Bakk.)	A	2	A2
2	243	M	Slawistik (Mag.)	A	2	A2
2	249		Numismatik Stv.	A	2	A2
2	250		Ägyptologie	A	2	A2
2	251		Afrikanistik	A	2	A2
2	257		Sonstiges philologisch-kulturkundliches Fach o.n.A.	A	2	A2
2	296		Philosophie	A	2	A2
2	296	B	Philosophie (Bakk.)	A	2	A2
2	296	M	Philosophie (Mag.)	A	2	A2
2	309		Ur- und Frühgeschichte	A	2	A2
2	309	B	Ur- und Frühgeschichte (Bakk.)	A	2	A2
2	309	M	Ur- und Frühgeschichte (Mag.)	A	2	A2
2	310		Alte Geschichte und Altertumskunde	A	2	A2
2	311		Geschichte	A	2	A2
2	314		Klassische Archäologie	A	2	A2

SG	RiN	LA	BEZEICHNUNG	Unistg	Isced1	IU
2	315		Kunstgeschichte	A	2	A2
2	315	B	Kunstgeschichte (Bakk.)	A	2	A2
2	315	M	Kunstgeschichte (Mag.)	A	2	A2
2	316		Musikwissenschaft	A	2	A2
2	317		Theaterwissenschaft	A	2	A2
2	323		Übersetzen und Dolmetschen	A	2	A2
2	323	B	Übersetzen und Dolmetschen (Bakk.)	A	2	A2
2	323	M	Übersetzen und Dolmetschen (Mag.)	A	2	A2
2	326		Übersetzer (KSt.)	A	2	A2
2	327		Sprachwissenschaft	A	2	A2
2	331		Deutsche Philologie	A	2	A2
2	331	B	Deutsche Philologie (Bakk.)	A	2	A2
2	331	M	Deutsche Philologie (Mag.)	A	2	A2
2	336		Klassische Philologie - Latein	A	2	A2
2	336	B	Klassische Philologie - Latein (Bakk.)	A	2	A2
2	336	M	Klassische Philologie - Latein (Mag.)	A	2	A2
2	339		Klassische Philologie - Griechisch	A	2	A2
2	342		Anglistik und Amerikanistik	A	2	A2
2	345	B	Französisch (Bakk.)	A	2	A2
2	345	M	Französisch (Mag.)	A	2	A2
2	345		Französisch	A	2	A2
2	348	B	Italienisch (Bakk.)	A	2	A2
2	348	M	Italienisch (Mag.)	A	2	A2
2	348		Italienisch	A	2	A2
2	351	B	Spanisch (Bakk.)	A	2	A2
2	351	M	Spanisch (Mag.)	A	2	A2
2	351		Spanisch	A	2	A2
2	354		Rumänisch	A	2	A2
2	357		Portugiesisch	A	2	A2
2	360	B	Russisch (Bakk.)	A	2	A2
2	360	M	Russisch (Mag.)	A	2	A2
2	360		Russisch	A	2	A2
2	363	B	Bosnisch/Kroatisch/Serbisch (Bakk.)	A	2	A2
2	363	M	Bosnisch/Kroatisch/Serbisch (Mag.)	A	2	A2
2	363		Bosnisch/Kroatisch/Serbisch	A	2	A2
2	366		Slowenisch	A	2	A2
2	369		Tschechisch	A	2	A2
2	372		Bulgarisch	A	2	A2
2	373		Slowakisch	A	2	A2
2	375		Polnisch	A	2	A2
2	377		Ukrainisch	A	2	A2
2	378		Japanologie	A	2	A2
2	378	B	Japanologie (Bakk.)	A	2	A2
2	378	M	Japanologie (Mag.)	A	2	A2

SG	RiN	LA	BEZEICHNUNG	Unistg	Isced1	IU
2	379		Judaistik	A	2	A2
2	379	B	Judaistik (Bakk.)	A	2	A2
2	379	M	Judaistik (Mag.)	A	2	A2
2	380		Finno-Ugristik	A	2	A2
2	380	B	Finno-Ugristik (Bakk.)	A	2	A2
2	380	M	Finno-Ugristik (Mag.)	A	2	A2
2	383		Byzantinistik und Neogräzistik	A	2	A2
2	384		Altsemitische Philologie und orientalische Archäologie	A	2	A2
2	385		Arabistik	A	2	A2
2	386		Turkologie	A	2	A2
2	387		Indologie	A	2	A2
2	388		Sinologie	A	2	A2
2	388	B	Sinologie (Bakk.)	A	2	A2
2	388	M	Sinologie (Mag.)	A	2	A2
2	389		Tibetologie und Buddhismuskunde	A	2	A2
2	392		Sprachen und Kulturen des alten Orients	A	2	A2
			03 Sozial- u. Kommunikationswissensch. (SOKOM)			
3	122		Soziologie (geistes-/kulturwissensch. Stud.)	A	3	A3
3	122	B	Soziologie (geistes-/kulturwissensch. Stud.) (Bakk.)	A	3	A3
3	122	M	Soziologie (geistes-/kulturwissensch. Stud.) (Mag.)	A	3	A3
3	300		Politikwissenschaft	A	3	A3
3	301		Publizistik und Kommunikationswissenschaften	A	3	A3
3	301	B	Publizistik und Kommunikationswissenschaften (Bakk.)	A	3	A3
3	301	M	Publizistik und Kommunikationswissenschaften (Mag.)	A	3	A3
3	307		Völkerkunde	A	3	A3
3	308		Volkskunde	A	3	A3
3	308	B	Volkskunde (Bakk.)	A	3	A3
3	308	M	Volkskunde (Mag.)	A	3	A3
			Ingenieurwissenschaftliche Studien (Unistggr) **04 Ang. Mathematik (ANGMA)**			
4	078		Computerwissenschaften Stv.	D	4	D4
4	810		Technische Physik	D	4	D4
4	850		Versicherungsmathematik (KSt.)	D	4	D4
4	855	B	Versicherungsmathematik (Bakk.)	D	4	D4
4	855	M	Versicherungsmathematik (Mag.)	D	4	D4
4	855		Versicherungsmathematik	D	4	D4
4	860	B	Technische Mathematik (Bakk.)	D	4	D4
4	860	M	Technische Mathematik (Mag.)	D	4	D4
4	860		Technische Mathematik	D	4	D4
4	871		Datentechnik (KSt.)	D	4	D4
4	880	B	Informatik (Bakk.)	D	4	D4
4	880	M	Informatik (Mag.)	D	4	D4
4	880		Informatik	D	4	D4
4	928	B	Industrielogistik (Bakk.)	D	4	D4

SG	RiN	LA	BEZEICHNUNG	Unistg	Isced1	IU
4	928	M	Industrielogistik (Mag.)	D	4	D4
4	928		Industrielogistik	D	4	D4
			05 Ingenieurwesen (INGWE)			
5	068		Wirtschaftsingenieurwesen - Technische Chemie	D	5	D5
5	074	B	Telematik (Bakk.)	D	5	D5
5	074	M	Telematik (Mag.)	D	5	D5
5	074		Telematik	D	5	D5
5	600		Architektur	D	5	D5
5	610		Bauingenieurwesen	D	5	D5
5	620		Wirtschaftsingenieurwesen - Bauwesen	D	5	D5
5	630		Raumplanung und Raumordnung	D	5	D5
5	660	B	Vermessung und Geoinformation (Bakk.)	D	5	D5
5	660	M	Vermessung und Geoinformation (Mag.)	D	5	D5
5	660		Vermessung und Geoinformation	D	5	D5
5	700		Maschinenbau	D	5	D5
5	710	B	Elcktrotcchnik (Bakk.)	D	5	D5
5	710	M	Elektrotechnik (Mag.)	D	5	D5
5	710		Elektrotechnik	D	5	D5
5	722		Fertigungsautomatisierung Stv.	D	5	D5
5	725		Mechatronik	D	5	D5
5	730		Verfahrenstechnik	D	5	D5
5	740		Wirtschaftsingenieurwesen - Maschinenbau	D	5	D5
5	750		Elektrotechnik - Toningenieur	D	5	D5
5	800		Technische Chemie	D	5	D5
5	910	B	Kulturtechnik und Wasserwirtschaft (Bakk.)	D	5	D5
5	910	M	Kulturtechnik und Wasserwirtschaft (Mag.)	D	5	D5
5	910		Kulturtechnik und Wasserwirtschaft	D	5	D5
5	915	B	Lebensmittel- und Biotechnologie (Bakk.)	D	5	D5
5	915	M	Lebensmittel- und Biotechnologie (Mag.)	D	5	D5
5	915		Lebensmittel- und Biotechnologie	D	5	D5
5	930		Erdölwesen	D	5	D5
5	931	B	Industr. Umweltschutz, Entsorgung, Recycling (Bakk.)	D	5	D5
5	931	M	Industr. Umweltschutz, Entsorgung, Recycling (Mag.)	D	5	D5
5	931		Industr. Umweltschutz, Entsorgung, Recycling	D	5	D5
5	935		Gesteinshüttenwesen	D	5	D5
5	937	B	Petroleum Engineering (Bakk.)	D	5	D5
5	937	M	Petroleum Engineering (Mag.)	D	5	D5
5	937		Petroleum Engineering	D	5	D5
5	940	B	Metallurgie (Bakk.)	D	5	D5
5	940	M	Metallurgie (Mag.)	D	5	D5
5	940		Metallurgie	D	5	D5
5	950		Montanmaschinenwesen	D	5	D5
5	960	B	Kunststofftechnik (Bakk.)	D	5	D5
5	960	M	Kunststofftechnik (Mag.)	D	5	D5

SG	RiN	LA	BEZEICHNUNG	Unistg	Isced1	IU
5	960		Kunststofftechnik	D	5	D5
5	963		Markscheidewesen	D	5	D5
5	966	B	Bergwesen (Bakk.)	D	5	D5
5	966	M	Bergwesen (Mag.)	D	5	D5
5	966		Bergwesen	D	5	D5
5	970		Werkstoffwissenschaft	D	5	D5
5	974	B	Angewandte Geowissenschaften (Bakk.)	D	5	D5
5	974	M	Angewandte Geowissenschaften (Mag.)	D	5	D5
5	974		Angewandte Geowissenschaften	D	5	D5
			06 Land- und Forstwirtschaft (LAFOW)			
6	069		Landschaftsplanung und Landschaftspflege	D	6	D6
6	890		Landwirtschaft	D	6	D6
6	900	B	Forst- und Holzwirtschaft (Bakk.)	D	6	D6
6	900	M	Forst- und Holzwirtschaft (Mag.)	D	6	D6
6	900		Forst- und Holzwirtschaft	D	6	D6
			Künstlerische Studien (Unistggr) **07 Musikpädagogik (MPAED)**			
7	545	B	Instrumental- (Gesangs)pädagogik (Bakk.)	F	1	F1
7	545	M	Instrumental- (Gesangs)pädagogik (Mag.)	F	1	F1
7	545		Instrumental- (Gesangs)pädagogik	F	1	F1
7	546	B	Musik- und Bewegungserziehung (Bakk.)	F	1	F1
7	546	M	Musik- und Bewegungserziehung (Mag.)	F	1	F1
7	546		Musik- und Bewegungserziehung	F	1	F1
7	548		Musik- und Bewegungserziehung (KSt.)	F	1	F1
			08 Kunst (KUNST)			
8	077		Tapisserie Stv.	F	2	F2
8	133	B	Akkordeon (Bakk.)	F	2	F2
8	133	M	Akkordeon (Mag.)	F	2	F2
8	134	B	Alte Musik/Viola da Gamba (Bakk.)	F	2	F2
8	134	M	Alte Musik/Viola da Gamba (Mag.)	F	2	F2
8	495		Tonmeister Stv.	F	2	F2
8	500	B	Komposition und Musiktheorie (Bakk.)	F	2	F2
8	500	M	Komposition und Musiktheorie (Mag.)	F	2	F2
8	500		Komposition und Musiktheorie	F	2	F2
8	505	B	Dirigieren (Bakk.)	F	2	F2
8	505	M	Dirigieren (Mag.)	F	2	F2
8	505		Dirigieren	F	2	F2
8	510		Studium an HS künstlerischer Richtung	F	2	F2
8	511	B	Klavier (Bakk.)	F	2	F2
8	511	M	Klavier (Mag.)	F	2	F2
8	511		Klavier	F	2	F2
8	512	B	Orgel (Bakk.)	F	2	F2
8	512	M	Orgel (Mag.)	F	2	F2
8	512		Orgel	F	2	F2

SG	RiN	LA	BEZEICHNUNG	Unistg	Isced1	IU
8	513	B	Cembalo (Bakk.)	F	2	F2
8	513	M	Cembalo (Mag.)	F	2	F2
8	513		Cembalo	F	2	F2
8	514	B	Klavierkammermusik (Bakk.)	F	2	F2
8	514	M	Klavierkammermusik (Mag.)	F	2	F2
8	514		Klavierkammermusik	F	2	F2
8	515	B	Klavier-Vokalbegleitung (Bakk.)	F	2	F2
8	515	M	Klavier-Vokalbegleitung (Mag.)	F	2	F2
8	515		Klavier-Vokalbegleitung	F	2	F2
8	516	B	Violine (Bakk.)	F	2	F2
8	516	M	Violine (Mag.)	F	2	F2
8	516		Violine	F	2	F2
8	517	B	Viola (Bakk.)	F	2	F2
8	517	M	Viola (Mag.)	F	2	F2
8	517		Viola	F	2	F2
8	518	B	Violoncello (Bakk.)	F	2	F2
8	518	M	Violoncello (Mag.)	F	2	F2
8	518		Violoncello	F	2	F2
8	519	B	Kontrabass (Bakk.)	F	2	F2
8	519	M	Kontrabass (Mag.)	F	2	F2
8	519		Kontrabass	F	2	F2
8	520	B	Gitarre (Bakk.)	F	2	F2
8	520	M	Gitarre (Mag.)	F	2	F2
8	520		Gitarre	F	2	F2
8	521	B	Harfe (Bakk.)	F	2	F2
8	521	M	Harfe (Mag.)	F	2	F2
8	521		Harfe	F	2	F2
8	522	B	Flöte (Bakk.)	F	2	F2
8	522	M	Flöte (Mag.)	F	2	F2
8	522		Flöte	F	2	F2
8	523	B	Blockflöte (Bakk.)	F	2	F2
8	523	M	Blockflöte (Mag.)	F	2	F2
8	523		Blockflöte	F	2	F2
8	524	B	Oboe (Bakk.)	F	2	F2
8	524	M	Oboe (Mag.)	F	2	F2
8	524		Oboe	F	2	F2
8	525	B	Klarinette (Bakk.)	F	2	F2
8	525	M	Klarinette (Mag.)	F	2	F2
8	525		Klarinette	F	2	F2
8	526	B	Fagott (Bakk.)	F	2	F2
8	526	M	Fagott (Mag.)	F	2	F2
8	526		Fagott	F	2	F2
8	527	B	Saxophon (Bakk.)	F	2	F2
8	527	M	Saxophon (Mag.)	F	2	F2

SG	RiN	LA	BEZEICHNUNG	Unistg	Isced1	IU
8	527		Saxophon	F	2	F2
8	528	B	Horn (Bakk.)	F	2	F2
8	528	M	Horn (Mag.)	F	2	F2
8	528		Horn	F	2	F2
8	529	B	Trompete (Bakk.)	F	2	F2
8	529	M	Trompete (Mag.)	F	2	F2
8	529		Trompete	F	2	F2
8	530	B	Posaune (Bakk.)	F	2	F2
8	530	M	Posaune (Mag.)	F	2	F2
8	530		Posaune	F	2	F2
8	531	B	Basstuba (Bakk.)	F	2	F2
8	531	M	Basstuba (Mag.)	F	2	F2
8	531		Basstuba	F	2	F2
8	532	B	Schlaginstrumente (Bakk.)	F	2	F2
8	532	M	Schlaginstrumente (Mag.)	F	2	F2
8	532		Schlaginstrumente	F	2	F2
8	533		Klavierkammermusik Stv. (KSt.)	F	2	F2
8	534		Klavier-Vokalbegleitung Stv. (KSt.)	F	2	F2
8	535	B	Gesang (Bakk.)	F	2	F2
8	535	M	Gesang (Mag.)	F	2	F2
8	535		Gesang	F	2	F2
8	539		Musiktheaterregie	F	2	F2
8	540		Lied und Oratorium (KSt.)	F	2	F2
8	541		Musikdramatische Darstellung (KSt.)	F	2	F2
8	542		Bühnengestaltung	F	2	F2
8	547		Musiktherapie (KSt.)	F	2	F2
8	550	B	Katholische Kirchenmusik (Bakk.)	F	2	F2
8	550	M	Katholische Kirchenmusik (Mag.)	F	2	F2
8	550		Katholische Kirchenmusik	F	2	F2
8	553	B	Evangelische Kirchenmusik (Bakk.)	F	2	F2
8	553	M	Evangelische Kirchenmusik (Mag.)	F	2	F2
8	553		Evangelische Kirchenmusik	F	2	F2
8	556		Katholische Kirchenmusik (KSt.)	F	2	F2
8	557		Evangelische Kirchenmusik (KSt.)	F	2	F2
8	560	B	Jazz (Bakk.)	F	2	F2
8	560	M	Jazz (Mag.)	F	2	F2
8	560		Jazz	F	2	F2
8	561		Darstellende Kunst	F	2	F2
8	564	B	Film und Fernsehen (Bakk.)	F	2	F2
8	564	M	Film und Fernsehen (Mag.)	F	2	F2
8	564		Film und Fernsehen	F	2	F2
8	565		Bildtechnik und Kamera (Film und Fernsehen)	F	2	F2
8	566		Buch und Dramaturgie (Film und Fernsehen)	F	2	F2
8	567		Produktion (Film und Fernsehen)	F	2	F2

SG	RiN	LA	BEZEICHNUNG	Unistg	Isced1	IU
8	568		Regie (Film und Fernsehen)	F	2	F2
8	569		Schnitt (Film und Fernsehen)	F	2	F2
8	570		Malerei und Graphik	F	2	F2
8	571		Bildhauerei	F	2	F2
8	572		Medailleurkunst und Kleinplastik	F	2	F2
8	573		Experimentelle visuelle Gestaltung	F	2	F2
8	575		Mediengestaltung	F	2	F2
8	580		Industrial Design	F	2	F2
8	581		Produktgestaltung	F	2	F2
8	582	B	Keramik (Bakk.)	F	2	F2
8	582	M	Keramik (Mag.)	F	2	F2
8	582		Keramik	F	2	F2
8	583	B	Metall (Bakk.)	F	2	F2
8	583	M	Metall (Mag.)	F	2	F2
8	583		Metall	F	2	F2
8	584		Mode	F	2	F2
8	585	B	Textil (Bakk.)	F	2	F2
8	585	M	Textil (Mag.)	F	2	F2
8	585		Textil	F	2	F2
8	587		Innenarchitektur	F	2	F2
8	588		Konservierung und Restaurierung	F	2	F2
8	605		Bildende Kunst	F	2	F2
8	625		Design	F	2	F2
8	640		Instrumentalstudium	F	2	F2
8	640	B	Instrumentalstudium (Bakk.)	F	2	F2
8	640	M	Instrumentalstudium (Mag.)	F	2	F2
8	645	B	Katholische und Evangelische Kirchenmusik (Bakk.)	F	2	F2
8	645	M	Katholische und Evangelische Kirchenmusik (Mag.)	F	2	F2
8	645		Katholische und Evangelische Kirchenmusik	F	2	F2
8	650		Kunst und Gestaltung	F	2	F2
8	650	B	Kunst und Gestaltung (Bakk.)	F	2	F2
8	650	M	Kunst und Gestaltung (Mag.)	F	2	F2
8	655		Musiktherapie	F	2	F2
8	670		Tonmeisterstudium	F	2	F2
			Lehramtsstudien (Unistggr) **09 Lehramtsstudien (LEAM)**			
9	020	L	Katholische Religion UF	I	1	I1
9	040	L	Evangelische Religion UF	I	1	I1
9	190	L	Lehramtsstudium	I	1	I1
9	229	L	Klassische Philologie o.n.A. LA	I	1	I1
9	236	L	Romanische Philologie o.n.A. LA	I	1	I1
9	243	L	Slawische Philologie o.n.A. LA	I	1	I1
9	257	L	Sonstiges philologisch-kulturkundliches Fach o.n.A. LA	I	1	I1
9	299	L	Psychologie und Philosophie UF	I	1	I1

SG	RiN	LA	BEZEICHNUNG	Unistg	Isced1	IU
9	311	L	Geschichte, Sozialkunde, Politische Bildung UF	I	1	I1
9	331	L	Deutsch UF	I	1	I1
9	336	L	Latein UF	I	1	I1
9	339	L	Griechisch UF	I	1	I1
9	342	L	Englisch UF	I	1	I1
9	345	L	Französisch UF	I	1	I1
9	348	L	Italienisch UF	I	1	I1
9	351	L	Spanisch UF	I	1	I1
9	360	L	Russisch UF	I	1	I1
9	363	L	Bosnisch/Kroatisch/Serbisch UF	I	1	I1
9	366	L	Slowenisch UF	I	1	I1
9	369	L	Tschechisch UF	I	1	I1
9	380	L	Ungarisch UF	I	1	I1
9	404	L	Mathematik UF	I	1	I1
9	407	L	Darstellende Geometrie UF	I	1	I1
9	410	L	Physik UF	I	1	I1
9	419	L	Chemie UF	I	1	I1
9	445	L	Biologie und Umweltkunde UF	I	1	I1
9	447	L	Biologie und Warenlehre LA	I	1	I1
9	452	L	Geographie und Wirtschaftskunde UF	I	1	I1
9	474	L	Haushaltsökonomie und Ernährung UF	I	1	I1
9	480	L	Leibeserziehung UF	I	1	I1
9	590	L	Bildnerische Erziehung UF	I	1	I1
9	591	L	Werkerziehung UF	I	1	I1
9	592	L	Textiles Gestalten UF	I	1	I1
9	593	L	Musikerziehung UF	I	1	I1
9	594	L	Instrumentalmusikerziehung UF	I	1	I1
9	799	L	Mathematik, DG, Physik, Chemie LA	I	1	I1
9	880	L	Informatik und Informatikmanagement UF	I	1	I1
			Medizinische Studien (Unistggr) **10 Veterinärmedizin (VETM)**			
10	206		Veterinärmedizin	K	6	K6
10	207		Erweiterungsstudium Lebensmittelhygiene	K	6	K6
10	210	B	Pferdewissenschaften (Bakk.)	K	6	K6
10	210	M	Pferdewissenschaften (Mag.)	K	6	K6
			11 Humanmedizin (HMED)			
11	201		Humanmedizin	K	7	K7
11	203		Zahnmedizin	K	7	K7
			Naturwissenschaftliche Studien (Unistggr) **12 Psychologie (PSYCH)**			
12	298		Psychologie	M	3	M3
			13 Naturwissenschaften (NATWI)			
13	403		Logistik	M	4	M4
13	404		Mathematik	M	4	M4

SG	RiN	LA	BEZEICHNUNG	Unistg	Isced1	IU
13	404	B	Mathematik (Bakk.)	M	4	M4
13	404	M	Mathematik (Mag.)	M	4	M4
13	410		Physik	M	4	M4
13	413		Astronomie	M	4	M4
13	414		Meteorologie und Geophysik	M	4	M4
13	419		Chemie	M	4	M4
13	426		Erdwissenschaften	M	4	M4
13	426	B	Erdwissenschaften (Bakk.)	M	4	M4
13	426	M	Erdwissenschaften (Mag.)	M	4	M4
13	437		Biologie	M	4	M4
13	437	B	Biologie (Bakk.)	M	4	M4
13	437	M	Biologie (Mag.)	M	4	M4
13	452		Geographie	M	4	M4
13	452	B	Geographie (Bakk.)	M	4	M4
13	452	M	Geographie (Mag.)	M	4	M4
13	490		Molekulare Biologie	M	4	M4
13	690	B	Umweltsystemwissenschaften (Bakk.)	M	4	M4
13	690	M	Umweltsystemwissenschaften (Mag.)	M	4	M4
13	690		Umweltsystemwissenschaften	M	4	M4
			14 Pharmazeutische Studien (PHARM)			
14	264		Pharmakognosie	M	7	M7
14	449		Pharmazie	M	7	M7
14	474		Ernährungswissenschaften	M	7	M7
			15 Sportwissenschaften (SPORT)			
15	480		Sportwissenschaften	M	8	M8
15	480	B	Sportwissenschaften (Bakk.)	M	8	M8
15	480	M	Sportwissenschaften (Mag.)	M	8	M8
			Rechtswissenschaftliche Studien (Unistggr) **16 Rechtswissenschaften (REWI)**			
16	101		Rechtswissenschaften	N	3	N3
16	115		Wirtschaftsrecht	N	3	N3
16	116	B	Recht und Wirtschaft (Bakk.)	N	3	N3
16	116	M	Recht und Wirtschaft (Mag.)	N	3	N3
16	116		Recht und Wirtschaft	N	3	N3
			Sozial- und wirtschaftswissensch. Studien (Unistggr) **17 Wirtschaftspädagogik (WIPAE)**			
17	170	L	Wirtschaftspädagogik	O	1	O1
			18 Sozial- und Wirtschaftswissenschaften (SOWI)			
18	073		Angewandte Betriebswirtschaft Stv.	O	3	O3
18	110		Staatswissenschaften	O	3	O3
18	120		Soziologie (sozial-/wirtschaftswissensch. Stud.)	O	3	O3
18	120	B	Soziologie (sozial-/wirtschaftswissensch. Stud.) (Bakk.)	O	3	O3
18	120	M	Soziologie (sozial-/wirtschaftswissensch. Stud.) (Mag.)	O	3	O3
18	130		Sozialwirtschaft	O	3	O3

SG	RiN	LA	BEZEICHNUNG	Unistg	Isced1	IU
18	140		Volkswirtschaft	O	3	O3
18	140	B	Volkswirtschaft (Bakk.)	O	3	O3
18	140	M	Volkswirtschaft (Mag.)	O	3	O3
18	150		Betriebswirtschaft	O	3	O3
18	150	B	Betriebswirtschaft (Bakk.)	O	3	O3
18	150	M	Betriebswirtschaft (Mag.)	O	3	O3
18	153		Internationale Betriebswirtschaft	O	3	O3
18	154		Angewandte Betriebswirtschaft	O	3	O3
18	155		Internationale Wirtschaftswissenschaften	O	3	O3
18	160		Handelswissenschaft	O	3	O3
18	165		Informatikmanagement	O	3	O3
18	165	B	Informatikmanagement (Bakk.)	O	3	O3
18	165	M	Informatikmanagement (Mag.)	O	3	O3
18	179		Erg. Studium Betriebswirtschaftslehre	O	3	O3
18	180		Wirtschaftswissenschaften	O	3	O3
			19 Wirtschaftsinformatik (WINF)			
19	075		Angewandte Informatik Stv.	O	4	O4
19	135		Statistik	O	4	O4
19	135	B	Statistik (Bakk.)	O	4	O4
19	135	M	Statistik (Mag.)	O	4	O4
19	175		Wirtschaftsinformatik	O	4	O4
19	175	B	Wirtschaftsinformatik (Bakk.)	O	4	O4
19	175	M	Wirtschaftsinformatik (Mag.)	O	4	O4
			Theologische Studien (Unistggr) **20 Theologie (THEO)**			
20	011		Katholische Fachtheologie	Q	2	Q2
20	012	B	Katholische Religionspädagogik (Bakk.)	Q	2	Q2
20	012	L	Katholische Religionspädagogik	Q	2	Q2
20	012	M	Katholische Religionspädagogik (Mag.)	Q	2	Q2
20	030		Philosophie an der Katholisch-Theologischen Fakultät	Q	2	Q2
20	040		Evangelische Fachtheologie	Q	2	Q2
			Individuelles Diplomstudium (Unistggr) **21 Individuelles Diplomstudium (IDIPL)**			
21	055		Studium Irregulare	T	9	T9
21	057		Individuelles Diplomstudium	T	9	T9

ZUSAMMENFASSUNG DER SYNTHETISCHEN STUDIENRICHTUNGEN NACH ISCED

SG	UI	Bezeichnung		UGStuGr
	1	**Erziehung**	**ERZWI**	
1	A1	Pädagogik	PAEDA	Geistes- und kulturwissens. Studien
7	F1	Musikpädagogik	MPAED	Künstlerische Studien
9	I1	Lehramtsstudien	LEAM	Lehramtsstudien
17	O1	Wirtschaftspädagogik	WIPAE	Sozial- und wirtschaftswi. Studien
	2	**Geisteswissensch. und Künste**	**GKWI**	
2	A2	Geistes- u. kulturwiss. Studien	GEIKU	Geistes- und kulturwissens. Studien
8	F2	Kunst	KUNST	Künstlerische Studien
20	Q2	Theologie	THEO	Theologische Studien
	3	**Sozialwissenschaften, Wirtschaft und Recht**	**SWRWI**	
3	A3	Sozial- u. Kommunikationswiss.	SOKOM	Geistes- und kulturwissens. Studien
12	M3	Psychologie	PSYCH	Naturwissenschaftliche Studien
16	N3	Rechtswissenschaften	REWI	Rechtswissenschaftliche Studien
18	O3	Sozial- und Wirtschaftswissens.	SOWI	Sozial- und wirtschaftswiss. Studien
	4	**Naturwissenschaften**	**NATWI**	
4	D4	Ang. Mathematik	ANGMA	Ingenieurwissenschaftliche Studien
13	M4	Naturwissenschaften	NATWI	Naturwissenschaftliche Studien
19	O4	Wirtschaftsinformatik	WINF	Sozial- und wirtschaftswiss. Studien
	5	**Ingenieurwesen, Verarb. Gewerbe und Baugewerbe**	**INGWI**	
5	D5	Ingenieurwesen	INGWE	Ingenieurwissenschaftliche Studien
	6	**Landwirtschaft**	**LAWI**	
6	D6	Land- & Forstwirtschaft	LAFOW	Ingenieurwissenschaftliche Studien
10	K6	Veterinärmedizin	VETM	Medizinische Studien
	7	**Gesundheits- und Sozialwesen**	**HMED**	
11	K7	Humanmedizin	HMED	Medizinische Studien
14	M7	Pharmazeutische Studien	PHARM	Naturwissenschaftliche Studien
	8	**Dienstleistungen**	**DIEN**	
15	M8	Sportwissenschaften	SPORT	Naturwissenschaftliche Studien
	9	**Nicht bekannt**	**IDIPL**	
21	T9	Individuelles Diplomstudium	IDIPL	Individuelles Diplomstudium

ZUSAMMENFASSUNG DER BILDUNGSKATEGORIEN NACH 16 BZW. 15 (APS + LEHRE) QUALIFIKATIONSGRUPPEN

(diese Enteilung wurde bis 1991 und für den Vergleich auch 2001 verwendet)

1 Sonstige postsekundäre Ausbildung (SPO)

1 Universität, Hochschule, Akademie, Studium irregulare onB

1 Uni,(Kunst) HS, Kunstakademie mit HS-Abschluss sonst

1 Akademie (Bundes-) für Sozialarbeit

1 Med-techn. Dienst, gehobener, Diplom
1 Militärakademie (abgeschlossene Hochschule)
1 Sonstige hochschulverwandte Lehranstalten
2 Fachhochschule (FHS) erst ab 2001
2 Fachhochschule, Fachhochschul-Studiengang
3 Künstlerische Studien (KHS)
3 Künstlerische Studien onB (KHS, Akademie)
3 Kunsterziehung onB (LA; KHS, Akademie)
3 Bildnerische und angewandte Kunst onB (KHS, Akad.)
3 Bildnerische Erziehung, Zeichnen (LA)
3 Werkerziehung, Textiles Gestalten und Werken (LA; KHS, Akademie)
3 Architektur (KHS, Akademie)
3 Innenarch., Umweltgest., Produktgest., Design, visuelle Mediengest. (KHS, Akademie)
3 Malerei und Graphik, Angewandte Graphik und Kunsthandwerk
3 Plastische Gestaltung (KHS, Akademie)
3 Bühne, Textil und Mode (KHS, Akademie)
3 Musik o.n.B. (Kunsthochschule)
3 Musikerziehung, Intrumentalmusikerziehung (LA; KHS)
3 Komposition und Dirigentenausbildung (KHS)
3 Tasteninstrumente (KHS)
3 Streich- und andere Saiteninstrumente (KHS)
3 Blas- und Schlaginstrumente (KHS)
3 Musikpädagogik, Lehrbefähigungsprüfung
3 Kirchenmusik (Kunsthochschule)
3 Sologesang, musikdramat. Darstellung (KHS)
3 Jazz (Kunsthochschule)
3 Darstellende Kunst o.n.B. (KHS)
3 Tanz (Kunsthochschule)
3 Schauspiel, Regie, Bühnengestaltung(KHS)
3 Film und Fernsehen (KHS)
4 Landwirtschaft (BVM)
4 Bodenkultur o.n.B.
4 Landwirtschaft (Hochschule)
4 Landschaftsökologie und –gestaltung (Stv)
4 Forst- und Holzwirtschaft (HS)
4 Kulturtechnik und Wasserwirtschaft (Boku)
4 Lebensmittel- und Gärungstechnolog.(Boku)
4 Tierheilkunde
5 Technik (TEC)
5 Technik o.n.B. (Hochschule)
5 Wirtschaftsingenieur(-wesen) onB (HS)
5 Bauingenieurwesen (Hochschule)
5 Wirtschaftsingenieurwesen-Bauwesen
5 Architektur (Technik, Hochschule)
5 Raumplanung und Raumordnung (Technik)
5 Vermessungswesen (-technik) (HS)
5 Maschinenbau (Hochschule)

5 Wirtschaftsingenieurwesen-Maschinenbau
5 Verfahrenstechnik (Hochschule)
5 Elektrotechnik (Hochschule)
5 Informatik, Mechatronik, Telematik
5 Datentechnik, Kurzstudium
5 Technische Uni.(HS), sonst. Studien
5 Montanistik o.n.B.
5 Markscheidewesen
5 Bergwesen (Hochschule)
5 Erdölwesen
5 Gesteinshüttenwesen, Hüttenwesen
5 Kunststofftechnik (Montanistik)
5 Montanmaschinenwesen
5 Sonstige montanistische Studien
5 Angewandte Geophysik (Montanistik)
5 Werkstoffwissenschaften (Hochschule)
6 Naturwissenschaften (NAT)
6 Naturwissenschaften o.n.B.
6 Technisch-naturwissenschaftliche Fak. onB
6 Technik, LA für höhere (Mittel-)Schulen onB
6 Logistik
6 Mathematik, auch LA (philosophisch und naturwissensch. Fakultät)
6 Technische Mathematik, auch LA
6 Versicherungsmathematik (Techn.)
6 Physik, auch LA (philosophisch und naturwissensch. Fakultät)
6 Technische Physik, auch LA
6 Chemie, auch LA (philosophisch und naturwissensch. Fakultät)
6 Technische Chemie, auch LA, Wirtschaftsingenieurwesen
6 Erdwissenschaften
6 Geographie, auch LA
6 Biologie, auch LA
6 Haushalts- und Ernährungswissenschaften, auch LA
6 Astronomie
6 Meteorologie und Geophysik
6 Pharmazie
6 Sportwissenschaften und Leibeserziehung (auch LA)
7 Geisteswissenschaften (GWS)
7 Theologie o.n.B.
7 Kath. Fachtheologie und Religionspädagogik
7 Evangelische Theologie und Pädagogik
7 Philosophie an kath. theologischen Fakultäten
7 Phil. Fakultät, Geistes- und Naturwissenschaften onB
7 Geisteswissenschaften o.n.B.
7 Philosophie, auch LA
7 Pädagogik, Erziehungswissenschaft
7 Psychologie
7 Philosophie, Pädagogik, Psychologie (LA)

7 Politikwissenschaft
7 Sozial- und Wirtschaftskunde (LA)
7 Publizistik, Kommunikationswissenschaft
7 Sonstige philosophisch - humanwissenschaftliche Studien
7 Völkerkunde
7 Volkskunde (Ethnologia Europaea)
7 Ur- und Frühgeschichte
7 Alte Geschichte und Altertumskunde
7 Geschichte und Sozialkunde, auch LA
7 Archäologie
7 Kunstgeschichte
7 Musikwissenschaft
7 Theaterwissenschaft
7 Sonst. historisch- kulturkundliche Studien
7 Deutsche Philolog., Germanistik, auch LA
7 Klassische Philologie (Altphilologie)
7 Anglistik und Amerikanistik, auch LA
7 Roman. Philologie, Romanistik, auch LA
7 Slawistik, auch LA
7 Sprachwissenschaft (Philologie)
7 Sonstige philologisch – kulturkundliche Studien auch LA
7 Übersetzer- und Dolmetscherausbildung
7 Kurzstudium für Übersetzer
8 Sozial- und wirtschaftswissenschaftliche Studien (SWS)
8 Sozial- und Wirtschaftswissenschaften onB
8 Soziologie (auch Studienversuch)
8 Sozialwirtschaft
8 Sozial- und Wirtschaftsstatistik
8 Staatswissenschaften
8 Volkswirtschaft
8 Betriebswirtschaft
8 Handelswissenschaft
8 Wirtschaftswissenschaft
8 Welthandel
8 Wirtschaftsinformatik
8 Wirtschaftspädagogik
9 Medizin
10 Rechtswissenschaften
11 Pädagogische Akademien
12 Berufsbildende Höhere Schulen (BHS)
12 Kollegs
12 BHS
13 AHS
14 BMS
15 LEHRE
16 APS

Grafiken- und Tabellenverzeichnis

GRAFIKENVERZEICHNIS

TABELLENVERZEICHNIS

Literaturverzeichnis

DELL'MOUR René, LANDLER Frank: Projektbericht „Hochschulplanungsprognose 2005“ im Auftrag des Bundesministeriums für Wissenschaft und Forschung, Wien 2005

DELL'MOUR René: Projektbericht „Studienerfolgsanalyse“ im Auftrag des Bundesministeriums für Wissenschaft und Forschung, Wien 1994

DELL'MOUR René, LANDLER Frank: Projektbericht „Analyse und Simulation des sekundären und postsekundären Bildungswesens in Österreich“ im Auftrag des Bundesministeriums für Wissenschaft und Forschung, Wien 1987 (Band 2)

DELL'MOUR René, LANDLER Frank, RABITSCH Wolfgang: Bildungswesen und Qualifikationsstruktur – Einige Simulationsrechnungen; Hrg.: Bundesministerium für Wissenschaft und Forschung, Wien 1985

DELL'MOUR Rene, LANDLER Frank: Akademische Grade zwischen Traum und Wirklichkeit. Einflussfaktoren auf den Studienerfolg. Schriftenreihe 17, Institut für Demographie der Österreichischen Akademie der Wissenschaften, Wien 2002

FISCHER-KOWALSKI Marina et al.: Projektbericht „Analyse und Simulation des sekundären und postsekundären Bildungswesens in Österreich“ im Auftrag des Bundesministeriums für Wissenschaft und Forschung, Wien 1981 (Band 1)

HAIDER Günter, SCHREINER Claudia (Hrg.): Die PISA-Studie – Österreichs Schulsystem im internationalen Wettbewerb; Böhlau Verlag, Wien 2006

IWD-Informationsdienst des Instituts der deutschen Wirtschaft: Der Unterricht ist gefährdet; Hrg.: Institut der deutschen Wirtschaft, Nr.4, Jg. 21, Köln 1995

KELLERMANN Paul, KOWALSKI Peter, STEINERT Heinz (Hrg.): Arbeit und Bildung – Zum Verhältnis von Qualifikations- und Beschäftigungssystem; Klagenfurter Beiträge zur Bildungswissenschaftlichen Forschung 4; Kärntner Druck- und Verlagsgesellschaft, Klagenfurt 1978

LANDLER Frank: Ein Simulationsmodell des primären und sekundären Schulwesens in Österreich; Schriftenreihe des Instituts für sozioökonomische Entwicklungsforschung der Österreichischen Akademie der Wissenschaften, Wien 1977

LANDLER Frank: Abschätzung des Lehrkräftebedarfs im primären und sekundären Schulwesen bzw. in der Erwachsenenbildung und Kultur-Projektbericht im Auftrag des Bundesministeriums für Unterricht, Kunst und Sport, Wien 1985

LANDLER Frank: Der Lehrkräftebedarf und die Rekrutierung des Nachwuchses im universitären Ausbildungsbereich. Forschungsbericht 10, Institut für Demographie, Wien 1993

LANDLER Frank: Projektbericht „Analyse des österreichischen Bildungswesens und der Veränderung der Qualifikationsstruktur der österreichischen Bevölkerung sowie die Simulation möglicher Entwicklungspfade“ im Auftrag des Bundesministeriums für Wissenschaft und Forschung, Wien 1996

LANDLER Frank: Das österreichische Bildungswesen in Zahlen. Analyse und Computersimulation des Schulsystems und der Qualifikationsstruktur der Bevölkerung, WUV-Universitätsverlag, Wien 1997

Landler Frank: Projektbericht „Spezialauszählung der Volkszählungsdaten der Jahre 1981, 1991 und 2001"im Auftrag des Bundesministeriums für Bildung, Wissenschaft und Kultur, Wien 2004

Landler Frank: Vergleich der Prognose 1996 mit den Ergebnissen der Volkszählung 2001 – Projektbericht im Auftrag des Bundesministeriums für Bildung, Wissenschaft und Kultur, Wien 2004

Landler Frank, Dell'Mour René: Quantitative Entwicklungstendenzen der österreichischen Universitäten und Fachhochschulen 1975–2025. Forschungsbericht 29, Institut für Demographie, Wien 2006

Marklund Sixten, Bergendal Gunnar: Trends in Swedish Educational Policy; The Swedish Institute, Uddevalla 1979

Mende Julius, Staritz Eva, Tomschitz Ingrid: Schule und Gesellschaft – Entwicklung und Probleme des Österreichischen Bildungssystems; Schriftenreihe des Instituts für sozioökonomische Entwicklungsforschung, Fakultas Verlag, Wien 1980

Nitsch Friederich: Studierende an Fachhochschul-Studiengängen im Wintersemester 1995/96; Statistische Nachrichten 9/1996, 679 ff. herausgegeben vom Österreichischen Statistischen Zentralamt Wien 1996

OECD-Bericht: Bildungsplanung in Österreich, Band 1: Erziehungsplanung und Wirtschaftswachstum 1965 bis 1975, Hrg.: Bundesministerium für Unterricht. Wien (o. J.)

OECD 2003: Bildung auf einen Blick – OECD Indikatoren 2003; Paris 2003

OECD 2004: Bildung auf einen Blick – OECD Indikatoren 2004; Paris 2004

OECD 2005: Bildung auf einen Blick – OECD Indikatoren 2005; Paris 2005

OECD 2006: Bildung auf einen Blick – OECD Indikatoren 2006; Paris 2006

Schneeberger Arthur: Bildungsexpansion und Beschäftigungsentwicklung; Beiträge des ibw zur Arbeitsmarktforschung II; Forschungsbericht 57, Wien 1987

Statistische Materialien

BEVÖLKERUNGSFORTSCHREIBUNG: interne Arbeitstabellen, herausgegeben von Statistik Austria

DAS SCHULWESEN IN ÖSTERREICH 1971/72–2002/03: Herausgegeben vom Österreichischen Statistischen Zentralamt, Wien 1973–2003

HOCHSCHULBERICHT: Herausgegeben vom Bundesministerium für Wissenschaft und Forschung; Wien 1972–2002

UNIVERSITÄTSBERICHT: Herausgegeben vom Bundesministerium für Bildung, Wissenschaft und Kultur; Wien 2002

ÖSTERREICHISCHE SCHULSTATISTIK 1951/52–2002/03: Herausgegeben vom Bundesministerium für Unterricht, Kunst und Sport unter Mitwirkung des Österreichischen Statistischen Zentralamts, Wien 1952–2003

VOLKSZÄHLUNG 1971 – Der Bildungsstand der Bevölkerung; Beiträge zur Österreichischen Statistik, herausgegeben vom Österreichischen Statistischen Zentralamt, Heft 309/18, Wien 1974

VOLKSZÄHLUNG 1981 – Der Bildungsstand der Bevölkerung; Beiträge zur Österreichischen Statistik, herausgegeben vom Österreichischen Statistischen Zentralamt, Heft 630/23, Wien 1985

VOLKSZÄHLUNG 1991 – Der Bildungsstand der Bevölkerung; Beiträge zur Österreichischen Statistik, herausgegeben vom Österreichischen Statistischen Zentralamt, Heft 1030/23, Wien 1996

VOLKSZÄHLUNG 2001 – Der Bildungsstand der Bevölkerung; Beiträge zur Österreichischen Statistik, herausgegeben von Statistik Austria, Wien 2002

Tabellenanhang

Weibliche Wohnbevölkerung nach höchster abgeschlossener Ausbildung, 15 Jahre und älter (ISCED-Klassifikation)

	Summe			15- bis 24-Jährige			25- bis 34-Jährige			25- bis 64-Jährige			über 65-Jährige		
WohW	2001	2011	2021	2001	2011	2021	2001	2011	2021	2001	2011	2021	2001	2011	2021
IDIPL	6.705	7.351	9.699	165	41	60	1.897	832	1.995	5.848	6.335	7.721	692	975	1.918
DIEN	835	1.389	2.017	23	35	35	348	460	526	762	1.288	1.855	50	66	127
HMED	23.532	33.772	44.763	154	382	423	5.885	8.848	9.978	20.645	29.450	38.018	2.733	3.940	6.322
LAWI	3.636	5.713	7.831	34	47	48	1.620	1.598	1.709	3.342	5.375	7.307	260	291	476
INGWI	6.477	10.312	14.154	87	65	69	2.670	2.996	3.097	6.049	9.492	12.707	341	755	1.378
NATWI	9.453	14.485	20.325	144	275	304	3.672	4.158	4.986	8.612	13.154	17.948	697	1.056	2.073
SWRWI	41.925	76.352	114.923	1.294	2.028	2.197	18.455	26.727	30.621	38.687	70.407	105.381	1.944	3.917	7.344
GKWI	36.149	44.022	51.071	520	335	334	9.367	6.561	6.471	31.164	36.652	39.581	4.465	7.035	11.156
ERZWI	24.066	38.498	51.654	359	623	560	6.708	10.281	9.566	22.201	34.830	43.841	1.506	3.046	7.254
FHS	2.943	20.249	48.944	395	3.271	3.937	1.277	12.254	23.343	2.463	16.763	44.548	85	215	459
PAK	76.037	89.324	101.048	2.226	3.546	3.554	15.484	14.235	16.013	64.802	74.098	72.019	9.009	11.681	25.475
SPO	21.946	25.200	29.935	1.400	891	1.410	7.694	3.783	4.787	19.548	22.143	23.885	998	2.166	4.640
BHS	181.013	280.639	382.523	42.779	67.464	68.979	68.142	81.897	111.864	130.290	197.146	290.143	7.944	16.029	23.400
AHS	185.646	198.911	196.820	56.613	56.888	54.890	43.709	35.929	29.203	109.620	117.321	109.786	19.413	24.702	32.144
BMS	549.064	584.370	587.610	49.425	43.292	31.823	109.179	76.633	65.679	416.683	416.303	389.045	82.956	124.774	166.742
ABS	2.314.292	2.200.856	2.023.562	313.493	297.715	254.902	305.905	225.317	201.002	1.364.160	1.241.795	1.096.002	636.639	661.346	672.659
SUM	3.483.719	3.631.443	3.686.879	469.111	476.898	423.526	602.012	512.508	520.839	2.244.876	2.292.550	2.299.788	769.732	861.995	963.565
TER	253.704	366.667	496.363	6.801	11.539	12.932	75.077	92.732	113.091	224.123	319.984	414.810	22.780	35.144	68.621
SEK	915.723	1.063.920	1.166.952	148.817	167.644	155.692	221.030	194.459	206.746	656.593	730.770	788.974	110.313	165.506	222.286
ABS	2.314.292	2.200.856	2.023.562	313.493	297.715	254.902	305.905	225.317	201.002	1.364.160	1.241.795	1.096.002	636.639	661.346	672.659
SUM	3.483.719	3.631.443	3.686.878	469.111	476.898	423.526	602.012	512.508	520.839	2.244.876	2.292.549	2.299.786	769.732	861.995	963.565

Weibliche Wohnbevölkerung nach Qualifikation in Prozent (ISCED-Klassifikation)

	Summe			15- bis 24-Jährige			25- bis 34-Jährige			25- bis 64-Jährige			über 65-Jährige		
WohW	2001	2011	2021	2001	2011	2021	2001	2011	2021	2001	2011	2021	2001	2011	2021
IDIPL	0,19%	0,20%	0,26%	0,04%	0,01%	0,01%	0,32%	0,16%	0,38%	0,26%	0,28%	0,34%	0,09%	0,11%	0,20%
DIEN	0,02%	0,04%	0,05%	0,00%	0,01%	0,01%	0,06%	0,09%	0,10%	0,03%	0,06%	0,08%	0,01%	0,01%	0,01%
HMED	0,68%	0,93%	1,21%	0,03%	0,08%	0,10%	0,98%	1,73%	1,92%	0,92%	1,28%	1,65%	0,36%	0,46%	0,66%
LAWI	0,10%	0,16%	0,21%	0,01%	0,01%	0,01%	0,27%	0,31%	0,33%	0,15%	0,23%	0,32%	0,03%	0,03%	0,05%
INGWI	0,19%	0,28%	0,38%	0,02%	0,01%	0,02%	0,44%	0,58%	0,59%	0,27%	0,41%	0,55%	0,04%	0,09%	0,14%
NATWI	0,27%	0,40%	0,55%	0,03%	0,06%	0,07%	0,61%	0,81%	0,96%	0,38%	0,57%	0,78%	0,09%	0,12%	0,22%
SWRWI	1,20%	2,10%	3,12%	0,28%	0,43%	0,52%	3,07%	5,21%	5,88%	1,72%	3,07%	4,58%	0,25%	0,5%	0,76%
GKWI	1,04%	1,21%	1,39%	0,11%	0,07%	0,08%	1,56%	1,28%	1,24%	1,39%	1,60%	1,72%	0,58%	0,82%	1,16%
ERZWI	0,69%	1,06%	1,40%	0,08%	0,13%	0,13%	1,11%	2,01%	1,84%	0,99%	1,52%	1,91%	0,20%	0,35%	0,75%
FHS	0,08%	0,56%	1,33%	0,08%	0,69%	0,93%	0,21%	2,39%	4,48%	0,11%	0,73%	1,94%	0,01%	0,02%	0,05%
PAK	2,18%	2,46%	2,74%	0,47%	0,74%	0,84%	2,57%	2,78%	3,07%	2,89%	3,23%	3,13%	1,17%	1,36%	2,64%
SPO	0,63%	0,69%	0,81%	0,30%	0,19%	0,33%	1,28%	0,74%	0,92%	0,87%	0,97%	1,04%	0,13%	0,25%	0,48%
BHS	5,20%	7,73%	10,4%	9,12%	14,1%	16,3%	11,3%	16,0%	21,5%	5,80%	8,60%	12,6%	1,03%	1,86%	2,43%
AHS	5,33%	5,48%	5,34%	12,1%	11,9%	13,0%	7,26%	7,01%	5,61%	4,88%	5,12%	4,77%	2,52%	2,87%	3,34%
BMS	15,8%	16,1%	15,9%	10,5%	9,10%	7,50%	18,1%	15,0%	12,6%	18,6%	18,2%	16,9%	10,8%	14,5%	17,3%
ABS	66,4%	60,6%	54,9%	66,8%	62,4%	60,2%	50,8%	44,0%	38,6%	60,8%	54,2%	47,7%	82,7%	76,7%	69,8%
TER	7,28%	10,1%	13,5%	1,45%	2,42%	3,05%	12,5%	18,1%	21,7%	10,0%	14,0%	18,0%	2,96%	4,08%	7,12%
SEK	26,3%	29,3%	31,7%	31,7%	35,2%	36,8%	36,7%	37,9%	39,7%	29,2%	31,9%	34,3%	14,3%	19,2%	23,1%
ABS	66,4%	60,6%	54,9%	66,8%	62,4%	60,2%	50,8%	44,0%	38,6%	60,8%	54,2%	47,7%	82,7%	76,7%	69,8%

Weibliche Erwerbstätige nach Qualifikation (ISCED-Klassifikation)

	Summe			15- bis 24-Jährige			25- bis 34-Jährige			25- bis 64-Jährige			über 65-Jährige		
ErwW	2001	2011	2021	2001	2011	2021	2001	2011	2021	2001	2011	2021	2001	2011	2021
IDIPL	4.658	4.621	5.388	120	29	43	1.531	670	1.612	4.528	4.577	5.313	10	15	32
DIEN	622	1.020	1.390	18	29	29	302	397	455	604	991	1.361	0	0	0
HMED	18.324	26.003	32.190	122	259	287	5.375	8.079	9.115	18.119	25.576	31.577	83	168	326
LAWI	2.818	4.457	5.586	19	29	29	1.386	1.351	1.444	2.796	4.424	5.524	3	5	33
INGWI	4.965	7.649	9.821	63	49	51	2.324	2.606	2.693	4.896	7.588	9.747	6	12	23
NATWI	7.052	10.504	13.828	107	184	204	3.133	3.517	4.230	6.937	10.307	13.600	8	13	25
SWRWI	33.793	60.566	86.416	968	1.469	1.594	16.662	24.018	27.532	32.797	59.031	84.709	28	67	113
GKWI	24.019	27.445	27.717	338	224	224	7.595	5.352	5.290	23.612	27.095	27.281	69	126	212
ERZWI	19.184	29.216	35.074	261	452	407	5.964	9.156	8.532	18.914	28.732	34.581	9	32	86
FHS	2.344	17.123	40.080	370	2.958	3.567	1.115	10.744	20.181	1.971	14.156	36.491	3	9	23
PAK	58.558	60.246	54.295	2.118	3.148	3.168	14.702	13.518	15.200	56.423	57.070	51.036	17	29	91
SPO	18.130	18.532	18.389	1.358	804	1.273	7.241	3.521	4.512	16.764	17.709	17.074	8	19	42
BHS	134.173	211.384	281.390	31.516	51.751	52.745	58.621	73.154	105.211	102.616	159.542	228.528	41	91	116
AHS	83.267	85.587	68.507	11.211	10.221	8.222	28.808	23.224	15.723	71.956	75.206	60.071	100	159	215
BMS	335.992	318.867	257.852	46.237	40.488	29.767	94.617	66.830	57.197	289.245	277.489	226.967	510	891	1.118
ABS	930.990	823.212	684.988	155.771	134.351	107.939	239.254	176.886	157.828	773.537	687.146	575.299	1.682	1.715	1.750
SUM	1.678.889	1.706.432	1.622.911	250.597	246.444	209.550	488.630	423.023	436.754	1.425.715	1.456.638	1.409.160	2.577	3.350	4.202
TER	194.467	267.382	330.174	5.862	9.633	10.876	67.330	82.928	100.796	188.361	257.254	318.294	244	495	1.004
SEK	553.432	615.837	607.749	88.964	102.460	90.734	182.046	163.208	178.130	463.817	512.237	515.566	651	1.140	1.449
ABS	930.990	823.212	684.988	155.771	134.351	107.939	239.254	176.886	157.828	773.537	687.146	575.299	1.682	1.715	1.750
SUM	1.678.889	1.706.431	1.622.911	250.597	246.444	209.550	488.630	423.022	436.754	1.425.715	1.456.637	1.409.159	2.577	3.350	4.202

Weibliche Erwerbstätige nach Qualifikation in Prozent (ISCED-Klassifikation)

	Summe			15- bis 24-Jährige			25- bis 34-Jährige			25- bis 64-Jährige			über 65-Jährige		
ErwW	2001	2011	2021	2001	2011	2021	2001	2011	2021	2001	2011	2021	2001	2011	2021
IDIPL	0,28%	0,27%	0,33%	0,05%	0,01%	0,02%	0,31%	0,16%	0,37%	0,32%	0,31%	0,38%	0,39%	0,45%	0,77%
DIEN	0,04%	0,06%	0,09%	0,01%	0,01%	0,01%	0,06%	0,09%	0,10%	0,04%	0,07%	0,10%	0,00%	0,00%	0,00%
HMED	1,09%	1,52%	1,98%	0,05%	0,11%	0,14%	1,10%	1,91%	2,09%	1,27%	1,76%	2,24%	3,22%	5,01%	7,75%
LAWI	0,17%	0,26%	0,34%	0,01%	0,01%	0,01%	0,28%	0,32%	0,33%	0,20%	0,30%	0,39%	0,12%	0,16%	0,78%
INGWI	0,30%	0,45%	0,61%	0,03%	0,02%	0,02%	0,48%	0,62%	0,62%	0,34%	0,52%	0,69%	0,23%	0,37%	0,54%
NATWI	0,42%	0,62%	0,85%	0,04%	0,07%	0,10%	0,64%	0,83%	0,97%	0,49%	0,71%	0,97%	0,31%	0,39%	0,59%
SWRWI	2,01%	3,55%	5,32%	0,39%	0,60%	0,76%	3,41%	5,68%	6,30%	2,30%	4,05%	6,01%	1,09%	1,99%	2,69%
GKWI	1,43%	1,61%	1,71%	0,13%	0,09%	0,11%	1,55%	1,27%	1,21%	1,66%	1,86%	1,94%	2,68%	3,77%	5,03%
ERZWI	1,14%	1,71%	2,16%	0,10%	0,18%	0,19%	1,22%	2,16%	1,95%	1,33%	1,97%	2,45%	0,35%	0,95%	2,04%
FHS	0,14%	1,00%	2,47%	0,15%	1,20%	1,70%	0,23%	2,54%	4,62%	0,14%	0,97%	2,59%	0,12%	0,26%	0,54%
PAK	3,49%	3,53%	3,35%	0,85%	1,28%	1,51%	3,01%	3,20%	3,48%	3,96%	3,92%	3,62%	0,66%	0,85%	2,17%
SPO	1,08%	1,09%	1,13%	0,54%	0,33%	0,61%	1,48%	0,83%	1,03%	1,18%	1,22%	1,21%	0,31%	0,57%	1,00%
BHS	7,99%	12,4%	17,3%	12,6%	21,0%	25,2%	12,0%	17,3%	24,1%	7,20%	11,0%	16,2%	1,59%	2,70%	2,76%
AHS	4,96%	5,02%	4,22%	4,47%	4,15%	3,92%	5,90%	5,49%	3,60%	5,05%	5,16%	4,26%	3,88%	4,76%	5,11%
BMS	20,0%	18,7%	15,9%	18,5%	16,4%	14,2%	19,4%	15,8%	13,1%	20,3%	19,0%	16,1%	19,8%	26,6%	26,6%
ABS	55,5%	48,2%	42,2%	62,2%	54,5%	51,5%	49,0%	41,8%	36,1%	54,3%	47,2%	40,8%	65,3%	51,2%	41,6%
TER	11,6%	15,7%	20,3%	2,34%	3,91%	5,19%	13,8%	19,6%	23,1%	13,2%	17,7%	22,6%	9,47%	14,8%	23,9%
SEK	33,0%	36,1%	37,4%	35,5%	41,6%	43,3%	37,3%	38,6%	40,8%	32,5%	35,2%	36,6%	25,3%	34,0%	34,5%
ABS	55,5%	48,2%	42,2%	62,2%	54,5%	51,5%	49,0%	41,8%	36,1%	54,3%	47,2%	40,8%	65,3%	51,2%	41,6%
TER	11,6%	15,7%	20,3%	2,34%	3,91%	5,19%	13,8%	19,6%	23,1%	13,2%	17,7%	22,6%	9,47%	14,8%	23,9%
SEK	33,0%	36,1%	37,4%	35,5%	41,6%	43,3%	37,3%	38,6%	40,8%	32,5%	35,2%	36,6%	25,3%	34,0%	34,5%
ABS	55,5%	48,2%	42,2%	62,2%	54,5%	51,5%	49,0%	41,8%	36,1%	54,3%	47,2%	40,8%	65,3%	51,2%	41,6%

Männliche Wohnbevölkerung nach Qualifikation (ISCED-Klassifikation)

	Summe			15- bis 24-Jährige			25- bis 34-Jährige			25- bis 64-Jährige			über 65-Jährige		
WohM	2001	2011	2021	2001	2011	2021	2001	2011	2021	2001	2011	2021	2001	2011	2021
IDIPL	7.479	7.602	8.137	103	9	12	1.616	610	860	6.287	6.105	5.843	1.089	1.488	2.282
DIEN	1.073	1.894	2.807	20	14	13	421	643	666	1.029	1.816	2.607	24	64	188
HMED	27.789	31.773	34.694	48	120	119	3.856	4.898	4.456	23.475	25.912	25.177	4.266	5.741	9.398
LAWI	8.626	9.199	9.300	29	13	13	1.705	964	835	6.808	7.056	6.980	1.789	2.130	2.307
INGWI	45.347	55.959	64.145	208	134	139	11.509	9.841	9.194	39.310	45.599	50.427	5.829	10.226	13.580
NATWI	22.205	30.960	41.661	224	359	426	7.337	7.459	9.334	20.487	27.590	35.714	1.494	3.010	5.522
SWRWI	67.764	87.338	105.384	830	835	866	18.008	17.839	17.936	58.871	72.660	85.568	8.063	13.843	18.950
GKWI	29.369	31.288	32.519	191	118	122	4.865	3.047	3.008	23.862	23.582	22.351	5.316	7.589	10.046
ERZWI	13.693	17.217	19.926	61	83	80	2.140	2.784	2.475	12.288	14.585	14.355	1.344	2.548	5.491
FHS	9.267	36.577	78.039	521	2.540	2.998	3.356	19.675	30.834	7.936	32.452	72.963	810	1.585	2.078
PAK	26.718	29.307	31.247	251	991	998	2.825	4.143	4.967	22.385	22.095	18.372	4.082	6.222	11.876
SPO	3.767	4.324	5.152	128	150	253	1.258	621	931	3.438	3.723	4.063	201	452	836
BHS	216.037	279.201	337.332	34.940	53.934	54.299	68.955	63.260	83.723	165.931	200.570	245.428	15.166	24.697	37.605
AHS	161.687	168.160	162.115	42.967	40.724	38.227	39.118	31.283	23.311	102.590	105.670	95.480	16.130	21.766	28.408
BMS	222.404	244.743	258.150	24.914	23.753	20.936	46.671	42.033	39.943	168.383	178.002	182.030	29.107	42.988	55.185
ABS	2.332.500	2.388.517	2.333.007	382.188	385.190	327.943	391.660	330.415	316.039	1.573.075	1.534.878	1.468.387	377.237	468.449	536.678
SUM	3.195.725	3.424.058	3.523.616	487.623	508.966	447.443	605.300	539.515	548.511	2.236.155	2.302.295	2.335.745	471.947	612.797	740.428
TER	263.097	343.438	433.010	2.614	5.366	6.039	58.896	72.525	85.495	226.176	283.174	344.419	34.307	54.897	82.552
SEK	600.128	692.103	757.598	102.821	118.410	113.462	154.744	136.576	146.977	436.904	484.242	522.939	60.403	89.451	121.198
ABS	2.332.500	2.388.517	2.333.007	382.188	385.190	327.943	391.660	330.415	316.039	1.573.075	1.534.878	1.468.387	377.237	468.449	536.678
SUM	3.195.725	3.424.057	3.523.615	487.623	508.966	447.443	605.300	539.515	548.511	2.236.155	2.302.294	2.335.745	471.947	612.797	740.428

Männliche Wohnbevölkerung nach Qualifikation in Prozent (ISCED-Klassifikation)

	Summe			15- bis 24-Jährige			25- bis 34-Jährige			25- bis 64-Jährige			über 65-Jährige		
WohM	2001	2011	2021	2001	2011	2021	2001	2011	2021	2001	2011	2021	2001	2011	2021
IDIPL	0,23%	0,22%	0,23%	0,02%	0,00%	0,00%	0,27%	0,11%	0,16%	0,28%	0,27%	0,25%	0,23%	0,24%	0,31%
DIEN	0,03%	0,06%	0,08%	0,00%	0,00%	0,00%	0,07%	0,12%	0,12%	0,05%	0,08%	0,11%	0,01%	0,01%	0,03%
HMED	0,87%	0,93%	0,98%	0,01%	0,02%	0,03%	0,64%	0,91%	0,81%	1,05%	1,13%	1,08%	0,90%	0,94%	1,27%
LAWI	0,27%	0,27%	0,26%	0,01%	0,00%	0,00%	0,28%	0,18%	0,15%	0,30%	0,31%	0,30%	0,38%	0,35%	0,31%
INGWI	1,42%	1,63%	1,82%	0,04%	0,03%	0,03%	1,90%	1,82%	1,68%	1,76%	1,98%	2,16%	1,24%	1,67%	1,83%
NATWI	0,69%	0,90%	1,18%	0,05%	0,07%	0,10%	1,21%	1,38%	1,70%	0,92%	1,20%	1,53%	0,32%	0,49%	0,75%
SWRWI	2,12%	2,55%	2,99%	0,17%	0,16%	0,19%	2,98%	3,31%	3,27%	2,63%	3,16%	3,66%	1,71%	2,30%	2,56%
GKWI	0,92%	0,91%	0,92%	0,04%	0,02%	0,03%	0,80%	0,56%	0,55%	1,07%	1,02%	0,96%	1,13%	1,24%	1,36%
ERZWI	0,43%	0,50%	0,57%	0,01%	0,02%	0,02%	0,35%	0,52%	0,45%	0,55%	0,63%	0,61%	0,28%	0,42%	0,74%
FHS	0,29%	1,07%	2,21%	0,11%	0,50%	0,67%	0,55%	3,65%	5,62%	0,35%	1,41%	3,12%	0,17%	0,26%	0,28%
PAK	0,84%	0,86%	0,89%	0,05%	0,19%	0,22%	0,47%	0,77%	0,91%	1,00%	0,96%	0,79%	0,86%	1,02%	1,60%
SPO	0,12%	0,13%	0,15%	0,03%	0,03%	0,06%	0,21%	0,12%	0,17%	0,15%	0,16%	0,17%	0,04%	0,07%	0,11%
BHS	6,76%	8,15%	9,60%	7,17%	10,6%	12,1%	11,4%	11,7%	15,3%	7,42%	8,71%	10,5%	3,21%	4,03%	5,08%
AHS	5,06%	4,91%	4,60%	8,80%	8,00%	8,50%	6,46%	5,80%	4,25%	4,59%	4,59%	4,09%	3,42%	3,55%	3,84%
BMS	7,00%	7,10%	7,30%	5,10%	4,70%	4,70%	7,70%	7,80%	7,30%	7,50%	7,70%	7,80%	6,20%	7,00%	7,50%
ABS	73,0%	69,8%	66,2%	78,4%	75,7%	73,3%	64,7%	61,2%	57,6%	70,3%	66,7%	62,9%	79,9%	76,4%	72,5%
TER	8,23%	10,0%	12,3%	0,54%	1,05%	1,35%	9,70%	13,4%	15,6%	10,1%	12,3%	14,7%	7,27%	8,96%	11,15%
SEK	18,8%	20,2%	21,5%	21,1%	23,3%	25,4%	25,6%	25,3%	26,8%	19,5%	21,0%	22,4%	12,8%	14,6%	16,4%
ABS	73,0%	69,8%	66,2%	78,4%	75,7%	73,3%	64,7%	61,2%	57,6%	70,3%	66,7%	62,9%	79,9%	76,4%	72,5%

Männliche Erwerbstätige nach Qualifikation (ISCED-Klassifikation)

	Summe			15- bis 24-Jährige			25- bis 34-Jährige			25- bis 64-Jährige			über 65-Jährige		
ErwM	2001	2011	2021	2001	2011	2021	2001	2011	2021	2001	2011	2021	2001	2011	2021
IDIPL	5.774	5.469	5.092	78	7	9	1.435	548	769	5.628	5.358	4.917	68	105	165
DIEN	956	1.654	2.369	12	9	9	378	569	595	943	1.643	2.353	1	1	7
HMED	22.756	25.053	24.331	41	84	83	3.547	4.498	4.085	22.436	24.365	23.198	279	604	1.050
LAWI	6.291	6.600	6.141	22	11	11	1.588	899	776	6.240	6.545	6.069	29	45	61
INGWI	36.482	42.840	46.693	148	97	101	10.871	9.315	8.678	36.078	42.261	46.011	256	482	582
NATWI	19.387	25.961	33.385	179	274	324	6.858	6.936	8.707	19.150	25.549	32.842	58	138	220
SWRWI	54.995	67.823	78.397	614	628	651	16.918	16.691	16.744	53.989	66.472	76.915	392	724	832
GKWI	22.012	21.810	20.198	119	72	75	4.138	2.574	2.533	21.049	20.642	18.905	844	1.096	1.218
ERZWI	11.207	12.441	12.180	35	50	49	1.971	2.575	2.288	11.154	12.327	12.005	18	64	126
FHS	7.731	33.415	72.967	493	2.380	2.811	3.220	18.887	29.696	7.220	31.001	70.114	18	34	43
PAK	20.020	17.432	15.229	236	875	884	2.760	4.031	4.842	19.778	16.542	14.320	6	15	25
SPO	3.282	3.469	3.562	115	124	210	1.204	593	887	3.167	3.345	3.352	0	0	0
BHS	175.181	222.529	257.726	25.916	43.273	42.759	61.878	55.436	77.187	149.087	178.925	214.437	178	331	531
AHS	92.341	93.348	76.627	11.998	9.494	7.089	26.474	21.246	12.819	80.140	83.558	69.147	203	296	391
BMS	170.394	177.206	169.391	23.458	22.309	19.669	45.715	41.109	39.086	146.696	154.556	149.288	240	341	434
ABS	1.533.037	1.483.248	1.345.948	250.934	246.029	201.934	378.815	319.406	305.540	1.280.755	1.235.647	1.142.254	1.348	1.573	1.760
SUM	2.181.846	2.240.301	2.170.236	314.398	325.715	276.668	567.770	505.314	515.232	1.863.510	1.908.738	1.886.125	3.938	5.849	7.444
TER	210.893	263.968	320.544	2.092	4.611	5.216	54.888	68.117	80.600	206.832	256.050	311.000	1.969	3.307	4.328
SEK	437.916	493.083	503.744	61.372	75.076	69.518	134.067	117.790	129.092	375.923	417.040	432.871	621	968	1.356
ABS	1.533.037	1.483.248	1.345.948	250.934	246.029	201.934	378.815	319.406	305.540	1.280.755	1.235.647	1.142.254	1.348	1.573	1.760
SUM	2.181.846	2.240.300	2.170.236	314.398	325.715	276.668	567.770	505.314	515.323	1.863.510	1.908.737	1.886.125	3.938	5.848	7.443

Männliche Erwerbstätige nach Qualifikation in Prozent (ISCED-Klassifikation)

	Summe			15- bis 24-Jährige			25- bis 34-Jährige			25- bis 64-Jährige			über 65-Jährige		
ErwM	2001	2011	2021	2001	2011	2021	2001	2011	2021	2001	2011	2021	2001	2011	2021
IDIPL	0,26%	0,24%	0,23%	0,02%	0,00%	0,00%	0,25%	0,11%	0,15%	0,30%	0,28%	0,26%	1,73%	1,79%	2,22%
DIEN	0,04%	0,07%	0,11%	0,00%	0,00%	0,00%	0,07%	0,11%	0,12%	0,05%	0,09%	0,12%	0,03%	0,02%	0,10%
HMED	1,04%	1,12%	1,12%	0,01%	0,03%	0,03%	0,62%	0,89%	0,79%	1,20%	1,28%	1,23%	7,08%	10,3%	14,1%
LAWI	0,29%	0,29%	0,28%	0,01%	0,00%	0,00%	0,28%	0,18%	0,15%	0,33%	0,34%	0,32%	0,74%	0,76%	0,82%
INGWI	1,67%	1,91%	2,15%	0,05%	0,03%	0,04%	1,91%	1,84%	1,68%	1,94%	2,21%	2,44%	6,50%	8,23%	7,81%
NATWI	0,89%	1,16%	1,54%	0,06%	0,08%	0,12%	1,21%	1,37%	1,69%	1,03%	1,34%	1,74%	1,47%	2,36%	2,95%
SWRWI	2,52%	3,03%	3,61%	0,20%	0,19%	0,24%	2,98%	3,30%	3,25%	2,90%	3,48%	4,08%	9,95%	12,4%	11,2%
GKWI	1,01%	0,97%	0,93%	0,04%	0,02%	0,03%	0,73%	0,51%	0,49%	1,13%	1,08%	1,00%	21,4%	18,7%	16,4%
ERZWI	0,51%	0,56%	0,56%	0,01%	0,02%	0,02%	0,35%	0,51%	0,44%	0,60%	0,65%	0,64%	0,46%	1,10%	1,69%
FHS	0,35%	1,49%	3,36%	0,16%	0,73%	1,02%	0,57%	3,74%	5,76%	0,39%	1,62%	3,72%	0,46%	0,59%	0,57%
PAK	0,92%	0,78%	0,70%	0,08%	0,27%	0,32%	0,49%	0,80%	0,94%	1,06%	0,87%	0,76%	0,15%	0,26%	0,34%
SPO	0,15%	0,15%	0,16%	0,04%	0,04%	0,08%	0,21%	0,12%	0,17%	0,17%	0,18%	0,18%	0,00%	0,00%	0,00%
BHS	8,03%	9,90%	11,9%	8,20%	13,3%	15,5%	10,9%	11,0%	15,0%	8,00%	9,40%	11,4%	4,52%	5,66%	7,13%
AHS	4,23%	4,17%	3,53%	3,82%	2,91%	2,56%	4,66%	4,20%	2,49%	4,30%	4,38%	3,67%	5,15%	5,06%	5,26%
BMS	7,80%	7,90%	7,80%	7,50%	6,80%	7,10%	8,10%	8,10%	7,60%	7,90%	8,10%	7,90%	6,10%	5,80%	5,80%
ABS	70,3%	66,2%	62,0%	79,8%	75,5%	73,0%	66,7%	63,2%	59,3%	68,7%	64,7%	60,6%	34,2%	26,9%	23,6%
TER	9,70%	11,8%	14,8%	0,67%	1,42%	1,89%	9,70%	13,5%	15,6%	11,1%	13,4%	16,5%	50,00%	56,5%	58,1%
SEK	20,1%	22,0%	23,2%	19,5%	23,0%	25,1%	23,6%	23,3%	25,1%	20,2%	21,8%	23,0%	15,8%	16,6%	18,2%
ABS	70,3%	66,2%	62,0%	79,8%	75,5%	73,0%	66,7%	63,2%	59,3%	68,7%	64,7%	60,6%	34,2%	26,9%	23,6%

Wohnbevölkerung insgesamt nach Qualifikation (ISCED-Klassifikation)

	Summe			15- bis 24-Jährige			25- bis 34-Jährige			25- bis 64-Jährige			über 65-Jährige		
WohG	2001	2011	2021	2001	2011	2021	2001	2011	2021	2001	2011	2021	2001	2011	2021
IDIPL	14.184	14.953	17.836	268	50	72	3.513	1.442	2.855	12.135	12.440	13.564	1.781	2.463	4.200
DIEN	1.908	3.284	4.824	43	49	48	769	1.103	1.192	1.791	3.104	4.462	74	130	314
HMED	51.321	65.545	79.457	202	502	542	9.741	13.747	14.434	44.120	55.362	63.195	6.999	9.681	15.720
LAWI	12.262	14.912	17.131	63	60	61	3.325	2.562	2.544	10.150	12.430	14.287	2.049	2.421	2.782
INGWI	51.824	66.270	78.299	295	199	208	14.179	12.837	12.291	45.359	55.090	63.134	6.170	10.981	14.958
NATWI	31.658	45.445	61.986	368	635	729	11.009	11.617	14.321	29.099	40.744	53.662	2.191	4.066	7.595
SWRWI	109.689	163.690	220.307	2.124	2.863	3.063	36.463	44.566	48.557	97.558	143.067	190.949	10.007	17.760	26.294
GKWI	65.518	75.310	83.589	711	453	456	14.232	9.608	9.479	55.026	60.233	61.932	9.781	14.624	21.202
ERZWI	37.759	55.715	71.580	420	706	640	8.848	13.065	12.041	34.489	49.415	58.196	2.850	5.594	12.744
FHS	12.210	56.826	126.984	916	5.811	6.936	4.633	31.929	54.177	10.399	49.215	117.511	895	1.801	2.537
PAK	102.755	118.632	132.295	2.477	4.537	4.553	18.309	18.378	20.980	87.187	96.193	90.391	13.091	17.902	37.352
SPO	25.713	29.524	35.086	1.528	1.041	1.663	8.952	4.404	5.717	22.986	25.866	27.947	1.199	2.618	5.476
BHS	397.050	559.840	719.855	77.719	121.397	123.279	137.097	145.157	195.587	296.221	397.716	535.571	23.110	40.726	61.006
AHS	347.333	367.071	358.936	99.580	97.612	93.117	82.827	67.212	52.514	212.210	222.992	205.267	35.543	46.468	60.552
BMS	771.468	829.112	845.760	74.339	67.045	52.759	155.850	118.665	105.622	585.066	594.305	571.075	112.063	167.762	221.926
ABS	4.646.792	4.589.373	4.356.569	695.681	682.905	582.844	697.565	555.732	517.041	2.937.235	2.776.673	2.564.389	1.013.876	1.129.795	1.209.337
SUM	6.679.444	7.055.501	7.210.495	956.734	985.864	870.969	1.207.312	1.052.023	1.069.350	4.481.031	4.594.845	4.635.533	1.241.679	1.474.792	1.703.993
TER	516.801	710.105	929.373	9.415	16.905	18.791	133.973	165.256	198.586	450.299	603.159	759.230	57.087	90.041	151.173
SEK	1.515.851	1.756.023	1.924.551	251.638	286.054	269.154	375.774	331.034	353.723	1.093.497	1.215.012	1.311.913	170.716	254.957	343.484
ABS	4.646.792	4.589.373	4.356.569	695.681	682.905	582.844	697.565	555.732	517.041	2.937.235	2.776.673	2.564.389	1.013.876	1.129.795	1.209.337
SUM	6.679.444	7.055.500	7.210.493	956.734	985.864	870.969	1.207.312	1.052.023	1.069.350	4.481.031	4.594.844	4.635.531	1.241.679	1.474.792	1.703.993

Wohnbevölkerung insgesamt nach Qualifikation in Prozent (ISCED-Klassifikation)

	Summe			15- bis 24-Jährige			25- bis 34-Jährige			25- bis 64-Jährige			über 65-Jährige		
WohG	2001	2011	2021	2001	2011	2021	2001	2011	2021	2001	2011	2021	2001	2011	2021
IDIPL	0,21%	0,21%	0,25%	0,03%	0,01%	0,01%	0,29%	0,14%	0,27%	0,27%	0,27%	0,29%	0,14%	0,17%	0,25%
DIEN	0,03%	0,05%	0,07%	0,00%	0,01%	0,01%	0,06%	0,10%	0,11%	0,04%	0,07%	0,10%	0,01%	0,01%	0,02%
HMED	0,77%	0,93%	1,10%	0,02%	0,05%	0,06%	0,81%	1,31%	1,35%	0,98%	1,20%	1,36%	0,56%	0,66%	0,92%
LAWI	0,18%	0,21%	0,24%	0,01%	0,01%	0,01%	0,28%	0,24%	0,24%	0,23%	0,27%	0,31%	0,17%	0,16%	0,16%
INGWI	0,78%	0,94%	1,09%	0,03%	0,02%	0,02%	1,17%	1,22%	1,15%	1,01%	1,20%	1,36%	0,50%	0,74%	0,88%
NATWI	0,47%	0,64%	0,86%	0,04%	0,06%	0,08%	0,91%	1,10%	1,34%	0,65%	0,89%	1,16%	0,18%	0,28%	0,45%
SWRWI	1,64%	2,32%	3,06%	0,22%	0,29%	0,35%	3,02%	4,24%	4,54%	2,18%	3,11%	4,12%	0,81%	1,20%	1,54%
GKWI	0,98%	1,07%	1,16%	0,07%	0,05%	0,05%	1,18%	0,91%	0,89%	1,23%	1,31%	1,34%	0,79%	0,99%	1,24%
ERZWI	0,57%	0,79%	0,99%	0,04%	0,07%	0,07%	0,73%	1,24%	1,13%	0,77%	1,08%	1,26%	0,23%	0,38%	0,75%
FHS	0,18%	0,81%	1,76%	0,10%	0,59%	0,80%	0,38%	3,04%	5,07%	0,23%	1,07%	2,54%	0,07%	0,12%	0,15%
PAK	1,54%	1,68%	1,83%	0,26%	0,46%	0,52%	1,52%	1,75%	1,96%	1,95%	2,09%	1,95%	1,05%	1,21%	2,19%
SPO	0,38%	0,42%	0,49%	0,16%	0,11%	0,19%	0,74%	0,42%	0,53%	0,51%	0,56%	0,60%	0,10%	0,18%	0,32%
BHS	5,94%	7,93%	10,0%	8,12%	12,3%	14,2%	11,4%	13,8%	18,3%	6,61%	8,66%	11,6%	1,86%	2,76%	3,58%
AHS	5,20%	5,20%	4,98%	10,4%	9,90%	10,7%	6,86%	6,39%	4,91%	4,74%	4,85%	4,43%	2,86%	3,15%	3,55%
BMS	11,5%	11,8%	11,7%	7,80%	6,80%	6,10%	12,9%	11,3%	9,90%	13,1%	12,9%	12,3%	9,00%	11,4%	13,0%
ABS	69,6%	65,0%	60,4%	72,7%	69,3%	66,9%	57,8%	52,8%	48,4%	65,5%	60,4%	55,3%	81,7%	76,6%	71,0%
TER	7,74%	10,1%	12,9%	0,98%	1,71%	2,18%	11,1%	15,7%	18,6%	10,0%	13,1%	16,4%	4,60%	6,11%	8,87%
SEK	22,7%	24,9%	26,7%	26,3%	29,0%	30,9%	31,1%	31,5%	33,1%	24,4%	26,4%	28,3%	13,7%	17,3%	20,2%
ABS	69,6%	65,0%	60,4%	72,7%	69,3%	66,9%	57,8%	52,8%	48,4%	65,5%	60,4%	55,3%	81,7%	76,6%	71,0%

Erwerbstätige insgesamt nach Qualifikation (ISCED-Klassifikation)

	Summe			15- bis 24-Jährige			25- bis 34-Jährige			25- bis 64-Jährige			über 65-Jährige		
ErwG	2001	2011	2021	2001	2011	2021	2001	2011	2021	2001	2011	2021	2001	2011	2021
IDIPL	10.432	10.090	10.480	198	36	52	2.966	1.219	2.381	10.156	9.935	10.230	78	120	198
DIEN	1.578	2.673	3.759	30	38	37	680	966	1.050	1.547	2.634	3.714	1	1	7
HMED	41.080	51.056	56.520	163	343	370	8.922	12.578	13.200	40.555	49.941	54.775	362	772	1.376
LAWI	9.109	11.058	11.727	41	39	40	2.974	2.250	2.220	9.036	10.968	11.593	32	50	94
INGWI	41.447	50.489	56.514	211	146	152	13.195	11.922	11.371	40.974	49.849	55.758	262	494	604
NATWI	26.439	36.465	47.214	286	458	528	9.991	10.453	12.938	26.087	35.856	46.441	66	151	244
SWRWI	88.788	128.390	164.813	1.582	2.097	2.245	33.580	40.709	44.276	86.786	125.502	161.623	420	791	945
GKWI	46.031	49.255	47.915	457	297	299	11.733	7.926	7.823	44.661	47.736	46.186	913	1.222	1.429
ERZWI	30.391	41.658	47.253	296	502	456	7.935	11.730	10.820	30.068	41.060	46.586	27	96	211
FHS	10.075	50.538	113.048	863	5.338	6.378	4.335	29.632	49.877	9.191	45.158	106.605	21	43	65
PAK	78.578	77.678	69.524	2.354	4.023	4.052	17.462	17.550	20.042	76.201	73.612	65.356	23	44	116
SPO	21.412	22.001	21.952	1.473	928	1.484	8.445	4.114	5.399	19.931	21.054	20.426	8	19	42
BHS	309.354	433.913	539.116	57.432	95.024	95.504	120.499	128.590	182.398	251.703	338.468	442.965	219	422	647
AHS	175.608	178.935	145.135	23.209	19.715	15.312	55.282	44.470	28.542	152.096	158.764	129.217	303	455	606
BMS	506.386	496.073	427.243	69.695	62.797	49.436	140.332	107.939	96.283	435.941	432.045	376.255	750	1.232	1.552
ABS	2.464.027	2.306.461	2.030.936	406.705	380.379	309.873	618.069	496.292	463.368	2.054.292	1.922.793	1.717.553	3.030	3.288	3.509
SUM	3.860.735	3.946.734	3.793.148	564.995	572.160	486.218	1.056.400	928.336	951.986	3.289.225	3.365.376	3.295.284	6.515	9.199	11.646
TER	405.360	531.350	650.718	7.954	14.244	16.093	122.218	151.046	181.396	395.193	513.304	629.293	2.213	3.801	5.332
SEK	991.348	1.108.921	1.111.493	150.336	177.535	160.252	316.113	280.998	307.223	839.740	929.277	948.438	1.272	2.109	2.804
ABS	2.464.027	2.306.461	2.030.936	406.705	380.379	309.873	618.069	496.292	463.368	2.054.292	1.922.793	1.717.553	3.030	3.288	3.509
SUM	3.860.735	3.946.731	3.793.147	564.995	572.159	486.218	1.056.400	928.336	951.986	3.289.225	3.365.374	3.295.284	6.515	9.198	11.645

Erwerbstätige insgesamt nach Qualifikation in Prozent (ISCED-Klassifikation)

	Summe			15- bis 24-Jährige			25- bis 34-Jährige			25- bis 64-Jährige			über 65-Jährige		
ErwG	2001	2011	2021	2001	2011	2021	2001	2011	2021	2001	2011	2021	2001	2011	2021
IDIPL	0,27%	0,26%	0,28%	0,04%	0,01%	0,01%	0,28%	0,13%	0,25%	0,31%	0,30%	0,31%	1,20%	1,30%	1,70%
DIEN	0,04%	0,07%	0,10%	0,01%	0,01%	0,01%	0,06%	0,10%	0,11%	0,05%	0,08%	0,11%	0,02%	0,01%	0,06%
HMED	1,06%	1,29%	1,49%	0,03%	0,06%	0,08%	0,84%	1,35%	1,39%	1,23%	1,48%	1,66%	5,56%	8,39%	11,8%
LAWI	0,24%	0,28%	0,31%	0,01%	0,01%	0,01%	0,28%	0,24%	0,23%	0,27%	0,33%	0,35%	0,49%	0,54%	0,80%
INGWI	1,07%	1,28%	1,49%	0,04%	0,03%	0,03%	1,25%	1,28%	1,19%	1,25%	1,48%	1,69%	4,02%	5,37%	5,19%
NATWI	0,68%	0,92%	1,24%	0,05%	0,08%	0,11%	0,95%	1,13%	1,36%	0,79%	1,07%	1,41%	1,01%	1,64%	2,10%
SWRWI	2,30%	3,25%	4,35%	0,28%	0,37%	0,46%	3,18%	4,39%	4,65%	2,64%	3,73%	4,90%	6,45%	8,60%	8,11%
GKWI	1,19%	1,25%	1,26%	0,08%	0,05%	0,06%	1,11%	0,85%	0,82%	1,36%	1,42%	1,40%	14,0%	13,3%	12,3%
ERZWI	0,79%	1,06%	1,25%	0,05%	0,09%	0,09%	0,75%	1,26%	1,14%	0,91%	1,22%	1,41%	0,41%	1,04%	1,82%
FHS	0,26%	1,28%	2,98%	0,15%	0,93%	1,31%	0,41%	3,19%	5,24%	0,28%	1,34%	3,24%	0,32%	0,47%	0,56%
PAK	2,04%	1,97%	1,83%	0,42%	0,70%	0,83%	1,65%	1,89%	2,11%	2,32%	2,19%	1,98%	0,35%	0,47%	1,00%
SPO	0,55%	0,56%	0,58%	0,26%	0,16%	0,31%	0,80%	0,44%	0,57%	0,61%	0,63%	0,62%	0,12%	0,21%	0,36%
BHS	8,01%	11,0%	14,2%	10,2%	16,6%	19,6%	11,4%	13,9%	19,2%	7,65%	10,1%	13,4%	3,36%	4,58%	5,55%
AHS	4,55%	4,53%	3,83%	4,11%	3,45%	3,15%	5,23%	4,79%	3,00%	4,62%	4,72%	3,92%	4,65%	4,95%	5,20%
BMS	13,1%	12,6%	11,3%	12,3%	11,0%	10,2%	13,3%	11,6%	10,1%	13,3%	12,8%	11,4%	11,5%	13,4%	13,3%
ABS	63,8%	58,4%	53,5%	72,0%	66,5%	63,7%	58,5%	53,5%	48,7%	62,5%	57,1%	52,1%	46,5%	35,7%	30,1%
TER	10,5%	13,5%	17,2%	1,41%	2,49%	3,31%	11,6%	16,3%	19,1%	12,0%	15,3%	19,1%	34,0%	41,3%	45,8%
SEK	25,7%	28,1%	29,3%	26,6%	31,0%	33,0%	29,9%	30,3%	32,3%	25,5%	27,6%	28,8%	19,5%	22,9%	24,1%
ABS	63,8%	58,4%	53,5%	72,0%	66,5%	63,7%	58,5%	53,5%	48,7%	62,5%	57,1%	52,1%	46,5%	35,7%	30,1%

Weibliche Wohnbevölkerung nach höchster abgeschlossener Ausbildung, 15 Jahre und älter (UGSt-Klassifikation)

	Summe			15- bis 24-Jährige			25- bis 34-Jährige			25- bis 64-Jährige			über 65-Jährige		
WohW	2001	2011	2021	2001	2011	2021	2001	2011	2021	2001	2011	2021	2001	2011	2021
IDIPL	6.705	7.351	9.699	165	41	60	1.897	832	1.995	5.848	6.335	7.721	692	975	1.918
THEO	1.507	1.785	1.993	22	8	9	446	191	164	1.428	1.651	1.681	57	126	303
SOWI	20.969	36.619	53.788	554	791	874	9.683	12.647	14.228	19.447	33.988	49.384	968	1.840	3.530
REWI	12.567	20.398	28.838	519	745	815	5.187	6.570	7.470	11.413	18.337	25.908	635	1.316	2.115
NATWI	19.583	33.091	47.946	308	571	608	6.835	10.614	11.984	17.372	29.563	42.345	1.903	2.958	4.994
MED	19.130	28.050	37.601	98	274	304	5.032	7.398	8.258	17.236	25.241	32.664	1.796	2.535	4.633
LEAM	17.248	23.218	26.973	146	353	275	3.929	5.198	3.911	15.783	20.275	20.812	1.319	2.591	5.887
KUNST	11.163	12.554	13.332	171	75	64	2.713	1.668	1.371	8.979	9.744	9.698	2.013	2.735	3.570
INGWE	10.443	16.059	21.817	135	135	141	4.279	4.397	4.692	9.709	14.831	19.672	599	1.093	2.004
GEIKU	33.463	52.768	74.449	662	838	881	10.621	12.946	14.876	30.095	47.016	64.476	2.706	4.914	9.092
FHS	2.943	20.249	48.944	395	3.271	3.937	1.277	12.254	23.343	2.463	16.763	44.548	85	215	459
PAK	76.037	89.324	101.048	2.226	3.546	3.554	15.484	14.235	16.013	64.802	74.098	72.019	9.009	11.681	25.475
SPO	21.946	25.200	29.935	1.400	891	1.410	7.694	3.783	4.787	19.548	22.143	23.885	998	2.166	4.640
BHS	181.013	280.639	382.523	42.779	67.464	68.979	68.142	81.897	111.864	130.290	197.146	290.143	7.944	16.029	23.400
AHS	185.646	198.911	196.820	56.613	56.888	54.890	43.709	35.929	29.203	109.620	117.321	109.786	19.413	24.702	32.144
BMS	549.064	584.370	587.610	49.425	43.292	31.823	109.179	76.633	65.679	416.683	416.303	389.045	82.956	124.774	166.742
ABS	2.314.292	2.200.856	2.023.562	313.493	297.715	254.902	305.905	225.317	201.002	1.364.160	1.241.795	1.096.002	636.639	661.346	672.659
SUM	3.483.719	3.631.443	3.686.879	469.111	476.898	423.526	602.012	512.508	520.839	2.244.876	2.292.550	2.299.788	769.732	861.995	963.565
TER	253.704	366.667	496.363	6.801	11.539	12.932	75.077	92.732	113.091	224.123	319.984	414.811	22.780	35.144	68.621
SEK	915.723	1.063.920	1.166.952	148.817	167.644	155.692	221.030	194.459	206.746	656.593	730.770	788.974	110.313	165.506	222.286
ABS	2.314.292	2.200.856	2.023.562	313.493	297.715	254.902	305.905	225.317	201.002	1.364.160	1.241.795	1.096.002	636.639	661.346	672.659
SUM	3.483.719	3.631.443	3.686.878	469.111	476.898	423.526	602.012	512.508	520.839	2.244.876	2.292.549	2.299.786	769.732	861.995	963.565

Weibliche Wohnbevölkerung nach Qualifikation in Prozent (UGSt-Klassifikation)

	Summe			15- bis 24-Jährige			25- bis 34-Jährige			25- bis 64-Jährige			über 65-Jährige		
WohW	2001	2011	2021	2001	2011	2021	2001	2011	2021	2001	2011	2021	2001	2011	2021
IDIPL	0,19%	0,20%	0,26%	0,04%	0,01%	0,01%	0,32%	0,16%	0,38%	0,26%	0,28%	0,34%	0,09%	0,11%	0,20%
THEO	0,04%	0,05%	0,05%	0,00%	0,00%	0,00%	0,07%	0,04%	0,03%	0,06%	0,07%	0,07%	0,01%	0,01%	0,03%
SOWI	0,60%	1,01%	1,46%	0,12%	0,17%	0,21%	1,61%	2,47%	2,73%	0,87%	1,48%	2,15%	0,13%	0,21%	0,37%
REWI	0,36%	0,56%	0,78%	0,11%	0,16%	0,19%	0,86%	1,28%	1,43%	0,51%	0,80%	1,13%	0,08%	0,15%	0,22%
NATWI	0,56%	0,91%	1,30%	0,07%	0,12%	0,14%	1,14%	2,07%	2,30%	0,77%	1,29%	1,84%	0,25%	0,34%	0,52%
MED	0,55%	0,77%	1,02%	0,02%	0,06%	0,07%	0,84%	1,44%	1,59%	0,77%	1,10%	1,42%	0,23%	0,29%	0,48%
LEAM	0,50%	0,64%	0,73%	0,03%	0,07%	0,06%	0,65%	1,01%	0,75%	0,70%	0,88%	0,90%	0,17%	0,30%	0,61%
KUNST	0,32%	0,35%	0,36%	0,04%	0,02%	0,02%	0,45%	0,33%	0,26%	0,40%	0,43%	0,42%	0,26%	0,32%	0,37%
INGWE	0,30%	0,44%	0,59%	0,03%	0,03%	0,03%	0,71%	0,86%	0,90%	0,43%	0,65%	0,86%	0,08%	0,13%	0,21%
GEIKU	0,96%	1,45%	2,02%	0,14%	0,18%	0,21%	1,76%	2,53%	2,86%	1,34%	2,05%	2,80%	0,35%	0,57%	0,94%
FHS	0,08%	0,56%	1,33%	0,08%	0,69%	0,93%	0,21%	2,39%	4,48%	0,11%	0,73%	1,94%	0,01%	0,02%	0,05%
PAK	2,18%	2,46%	2,74%	0,47%	0,74%	0,84%	2,57%	2,78%	3,07%	2,89%	3,23%	3,13%	1,17%	1,36%	2,64%
SPO	0,63%	0,69%	0,81%	0,30%	0,19%	0,33%	1,28%	0,74%	0,92%	0,87%	0,97%	1,04%	0,13%	0,25%	0,48%
BHS	5,20%	7,73%	10,4%	9,12%	14,1%	16,3%	11,3%	16,0%	21,5%	5,80%	8,60%	12,6%	1,03%	1,86%	2,43%
AHS	5,33%	5,48%	5,34%	12,1%	11,9%	13,0%	7,26%	7,01%	5,61%	4,88%	5,12%	4,77%	2,52%	2,87%	3,34%
BMS	15,8%	16,1%	15,9%	10,5%	9,10%	7,50%	18,1%	15,0%	12,6%	18,6%	18,2%	16,9%	10,8%	14,5%	17,3%
ABS	66,4%	60,6%	54,9%	66,8%	62,4%	60,2%	50,8%	44,0%	38,6%	60,8%	54,2%	47,7%	82,7%	76,7%	69,8%
TER	7,28%	10,1%	13,5%	1,45%	2,42%	3,05%	12,5%	18,1%	21,7%	10,0%	14,0%	18,0%	2,96%	4,08%	7,12%
SEK	26,3%	29,3%	31,7%	31,7%	35,2%	36,8%	36,7%	37,9%	39,7%	29,2%	31,9%	34,3%	14,3%	19,2%	23,1%
ABS	66,4%	60,6%	54,9%	66,8%	62,4%	60,2%	50,8%	44,0%	38,6%	60,8%	54,2%	47,7%	82,7%	76,7%	69,8%

Weibliche Erwerbstätige nach Qualifikation (UGSt-Klassifikation)

	Summe			15- bis 24-Jährige			25- bis 34-Jährige			25- bis 64-Jährige			über 65-Jährige		
WohW	2001	2011	2021	2001	2011	2021	2001	2011	2021	2001	2011	2021	2001	2011	2021
IDIPL	4.658	4.621	5.388	120	29	43	1.531	670	1.612	4.528	4.577	5.313	10	15	32
THEO	1.210	1.325	1.109	12	5	5	387	166	142	1.195	1.313	1.085	3	6	19
SOWI	16.998	29.156	40.334	418	608	672	8.905	11.653	13.117	16.573	28.534	39.638	7	13	25
REWI	10.230	16.241	21.451	427	583	638	4.742	6.018	6.844	9.787	15.620	20.765	16	39	49
NATWI	14.481	24.580	34.554	210	371	394	5.928	9.225	10.434	14.224	24.127	34.030	47	82	130
MED	15.462	22.353	27.427	83	184	204	4.518	6.656	7.433	15.328	22.050	26.932	51	119	291
LEAM	13.512	16.615	15.864	104	254	198	3.532	4.660	3.509	13.403	16.344	15.617	5	17	50
KUNST	6.514	6.980	6.567	107	46	39	2.071	1.298	1.068	6.366	6.870	6.431	41	64	97
INGWE	8.058	11.971	14.973	96	97	102	3.749	3.845	4.108	7.955	11.861	14.847	7	13	24
GEIKU	24.312	37.641	49.742	439	548	575	8.909	10.954	12.637	23.844	37.023	49.036	29	70	131
FHS	2.344	17.123	40.080	370	2.958	3.567	1.115	10.744	20.181	1.971	14.156	36.491	3	9	23
PAK	58.558	60.246	54.295	2.118	3.148	3.168	14.702	13.518	15.200	56.423	57.070	51.036	17	29	91
SPO	18.130	18.532	18.389	1.358	804	1.273	7.241	3.521	4.512	16.764	17.709	17.074	8	19	42
BHS	134.173	211.384	281.390	31.516	51.751	52.745	58.621	73.154	105.211	102.616	159.542	228.528	41	91	116
AHS	83.267	85.587	68.507	11.211	10.221	8.222	28.808	23.224	15.723	71.956	75.206	60.071	100	159	215
BMS	335.992	318.867	257.852	46.237	40.488	29.767	94.617	66.830	57.197	289.245	277.489	226.967	510	891	1.118
ABS	930.990	823.212	684.988	155.771	134.351	107.939	239.254	176.886	157.828	773.537	687.146	575.299	1.682	1.715	1.750
SUM	1.678.889	1.706.432	1.622.911	250.597	246.444	209.550	488.630	423.023	436.754	1.425.715	1.456.638	1.409.160	2.577	3.350	4.202
TER	194.467	267.382	330.174	5.862	9.633	10.876	67.330	82.928	100.797	188.361	257.254	318.294	244	495	1.004
SEK	553.432	615.837	607.749	88.964	102.460	90.734	182.046	163.208	178.130	463.817	512.237	515.566	651	1.140	1.449
ABS	930.990	823.212	684.988	155.771	134.351	107.939	239.254	176.886	157.828	773.537	687.146	575.299	1.682	1.715	1.750
SUM	1.678.889	1.706.431	1.622.911	250.597	246.444	209.550	488.630	423.022	436.754	1.425.715	1.456.637	1.409.159	2.577	3.350	4.202

Weibliche Erwerbstätige nach Qualifikation in Prozent (UGSt-Klassifikation)

	Summe			15- bis 24-Jährige			25- bis 34-Jährige			25- bis 64-Jährige			über 65-Jährige		
ErwW	2001	2011	2021	2001	2011	2021	2001	2011	2021	2001	2011	2021	2001	2011	2021
IDIPL	0,28%	0,27%	0,33%	0,05%	0,01%	0,02%	0,31%	0,16%	0,37%	0,32%	0,31%	0,38%	0,39%	0,45%	0,77%
THEO	0,07%	0,08%	0,07%	0,00%	0,00%	0,00%	0,08%	0,04%	0,03%	0,08%	0,09%	0,08%	0,12%	0,19%	0,45%
SOWI	1,01%	1,71%	2,49%	0,17%	0,25%	0,32%	1,82%	2,75%	3,00%	1,16%	1,96%	2,81%	0,27%	0,39%	0,59%
REWI	0,61%	0,95%	1,32%	0,17%	0,24%	0,30%	0,97%	1,42%	1,57%	0,69%	1,07%	1,47%	0,62%	1,15%	1,16%
NATWI	0,86%	1,44%	2,13%	0,08%	0,15%	0,19%	1,21%	2,18%	2,39%	1,00%	1,66%	2,41%	1,82%	2,44%	3,09%
MED	0,92%	1,31%	1,69%	0,03%	0,07%	0,10%	0,92%	1,57%	1,70%	1,08%	1,51%	1,91%	1,98%	3,56%	6,92%
LEAM	0,80%	0,97%	0,98%	0,04%	0,10%	0,09%	0,72%	1,10%	0,80%	0,94%	1,12%	1,11%	0,19%	0,51%	1,19%
KUNST	0,39%	0,41%	0,40%	0,04%	0,02%	0,02%	0,42%	0,31%	0,24%	0,45%	0,47%	0,46%	1,59%	1,92%	2,32%
INGWE	0,48%	0,70%	0,92%	0,04%	0,04%	0,05%	0,77%	0,91%	0,94%	0,56%	0,81%	1,05%	0,27%	0,39%	0,58%
GEIKU	1,45%	2,21%	3,06%	0,18%	0,22%	0,27%	1,82%	2,59%	2,89%	1,67%	2,54%	3,48%	1,13%	2,10%	3,13%
FHS	0,14%	1,00%	2,47%	0,15%	1,20%	1,70%	0,23%	2,54%	4,62%	0,14%	0,97%	2,59%	0,12%	0,26%	0,54%
PAK	3,49%	3,53%	3,35%	0,85%	1,28%	1,51%	3,01%	3,20%	3,48%	3,96%	3,92%	3,62%	0,66%	0,85%	2,17%
SPO	1,08%	1,09%	1,13%	0,54%	0,33%	0,61%	1,48%	0,83%	1,03%	1,18%	1,22%	1,21%	0,31%	0,57%	1,00%
BHS	7,99%	12,4%	17,3%	12,6%	21,0%	25,2%	12,0%	17,3%	24,1%	7,20%	11,0%	16,2%	1,59%	2,70%	2,76%
AHS	4,96%	5,02%	4,22%	4,47%	4,15%	3,92%	5,90%	5,49%	3,60%	5,05%	5,16%	4,26%	3,88%	4,76%	5,11%
BMS	20,0%	18,7%	15,9%	18,5%	16,4%	14,2%	19,4%	15,8%	13,1%	20,3%	19,0%	16,1%	19,8%	26,6%	26,6%
ABS	55,5%	48,2%	42,2%	62,2%	54,5%	51,5%	49,0%	41,8%	36,1%	54,3%	47,2%	40,8%	65,3%	51,2%	41,6%
TER	11,6%	15,7%	20,3%	2,34%	3,91%	5,19%	13,8%	19,6%	23,1%	13,2%	17,7%	22,6%	9,47%	14,8%	23,9%
SEK	33,0%	36,1%	37,4%	35,5%	41,6%	43,3%	37,3%	38,6%	40,8%	32,5%	35,2%	36,6%	25,3%	34,0%	34,5%
ABS	55,5%	48,2%	42,2%	62,2%	54,5%	51,5%	49,0%	41,8%	36,1%	54,3%	47,2%	40,8%	65,3%	51,2%	41,6%

Männliche Wohnbevölkerung nach Qualifikation (UGSt-Klassifikation)

	Summe			15- bis 24-Jährige			25- bis 34-Jährige			25- bis 64-Jährige			über 65-Jährige		
WohM	2001	2011	2021	2001	2011	2021	2001	2011	2021	2001	2011	2021	2001	2011	2021
IDIPL	7.479	7.602	8.137	103	9	12	1.616	610	860	6.287	6.105	5.843	1.089	1.488	2.282
THEO	7.398	6.886	5.967	11	5	3	891	243	133	5.545	4.461	3.290	1.842	2.419	2.674
SOWI	37.479	51.239	64.331	487	463	497	11.869	11.878	12.118	33.799	44.767	54.088	3.193	6.009	9.746
REWI	27.282	31.557	34.773	316	383	393	5.684	5.194	5.046	22.413	23.982	26.303	4.553	7.192	8.077
NATWI	17.018	22.280	27.973	123	156	173	4.161	4.547	5.091	15.004	18.766	22.435	1.891	3.358	5.366
MED	28.185	31.872	34.366	38	111	108	3.901	4.655	4.147	23.766	26.077	24.905	4.381	5.684	9.352
LEAM	10.916	12.529	13.419	38	64	59	1.468	1.794	1.503	9.672	10.265	8.805	1.206	2.200	4.555
KUNST	11.093	11.784	12.104	93	37	33	2.121	1.216	1.120	9.235	9.123	8.465	1.765	2.625	3.606
INGWE	60.087	75.330	89.138	334	317	356	16.144	13.983	14.392	52.464	62.550	71.874	7.289	12.463	16.908
GEIKU	16.408	22.151	28.366	171	141	155	3.602	3.965	4.355	14.232	18.808	23.014	2.005	3.202	5.198
FHS	9.267	36.577	78.039	521	2.540	2.998	3.356	19.675	30.834	7.936	32.452	72.963	810	1.585	2.078
PAK	26.718	29.307	31.247	251	991	998	2.825	4.143	4.967	22.385	22.095	18.372	4.082	6.222	11.876
SPO	3.767	4.324	5.152	128	150	253	1.258	621	931	3.438	3.723	4.063	201	452	836
BHS	216.037	279.201	337.332	34.940	53.934	54.299	68.955	63.260	83.723	165.931	200.570	245.428	15.166	24.697	37.605
AHS	161.687	168.160	162.115	42.967	40.724	38.227	39.118	31.283	23.311	102.590	105.670	95.480	16.130	21.766	28.408
BMS	222.404	244.743	258.150	24.914	23.753	20.936	46.671	42.033	39.943	168.383	178.002	182.030	29.107	42.988	55.185
ABS	2.332.500	2.388.517	2.333.007	382.188	385.190	327.943	391.660	330.415	316.039	1.573.075	1.534.878	1.468.387	377.237	468.449	536.678
SUM	3.195.725	3.424.058	3.526.616	487.623	508.966	447.443	605.300	539.515	548.511	2.236.155	2.302.295	2.335.745	471.947	612.797	720.428
TER	263.097	343.438	433.010	2.614	5.366	6.039	58.896	72.525	85.495	226.176	283.174	344.419	34.307	54.897	82.553
SEK	600.128	692.103	757.598	102.821	118.410	113.462	154.744	136.576	146.977	436.904	484.242	522.939	60.403	89.451	121.198
ABS	2.332.500	2.388.517	2.333.007	382.188	385.190	327.943	391.660	330.415	316.039	1.573.075	1.534.878	1.468.387	377.237	468.449	536.678
SUM	3.195.725	3.424.057	3.523.615	487.623	508.966	447.443	605.300	539.515	548.511	2.236.155	2.302.294	2.335.745	471.947	612.797	740.428

Männliche Wohnbevölkerung nach Qualifikation in Prozent (UGSt-Klassifikation)

	Summe			15- bis 24-Jährige			25- bis 34-Jährige			25- bis 64-Jährige			über 65-Jährige		
WohM	2001	2011	2021	2001	2011	2021	2001	2011	2021	2001	2011	2021	2001	2011	2021
IDIPL	0,23%	0,22%	0,23%	0,02%	0,00%	0,00%	0,27%	0,11%	0,16%	0,28%	0,27%	0,25%	0,23%	0,24%	0,31%
THEO	0,23%	0,20%	0,17%	0,00%	0,00%	0,00%	0,15%	0,05%	0,02%	0,25%	0,19%	0,14%	0,39%	0,39%	0,36%
SOWI	1,17%	1,50%	1,83%	0,10%	0,09%	0,11%	1,96%	2,20%	2,21%	1,51%	1,94%	2,32%	0,68%	0,98%	1,32%
REWI	0,85%	0,92%	0,99%	0,06%	0,08%	0,09%	0,94%	0,96%	0,92%	1,00%	1,04%	1,13%	0,96%	1,17%	1,09%
NATWI	0,53%	0,65%	0,79%	0,03%	0,03%	0,04%	0,69%	0,84%	0,93%	0,67%	0,82%	0,96%	0,40%	0,55%	0,72%
MED	0,88%	0,93%	0,98%	0,01%	0,02%	0,02%	0,64%	0,86%	0,76%	1,06%	1,13%	1,07%	0,93%	0,93%	1,26%
LEAM	0,34%	0,37%	0,38%	0,01%	0,01%	0,01%	0,24%	0,33%	0,27%	0,43%	0,45%	0,38%	0,26%	0,4%	0,62%
KUNST	0,35%	0,34%	0,34%	0,02%	0,01%	0,01%	0,35%	0,23%	0,20%	0,41%	0,40%	0,36%	0,37%	0,43%	0,49%
INGWE	1,88%	2,20%	2,53%	0,07%	0,06%	0,08%	2,67%	2,59%	2,62%	2,35%	2,72%	3,08%	1,54%	2,03%	2,28%
GEIKU	0,51%	0,65%	0,81%	0,04%	0,03%	0,03%	0,60%	0,73%	0,79%	0,64%	0,82%	0,99%	0,42%	0,52%	0,70%
FHS	0,29%	1,07%	2,21%	0,11%	0,50%	0,67%	0,55%	3,65%	5,62%	0,35%	1,41%	3,12%	0,17%	0,26%	0,28%
PAK	0,84%	0,86%	0,89%	0,05%	0,19%	0,22%	0,47%	0,77%	0,91%	1,00%	0,96%	0,79%	0,86%	1,02%	1,60%
SPO	0,12%	0,13%	0,15%	0,03%	0,03%	0,06%	0,21%	0,12%	0,17%	0,15%	0,16%	0,17%	0,04%	0,07%	0,11%
BHS	6,76%	8,15%	9,60%	7,17%	10,6%	12,1%	11,4%	11,7%	15,3%	7,42%	8,71%	10,5%	3,21%	4,03%	5,08%
AHS	5,06%	4,91%	4,60%	8,80%	8,00%	8,50%	6,46%	5,80%	4,25%	4,59%	4,59%	4,09%	3,42%	3,55%	3,84%
BMS	7,00%	7,10%	7,30%	5,10%	4,70%	4,70%	7,70%	7,80%	7,30%	7,50%	7,70%	7,80%	6,20%	7,00%	7,50%
ABS	73,0%	69,8%	66,2%	78,4%	75,7%	73,3%	64,7%	61,2%	57,6%	70,3%	66,7%	62,9%	79,9%	76,4%	72,5%
TER	8,23%	10,0%	12,3%	0,54%	1,05%	1,35%	9,70%	13,4%	15,6%	10,1%	12,3%	14,7%	7,27%	8,96%	11,15%
SEK	18,8%	20,2%	21,5%	21,1%	23,3%	25,4%	25,6%	25,3%	26,8%	19,5%	21,0%	22,4%	12,8%	14,6%	16,4%
ABS	73,0%	69,8%	66,2%	78,4%	75,7%	73,3%	64,7%	61,2%	57,6%	70,3%	66,7%	62,9%	79,9%	76,4%	72,5%

Männliche Erwerbstätige nach Qualifikation (UGSt-Klassifikation)

	Summe			15- bis 24-Jährige			25- bis 34-Jährige			25- bis 64-Jährige			über 65-Jährige		
ErwM	2001	2011	2021	2001	2011	2021	2001	2011	2021	2001	2011	2021	2001	2011	2021
IDIPL	5.774	5.469	5.092	78	7	9	1.435	548	769	5.628	5.358	4.917	68	105	165
THEO	5.627	4.820	3.623	3	1	1	762	206	112	4.976	4.047	2.854	648	773	768
SOWI	31.921	41.845	50.149	352	342	368	11.291	11.311	11.535	31.449	41.263	49.463	120	240	318
REWI	20.847	22.748	23.951	255	305	312	5.381	4.922	4.774	20.343	22.014	23.233	249	429	405
NATWI	13.888	17.195	20.588	88	114	127	3.715	4.012	4.498	13.688	16.868	20.157	112	213	305
MED	23.015	25.165	23.943	35	78	76	3.582	4.272	3.799	22.738	24.533	22.864	242	554	1.003
LEAM	8.796	8.617	7.240	19	34	31	1.365	1.659	1.389	8.762	8.528	7.098	15	55	110
KUNST	8.260	8.113	7.314	62	25	23	1.827	1.048	964	8.079	7.918	7.062	119	169	228
INGWE	48.922	58.885	66.546	249	236	265	15.277	13.240	13.613	48.391	58.116	65.609	282	533	671
GEIKU	12.810	16.794	20.341	107	91	99	3.069	3.387	3.721	12.613	16.517	19.956	90	186	286
FHS	7.731	33.415	72.967	493	2.380	2.811	3.220	18.887	29.696	7.220	31.001	70.114	18	34	43
PAK	20.020	17.432	15.229	236	875	884	2.760	4.031	4.842	19.778	16.542	14.320	6	15	25
SPO	3.282	3.469	3.562	115	124	210	1.204	593	887	3.167	3.345	3.352	0	0	0
BHS	175.181	222.529	257.726	25.916	43.273	42.759	61.878	55.436	77.187	149.087	178.925	214.437	178	331	531
AHS	92.341	93.348	76.627	11.998	9.494	7.089	26.474	21.246	12.819	80.140	83.558	69.147	203	296	391
BMS	170.394	177.206	169.391	23.458	22.309	19.669	45.715	41.109	39.086	146.696	154.556	149.288	240	341	434
ABS	1.533.037	1.483.248	1.345.948	250.934	246.029	201.934	378.815	319.406	305.540	1.280.755	1.235.647	1.142.254	1.348	1.573	1.760
SUM	2.181.846	2.240.301	2.170.236	314.398	325.715	276.668	567.770	505.314	515.232	1.863.510	1.908.738	1.886.125	3.938	5.849	7.444
TER	210.893	263.968	320.544	2.092	4.611	5.216	54.888	68.117	80.600	206.832	256.050	311.000	1.969	3.307	4.328
SEK	437.916	493.083	503.744	61.372	75.076	69.518	134.067	117.790	129.092	375.923	417.040	432.871	621	968	1.356
ABS	1.533.037	1.483.248	1.345.948	250.934	246.029	201.934	378.815	319.406	305.540	1.280.755	1.235.647	1.142.254	1.348	1.573	1.760
SUM	2.181.846	2.240.300	2.170.236	314.398	325.715	276.668	567.770	505.314	515.232	1.863.510	1.908.737	1.886.125	3.938	5.848	7.443

Männliche Erwerbstätige nach Qualifikation in Prozent (UGSt-Klassifikation)

	Summe			15- bis 24-Jährige			25- bis 34-Jährige			25- bis 64-Jährige			über 65-Jährige		
ErwM	2001	2011	2021	2001	2011	2021	2001	2011	2021	2001	2011	2021	2001	2011	2021
IDIPL	0,26%	0,24%	0,23%	0,02%	0,00%	0,00%	0,25%	0,11%	0,15%	0,30%	0,28%	0,26%	1,73%	1,79%	2,22%
THEO	0,26%	0,22%	0,17%	0,00%	0,00%	0,00%	0,13%	0,04%	0,02%	0,27%	0,21%	0,15%	16,5%	13,2%	10,3%
SOWI	1,46%	1,87%	2,31%	0,11%	0,11%	0,13%	1,99%	2,24%	2,24%	1,69%	2,16%	2,62%	3,05%	4,10%	4,27%
REWI	0,96%	1,02%	1,10%	0,08%	0,09%	0,11%	0,95%	0,97%	0,93%	1,09%	1,15%	1,23%	6,32%	7,34%	5,44%
NATWI	0,64%	0,77%	0,95%	0,03%	0,03%	0,05%	0,65%	0,79%	0,87%	0,73%	0,88%	1,07%	2,84%	3,65%	4,10%
MED	1,05%	1,12%	1,10%	0,01%	0,02%	0,03%	0,63%	0,85%	0,74%	1,22%	1,29%	1,21%	6,15%	9,47%	13,5%
LEAM	0,40%	0,38%	0,33%	0,01%	0,01%	0,01%	0,24%	0,33%	0,27%	0,47%	0,45%	0,38%	0,38%	0,95%	1,48%
KUNST	0,38%	0,36%	0,34%	0,02%	0,01%	0,01%	0,32%	0,21%	0,19%	0,43%	0,41%	0,37%	3,02%	2,90%	3,07%
INGWE	2,24%	2,63%	3,07%	0,08%	0,07%	0,10%	2,69%	2,62%	2,64%	2,60%	3,04%	3,48%	7,16%	9,11%	9,02%
GEIKU	0,59%	0,75%	0,94%	0,03%	0,03%	0,04%	0,54%	0,67%	0,72%	0,68%	0,87%	1,06%	2,29%	3,18%	3,84%
FHS	0,35%	1,49%	3,36%	0,16%	0,73%	1,02%	0,57%	3,74%	5,76%	0,39%	1,62%	3,72%	0,46%	0,59%	0,57%
PAK	0,92%	0,78%	0,70%	0,08%	0,27%	0,32%	0,49%	0,80%	0,94%	1,06%	0,87%	0,76%	0,15%	0,26%	0,34%
SPO	0,15%	0,15%	0,16%	0,04%	0,04%	0,08%	0,21%	0,12%	0,17%	0,17%	0,18%	0,18%	0,00%	0,00%	0,00%
BHS	8,03%	9,90%	11,9%	8,20%	13,3%	15,5%	10,9%	11,0%	15,0%	8,00%	9,40%	11,4%	4,52%	5,66%	7,13%
AHS	4,23%	4,17%	3,53%	3,82%	2,91%	2,56%	4,66%	4,20%	2,49%	4,30%	4,38%	3,67%	5,15%	5,06%	5,26%
BMS	7,80%	7,90%	7,80%	7,50%	6,80%	7,10%	8,10%	8,10%	7,60%	7,90%	8,10%	7,90%	6,10%	5,80%	5,80%
ABS	70,3%	66,2%	62,0%	79,8%	75,5%	73,0%	66,7%	63,2%	59,3%	68,7%	64,7%	60,6%	34,2%	26,9%	23,6%
TER	9,7%	11,8%	14,8%	0,67%	1,42%	1,89%	9,70%	13,5%	15,6%	11,1%	13,4%	16,5%	50,0%	56,5%	58,1%
SEK	20,1%	22,0%	23,2%	19,5%	23,0%	25,1%	23,6%	23,3%	25,1%	20,2%	21,8%	23,0%	15,8%	16,6%	18,2%
ABS	70,3%	66,2%	62,0%	79,8%	75,5%	73,0%	66,7%	63,2%	59,3%	68,7%	64,7%	60,6%	34,2%	26,9%	23,6%

Wohnbevölkerung insgesamt nach Qualifikation (UGSt-Klassifikation)

	Summe			15- bis 24-Jährige			25- bis 34-Jährige			25- bis 64-Jährige			über 65-Jährige		
WohG	2001	2011	2021	2001	2011	2021	2001	2011	2021	2001	2011	2021	2001	2011	2021
IDIPL	14.184	14.953	17.836	268	50	72	3.513	1.442	2.855	12.135	12.440	13.564	1.781	2.463	4.200
THEO	8.905	8.671	7.960	33	14	12	1.337	434	297	6.973	6.112	4.971	1.899	2.545	2.977
SOWI	58.448	87.858	118.120	1.041	1.254	1.371	21.552	24.525	26.346	53.246	78.755	103.473	4.161	7.849	13.276
REWI	39.849	51.955	63.611	835	1.129	1.208	10.871	11.764	12.515	33.826	42.319	52.211	5.188	8.508	10.192
NATWI	36.601	55.371	75.919	431	726	781	10.996	15.161	17.075	32.376	48.329	64.779	3.794	6.316	10.359
MED	47.315	59.922	71.967	136	385	412	8.933	12.053	12.405	41.002	51.319	57.570	6.177	8.219	13.985
LEAM	28.164	35.747	40.392	184	417	334	5.397	6.992	5.414	25.455	30.540	29.617	2.525	4.791	10.442
KUNST	22.256	24.338	25.435	264	112	98	4.834	2.884	2.491	18.214	18.867	18.163	3.778	5.360	7.175
INGWE	70.530	91.389	110.955	469	453	497	20.423	18.380	19.084	62.173	77.381	91.546	7.888	13.556	18.913
GEIKU	49.871	74.918	102.815	833	979	1.036	14.223	16.911	19.230	44.327	65.823	87.489	4.711	8.116	14.290
FHS	12.210	56.826	126.984	916	5.811	6.936	4.633	31.929	54.177	10.399	49.215	117.511	895	1.801	2.537
PAK	102.755	118.632	132.295	2.477	4.537	4.553	18.309	18.378	20.980	87.187	96.193	90.391	13.091	17.902	37.352
SPO	25.713	29.524	35.086	1.528	1.041	1.663	8.952	4.404	5.717	22.986	25.866	27.947	1.199	2.618	5.476
BHS	397.050	559.840	719.855	77.719	121.397	123.279	137.097	145.157	195.587	296.221	397.716	535.571	23.110	40.726	61.006
AHS	347.333	367.071	358.936	99.580	97.612	93.117	82.827	67.212	52.514	212.210	222.992	205.267	35.543	46.468	60.552
BMS	771.468	829.112	845.760	74.339	67.045	52.759	155.850	118.665	105.622	585.066	594.305	571.075	112.063	167.762	221.926
ABS	4.646.792	4.589.373	4.356.569	695.681	682.905	582.844	697.565	555.732	517.041	2.937.235	2.776.673	2.564.389	1.013.876	1.129.795	1.209.337
SUM	6.679.444	7.055.501	7.210.495	956.734	985.864	870.969	1.207.312	1.052.023	1.069.350	4.481.031	4.594.845	4.635.533	1.241.679	1.474.792	1.703.993
TER	516.801	710.105	929.373	9.415	16.905	18.971	133.973	165.256	198.586	450.299	603.159	759.230	57.087	90.041	151.174
SEK	1.515.851	1.756.023	1.924.551	251.638	286.054	269.154	375.774	331.034	353.723	1.093.497	1.215.012	1.311.913	170.716	254.957	343.484
ABS	4.646.792	4.589.373	4.356.569	695.681	682.905	582.844	697.565	555.732	517.041	2.937.235	2.776.673	2.564.389	1.013.876	1.129.795	1.209.337
SUM	6.679.444	7.055.500	7.210.493	956.734	985.864	870.969	1.207.312	1.052.023	1.069.350	4.481.031	4.594.844	4.635.531	1.241.679	1.474.792	1.703.993

Wohnbevölkerung insgesamt nach Qualifikation in Prozent (UGSt-Klassifikation)

	Summe			15- bis 24-Jährige			25- bis 34-Jährige			25- bis 64-Jährige			über 65-Jährige		
WohG	2001	2011	2021	2001	2011	2021	2001	2011	2021	2001	2011	2021	2001	2011	2021
IDIPL	0,21%	0,21%	0,25%	0,03%	0,01%	0,01%	0,29%	0,14%	0,27%	0,27%	0,27%	0,29%	0,14%	0,17%	0,25%
THEO	0,13%	0,12%	0,11%	0,00%	0,00%	0,00%	0,11%	0,04%	0,03%	0,16%	0,13%	0,11%	0,15%	0,17%	0,17%
SOWI	0,88%	1,25%	1,64%	0,11%	0,13%	0,16%	1,79%	2,33%	2,46%	1,19%	1,71%	2,23%	0,34%	0,53%	0,78%
REWI	0,60%	0,74%	0,88%	0,09%	0,11%	0,14%	0,90%	1,12%	1,17%	0,75%	0,92%	1,13%	0,42%	0,58%	0,60%
NATWI	0,55%	0,78%	1,05%	0,05%	0,07%	0,09%	0,91%	1,44%	1,60%	0,72%	1,05%	1,40%	0,31%	0,43%	0,61%
MED	0,71%	0,85%	1,00%	0,01%	0,04%	0,05%	0,74%	1,15%	1,16%	0,92%	1,12%	1,24%	0,50%	0,56%	0,82%
LEAM	0,42%	0,51%	0,56%	0,02%	0,04%	0,04%	0,45%	0,66%	0,51%	0,57%	0,66%	0,64%	0,20%	0,30%	0,61%
KUNST	0,33%	0,34%	0,35%	0,03%	0,01%	0,01%	0,40%	0,27%	0,23%	0,41%	0,41%	0,39%	0,30%	0,36%	0,42%
INGWE	1,06%	1,30%	1,54%	0,05%	0,05%	0,06%	1,69%	1,75%	1,78%	1,39%	1,68%	1,97%	0,64%	0,92%	1,11%
GEIKU	0,75%	1,06%	1,43%	0,09%	0,10%	0,12%	1,18%	1,61%	1,80%	0,99%	1,43%	1,89%	0,38%	0,55%	0,84%
FHS	0,18%	0,81%	1,76%	0,10%	0,59%	0,80%	0,38%	3,04%	5,07%	0,23%	1,07%	2,54%	0,07%	0,12%	0,15%
PAK	1,54%	1,68%	1,83%	0,26%	0,46%	0,52%	1,52%	1,75%	1,96%	1,95%	2,09%	1,95%	1,05%	1,21%	2,19%
SPO	0,38%	0,42%	0,49%	0,16%	0,11%	0,19%	0,74%	0,42%	0,53%	0,51%	0,56%	0,60%	0,10%	0,18%	0,32%
BHS	5,94%	7,93%	10,0%	8,12%	12,3%	14,2%	11,4%	13,8%	18,3%	6,61%	8,66%	11,6%	1,86%	2,76%	3,58%
AHS	5,20%	5,20%	4,98%	10,4%	9,90%	10,7%	6,86%	6,39%	4,91%	4,74%	4,85%	4,43%	2,86%	3,15%	3,55%
BMS	11,5%	11,8%	11,7%	7,80%	6,80%	6,10%	12,9%	11,3%	9,90%	13,1%	12,9%	12,3%	9,00%	11,4%	13,0%
ABS	69,6%	65,0%	60,4%	72,7%	69,3%	66,9%	57,8%	52,8%	48,4%	65,5%	60,4%	55,3%	81,7%	76,6%	71,0%
TER	7,74%	10,1%	12,9%	0,98%	1,71%	2,18%	11,1%	15,7%	18,6%	10,0%	13,1%	16,4%	4,60%	6,11%	8,87%
SEK	22,7%	24,9%	26,7%	26,3%	29,0%	30,9%	31,1%	31,5%	33,1%	24,4%	26,4%	28,3%	13,7%	17,3%	20,2%
ABS	69,6%	65,0%	60,4%	72,7%	69,3%	66,9%	57,8%	52,8%	48,4%	65,5%	60,4%	55,3%	81,7%	76,6%	71,0%

Erwerbstätige insgesamt nach Qualifikation (UGSt-Klassifikation)

	Summe			15- bis 24-Jährige			25- bis 34-Jährige			25- bis 64-Jährige			über 65-Jährige		
ErwG	2001	2011	2021	2001	2011	2021	2001	2011	2021	2001	2011	2021	2001	2011	2021
IDIPL	10.432	10.090	10.480	198	36	52	2.966	1.219	2.381	10.156	9.935	10.230	78	120	198
THEO	6.837	6.145	4.732	15	6	6	1.149	372	254	6.171	5.360	3.940	651	779	787
SOWI	48.919	71.001	90.483	770	950	1.040	20.196	22.965	24.652	48.022	69.797	89.100	127	253	343
REWI	31.077	38.989	45.402	682	888	950	10.123	10.939	11.618	30.130	37.633	43.998	265	468	454
NATWI	28.369	41.775	55.143	298	485	521	9.643	13.237	14.932	27.912	40.995	54.187	159	295	435
MED	38.477	47.518	51.369	118	262	279	8.100	10.929	11.232	38.066	46.584	49.796	293	673	1.294
LEAM	22.308	25.232	23.104	123	288	229	4.897	6.319	4.898	22.165	24.872	22.715	20	73	160
KUNST	14.774	15.092	13.881	169	71	62	3.898	2.346	2.032	14.445	14.787	13.493	160	234	326
INGWE	56.980	70.856	81.519	345	333	367	19.026	17.085	17.721	56.346	69.977	80.457	289	546	696
GEIKU	37.122	54.435	70.083	546	638	674	11.978	14.341	16.359	36.457	53.540	68.992	119	256	417
FHS	10.075	50.538	113.048	863	5.338	6.378	4.335	29.632	49.877	9.191	45.158	106.605	21	43	65
PAK	78.578	77.678	69.524	2.354	4.023	4.052	17.462	17.550	20.042	76.201	73.612	65.356	23	44	116
SPO	21.412	22.001	21.952	1.473	928	1.484	8.445	4.114	5.399	19.931	21.054	20.426	8	19	42
BHS	309.354	433.913	539.116	57.432	95.024	95.504	120.499	128.590	182.398	251.703	338.468	442.965	219	422	647
AHS	175.608	178.935	145.135	23.209	19.715	15.312	55.282	44.470	28.542	152.096	158.764	129.217	303	455	606
BMS	506.386	496.073	427.243	69.695	62.797	49.436	140.332	107.939	96.283	435.941	432.045	376.255	750	1.232	1.552
ABS	2.464.027	2.306.461	2.030.936	406.705	380.379	309.873	618.069	496.292	463.368	2.054.292	1.922.793	1.717.553	3.030	3.288	3.509
SUM	3.860.735	3.946.734	3.793.148	564.995	572.160	486.218	1.056.400	928.336	951.986	3.289.225	3.365.376	3.295.284	6.515	9.199	11.646
TER	405.360	531.350	650.718	7.954	14.244	16.093	122.218	151.046	181.397	395.193	513.304	629.293	2.213	3.801	5.332
SEK	991.348	1.108.921	1.111.493	150.336	177.535	160.252	316.113	208.998	307.223	839.740	929.277	948.438	1.272	2.109	2.804
ABS	2.464.027	2.306.461	2.030.936	406.705	380.379	309.873	618.069	496.292	463.368	2.054.292	1.922.793	1.717.553	3.030	3.288	3.509
SUM	3.860.735	3.946.731	3.793.147	564.995	572.159	486.218	1.056.400	928.336	951.986	3.289.225	3.365.374	3.295.284	6.515	9.198	11.645

Erwerbstätige insgesamt nach Qualifikation in Prozent (UGSt-Klassifikation)

	Summe			15- bis 24-Jährige			25- bis 34-Jährige			25- bis 64-Jährige			über 65-Jährige		
ErwG	2001	2011	2021	2001	2011	2021	2001	2011	2021	2001	2011	2021	2001	2011	2021
IDIPL	0,27%	0,26%	0,28%	0,04%	0,01%	0,01%	0,28%	0,13%	0,25%	0,31%	0,30%	0,31%	1,20%	1,30%	1,70%
THEO	0,18%	0,16%	0,12%	0,00%	0,00%	0,00%	0,11%	0,04%	0,03%	0,19%	0,16%	0,12%	9,99%	8,47%	6,76%
SOWI	1,27%	1,80%	2,39%	0,14%	0,17%	0,21%	1,91%	2,47%	2,59%	1,46%	2,07%	2,70%	1,95%	2,75%	2,94%
REWI	0,80%	0,99%	1,20%	0,12%	0,16%	0,20%	0,96%	1,18%	1,22%	0,92%	1,12%	1,34%	4,07%	5,09%	3,90%
NATWI	0,73%	1,06%	1,45%	0,05%	0,08%	0,11%	0,91%	1,43%	1,57%	0,85%	1,22%	1,64%	2,44%	3,21%	3,73%
MED	1,00%	1,20%	1,35%	0,02%	0,05%	0,06%	0,77%	1,18%	1,18%	1,16%	1,38%	1,51%	4,50%	7,32%	11,1%
LEAM	0,58%	0,64%	0,61%	0,02%	0,05%	0,05%	0,46%	0,68%	0,51%	0,67%	0,74%	0,69%	0,31%	0,79%	1,37%
KUNST	0,38%	0,38%	0,37%	0,03%	0,01%	0,01%	0,37%	0,25%	0,21%	0,44%	0,44%	0,41%	2,46%	2,54%	2,80%
INGWE	1,48%	1,80%	2,15%	0,06%	0,06%	0,08%	1,80%	1,84%	1,86%	1,71%	2,08%	2,44%	4,44%	5,93%	5,97%
GEIKU	0,96%	1,38%	1,85%	0,10%	0,11%	0,14%	1,13%	1,54%	1,72%	1,11%	1,59%	2,09%	1,83%	2,79%	3,58%
FHS	0,26%	1,28%	2,98%	0,15%	0,93%	1,31%	0,41%	3,19%	5,24%	0,28%	1,34%	3,24%	0,32%	0,47%	0,56%
PAK	2,04%	1,97%	1,83%	0,42%	0,70%	0,83%	1,65%	1,89%	2,11%	2,32%	2,19%	1,98%	0,35%	0,47%	1,00%
SPO	0,55%	0,56%	0,58%	0,26%	0,16%	0,31%	0,80%	0,44%	0,57%	0,61%	0,63%	0,62%	0,12%	0,21%	0,36%
BHS	8,01%	11,0%	14,2%	10,2%	16,6%	19,6%	11,4%	13,9%	19,2%	7,65%	10,1%	13,4%	3,36%	4,58%	5,55%
AHS	4,55%	4,53%	3,83%	4,11%	3,45%	3,15%	5,23%	4,79%	3,00%	4,62%	4,72%	3,92%	4,65%	4,95%	5,20%
BMS	13,1%	12,6%	11,3%	12,3%	11,0%	10,2%	13,3%	11,6%	10,1%	13,3%	12,8%	11,4%	11,5%	13,4%	13,3%
ABS	63,8%	58,4%	53,5%	72,0%	66,5%	63,7%	58,5%	53,5%	48,7%	62,5%	57,1%	52,1%	46,5%	35,7%	30,1%
TER	10,5%	13,5%	17,2%	1,41%	2,49%	3,31%	11,6%	16,3%	19,1%	12,0%	15,3%	19,1%	34,0%	41,3%	45,8%
SEK	25,7%	28,1%	29,3%	26,6%	31,0%	33,0%	29,9%	30,3%	32,3%	25,5%	27,6%	28,8%	19,5%	22,9%	24,1%
ABS	63,8%	58,4%	53,5%	72,0%	66,5%	63,7%	58,5%	53,5%	48,7%	62,5%	57,1%	52,1%	46,5%	35,7%	30,1%